Martin Schulmann • Karmische Beziehungen 1 & 2

Martin Schulmann

Karmische Beziehungen 1

Astrologie und Sexualität

Urania

Titel der Originalausgabe: Carmic Relationships
Erschienen bei Samuel Weiser Inc., York Beach, Maine

Deutsche Übersetzung von Peter Hamann

3. Auflage 2002

ISBN 3-908651-06-9

Deutsche Übersetzung von Ursula Fassbender

... Zum besseren Verständnis eines der unbeständigsten menschlichen Phänomene – unserer Sexualität ...

... Für all die Menschen, die den Mut haben, zu sich selbst zu stehen ...

... Dem Leid und der Qual, dem Kummer und dem Schmerz, der Freude und dem Lernen, der Selbstentfaltung und Persönlichkeitsentwicklung gewidmet, die wir nur durch die Sexualität erlangen – den Ursprung unserer Fähigkeit zu fühlen!

INHALT

EINFÜHRUNG

Der ständige »Kampf der Geschlechter« war schon immer eines der größten Phänomene des Lebens. Ob Mann oder Frau, wir wollen unsere Sexualität zum Ausdruck bringen und zu einer sexuellen Erfüllung gelangen. Dafür aber müssen wir verstehen, was Sexualität ist, und welche Rolle uns dabei zukommt. Die Sexualität hat ihren Sinn und Zweck. Sie beinhaltet Lernerfahrungen, die das Wachstum und die Entwicklung der Persönlichkeit möglich machen. Es ist nicht so wichtig, unsere Sexualität zu bewerten, sondern vielmehr zu einem Verständnis der damit verbundenen Lern- und Reifeprozesse zu gelangen.

In unserer heutigen Kultur heiraten die Menschen aus sexuellen Motiven und aus eben denselben lassen sie sich auch wieder scheiden. Sie bekommen Kinder als Folgeerscheinung der Sexualität. Sie kaufen bestimmte Dinge, die dem Sex-Appeal dienen. Ihre Kleidung ist darauf ausgerichtet, die sexuelle Anziehungskraft zu erhöhen. Sie lesen Bücher und gehen in Kinofilme oder bedienen sich anderer Massenmedien, die unterschwellig mit Sexualität zu tun haben, oder aber ganz offensichtliche Instruktionen liefern, wie man sexuell attraktiver werden kann. Sie verwechseln Liebe mit Sex und Sex mit Liebe. Den größten Umsatz der ganzen Welt macht die Kosmetikindustrie. Das älteste Gewerbe der Welt ist die Prostitution. Wie sehr ist unser Alltagsleben von sexuellen Gedanken und Handlungen durchwoben? Beobachten Sie einmal Ihre Gedanken, Handlungen und Gefühle an einem einzigen Tag, und Sie werden ver-

stehen, daß nur sehr wenig im Leben nicht sexueller Natur ist. Sogar jemand, der seine Sexualität verleugnet, verwendet einen Großteil seiner Energie darauf, sie zu unterdrücken. Viele Produkte in den Supermärkten sind mit roten Etiketten versehen – der Farbe der sexuellen Ausstrahlung. Rot stimuliert den Astralkörper, der von Mars regiert wird, um die Kauflust hervorzurufen. Die Werbung bedient sich unserer sexuellen Bedürfnisse, wo es nur geht. Sie tut dies in dem Wissen, daß jeder Mann und jede Frau knapp an der Bewußtseinsschwelle insgeheim ständig mit sexuellen Gedanken beschäftigt ist. Einige Psychologen sind der Meinung, daß im Durchschnitt in jeder Sekunde ungefähr fünf von sieben Gedanken sexueller Art sind, und das sogar, wenn man gerade nicht sexuell aktiv ist.
Daraus wird ersichtlich, daß die Sexualität hinsichtlich der menschlichen Verhaltensweise, dem Ausdruck der Potenz des Ego, der Definition des Selbstwertes, der Fähigkeit, bei seinem Rollenspiel erfolgreich zu sein und schließlich hinsichtlich der Fähigkeit, eines der grundlegendsten Bedürfnisse des Menschen zu erfüllen, eine der Hauptantriebskräfte auf der Welt ist. Die Menschheit wird niemals den »Frieden auf Erden« erleben können, wenn sie nicht zuerst das Wesen ihrer Sexualität begriffen hat. Sexualität in all ihren Erscheinungsformen ist der Weg, der zu wahrer Harmonie und zu wahrem Verständnis führt, oder aber die Frustrationen schafft, aus denen Unwahrheiten, Auseinandersetzungen, ja sogar Kriege resultieren!
Für die meisten Menschen stellt die Sexualität das Gebiet ihrer schwierigsten Lernerfahrungen dar. Durch die Sexualität hat der Mensch die Möglichkeit, sich selbst und andere auf intimster und persönlichster Ebene kennenzulernen. Hier kann man der Wahrheit nicht entfliehen, wogegen man sie doch in anderen Lebensbereichen so leicht umgehen kann. Sex kann eine ganze Menge zur Erleuchtung beitragen, wenn jeder von uns lernt, was es mit der Sexualität auf sich hat.

Teil 1

Astrologie und Sexualität

ZUM VERSTÄNDNIS DER SEXUALITÄT

Der Ozean des Lebens ist sehr tief und jeder Wassertropfen darin spiegelt ihn als Ganzes wieder. Die Sexualität ist ein Teilbereich, durch den wir als Individuen mit Hilfe eines anderen Menschen zu einer Ganzheitserfahrung der Welt gelangen können. Da man seine eigene Sexualität mit verschiedenen Menschen lebt, sieht man dementsprechend auch die Welt in unterschiedlichem Licht. Dinge, die man nicht mit Worten ausdrücken kann, werden intuitiv vermittelt und allmählich begreift man für einen Augenblick das Mysterium des Lebens. Hieraus wird ersichtlich, daß eine so einfache Sache wie Sex so komplex sein kann wie das gesamte Universum, und andererseits aber doch so einfach wie die Schöpfung selbst.

Sex ist der höchste Ausdruck der Liebe, den man auf der physischen Ebene erfahren kann. Er erschließt einem verschiedene wichtige Daseinsbereiche und macht einen gegenüber seinen Mitmenschen verletzbar. Man ist gezwungen, sich mit seinem Alleinsein in der Realität auseinanderzusetzen, und doch hat man durch die Sexualität gleichzeitig die Möglichkeit, sich mit der Realität verbunden zu fühlen. Sie schafft eines der größten Probleme, das man in seinem Leben bewältigen muß, weil Sexualität die letzte Schwierigkeit ist, die man meistern muß, ehe man zu einem wahrhaft spirituellen Menschen wird. Es wurden schon viele Bücher über den Wert, ein unpersönliches Dasein zu führen, geschrieben, aber niemand kann unpersönlich leben, solange er nicht zu einem wirklichen Verständnis über das Wesen der Sexualität gelangt ist. Die richtige Lebensweise hängt nicht davon ab, ob man sexuell enthaltsam lebt oder den Sex überbetont. Vielmehr ist dies eine Frage der Selbsterkenntnis und zwar, ob man sich selbst durch seine eigene Sexualität begreift, unter dem Gesichtspunkt, daß sie einer der direktesten Wege zum größten Mysterium des Lebens ist.

Sex ruft Begeisterung hervor und schafft einen Energieaustausch. Er bringt den Menschen in Fühlung mit seinem Innersten, weil er alles, was falsch ist, entlarvt. In diesem Sinne hat Sex auf das Ego eine korrigierende und ausgleichende Wirkung, weil er dem Menschen zeigt, daß er wirklich nur ein Mensch ist. Ebenso kann ein schwaches Ego durch Sex gestärkt werden, weil der Mensch erkennt, daß er sogar in seinem ursprünglichsten und »primitivsten« Ausdruck von einem anderen gebraucht, geschätzt und geliebt wird. Sex kann auch dazu führen, daß sich ein Mensch mit dem seiner Meinung nach »Bösen« in sich auseinandersetzt und schließlich zu der Einsicht gelangt, daß dieser Urinstinkt in seinem Innern überhaupt nicht schlecht oder böse ist.

Die meisten Menschen leiden unter vielen sexuell bedingten Komplexen, die scheinbar im Widerspruch zueinander stehen. Das sind die verschiedenen Seiten unseres Daseins, wenn in der Gegenwart des einen Menschen diese Seite dominiert und in der Gegenwart eines anderen jene. Doch durch diesen Prozeß können wir etwas über uns selbst lernen. Einige dieser Erfahrungen sind erfreulich und erfüllend, andere wiederum sind es nicht. Aber jede einzelne Erfahrung ist ein Teil des weiten Ozeans, in dem jeder von uns ein einzelner Wassertropfen ist.

Manche Menschen sagen, Sex sei »schmutzig« und andere, er sei »rein«. Wieder andere halten Sex für pervers, aber er ist weder das eine noch das andere. Sex ist eine Kraft, eine Energie, ein Teil der göttlichen Inspiration, die zu erfahren wir hier sind. Auf persönlicher Ebene stellt der Sex die schwerste Lernerfahrung der Menschheit dar, doch er steht in einem sehr engen Zusammenhang mit dem Daseinszweck des Menschen. Indem der Mensch auf sexueller Ebene persönlich ist, kommt er mit seinen höheren Ebenen in Berührung und beginnt allmählich, seine innere Schönheit zu entdecken, denn er ist Teil einer wunderbaren Welt. Ein Mensch, der im Zölibat lebt, weiß nichts von dem Reichtum des sexuellen Erlebnisses, und ebenso ergeht es dem, der Sex übermäßig betont, denn Sex ist kein Extrem des Lebens. Vielmehr ist er die Schlagader des Lebens. Er ist der Ursprung unseres Seins. Jedes Gefühl, das wir einem anderen entgegenbringen, entsteht aus unserer unbewußten Wahrnehmung seiner sexuellen Natur.

Um in ihre eigene Mitte zu finden, verbringen die Menschen Jahre damit, zu lesen und zu meditieren, esoterische Vorlesungen zu hören oder sich dem Studium der Mystik zu widmen. Dennoch übersehen sie das, was am offensichtlichsten vor ihnen liegt. Unsere körperliche Erscheinung und die Art und Weise, wie wir unseren Körper zeigen, ist tatsächlich der symbolische Grundriß für unsere Zukunft, verbunden mit der Darstellung all dessen, was wir bis zu diesem Zeitpunkt alles erreicht haben. Denken Sie über diesen Satz einmal auf ganz persönlicher Ebene nach. Manche Menschen sind besitzergreifend, andere wiederum nicht. Aber egal wie spirituell oder nichtbesitzergreifend ein Mensch zu sein vorgibt, von seinem Körper ergreift er sehr stark Besitz. Er identifiziert sich mit ihm. Er mag das zwar abstreiten, weil er vielleicht Bücher gelesen hat, die davon handeln, daß dies nicht so sein sollte. Aber das bedeutet, daß er sich selbst gegenüber nicht wirklich ehrlich ist. Sogar ein Mensch, der im Zölibat lebt, hat damit große Schwierigkeiten, weil er entgegen seiner natürlichen inneren Kraft lebt.

Der Sinn der Sexualität ist von Mensch zu Mensch verschieden und ebenso in den verschiedenen menschlichen Entwicklungsphasen. Auf einer Ebene verhilft sie manchen

Menschen dazu, sich von Zwängen zu befreien, die sie daran hindern, in anderen Lebensgebieten all das zu verwirklichen, was in ihnen an Möglichkeiten steckt. Auf wieder einer anderen Ebene bringt Sex die Menschen in Harmonie mit der Wahrheit ihrer Naturinstinkte. Sie können dahin kommen, sich besser kennenzulernen. Und auf einer noch anderen Ebene bringt Sex die Menschlichkeit zutage, die die Menschen füreinander empfinden. Sex unterstreicht die Tatsache, daß, obwohl jeder Mensch ein einzigartiges Individuum ist, sich doch keiner vom anderen wirklich unterscheidet. Beispielsweise sind hinsichtlich ihrer Sexualität alle Menschen gleich, der Herrscher einer großen Nation, der Dienstbote auf der untersten Sprosse der Erfolgsleiter oder der Sklave, der nicht einmal etwas von dieser Leiter weiß. Der Reichtum, den man durch die Sexualität erfahren kann, hängt nur von dem persönlichen sexuellen Bewußtsein ab, das auf der Fähigkeit, zu lieben und zu verstehen, beruht.

Allgemein hielten die Astrologen Sex weitgehend für ein Produkt von Mars, Venus, Uranus, Pluto und der Funktion des achten Hauses. In Wahrheit aber ist Sex, wie alles andere auch, eine Frage des »Geistes«. Wenn sich der Geist eines Menschen auf Sex konzentriert, spielen nicht nur die oben genannten Faktoren eine Rolle. Das ganze Horoskop symbolisiert die Sexualität. Jeder Planet hat einen Einfluß auf das Sexualleben eines Menschen. Könnte man ohne Merkur seine sexuellen Gedanken zum Ausdruck bringen oder sich ihrer auch nur bewußt sein? Könnte man sich ohne Neptun in der Phantasie eine Vorstellung von der Sexualität ausmalen? Wenn wir unser astrologisches Verständnis der Sexualität auf ein paar wenige Planeten reduzieren, würden wir das, was in Wirklichkeit passiert, zu sehr vereinfachen. Auch die Aspekte spielen eine wichtige Rolle beim sexuellen Verhalten eines Menschen. Viele Quadrate im Horoskop können sexuelle Spannungen verursachen, wogegen ein Übergewicht von Trigonen Lethargie oder Desinteresse anzeigen

kann. Ebenso wichtig sind die Tierkreiszeichen, in denen die einzelnen Planeten stehen. Ein Planet kann nur wenige oder schwache Aspekte haben, aber in einem betont sexuellen Zeichen stehen, was die sexuelle Energie aktiviert. Eine unaspektierte Venus im Widder kann sehr viel stärker wirken, als ein Mars in der Waage, der viele Aspekte erhält.
Daraus geht hervor, daß die Planeten, die Zeichen, in denen sie sich befinden und die Aspekte, die sie erhalten, alle eine verschiedene Rolle im Gesamtbild der sexuellen Veranlagung eines Menschen spielen. Welche Rolle spielen nun die Häuser? Wir werden feststellen, daß die traditionelle Methode, Sex durch das achte Haus zu deuten, überholt ist. Ist das fünfte Haus (Liebe und Liebesaffären) mit im Spiel? Können wir das vierte Haus (emotionelle Verwurzelung) außer acht lassen? Was sagt uns das zweite Haus (Wertvorstellungen)? Die Astrologen sollten sich darüber bewußt werden, daß jedes Haus seine einzigartige, aber integrierte Rolle bei der Entwicklung der Sexualität spielt.
Es ist natürlich eine unzumutbare Aufgabe, gleichzeitig alle Planeten, Zeichen, Aspekte und Zeichen in bezug auf die Sexualität deuten zu können. Daher stellt sich nun die Frage, wo man damit beginnen soll. Ein interessantes Merkmal der Sexualität ist, daß die meisten Menschen sie zuerst erleben und später erst etwas über Sexualität lernen. Kinder experimentieren schon Jahre, bevor sie aufgeklärt werden, mit ihrer Sexualität. Auch Erwachsene lernen die Bedeutung ihrer Sexualität durch die praktische Erfahrung kennen. Sex ist Erfahrungssache. Kein Mensch auf der Welt kann einem anderen sagen, was Sex ist, wenn er keine Erfahrung damit hat. Daher ist es nur allzu logisch, wenn man die Deutung der Sexualität im Horoskop dort beginnt, wo die Welt der Erfahrungen zu finden ist. Von den vier Faktoren, die hierbei eine Rolle spielen, symbolisieren die Häuser die sexuellen Erlebnisse und Ereignisse im Leben eines Menschen. Daher betrachten wir als erstes die Häuser.
Einer der interessantesten Aspekte der Sexualität ist, daß

jeder dazu neigt, sich hierbei subjektiv für einzigartig zu halten. Nur sehr wenige Menschen glauben, daß sie ihre ganz persönlichen sexuellen Gedanken und Gefühle mit anderen teilen. Dies verursacht, daß man sich entfremdet und sich von den anderen getrennt fühlt, und das in einer Welt, die versucht, Einheit zu schaffen. Unter ungefähr fünfzehn Leuten befindet sich einer, der dieselben Vorstellungen, Überzeugungen und Erfahrungen in sexueller Hinsicht hat wie ein anderer. Die Menschen sind in Wirklichkeit nicht so sehr verschieden voneinander, wie sie das gern glauben möchten. Dies wird ersichtlich, wenn man versteht, daß jedes aufgehende Zeichen automatisch eine grundlegende Polarität im Horoskop festlegt. Wenn jemand Krebs als aufsteigendes Zeichen in seinem Horoskop hat, muß das Zeichen Steinbock am Deszendenten stehen. Aller Wahrscheinlichkeit nach steht Löwe in seinem zweiten Haus, Wassermann im achten, Zwillinge im zwölften und Schütze im fünften. Wenn keine eingeschlossenen Zeichen vorhanden sind, ist es allein durch die Kenntnis des Aszendenten möglich, die gesamte Horoskoppolarität zu bestimmen. Sogar wenn sich der Aszendent nicht genau festlegen läßt, kann man doch das siebte Haus, einen Teil des sechsten und des achten und durch die Polarität einen Teil des zweiten und des zwölften Hauses abschätzen.

In einem Horoskop mit Stier-Aszendent steht Skorpion automatisch im siebten Haus. Sehr wahrscheinlich fällt das Zeichen Zwillinge ins zweite Haus, Schütze ins achte, Waage ins sechste und Widder ins zwölfte. Auf diese Weise könnte man jetzt mit allen möglichen Aszendenten verfahren, aber das Wichtige daran ist, daß jedes aufsteigende Zeichen automatisch eine bestimmte Polarität im Horoskop festlegt. Der Unterschied der verschiedenen Polaritäten geht nicht nur aus dem Aszendenten hervor, sondern ebenso aus den anderen zwölf Häusern. Grundsätzlich gibt es nur zwölf Möglichkeiten der Polarität. Jemand, dessen Horoskop einen Krebs-Aszendenten aufweist, hat das bestimmte

Gefühl, daß er sich von einem Menschen, in dessen Horoskop Löwe das aufsteigende Zeichen ist, grundsätzlich unterscheidet. In beiden Fällen gibt uns nicht nur das Aszendentenzeichen Aufschluß über das Gesamtgeschehen, sondern auch die Polaritäten der übrigen Häuser. Wenn es um die sexuellen Erfahrungen geht, haben wir es mit zwölf verschiedenen Bereichen zu tun, auf denen sich diese abspielen. Natürlich werden diese Polaritäten von den Planetenkonstellationen, den Aspekten, den eingeschlossenen Zeichen und anderen Horoskopfaktoren gefärbt, was wiederum Unterschiede bei sonst gleichen Polaritäten ausmacht. Diese Färbungen der Häuser sind sehr wichtig, und ich werde darauf in meinen nächsten Büchern eingehen. Wenn die Auseinandersetzung mit der Sexualität der Wahrheit entsprechen soll, muß man sich darüber bewußt werden, daß die eigenen Erfahrungen in rein menschlichem Sinne von Abertausenden anderer Menschen geteilt werden.

Wenn ein Haus zwei Zeichen umfaßt, tut man gut daran, beide Zeichen zu untersuchen. Im allgemeinen liefert das Zeichen, in das die Häuserspitze fällt, die genaueste Darstellung. In manchen Fällen stehen Planeten in dem anderen Zeichen, das in dieses Haus fällt, oder das zweite Zeichen füllt den größeren Teil des Hauses, was beides dazu führt, daß dieses Zeichen eine wichtige Rolle hinsichtlich der Lebenserfahrungen des Horoskopeigners spielt. Außerdem sollte man daran denken, daß das Zeichen, in dem die Häuserspitze steht, in jüngeren Jahren offensichtlicher zur Wirkung gelangt, während das zweite Zeichen in diesem Haus erst dann zutage tritt, wenn sich der Betreffende seines inneren Reichtums bewußter wird.

In den seltenen Fällen, wo drei Zeichen in ein und dasselbe Haus fallen, erlebt der Horoskopeigner möglicherweise ein großes Maß an Karma bezüglich der Art und Weise, wie er den Anforderungen, die dieses Haus an ihn stellt, gerecht wird. Obwohl allen drei Zeichen die gleiche Wichtigkeit zukommt, kann es sein, daß zwei dieser Zeichen sogenannte positive Zeichen sind und eines negativ oder umgekehrt. Sogenannte positive Zeichen wollen zum Ausdruck gebracht werden, während sich eine Polarität, die von negativen Zeichen gebildet wird, lieber schutzsuchend hinter den positiven Zeichen versteckt. Das Zeichen, das die größte Gradanzahl in diesem Haus umfaßt, ist ausgesprochen wichtig. Wenn es ein negatives Zeichen ist, kommt es möglicherweise nur dann zum Ausdruck, wenn Bedingungen herrschen, in denen sich der Horoskopeigner sicher fühlt.

Wenn wir die Häuser hinsichtlich der Sexualität deuten, wird die genaue Betrachtung der Hausgröße, der Positiv-negativ-Qualitäten und der Planeten in den einzelnen Häusern zeigen, worauf man die Betonung legen sollte. Dies verhilft zu einem Verständnis der Sexualität, da sie durch die Planetenenergien intensiviert wird. Häuser, die von bestimmten Planetenenergien beherrscht werden, kann man nicht nur in bezug auf die Erfahrungen des betreffenden Hauses deuten, sondern auch in Hinblick auf den Einfluß, den der Planet auf die Funktion der Sexualität ausübt.

DIE FUNKTION DER SEXUALITÄT

Sexualität und Energie

Ich werde in diesem Buch sehr stark auf die verschiedenen Ausdrucksformen der Sexualität eingehen und darauf, wie sich diese im Leben äußern. Es ist wichtig, sich zu vergegenwärtigen, daß Sex in erster Linie eine Energie ist. Deshalb hängt es von der Fähigkeit eines Mannes oder einer Frau ab, mit der eigenen sexuellen Strömung in Einklang zu sein, ob sein oder ihr Sexualleben pervertiert oder gesund ist. Ein Mensch, der seine Sexualität ablehnt oder seine sexuelle Energie blockiert, wird auch in anderen Lebensbereichen mit vielen Schwierigkeiten zu tun haben. Die Triebkräfte der Kreativität basieren auf der Sexualität. Menschen, die ausgesprochen kreativ sind, wissen, wie sie ihre sexuelle Energie so im Gleichgewicht halten können, daß ihnen diese göttliche Kraft den größten Nutzen bringt. Diejenigen aber, die ihre sexuelle Energie unterdrücken oder übermäßig zum Ausdruck bringen, verlieren ihre kreative Kraft. Möglicherweise erfahren sie nie, was es heißt, mit der Energiequelle in Einklang zu sein, die einem im Leben alle Möglichkeiten verschafft und gleichzeitig die Kraft dafür gibt, diese auch zu verwirklichen.

Oft sind wir zu mehr Dingen fähig, als wir glauben. Doch die meisten Menschen neigen dazu, in unproduktiver Weise zu denken. Wenn wir einem Gedanken nachgehen, drehen wir uns im Kreis und lassen ihn schließlich enttäuscht fallen, wenn wir erkennen, daß wir wieder am Anfang angekommen sind. In der Bemühung, unseren Gedankengang zu rekonstruieren, beginnen wir immer wieder mit demselben Teufelskreis. Man kann mit dieser Art »geistiger Masturbation« viel von seinem Leben vergeuden. Zu verstehen, wie man seine sexuelle Energie nutzen kann, um sein Leben vom Gedanken in konstruktive Aktivität umzusetzen, ist eines der bestgehütetsten mystischen Geheimnisse. Aber wenn man es einmal enthüllt hat, ist das Prinzip unglaublich einfach.

Sexuelle Energie ist wie ein Fluß. Sie fließt unaufhörlich, in Biegungen und Windungen und ist immer in Bewegung. Das Geheimnis sexueller Erfüllung liegt darin, sich mit der Strömung treiben zu lassen und zu schauen, wohin sie einen trägt, und nicht, sich in die Natur des Flusses oder die Beziehung, die man zu ihm hat, geistig und im voraus einzumischen. Wenn wir gegen unsere sexuelle Strömung ankämpfen oder sie verleugnen, laufen wir Gefahr, einen Kurzschluß zu verursachen. Wir neutralisieren unsere kreative Kraft, was dazu führt, daß wir in unserer Lebensweise stagnieren. Es ist möglich, daß sich die meisten Menschen, die sich darüber beklagen, daß sie nicht den Fortschritt machen, den sie gern erlangen würden, nicht im Einklang mit dem Fluß ihrer sexuellen Energie befinden. Sie ignorieren diese unerschöpfliche Quelle, die uns von Gott gegeben ist. Deshalb fehlt ihnen das Verständnis, das man braucht, um neue Aktivitäten zu unternehmen, neue Anfänge zu machen, neue Fähigkeiten zu entwickeln und um Ziele zu erreichen. Diejenigen, die es verstehen, mit dem sexuellen Fluß in Einklang zu sein, sind reich an allem, was auch immer sie im Geiste planen.

Der Planet Neptun ist in sexueller Hinsicht ausgesprochen wichtig, weil er symbolisch für jede sexuelle Phantasie steht. Nur wenige Menschen haben keine sexuellen Phantasien. Für viele bedeuten diese verschwommenen Tagträume den einzigen Weg, um in Berührung mit ihrem subtilen Unbewußten zu kommen. Wenn wir eine sexuelle Phantasie erleben, lernen wir, den verborgenen Anteil unseres Unbewußten an die Oberfläche zu bringen und ihn zu lenken und zu kontrollieren. Man kann die sexuelle Phantasie mit einem Kinofilm vergleichen, den man sich im Geiste ansieht. Unsere Vorstellungskraft bringt Bilder, Szenen, Vignetten und Geschichten hervor, die einen inneren Zusammenhang haben. Sie alle sind Teil des sexuellen Flusses. Das Bewußtsein setzt all diese Einzelteile zu einer konkreten Phantasie zusammen, was ein Ausdruck des kreativen Geistes ist, der lernt, wie er mit diesem Fluß umgehen muß. Wenn all diese sexuellen Details nicht zusammengefügt werden, scheint es, als ob der Fluß sinnlos in verschiedene Richtungen fließt und keinen Hauptflußlauf hat, der sein Wesen definiert.

Wenn das Bewußtsein eine sexuelle Phantasie hervorbringt, die aus den neptunischen Eindrücken entsteht, die ins Bewußtsein dringen, macht es seinen eigenen Film. Hierbei ist es wichtig zu erkennen, daß die Fähigkeit hierzu dieselbe ist wie die, andere Faktoren im Leben in eine sinnvolle Ordnung zu bringen. Die sexuelle Phantasie sollte weder Schuldgefühle hervorrufen, noch sollte sie untersagt werden, denn sie ist allermindestens der Ursprung des kreativen Prozesses. Menschen, die keine sexuelle Phantasie besitzen, sind auch nicht in der Lage, sich ein Lebensschiff zu bauen, mit dessen Hilfe sie den Fluß des Lebens bewältigen können. Sie fühlen zwar ihre Sexualität, haben aber Schwierigkeiten, einen Bezug zu ihr herzustellen. Sie fürchten vielleicht, daß sie sich verlieren könnten oder in Bereiche geführt werden, die ihnen nicht vertraut sind, oder vor denen sie Angst haben. Die Sexualität ist eindeutig eine plutonische Kraft, aber wenn man in der Lage ist, Illusion und Energie zu verbinden, dient die von Neptun hervorgerufene sexuelle Illusion oder Phantasie dazu, die reine und primitive Pluto-Energie zu veredeln. Man kann mit seinem Unbewußten (Pluto) umgehen, wenn man es auf kreative Weise bewußt macht (Neptun). Die reine Pluto-Energie wird dann durch die Vorstellungskraft in kreative Phantasie umgesetzt.

Sex und die persönliche Anziehungskraft

Der Planet Uranus symbolisiert die sexuelle Anziehungskraft. Wenn jemand eine starke sexuelle Phantasie besitzt, zieht er meistens auch viele Menschen an. Die Verbindung von Phantasie (Neptun) und Anziehungskraft (Uranus) ruft eine persönliche Ausstrahlungskraft hervor. Denken wir an einen Menschen, der keine Phantasie besitzt. In diesem Menschen gibt es kein Bindeglied zwischen Uranus (anziehende Eigenschaften) und Pluto (sexuelle Strömung). Obwohl er mit seinem Uranus andere Menschen anzieht, kann er sich doch nicht vorstellen (Neptun), wie er die innere sexuelle Strömung, die er fühlt, einsetzen kann. In solchen Fällen kommt die Verbindung von Uranus und Pluto eher auf unangenehme Weise zum Ausdruck, anstatt daß sie einem das Gefühl göttlicher Liebe vermittelt, das in Neptun verborgen liegt.

Die sexuelle Anziehungskraft ist in Wirklichkeit niemals eine physische Angelegenheit. Die Menschen glauben, daß sie sich aufgrund ihrer körperlichen Merkmale gegenseitig anziehen, aber das muß nicht unbedingt der Fall sein. Uranus stellt eine Anziehungsenergie dar, die alles, was in den subtilen (Neptun) und ursprünglichen und primitiven (Pluto) Schichten des Unbewußten vorhanden ist, anregt und intensiviert. Eine noch so schöne Frau oder ein noch so gut aussehender Mann mit einem schwachen Uranus besitzt weniger sexuelle Anziehungskraft als jemand, der zwar nicht so attraktiv ist, dafür aber eine starke Uranus-Ausstrahlung in seiner Aura aufweist. Sexuelle Phantasien und Eindrücke bleiben auf der Ebene Neptuns, wenn sie nicht durch Uranus ausgelöst werden.

Die sexuelle Schutzmauer

Pluto symbolisiert die reine sexuelle Strömung, Neptun das Erleben kreativer Phantasie, die von Uranus noch intensiviert wird. Aber was man nun an dieser Stelle damit anfängt, hängt davon ab, welche Beziehung man zu seinem Saturn hat – der sexuellen Schutzmauer. Auf der einen Seite haben wir Energie, auf der anderen Phantasie und sexuelle Erregung. Aber keiner dieser Begriffe definiert die sexuelle Aktivität. Vielmehr sind dies Aktivitäten, die sich im Menschen abspielen, aber noch nicht in der Außenwelt verwirklicht wurden.

Wenn diese Aktivitäten, angeregt von Uranus, zum Ausdruck kommen wollen, wird jeder erst einmal mit Saturn konfrontiert, bevor er Sex auch in der Realität ausdrücken kann. Wir schlagen uns mit unseren persönlichen Wertmaßstäben herum, mit unseren Skrupeln, Verdrängungen und Sublimierungen, mit unserer Erziehung oder Religion und mit den Vorsichtsregeln, die von Saturn symbolisiert werden. Wir fürchten uns vor Zurückweisung und Ablehnung. An diesem Punkt fragen wir uns, ob wir dazu in der Lage sind, unsere inneren sexuellen Aktivitäten auch konkrete Gestalt annehmen zu lassen. Dies ist ein ausgesprochen interessantes sexuelles Phänomen, weil sich dadurch erklären läßt, was passiert, wenn man alles, was durch Pluto, Neptun und Uranus entstanden ist, unterdrückt. Anstatt daß sich die innere sexuelle Aktivität durch Saturn weiter ausdrückt, wird sie von denselben äußeren Planeten blockiert, die sie hervorgebracht haben. Im

Grunde genommen kehrt sich diese Aktivität wieder nach innen und ruft eine starke Frustration hervor. Somit stellen die äußeren Planeten keine Möglichkeit einer höheren Bewußtseinsstufe dar, sondern sie werden von reiner und primitiver sexueller Energie (Pluto), unerwiderten Phantasien (Neptun) und nervöser Erregung (Uranus) gefüllt. Wenn wir unseren Saturn in der Weise gebrauchen, daß wir in den äußeren Planeten gefangen bleiben, sind wir nicht mehr in der Lage, die höheren Ebenen unseres Selbst zu begreifen, die wir erreichen können, wenn die Energie der äußeren Planeten freigesetzt wird.
Derjenige aber, der die Mauer Saturns durchbricht, gelangt zu einer klareren Erkenntnis all dessen, was ihn in Einklang mit dem Universum bringt. Da Erkenntnisse immer von Energie begleitet werden, erhöht sich die sexuelle Energie in dem Maße, wie die Erkenntnis größer wird. Der sexuelle Antrieb ist wieder aktiviert. Die Fähigkeit, die innere sexuelle Aktivität durch Überwindung der Saturn-Mauer zu verwirklichen, gehört zu dem natürlichen Vorgang, der sowohl den sexuellen als auch den kreativen Fluß intensiviert. Natürlich beinhaltet derselbe Fluß auch Erkenntnis, Wissen und Weisheit. Die Fähigkeit, die Mauer des Saturn zu durchbrechen, ist ein integrierter Teil des Wachstumsprozesses. Wenn man diese Fähigkeit nicht besitzt, weist das auf eine Stagnation hin, die möglicherweise daraus resultiert, daß man alte Verhaltensmuster beibehält, die sich mit unserer Entwicklung und Reifung verändern sollten.

Sex – Risiko und Freiheit

Wenn man Saturn als Vorbereitung für den sexuellen Ausdruck verwendet und nicht als eine hemmende Schutzmauer, dann stellt Jupiter die letzte Aufgabe dar, die man bewältigen muß. Jupiter symbolisiert das, was von uns hinter der Maske Saturns sichtbar wird, und er zeigt, wo wir verletzbar werden. Die ganze innere sexuelle Aktivität nähert sich der tatsächlichen Erfahrung. In gewissem Sinne gehen wir durch Jupiter ein Risiko ein, weil wir aus uns herausgehen und unsere Absicht enthüllen, sexuelle Freiheit zu erleben. Es ist interessant, daß, sobald man seine innere sexuelle Aktivität auf die Ebene Jupiters gebracht hat, viele der sexuellen Ängste, Hemmungen, Bedenken und geistigen Blockierungen binnen kurzem von einem abfallen. Das Versprechen Jupiters, daß man für seine Mühen belohnt wird, gibt einem Zuversicht und Hoffnung. Das Gefühl optimistischer Expansion erfüllt einen, und der Risikofaktor wird geringer.

Da Jupiter den letzten Teil der inneren Selbsterfahrung symbolisiert, weist er einige interessante physikalische Merkmale auf. Er ist der größte Planet in unserem Sonnensystem. Er steht symbolisch für die Neigung zu übertreiben, und wenn der Energiefluß durch Saturn erfolgreich verlaufen ist, erhöht Jupiter die Freude des sexuellen Erlebnisses. Auf der anderen Seite aber gibt es einige Menschen, die bei ihrer sexuellen Aktivität mit einem Fuß im Bereich des Jupiter stehen und mit dem anderen im Bereich des Saturn. Sie überwinden ihre Schutzmauer soweit, daß sie Jupiter zum Teil erleben können, aber zur anderen Hälfte bleiben sie aus Sicherheitsgründen lieber hinter der Schutzmauer. Ein Beispiel dafür ist ein Mensch, der sich in einer sexuellen Situation befindet, in der er eigentlich seine Sexualität leben möchte, aber nur darüber spricht, indem er Jupiter einsetzt, der auch die Eigenschaft besitzt, sich dauernd zu wiederholen. Dies ist ein Mittel, um Energie freizusetzen, bis der Grund zur Erfüllung des Geschlechtsaktes (Saturn und die nachfolgenden Planeten) zu verschwommen ist, um mit der Aktivität fortzufahren. Die meisten sexuellen Probleme liegen irgendwo zwischen den Symbolen Saturn und Jupiter. Die gesunde und normale Sexualität bewegt sich von dem expansiven Gefühl der inneren sexuellen Akti-

vitäten, das Jupiter verursacht, hin zu Mars (dem ersten der persönlichen Planeten).
Man kann Sexualität spüren (Pluto), man kann sie sich in der Phantasie ausmalen (Neptun), man kann eine innere Erregung erleben (Uranus) und das Bedürfnis haben, sie konkrete Gestalt annehmen zu lassen (Saturn), indem man sich von allem freimacht, was den Fluß der Sexualität behindert (Jupiter). Aber erst dann, wenn man den ersten Schritt unternommen hat, sexuell aktiv zu werden (Mars), wird Sex zu einer persönlichen und intimen Angelenheit. Hier fließt nun der gesamte Reichtum der äußeren Planeten in den persönlichen Bereich unseres Daseins.

Das »Gut-oder-schlecht-Syndrom«

Viele Menschen haben die Erfahrung gemacht, daß Sex mit dem »Gut-oder-schlecht-Syndrom« in Verbindung gebracht wird. Von der spirituellen Ebene aus betrachtet, sind wir der Meinung, daß das nicht sein sollte, aber es ist oft der Fall. Und das hat seinen Grund. Der Sexualtrieb entstammt dem Bereich Plutos, den Tiefen des menschlichen Unbewußten, wohin man Gedanken verdrängt, die man nicht akzeptieren kann. Dieser Sexualtrieb muß auf seinem Weg an die Oberfläche den Bereich des Saturn passieren, wo unser Urteilsvermögen eine Filterfunktion hat, bevor sich unsere Sexualität durch Jupiter befreien kann. Diese beiden Planeten Saturn und Jupiter stellen das Gleichgewicht zwischen Einschränkung und Ausdruck her. Symbolisch gesprochen wägen sie jede sexuelle Situation sorgfältig ab, und verschaffen einem so die Möglichkeit, sich, bevor man sexuell aktiv wird, über seine Rolle, die man dabei spielt, klar zu werden. Die äußeren Planeten repräsentieren die Regeln der Kultur und der Zeitepoche, die die Rolle, die wir beim Sexualakt personifizieren wollen, vorher beeinflussen.
In Wahrheit ist Sex weder gut noch schlecht. Er ist ganz ein-

fach. Wenn jemand versucht, die innere sexuelle Aktivität an die Oberfläche seiner Persönlichkeit zu bringen, entsteht in Bezug auf die soziale Anerkennung (die in diesem Fall vom Partner repräsentiert wird) ein großes Maß an Yin und Yang. Jeder möchte das Gefühl haben, daß alles, was er tut, gebilligt wird. In diesem Fall wird nun das Ego des Partners zum Spiegel der sozialen Anerkennung.

Der äußere Ausdruck der Sexualität

Zwischen innerer und äußerer sexueller Aktivität besteht ein großer Unterschied. Die innere Aktivität beinhaltet den kreativen Prozeß, der aus dem Selbst entspringt, die äußere Aktivität hingegen trifft im Partner auf ein Spiegelbild des Selbst. Wenn sich die sexuelle Aktivität erst einmal nach außen gekehrt hat, kommt sie mit dem Gesetz von Ursache und Wirkung in Berührung, das in der Außenwelt herrscht. Aktion und Reaktion sind ineinander verflochten. Auch bei der inneren sexuellen Aktivität spielen Ursache und Wirkung (Aktion und Reaktion) eine Rolle, aber beide werden von verschiedenen Teilen ein und desselben Menschen gespielt. Bei der äußeren sexuellen Aktivität ist das nicht mehr so.

Mars regiert den Astralkörper oder die Wunschnatur des Menschen. Bei der Erfahrung der äußeren sexuellen Aktivität beginnen wir, unsere inneren Gedanken auf einen Partner zu projizieren. Auf diese Projektionen (Ursachen) erfolgen Reaktionen vom Partner (Wirkungen). Es ist wichtig zu erkennen, daß der äußere Ausdruck der Sexualität vom Partner abhängig ist, der die Projektionen empfängt und realisiert. Gleichzeitig sind auch die Projektionen des Partners daran beteiligt.

Heißt das nun, daß der einzelne beim Geschlechtsakt in Wirklichkeit Sex mit sich selbst erlebt? Ja, aber der Unterschied zwischen der inneren sexuellen Aktivität und dem äußeren Ausdruck der Sexualität besteht darin, daß jeder dem anderen wirklich dazu verhilft, Sex mit sich selbst zu erleben. Obwohl das vorkommt, ist es doch nicht auf allen Ebenen wirklich der Fall und es trifft auch nicht auf alle Menschen zu. Da die Menschen verschieden sind, kann es leicht sein, daß die eigenen astralen Spiegelbilder den anderen beherrschen. Wenn das geschieht, halten wir den ersteren für einen sexuellen Egoisten. Man muß die aggressive Natur des Mars verwirklichen, damit die innere sexuelle Aktivität durch das Ego zutage treten kann. Bei manchen Menschen geschieht das auf egoistische Art und Weise, während andere ein viel offeneres und umfassenderes Ego besitzen und den astralen Spiegel nicht so sehr brauchen. Die Sache ist die, daß dies eine Ebene ist, auf der die freien Gedanken, wie sie von Jupiter symbolisiert werden, durch die persönliche Qualität des Mars in körperlichen Sex umgesetzt werden. Ob dabei der Mann oder die Frau die führende Rolle übernimmt, hängt von zwei Dingen ab. Erstens beherrscht immer derjenige von beiden, der sich am meisten mit sich selbst beschäftigt, das sexuelle Erlebnis. Zum zweiten muß man verstehen, daß manche Menschen Sex immer unter dem Gesichtspunkt erleben, daß sie die Schutzmauer des Saturn niemals ganz überwinden. Menschen, die darüber klagen, daß sie keinen Orgasmus erreichen können, sind unfähig, ihre saturnische Abwehrhaltung aufzugeben. Sie sind beim Geschlechtsakt nicht absolut beteiligt und völlig gegenwärtig. Da Saturn der Planet des Karma ist, verarbeiten diese Menschen bei jedem Geschlechtsakt sexuelles Karma. Je mehr sie lernen, Jupiter und Mars einzusetzen, um so leichter wird es für sie, Saturn zu überwinden. Allmählich lernen sie ihre karmischen Aufgaben.

Das Liebeserlebnis

Wenn sich die Mars-Energie erschöpft hat, verändert sich der Sex. Die Aktivität geht in das Venus-Prinzip über und es entsteht das Gefühl der Liebe. Die eher ungestüme Ungeduld, die in der Mars-Phase vorherrschend war, geht nun in liebevolle Zuwendung und Zärtlichkeit über, da die Energie verfeinert wird. Das Bedürfnis nach sexuellem Ausdruck ruft auch ein Bedürfnis zu geben und zu teilen hervor. Die Mars-Spannung löst sich in einer Verschmelzung von Energien auf, da nun ein Energieaustausch stattfindet. In diesem Moment nimmt der Mann die weibliche Energie auf und die Frau die männliche. Und genau an diesem Punkt fühlt sich der Mann weiblicher und die Frau männlicher. Durch die Aufnahme von männlicher Energie kann die Frau die Yang-Qualität des Lebens erfahren. Der Mann hingegen kommt mit der Yin-Qualität in Berührung, wenn er die weibliche Energie absorbiert. Daher bringt das Erlebnis von Liebe eine Harmonie zustande, ohne die die Sexualität einseitig und unvollständig wäre. Manche Menschen haben Schwierigkeiten damit, dieses Stadium zu erreichen. Sie vermeiden es, die gegensätzliche sexuelle Energie aufzunehmen, wodurch das sexuelle Erlebnis in der Mars-Phase stagniert. Dadurch, daß sie an ihrem Ego festhalten, wird Sex von Liebe getrennt und der ausgesprochen wichtige Energieaustausch, den die Venus ermöglicht, findet nicht statt.

Gegenseitiges Verständnis

Eines der größten Probleme im zwischenmenschlichen Bereich ist die Kommunikation. Die Menschen sind einfach nicht fähig, darüber zu sprechen, was sie einander bedeuten. Stattdessen umgehen sie dies, wo sie nur können, und berufen sich auf unlogische Denkweisen oder andere Mittel, nur um ihre Gedanken nicht preiszugeben, die sie eigentlich so dringend mitteilen müßten. Wenn ein Mann erst einmal die weibliche Energie in sich hat, kann er die Frau auch verstehen. Im Grunde genommen ist er zu ihr geworden. Zwei sind im Geist eins geworden. Gleichzeitig ist die Frau durch die Aufnahme der männlichen Energie in der Lage, den Mann zu verstehen, denn auch sie vereinigt nun sowohl Mann als auch Frau in sich. Dies ist die Funktion Merkurs. Die reine sexuelle Energie ist zu mächtig, so daß die mentalen Zentren im Körper nicht damit umgehen können. Aber wenn sie erst einmal durch Mars zum Ausdruck gekommen ist und durch Venus verfeinert wurde, dann steigt diese Energie allmählich zu diesen geistigen Zentren auf. Das Ergebnis ist ein gegenseitiges Verständnis zwischen zwei Menschen, das durch keinen anderen Prozeß als die Sexualität entstehen könnte. Das Verständnis, das jeder Mensch einem anderen entgegenbringen kann (und das in den äußeren Planeten verborgen liegt), wurde gefiltert, verfeinert und zum Ausdruck gebracht, da beide Partner das Liebeserlebnis akzeptiert haben. Dieses Verständnis, das aus dem gegenseitigen Austausch entsteht, erfahren die Menschen, die nach dem Sexualakt erkennen, daß sie für eine Weile mit dem Partner auf derselben Wellenlänge sind. Die Frequenzen der beiden verbinden sich miteinander. Wenn die sexuelle Aktivität den ganzen Weg bis zu Merkur zurückgelegt hat, ist diese gemeinsame Frequenz ein ausgesprochen erfüllendes Erlebnis, das wochenlang anhalten kann. Sex, der vor dem harmonischen Energieaustausch durch Venus aufhört, ist viel weniger erfüllend. Zwischen den beiden Partnern entsteht eine viel schwächere Bindung. Sie müssen öfter Sex praktizieren und haben trotzdem nicht sehr viel davon.

Wir haben nun gesehen, wie die sexuelle Aktivität mit der reinen Energie (Pluto) beginnt, die vom äußeren Planeten nach innen fließt, bis sie schließlich beginnend mit Mars zum offenen Ausdruck kommt. Sie dringt weiter nach innen vor, in ganz persönliche Bereiche, und erreicht schließlich Merkur (wenn sie es kann), der die ganz besondere Kommunikationsform symbolisiert, die Sex in Wahrheit ist.

Erfüllung

Seinen angestauten Emotionen Luft zu machen ist nur dann möglich, wenn man weiß, daß selbst die intimsten Gedanken verstanden und akzeptiert werden. Der Mond symbolisiert die Reflexion des Selbst in dem Versuch, Zustimmung und Anerkennung zu finden und sie ist erst möglich, wenn die sexuelle Aktivität die Verständnisebene des Merkur erreicht hat. Diese vollkommene Erfüllung kann auch ein Teil der symbolischen Rückkehr in den Mutterschoß sein. Der Mann oder die Frau hat das Gefühl, daß er oder sie aus der Quelle dieses »Richtig-verstanden-werdens« genährt wird. Somit ist der emotionelle Orgasmus möglich. Viele Menschen erleben einen physischen Orgasmus, aber nur wenige wissen, was ein emotioneller Orgasmus ist. Sie glauben, daß sie tatsächlich einen Orgasmus erreicht haben, weil ihr Körper müde und erschöpft ist und sie zu keiner weiteren sexuellen Aktivität mehr fähig sind oder weil sie bestimmte Hormone abgegeben haben. Aber das bezieht sich alles nur auf die körperliche Ebene. Der geistige Orgasmus entsteht durch Merkur, wenn wir erkennen, daß wir uns gegenseitig vollkommen verstehen. Der emotionelle Orgasmus wird durch den Mond hervorgerufen, wenn man in sein inneres Zuhause kommt. Der Mond nährt, und durch seine Fähigkeit, Erinnerungen zu bewahren, kann er die Kraft eines einzigen kreativen sexuellen Erlebnisses für lange Zeit in uns speichern. Er gibt einem das Gefühl einer Geburt, deren Schwerpunkt darauf liegt, sich in andere Lebensbereiche hineinzubegeben.

Einssein

Wenn dieser vollkommene Orgasmus erreicht ist, haben wir all unsere Planeten zum Einsatz gebracht außer der Sonne, dem wesentlichen und vollständigen Ideal-Ich. Das Gefühl, geboren zu werden, das aus dem emotionellen Orgasmus des Mondes entsteht, bringt uns in das Zentrum des Seins, aus dem alles andere entspringt. Wir erkennen, daß die sexuelle Aktivität mit einem unerlösten Zustand (10 Planeten) beginnt und mit dem Erblühen unseres Zentrums endet, was durch die Sonne geschieht. Es ist, als ob man die Energien auf den einen Brennpunkt hin kanalisiert, die Mitte unseres Seins, nach der wir immer streben.

Sexuelle Aktivität und Aspekte

Die verschiedenen Aspekte zwischen den Planeten geben uns wichtige Aufschlüsse über die Funktionsweise der sexuellen Aktivität in einem Horoskop. Ein harmonischer Aspekt zwischen irgendeinem Planeten mit einem der inneren Planeten läßt die Sexualität relativ leicht in Fluß kommen. Ein schwieriger Aspekt zwischen einem beliebigen Planeten mit einem der inneren Planeten stellt gewöhnlich eine Blockierung des sexuellen Prozesses dar, wodurch der Betreffende lernen muß, Schwierigkeiten zu überwinden. Beispielsweise zeigen ein Trigon oder eine Konjunktion zwischen Pluto und Neptun, daß es dem Horoskopeigner leicht fällt, seine kreative Phantasie mit der rohen sexuellen Energie zu verbinden. Ein harmonischer Aspekt zwischen Neptun und Uranus weist darauf hin, daß es für den Betreffenden leicht ist, von seinen Phantasien erregt zu werden. Wenn das Horoskop ein Quadrat zwischen Uranus und Saturn aufweist, wird die sexuelle Aktivität oft an der »sexuellen Schutzmauer« blockiert, und man muß demjenigen helfen, diese Hindernisse zu überwinden, wenn seine Energie weiterfließen soll. Auf diese Weise kann man aus jedem Horoskop ersehen, ob die sexuelle Funktion reibungslos vonstatten geht oder ob der Horoskopeigner Schwierigkeiten damit hat. Betrachten wir nun das Horoskop von Sigmund Freud, der einen Großteil seines Lebens darauf verwendet hat, die Sexualität zu ergründen.

Im abgebildeten Horoskop sind nur die Aspekte eingezeichnet, die von den äußeren Planeten nach innen gehen, was den Fluß der Sexualität angibt.
Zwischen Pluto und Neptun besteht kein Aspekt, was den Hinweis darauf liefert, daß Freuds Energiefluß zwischen der rohen sexuellen Energie und den Bereichen der Phantasie nicht ungehindert vonstatten ging. Tatsächlich verbrachte er viel Zeit in seinem Leben damit, dies zu verstehen. Schließlich veröffentlichte er ein Buch mit dem Titel »The Interpretation of Dreams« (»Die Traumdeutung«). Er entwickelte darin die Theorie, daß sich die Bedeutung der Traumsymbole aus dem primitiven Unbewußten (Pluto) ableitet, aber er selbst verstand diese Funktion im kreativen Prozeß in Wirklichkeit nie. Das Sextil von Uranus und Neptun zeigt, daß er nachfühlen konnte, wie Träume und Phantasien zur Erregung führen, aber fehlende Aspekte zwischen Uranus und Saturn weisen auf einen anderen Bereich, den zu verstehen Freud große Anstrengungen unternahm. Durch den Neptun-Aspekt konnte er die sexuellen Anziehungskräfte intuitiv nachempfinden, die hinter den Mauern Saturns verborgen liegen, aber einen Großteil seiner Arbeit widmete er der Erforschung der Unterdrükkung, Schuldgefühlen, der Verdrängung und anderen Behinderungen des sexuellen Ausdrucks, die er in seinem eigenen Saturn wiederfand.
Saturn und Jupiter stehen in einem Quadrataspekt zueinander, was die Spannung anzeigt, die aus den traditionellen und kulturellen Sitten, die das Ausleben der Sexualität verboten, und dem aufrichtigen Wunsch Jupiters, sich von diesen Fesseln zu befreien, entstand. Die Opposition zwischen Mars und Jupiter weist auf einen Konflikt zwischen der letzten Phase der inneren sexuellen Aktivität und der ersten Phase der äußeren sexuellen Aktivität hin. Hier entwickelte Freud das Konzept vom Über-Ich, das erklären sollte, warum die Menschen sich ihrer Umgebung anpassen und deshalb Schwierigkeiten mit ihrem äußeren sexuellen Aus-

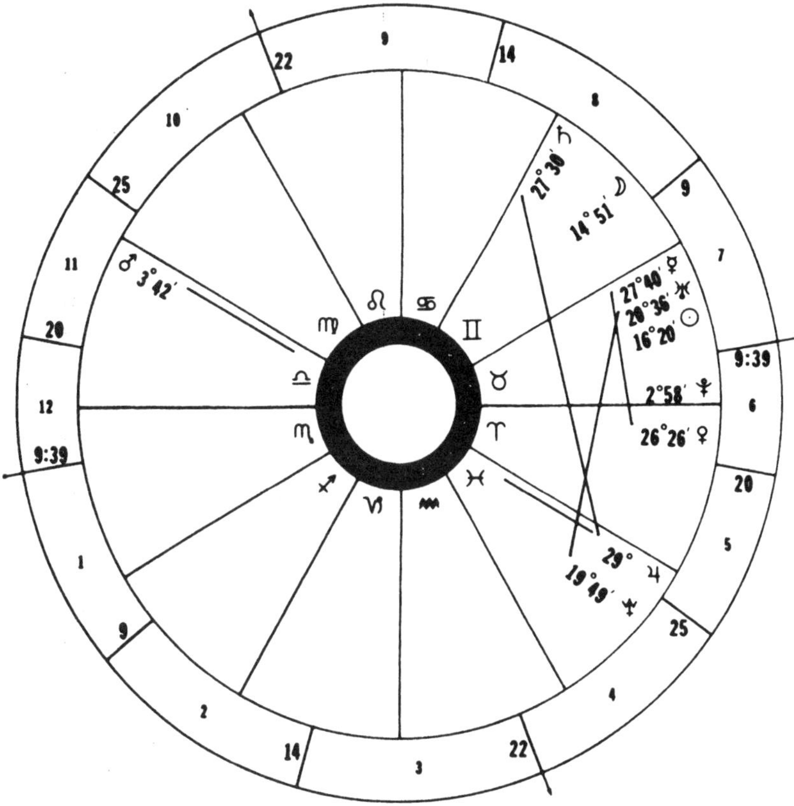

SIGMUND FREUD
6. Mai 1856
Freiburg, Tschechoslowakei

druck haben. Das vielleicht Interessanteste am gesamten Geburtshoroskop Freuds ist, daß ein Aspekt zwischen Mars und Venus (die traditionell als die zwei sexuellen Planeten gelten) fehlt. Trotz der Tiefgründigkeit seiner Arbeit erforschte er doch niemals wirklich die Energie, die während des Liebeserlebnisses in der Venus-Phase entsteht. Dies ist sehr wichtig, da es uns darüber Aufschluß gibt, wie man die sexuelle Aktivität aus dem Horoskop erkennen kann. Immer wenn ein Aspekt zwischen einem Planeten und dem nächsten inneren Planeten fehlt, wird die sexuelle Aktivität vorübergehend blockiert. Sie versucht dann, sich über den nächsten darauffolgenden Planeten zu verwirklichen, wobei sie sich aber über andere Aspekte verteilen muß. In Freuds Horoskop muß der Mars zurück zu Saturn gehen (der das Quadrat bildet), bevor er auf indirektem Wege (Saturn-Sextil-Venus) die Venus erreicht. Von Freuds Standpunkt aus konnte Sex nicht direkt zum Liebeserlebnis führen. Er meinte, daß der offene Ausdruck der Sexualität (auf dem Umweg über Saturn) oft verborgene Komplexe, Blockierungen und Einschränkungen in den natürlichen normalen Gefühlen enthüllt sowie eine Unmenge anderer Hindernisse, die der individuellen Fähigkeit, Liebe zu empfinden, im Wege stehen. Aufgrund seiner Aspekte konnte Freud niemals zu einer Lösung kommen, obwohl er den bedeutenden Grundstein zum Verständnis der Sexualität legte.

Er wußte nicht, daß Liebe Verständnis mit sich bringt, was aus seinem Halbsextil zwischen Venus und Merkur hervorgeht. Da seine Energie von Mars über Saturn zu Venus floß, hatte er wahrscheinlich große Schwierigkeiten, den beständigen Fluß der sexuellen Energie in der Weise, wie es richtig für sie ist, zu begreifen. Seine Erkenntnis, daß Liebe die Basis für Verständnis ist, beruhte eher auf einer hypothetischen Ebene als auf einer persönlichen Bewußtheit über das Potential des sexuellen Energieflusses.

Jeder Mensch hat eine verschiedene Zusammensetzung von Energien, die von seiner Aura ausgestrahlt werden. Manche Menschen sind sehr stark neptunbetont. Sie haben etwas Durchlässiges und Feinfühliges an sich, das auf andere einen beruhigenden Eindruck macht. Andere wiederum haben eine starke Uranus-Betonung. Sie sind voller Erregtheit und Heiterkeit und wirken meistens sehr herausfordernd auf ihre Umwelt. Die meiste Zeit über bestimmt der eine oder andere Planet unsere besondere Vibration. Dies spielt eine wichtige Rolle in sexuellen Beziehungen.

Damit die sexuelle Erfüllung vollkommen ist, muß die sexuelle Aktivität so reibungslos wie möglich von Pluto bis hin zu Merkur vonstatten gehen können. Wenn die nötigen Neptun-Aspekte im Horoskop fehlen, fühlt man sich sehr stark von neptunbetonten Menschen angezogen, die genug neptunische Schwingung ausstrahlen, um diesen Mangel zu beheben. Auf gleiche Weise hat jeder Planet, dem Aspekte fehlen (oder der schwierige Aspekte hat), die Tendenz, Menschen anzuziehen, deren Horoskope diese fehlenden Teile erfüllen.

Dies ist der Grund dafür, daß wir zu den einen Menschen sehr intensive Beziehungen haben und zu anderen wiederum weniger intensive. Diejenigen Menschen, durch die wir selbst vollständig werden, werden für uns sehr wichtig. Durch sie gelangen wir zu dem Verständnis, wie der reibungslose Energiefluß der Sexualität funktioniert.

Da Pluto sehr viel mit dem Massenbewußtsein zu tun hat und damit, was der Mensch unbewußt von seiner Umwelt absorbiert, wird dieselbe Entwicklung von Pluto zu Merkur auch für die Funktion des Lernprozesses sehr wichtig. In Horoskopen, die harmonische Aspekte von Pluto zu Merkur aufweisen, ist Lernen eine mühelose Angelegenheit. Wo aber schwierige Aspekte vorhanden sind oder Aspekte fehlen, ist die Lernfähigkeit behindert. In der gleichen Weise wie bei der sexuellen Erfüllung brauchen wir auch hier andere Menschen, die die Ideen, Gedanken und Vorstellungen zum Ausdruck bringen können, die die Lücken in unserem eigenen Horoskop füllen. Lernen und Sex sind keine getrennten Erfahrungen, sondern sie gehören zusammen. Viele Menschen lernen am meisten durch ihre Sexualität. Sogar wenn Sex nicht physisch zum Ausdruck gebracht wird, wird der sexuelle Energiefluß unter den Planeten zur Basis für beständiges Lernen. Gedanken, die den Weg von Pluto zu Merkur gemacht haben, sind leicht zu verstehen, weil sie alle Planetenenergien durchlaufen haben. Gedanken oder Vorstellungen, die irgendwo in diesem Prozeß stagnieren, werden als unvollkommen empfunden. Es mangelt ihnen an Tiefe und Klarheit.

Sexuelle Beziehungen dienen selten dem Sex allein. Sie sind da, damit die Menschen lernen können. Das sexuelle Erleben öffnet die Tür zum Lernen. Auf diesem Weg gelangen wir zu einem Verständnis der Wichtigkeit der Kontinuität. In konstruktiven Beziehungen gewinnt der Geist an Perspektive, da er mit der Energie fließen kann. Er übt sich darin, nichts zu akzeptieren, was weniger ist, als er selbst sein kann. Die Tragik an unglücklichen Erfahrungen liegt in der Zerstreuung der Lernenergien. Wenn sich der Geist an indirekte Energieströmungen gewöhnt, wird er schließlich nach seinem besten Vermögen und auf seiner höchsten Entwicklungsstufe wirken.

Hieraus wird ersichtlich, daß alle Beziehungen den Geist dahingehend beeinflussen zu lernen, seine Gedanken zu lenken. Da jede Erfahrung zunächst im Geist vollzogen wird, ist die richtige Kanalisierung all dessen, was der Geist wahrnimmt, eine wichtige Eigenschaft, die man entwickeln sollte. Wir machen die Erfahrung, daß unterschiedliche sexuelle Erlebnisse unterschiedliche Eindrücke im Geist hinterlassen. Indem man bestimmte Kanäle und Gedächtniszentren öffnet, werden sie für unsere zukünftigen Gedanken richtungsweisend. Wenn Sex und Lernen auf diese Weise miteinander verbunden sind, kann man leicht verstehen, warum Sex eine so wichtige Rolle in der Evolution der Menschheit spielt.

SEXUELLES KARMA

Ein großer Teil des Karma (des Gesetzes von Ursache und Wirkung)[1] resultiert aus sexuellen Erfahrungen. Verschiedene Teile des physischen Körpers erinnern sich an jede dieser Erfahrungen und bringen unbewußte Erinnerungen an die Vergangenheit in die neuen Erfahrungen ein. Die Summe der Wirkungen verschiedener sexueller Erfahrungen in vergangenen Leben ist die Ursache für die sexuelle Einstellung eines Menschen im jetzigen Leben. Obwohl das oberflächlich betrachtet sehr theoretisch erscheint, hat es doch ziemlich ernste psychologische Konsequenzen.

Viele Menschen verwechseln unbewußt die gegenwärtigen sexuellen Erlebnisse mit verborgenen Erinnerungen an vergangene Erfahrungen. Solange dies der Fall ist, wird man sexuelle Lektionen hinsichtlich der persönlichen Fähigkeit, ehrlich und aufrichtig in Beziehung zu einem anderen Menschen zu treten, lernen.

Es gibt viele Ebenen der Sexualität. Sie reichen von den primitivsten Erlebnissen, die nur mit Lust oder Entfremdung zu tun haben, bis hin zu den höchsten Formen, die die reine Essenz göttlicher Liebe durch die menschliche Ausdrucksform darstellen.

1) siehe »Karmische Astrologie 1-4« von Martin Schulman

Durch die verschiedenen Leben oder die verschiedenen Erfahrungen, die man in diesen Leben gemacht hat, kann man allmählich lernen, wie man zur sexuellen Erfüllung gelangt, da man sich langsam von der reinen sexuellen Anziehungskraft lossagt und Platz schafft für die höheren Formen der sexuellen Liebe.

Auf den niedrigeren sexuellen Ebenen halten die Menschen an vergangenen Überzeugungen fest, die ihre Identität formen. Der Sexualakt bedeutet für sie weniger das Teilen oder das Besorgtsein um die inneren Bedürfnisse des anderen. Sex und Liebe scheinen voneinander getrennt zu sein. Wenn jemand nicht versteht, daß Sex kein Kampf oder Wettstreit für das Ego ist, fehlen gewöhnlich die euphorischen Qualitäten der Liebe, die auf den höheren Ebenen vorhanden sind.

Auf einer etwas höheren Ebene sexuellen Bewußtseins beginnt sich die Erkenntnis zu manifestieren, daß der Sexualakt sowohl im eigenen Selbst als auch im Partner bestimmte Gefühle hervorruft und eine dauerhafte Wirkung auf die Zukunft der Beziehung haben kann. An diesem Punkt beginnen die Menschen, die karmischen Zusammenhänge zu erkennen. Sex ist eine Kommunikationsform. Oft wird durch Sex eine Tür geöffnet, die zwischen Menschen steht, die sonst voneinander getrennt zu sein scheinen. Damit ist ein Bindeglied geschaffen, das nun immer einen Einfluß darauf haben wird, wie jeder der beiden für den anderen fühlt.

Auf wirklich hohen sexuellen Ebenen entsteht die Bewußtheit der Gegenwärtigkeit kosmischer Liebe. Das niedrige Selbst ist transzendiert. Menschen, Orte, Zeit und Raum werden alle ein Teil des universellen Geistes, der über alles herrscht. Auf dieser Ebene findet eine Verschmelzung von zwei Menschen statt.

Das Ziel der Sexualität ist nicht nur die körperliche Befriedigung, noch ist es die emotionelle Erfüllung. Es ist nicht einmal das Erlangen geistigen Verständnisses. Das

Ziel ist die Vereinigung zweier Seelen, die in der kosmischen Einheit, die ihr göttliches Vermächtnis ist, verschmelzen.
Sex ist ein vielschichtiges Erlebnis und die Liebe, die darin in physischer Form zum Ausdruck kommt, dient nicht nur dazu zu lernen, wie man eine intime Beziehung zu einem anderen Menschen aufbaut, sondern sie ist dazu da, um auf unpersönliche Weise Gottes symbolischen Schöpfungsakt nachzuvollziehen.
Sexuelles Karma bringt viele komplizierte Zusammenhänge mit sich. Diese Zusammenhänge sind wie die einzelnen Fäden, die in einen Teppich geknüpft werden, der sich langsam seiner Vollendung nähert. Auf welcher sexuellen Ebene auch immer wir uns befinden, wir werden automatisch zwei unterschiedliche Menschentypen anziehen. Der eine Menschentypus repräsentiert unsere sexuellen Lehrer, der andere hingegen unsere sexuellen Schüler. Jeder von uns kann erkennen, wo er einmal gewesen ist und wo er irgendwann einmal hingehen wird. Oft fühlen wir uns bei den Menschen am wohlsten, deren sexuelle Entwicklung den Stand unserer Vergangenheit hat und wir verweilen solange in unserer Vergangenheit, wie wir mit dieser Ebene schwingen. Bei den Menschen, deren Sexualität auf einem Entwicklungsstand ist, der unsere zukünftige Entwicklungsstufe anzeigt, fühlen wir uns vielleicht nicht sehr wohl. Aber wenn wir bereit sind, etwas »Höheres« zu lernen, werden wir zweifellos eine enorme karmische Entwicklung machen – nicht nur im sexuellen Bereich, sondern auch darin, zu einem besseren und tieferen Verständnis unseres Seins und unseres Platzes in der Welt zu gelangen.
Sex öffnet sensitive Zentren im Körper. Aus diesem Grund sind Gespräche, die man kurz nach einem sexuellen Erlebnis führt, ausgesprochen tief und reichen oft bis hinein ins Unbewußte. Dies ist eine positive Erfahrung, weil man auf diese Weise zu vielen tiefgründigen Erkenntnissen gelangt. Wenn man jedoch ständig zuviel Sex erlebt, wird man gegenüber der Außenwelt zu sensitiv. Das Maß an Sexuali-

tät, auf das wir uns zu einem beliebigen Zeitpunkt einstellen, sollte unserer Aufnahmefähigkeit in Bezug auf Erkenntnisse, die unser Wachstum fördern, entsprechen. Und Sex ohne Bewußtheit ist grundsätzlich Verschwendung und führt zu einem stagnierenden Karma.

Es ist wichtig, daß jeder von uns daran arbeitet, sich auf eine höhere sexuelle Ebene hin zu entwickeln, denn dadurch tragen wir dazu bei, eine menschlichere Kultur zu schaffen. Wenn der individuelle Mensch lernt, erfüllter zu sein, wird es auch die Welt als Ganzes sein.

Wir verbinden sexuelles Karma oft mit der Handlungsweise eines Menschen. Aber es gibt auch ein sexuelles Karma im »Nichtstun«. Die sexuelle Energie ist sehr fein und fließt mit großer Geschwindigkeit durch den Körper. Die geistige Energie ist gröber und fließt langsamer, was klares Denken ermöglicht. Wenn ein Mensch das physiologische Bedürfnis hat, sexuelle Energie freizusetzen und dies aus psychologischen Gründen unterdrückt, fließt die sexuelle Energie in die geistigen Zentren ab. Dies versetzt ihn in eine gereizte Stimmung und macht sein Denken verworren. Es verursacht Ärger, verzerrte Vorstellungen und ein großes Maß an irrationalen Schlußfolgerungen. Es ist wichtig, seine sexuellen Bedürfnisse zu kennen, damit man das Gleichgewicht zwischen sexuellen und anderen Lebensenergien aufrecht erhalten kann.

Wenn ein klein wenig sexuelle Energie in die geistigen Zentren eindringt, steigert dies die Aktivität, stimuliert den Gedankenprozeß und liefert den Ansporn, Dinge zu tun, zu denen man sich nicht fähig geglaubt hätte. Wenn praktisch überhaupt keine sexuelle Energie durch den Körper fließt, entsteht ein allgemeines Gefühl der Lethargie und das Ergebnis ist Trägheit oder Depression. Menschen, die sexuell ausgeglichen sind, sind im allgemeinen glücklich und es ist eine Freude, mit ihnen zusammen zu sein. Sie scheinen mit beiden Beinen auf der Erde zu sein und sind in der Lage, etwas zur Gesellschaft beizutragen. Menschen, die ihre sexuelle Energie nicht ausbalancieren, tragen Schuld- und Angstgefühle mit sich herum, sind voller Spannung und körperlichem Unwohlsein. Sie sind grundsätzlich eine Last für ihre Verwandten, Freunde und für die Gesellschaft.

Die Zielrichtung des Lebens wird von der Ebene der sexuellen Energie bestimmt, auf der man schwingt, und von der Art und Weise, wie man mit der sexuellen Energie umgeht. Schließlich lernen wir, daß Sex der natürlichste Teil unserer Existenz ist und nicht ein niedrigerer Teil dieses Lebens. Und wir lernen, daß Sex das Gleichgewicht ist, das das niedrige und das höhere Selbst integriert.

Teil 2

Die Häuser: Erfahrungen durch Polarität

DIE HÄUSER

Die zwölf astrologischen Häuser symbolisieren systematische Lebenserfahrungen. Diese Erfahrungen entwickeln sich aufeinanderfolgend vom ersten Haus hin zum zwölften Haus. Im ersten Haus lernt der Mensch etwas über seine Identität. Wenn er diese Erfahrungen gemacht hat, ist es ihm möglich, die bedeutungsvollen Wertsysteme zu entdecken, die vom zweiten Haus symbolisiert werden. Diese Werte kann er anderen durch das dritte Haus vermitteln. Da sich dieses System durch den ganzen Tierkreis hindurch fortsetzt, beginnt der Mensch, eine vollständige Lebenserfahrung zu verstehen.

Obwohl diese Erfahrungen voneinander verschieden sind, haben sie doch einen Zusammenhang. Man kann die Ereignisse, Lebensumstände und Verhaltensmuster jedes einzelnen Hauses viel besser verstehen, wenn man sie, anstatt voneinander unabhängig zu deuten, anhand der Wechselwirkung gegenüberliegender Häuser betrachtet. In der gleichen Weise, wie jedes Tierkreiszeichen eine starke Beziehung zu seinem Oppositionszeichen besitzt, verhält es sich analog auch mit den Häusern. Unterschiede zwischen Widder und Waage entsprechen beispielsweise den Unterschieden zwischen dem ersten und dem siebten Haus. Ebenso sind die Unterschiede zwischen Stier und Skorpion denen des zweiten und achten Hauses vergleichbar, usw.. Dies setzt sich durch den ganzen Tierkreis hindurch fort.

Diese Unterschiede sind aber nicht einmal so groß, da sie nichts anderes sind als die zwei Seiten ein und derselben Medaille. Das erste und siebte Haus symbolisieren die Polarität einer bestimmten Medaille, insofern sie eine bestimmte Art der Erfahrung darstellt. Das zweite und achte Haus stellen eine andere Art der Erfahrung oder eine andere Medaille dar. Gegensätze werden zu oft als reine Polaritäten betrachtet ohne die Erkenntnis, daß eine Zweiteilung nur bestehen kann, wenn es eine zentrale Wahrheit gibt, die die beiden Seiten dieser Polarität miteinander verbindet. Die zwei Seiten einer Medaille mögen zwar scheinbar verschieden sein, aber in Wirklichkeit sind sie beide ein Teil von derselben Sache. Die zwei Parteien bei einem Streit gäbe es nicht, wenn nicht der zentrale Streitpunkt bei beiden gleichzeitig vorhanden wäre. Wenn man die Wirkungen der astrologischen Häuser studiert, muß man einsehen, daß die Polarität, obwohl sie in gegenüberliegenden Häusern als Yin-Yang-Polarität zum Ausdruck kommt, auch etwas darstellt, das den beiden Häusern gemeinsam ist.

Da sich der Mensch entwickelt, indem er etwas über seine eigene Persönlichkeit lernt, gelangt man niemals durch die einseitige Betrachtung eines Extrems zu einer Problemlösung und Bewältigung von Schwierigkeiten, sondern vielmehr, indem man den gemeinsamen Nenner aller Extreme versteht.

DIE ERSTEN UND DIE SIEBTEN HÄUSER

Das erste und das siebte Haus symbolisieren die Erfahrungen, die für die Entwicklung und Identifikation des Selbst notwendig sind – in Beziehung auf seinen grundlegenden innersten Wesenskern als auch hinsichtlich seiner Reflexion durch andere.

Im ersten Haus kommt das Ego zum Ausdruck, da der Mensch sein Selbstwertgefühl entwickelt. Hier versucht man seine Einzigartigkeit in der Welt des sexuellen Konkurrenzkampfes zu beweisen. Als das Haus der körperlichen Erscheinung symbolisiert das erste Haus die subjektive Sichtweise der persönlichen sexuellen Anziehungskraft.

Die ersten sexuellen Gedanken sind gewöhnlich mit einer Ego-Identifikation verbunden. Im ersten Haus, das von Mars regiert wird, versucht die Libidoenergie, die Ich-Stärke durch Persönlichkeitsausdruck zu erreichen. Da das erste Haus der Brennpunkt für das restliche Horoskop ist, wenn ein Mensch zur Erfüllung gelangen will, ist es ganz natürlich, daß dieser Teil des Horoskops die Selbsterhöhung symbolisiert. Wenn ein Mensch diesem Teil nicht verwirklicht, bleibt der Rest des Horoskops in ihm verborgen.

Hier kann durch das siebte Haus das Gleichgewicht hergestellt werden. Die subjektiven Ansichten des ersten

Hauses können objektiv betrachtet werden, da sich der Betreffende mit den Augen des Ehepartners oder einer anderen Person, zu der er in intimer Beziehung steht, sehen kann. Die Identität eines Menschen baut sich grundsätzlich aus der Wahrnehmung der subjektiven Realität (1. Haus) und dem Verständnis der objektiven Realität (7. Haus) auf. Das, was man von sich selbst denkt und fühlt, bedarf oft der Bestätigung von außen, so daß man zu einem fundierten Glauben an die eigene Identität gelangen kann.

Die meisten Menschen können sich von anderen ein klareres Bild machen als von sich selbst. Der Grund dafür ist, daß das Ego (das vom 1. Haus symbolisiert wird) das engste Selbstverständnis ist, das ein Mensch besitzt. Das Ich-Ideal-(symbolisiert durch das 7. Haus) beinhaltet all das, was wir gerne sein möchten, wenn wir unser ideales Selbstbild erreichen könnten. Das Ego des ersten Hauses, das von Mars regiert wird, hat die natürliche Tendenz, auf aggressive Weise nach dem Ich-Ideal des siebten Hauses, das von Venus beherrscht wird, zu streben.

Wenn das Ego scheinbar weit entfernt von dem Ich-Ideal ist, empfindet der Betreffende ein allgemeines Gefühl der Unvollkommenheit. Durch Heirat oder enge Beziehungen zu anderen ist es möglich, die fehlenden Eigenschaften zu finden und sie allmählich in einem osmotischen Prozeß in das eigene Selbst zu integrieren. Wenn das geschieht, nähert sich das Ego dem Ich-Ideal und es entsteht ein allgemeiner Zustand der Zufriedenheit und des Glücks. Dies ist das natürliche Gleichgewicht zwischen dem ersten und dem siebten Haus. Zusammen ergeben sie die zwei Seiten ein und derselben Medaille.

Wir leben in keiner isolierten Realität. Alles, was wir durch unser Ego entwickeln, braucht das Feedback von anderen, so daß wir erkennen können, ob unser Leben auf dem richtigen Weg ist. Das erste und das siebte Haus dienen der gegenseitigen Spiegelung. Heirat (die vom siebten Haus symbolisiert wird) kann die Erfahrung einer Vereinigung sein, die aus der gemeinschaftlichen Anstrengung individuellen Bemühens entsteht.

Erstes Haus Widder – Siebtes Haus Waage

Mit Widder im ersten Haus entwickelt der Mensch in dieser Inkarnation eine neue Identitätsstruktur. Sein Sexualtrieb mag anderen primitiv erscheinen. Auch bestehen möglicherweise sexuelle Ängste, die durch das Gefühl hervorgerufen werden, daß soviel vor einem liegt, das vervollkommnet werden muß, und daß man weder die Erfahrung noch die Mittel dazu hat, dies auch zu erreichen.
Diese Persönlichkeit braucht die spontane Erfüllung, damit sie ein Selbstvertrauen aufbauen kann, das ihr schließlich ein Selbstwertgefühl verschafft. Nicht der Sexualakt selbst ist hier vom Unbewußten her wichtig, sondern vielmehr das, was er repräsentiert, nämlich einen Prüfstein, ob man fähig ist zu siegen. Dies verleiht dem Betreffenden die Kraft, seinen Pioniergeist auch in anderen Lebensbereichen einzusetzen.
Je mehr dieser Mensch dazu in der Lage ist, neue Projekte in Angriff zu nehmen, desto mehr erfüllt sich sein tief inneres Bedürfnis zu beweisen, daß er nicht minderwertig ist. Da er im Grunde genommen schüchtern ist (was aus dem verborgenen Fische-Einfluß aus dem zwölften Haus resultiert), schafft er sich mit seiner Ängstlichkeit Situationen, die sonst gar nicht entstehen würden. Dadurch verschafft er sich selbst die Möglichkeit, seine Unzugänglichkeitsgefühle zu überwinden.
Mit Widder im ersten Haus verursacht die sexuelle Verdrängung Kopfschmerzen und andere auf Streß beruhende Schwierigkeiten und Krankheiten. Hier braucht man einen Partner, der einen zur Sexualität ermutigt, der einen aber auch den symbolischen Wettkampf gewinnen läßt. Doch wenn man immer nur gewinnt, kann das dazu

führen, daß man das Interesse am Partner verliert. Oberflächlich mag es den Eindruck haben, als ob der Betreffende seine Überlegenheit unter Beweis zu stellen versucht, unbewußt möchte er von seinem Partner beachtet und anerkannt werden.

Das siebte Haus in der Waage kann als Spiegel für die Wünsche fungieren, die in der Folge davon, ein Ego zu besitzen, entstehen. Wenn man sich nun dieses Spiegelbild der eigenen Persönlichkeit betrachtet, kann man erkennen, daß man nicht nur danach strebt, alle anderen zu überflügeln oder ständig nach Erfolg zu trachten, sondern vielmehr den geistigen Frieden zu erfahren, den eine harmonische Beziehung mit sich bringt. Eine enge Beziehung zu einem anderen lehrt einen hier, wie man die Waage-Eigenschaften der Wunschlosigkeit mit dem zwanghaften Streben des Ego ausbalancieren kann. Der Partner ist in diesem Fall gewöhnlich altruistisch und anpassungsfähig, was einem den Kontrapunkt zu dem eigenen exzessiven und narzißtischen Selbst aufzeigen kann.

Die mit der Hauspolarität verbundene Lektion sind der Unterschied und die Verbindung von Sex und Liebe. Das Ego sucht die sexuelle Eroberung (Widder im ersten Haus), aber das Ich-Ideal ist mehr an einer leichteren, ätherischen Liebeserfahrung interessiert (Waage im siebten Haus). Das Gleichgewicht wird letztendlich durch das Verständnis erreicht, daß Liebe und Sex nicht voneinander getrennt sind. Stattdessen bringt Sex mehr Fülle und Tiefe in die Liebe, während die Liebe dem Sex Schönheit und Sinn verleiht.

Schlüsselbegriffe: wettstreitendes Ego, kooperativer Partner, Inspiration vom Partner, spontaner Sexualtrieb, Liebesheirat, starke Libido, primitiver Trieb, gerissen, aggressiv, abenteuerlustig, lernt Kooperation durch die Ehe, selbstbewußt, sensitiv für Beziehungen, manchmal bisexuelle Veranlagung, sucht die Fairneß der anderen, kommt durch die Ehe ins Gleichgewicht.

Erstes Haus Stier – Siebtes Haus Skorpion

Das erste Haus im Stier repräsentiert eine ausgesprochen liebesfähige Persönlichkeit. Mit dem siebten Haus im Skorpion zieht man oft sehr sexuell betonte Menschen an, die unbewußte Unsicherheiten im Ego verkörpern.

Mit dem ersten Haus im Stier besteht ein starkes Interesse an einer Vielfalt an Partnern und doch tendiert diese Persönlichkeit im Grunde genommen dazu, sich an einen Partner fest zu binden. Da das körperliche Empfindungsvermögen hier besonders ausgeprägt ist, besitzt dieser Mensch wahrscheinlich den bestentwickelten Tast- und Geruchssinn im ganzen Tierkreis. Die körperliche Liebe ist für das Ego von wesentlicher Bedeutung, da die reine Lust die Transformation hervorbringt, die die Ideale des höheren Selbst an die Oberfläche bringt. Für diesen Menschen ist es wahrscheinlich sehr schwer, mit dem anderen Geschlecht eine Freundschaft auf rein plantonischer Ebene einzugehen. In jüngeren Jahren wird er in Situationen geraten, in denen er mit starken inneren Gefühlen der Zurückweisung konfrontiert ist, die schwer zu erkennen sind. Um diese Gefühle zu kompensieren, bemüht er sich übertrieben darum, dem anderen Geschlecht seine Körperkraft und Ausdauer zu zeigen. Beide Geschlechter haben Schwierigkeiten, einem Partner absolut treu zu sein.

Die erdhaften Qualitäten der Sexualität sind für diesen Menschen ein Grundbedürfnis und es fällt ihm schwer, Sex richtig einzuschätzen. Diese Hauspolarität basiert auf dem reinen Instinkt, der in der Persönlichkeit ein Gefühl des »einzig Wahren« hervorruft. Mit Skorpion im siebten Haus besteht eine Verschiedenheit der grundlegenden Eigenschaften des Ego und dem hektischen Lebensstil, den diese Persönlichkeit durch die intimen Beziehungen zu anderen erlebt. Scheidungen oder Trennungen treiben hier die Transformation voran, da das Ich-Ideal nach einer noch unbekannten, tieferen und mystischeren Beziehung strebt

als der bestehenden. Die Persönlichkeit neigt dazu, sich mit sich selbst zu langweilen, während sie von anderen fasziniert ist. Die Folge davon ist, daß sie Menschen anzieht, die ein ausgesprochen gutes Wahrnehmungsvermögen besitzen, sehr intuitiv und oft medial veranlagt sind. Sie sehen diesen Menschen klarer, als er sich selbst sieht. Oft ist er von den Erkenntnissen und Einsichten anderer abhängig, um die tieferen Motivationen für seine Handlungen verstehen zu können.
Diese Polarität beinhaltet ausgesprochen intensive, oft sehr romantische, unbeständige und kurzlebige Beziehungen, die zur Transformation dieses Ego notwendig sind, das ansonsten für Veränderungen ausgesprochen resistent ist.
Die Lektion, die diese Polarität mit sich bringt, ist, anderen zur Transformation ihrer Werte zu verhelfen, während man sich aber die Identität mit dem eigenen Selbst erhält.

Schlüsselbegriffe: sinnlich, sexuelle Beziehungen, erdhafte, nicht sehr entwickelte, lustbetonte Partner, besitzergreifende Tendenzen, eifersüchtig, nachsichtig, entwickelt Tiefe durch die Ehe, erlebt unbeständige sexuelle Transformationen, paranoide Gefühle, Scheidung möglich, starker Überlebenstrieb.

Erstes Haus Zwillinge – Siebtes Haus Schütze

Dieser Mensch versucht, die höheren Wahrheiten in Beziehungen zu finden. Durch die Sexualität kann er sowohl seine eigene Rolle als auch die des Partners ausagieren, so daß er beide Seiten der Erfahrung verstehen kann. Durch sein starkes Bedürfnis nach Fairneß, Verständnis und Freiwerden von Gedanken, entdeckt er vielleicht, daß seine sexuellen Partner freier sind als er selbst. Er sucht die Beziehung zu Menschen, die jünger sind als er, und durch die spontanen Beziehungen, die daraus entstehen, entfaltet er die sprühende Gegenwärtigkeit, die der Aszendent im Zeichen Zwillinge verkörpert. Seine starke geistige Aktivität führt eher zu einer Vielzahl kurzer sexueller Erlebnisse als zu tieferen sexuellen Verbindungen. Hier ist der sexuelle Konkurrenzkampf nicht das Ziel, sondern vielmehr die Fähigkeit, aus einer nicht sexuellen Situation eine sexuelle Wirklichkeit zu machen. Dieser Mensch lernt, wie man den Traum von der Liebe in der Realität zum Ausdruck bringt.

Mit dem siebten Haus im Schützen basiert das Ich-Ideal auf Wahrheit und Ehrlichkeit. Dieser Mensch schätzt diese Eigenschaften so hoch ein, daß sie durch nichts anderes übertroffen werden könnten. Diese Ideale gleichen die duale Natur des Ego aus. Das Zeichen Zwillinge symbolisiert die geistige Zwiespältigkeit. Die Persönlichkeitsstruktur beinhaltet immer eine »Ja-Nein«-Qualität. Diese Yin-Yang-Veranlagung führt zu kindlichen Unsicherheiten in der grundlegenden Wahrnehmung des Selbst, die in Beziehungen verschwinden, die die höheren geistigen Qualitäten des Zeichens Schütze zum Ausdruck bringen, denn mit Schütze kann man die Dualitäten erkennen und weiß doch um die Einheit der Wahrheit, die über allen Zweifel erhaben ist. Mit dieser Hauspolarität fühlt man sich nur dann in seiner Mitte, wenn man durch die Beziehung zu einem anderen Menschen Objektivität gewinnt. Die Folge davon ist eine Tendenz, den Partner, der in der Lage ist, die Dinge von einem philosophischen und objektiven Standpunkt aus zu betrachten, zu vergöttern.

Das Ego betrachtet Sex als ein merkwürdiges Spiel, in dem es sowohl der aktive als auch der beobachtende Teil ist. Gleichzeitig zieht dieser Mensch Partner an, die die Ideale des höheren Selbst hinsichtlich Ehrlichkeit und Aufrichtigkeit und dem Gefühl, den Geist von allem Irdischen zu befreien, verkörpern. Ironischerweise fühlt sich ein Mensch mit dem siebten Haus im Schützen am freisten, wenn er weiß, daß er zu jemandem gehört.

Die Lektion dieser Hauspolarität ist, sein Selbst durch die Ehe zu befreien, indem man die Art und Weise verstehen lernt, wie die duale Natur des Ego mit seinen Idealen zusammenhängt.

Schlüsselbegriffe: Mentale Aggressivität, spontan, jugendlich, duale Persönlichkeitsstruktur, sich wiederholende sexuelle Verhaltensmuster, vielseitig, anpassungsfähig, beim Sex gesprächig, exhibitionistische Tendenzen, Glück durch Heirat, wählerisch.

Erstes Haus Krebs – Siebtes Haus Steinbock

Hier ist Sexualität eng mit emotioneller Sicherheit verbunden. Dieser Mensch ist ausgesprochen sensitiv und intuitiv. Ältere Partner, durch die er lernen kann, auf sexueller Ebene zu reifen, üben eine starke Anziehung auf ihn aus. Da er nicht fähig ist, mit Zurückweisung umzugehen, vermeidet er jede Annäherung an das andere Geschlecht, falls er nur die geringste Möglichkeit einer Zurückweisung sieht. Die Liebe nimmt er nicht leicht. Mit jemandem ein intimes Verhältnis zu haben, bedeutet eine Verpflichtung auf vielen Ebenen, und in der Folge davon bindet sich dieser Mensch sehr fest an jemanden, der ihm aufrichtige Zuneigung entgegenbringt.

Seine kindliche Schüchternheit veranlaßt diesen Menschen, einen starken Partner zu suchen, der ihn beschützt. Auch hängt seine sexuelle Erwiderung vom Vertrauen ab. Wenn er dieses Vertrauen empfindet, ist er sehr warm und liebevoll und gibt, ohne zu fragen wieviel. Obwohl das Ego tief in der Emotionalität verwurzelt ist, muß das Ich-Ideal zur Reife gelangen. Deshalb wird sich dieser Mensch einen Partner suchen, der in jeder Weise sein Potential aus ihm herausholen kann.

Durch sein Ego (erstes Haus) begeistert er sich oft für

Gefühle, die spontan entstehen, und er braucht den Steinbock als Spiegel, um feststellen zu können, ob diese Gefühle auch wirklich und realisierbar sind oder nur ein kindliches Aufwallen der Gefühle. Auf sexueller Ebene muß er vielleicht einen Ödipuskomplex verarbeiten. Die Ehe kann zu einer Wiederholung des Rollenspiels in der Kindheit führen, damit er die emotionellen Überreste aus der Vergangenheit ordnen und in einen logischen Zusammenhang bringen kann, worauf sich dann seine Sicherheit aufbaut. Da er sich von Grund auf vor der Außenwelt fürchtet, braucht er eine ständige Rückversicherung. Dies kann eine Abhängigkeit verursachen, wodurch dieser Mensch seinem Partner ausgeliefert ist, der immer alles unter Kontrolle zu haben scheint. Es ist aber auch möglich, daß er sich der Tatsache verschließt, daß er einen Partner braucht, der für ihn sorgt.
Um seine emotionelle Sicherheit aufzubauen, heiratet dieser Mensch möglicherweise einen älteren Partner oder jemanden, dessen Ehrempfinden, Würde und Selbstachtung ohne Tadel sind. Sein Ego ist wie eine Blumenknospe, die nach dem Ideal der Wertschätzung strebt, die sie sich wünscht, wenn sie voll aufgeblüht ist.
Diese Hauspolarität symbolisiert eine der wichtigsten sexuellen Lektionen im Tierkreis. Wenn man jeweils einen Eindruck vom Wesen der Erfüllung erhalten will, dann muß man begreifen, daß sexuelle Liebe auf Verletzlichkeit beruht. Der Mensch mit Krebs-Aszendent muß verletzbar sein, damit er sein gesamtes Gefühlsspektrum zum Ausdruck bringen kann. Aber er kann sich nur dann öffnen, wenn er intuitiv weiß, daß der Sexualakt mit Sicherheit verbunden ist.

Schlüsselbegriffe: Emotionell, sensitiv, warm, impulsiv, kindlich, sinnlich, besitzergreifend, verbirgt seine Gefühle, geht feste Beziehungen ein, verkompliziert sehr leicht, sehr schöpferisch, Mutterinstinkt, karmische Heirat mit einem älteren Partner, bewertet die Beschützerfähigkeit, dauerhafte Beziehungen, zurückgezogene Persönlichkeit, entwickelt sich durch die Ehe.

Erstes Haus Löwe – Stiebtes Haus Wassermann

Bei dieser Hauspolarität zeigt sich auf vielen Gebieten ein Hang zum Exhibitionismus. Die Persönlichkeit ist mit einer Blume vergleichbar, die in vollster Blüte steht und sich nach der Sonne streckt. Sie besitzt ein starkes Ego und ein tiefverwurzeltes Selbstbild. Obwohl dieser Mensch sexuell betont ist, vermeidet er trotzdem Situationen, die sein Gefühl der Selbstachtung beeinträchtigen würden.

Verborgene Liebesaffairen werden für diesen Menschen zu einem Versuchsfeld, auf dem er seine natürliche Veranlagung zu Kreativität und Romantik verwirklicht. Da dieser Persönlichkeit etwas Königliches und Erhabenes anhaftet, kann in diesem Menschen das Gefühl entstehen, daß man ihm die sexuellen Erlebnisse, die er gerne haben würde, nicht abschlagen sollte. In vieler Hinsicht dominiert er über andere. Er sucht die Beachtung und jeder, der ihm die geringste Anerkennung schenkt, übt eine starke Anziehung auf ihn aus.

Das siebte Haus im Wassermann schafft einen Ausgleich zu den enormen Ego-Triebkräften, die doch niemals ganz erfüllend zu sein scheinen. Das unpersönliche Bedürfnis, der Menschheit zu dienen, kann in der Ehe zu einem Mittel werden, um die wahrhaft mächtigen Kräfte des Löwe-Aszendenten zu kanalisieren. Obwohl dieser Mensch die Ehe braucht, um sein Ziel zu erreichen, fällt es ihm in gewisser Weise doch schwer, eine dauerhafte Beziehung mit einem Partner aufrechtzuerhalten. Die Vorstellung von einer intimen Beziehung widerspricht den Ich-Idealen des Wassermanns, die unpersönlich und distanziert sind, wenn es um intime Situationen geht.

Bei dieser Hauspolarität ist Scheidung üblich, kann aber auch vermieden werden, wenn der Partner nicht fordernd ist und vom Philosophischen her die Idee der gegenseitigen Unabhängigkeit innerhalb der Ehe verstehen kann. Auf der sexuellen Ebene findet niemals eine Verschmelzung von zwei Egos statt, da sowohl Löwe als auch Wassermann einen sehr starken Willen besitzen. Statt dessen lehrt jeder den anderen, er selbst zu sein. Die Nähe und Wärme, die man in einer Ehe erwartet, wird hier nicht wirklich erfahren, aber man erlebt ein großes Maß an spirituellem Wachstum und an Persönlichkeitsentwicklung.
Die Lektion dieser Hauspolarität ist, zu lernen, wie man die Bedürfnisse des persönlichen Ego mit dem unpersönlichen Willen des göttlichen Bewußtseins ins Gleichgewicht bringt.

Schlüsselbegriffe: Mächtiges Ego, attraktiv, gibt anderen Energie, selbstzentriert, ausgesprochen sexuell, entwickelt feste moralische Wertvorstellungen, vertrauensvoll, aufrichtig, selbstzufrieden, fröhlich, zieht außergewöhnlichen Partner an, Vereinigung basiert auf gegenseitiger Anerkennung der Individualität, muß seiner sexuellen Frustration Luft machen können, lernt durch die Ehe, unpersönlich zu lieben.

Erstes Haus Jungfrau – Siebtes Haus Fische

Mit dem Zeichen Jungfrau im ersten Haus strebt man nach sexueller Perfektion. Man sucht einen Partner, den man reformieren kann, weil man mit seinem Ich-Ideal Unvollkommenheit nicht tolerieren kann. Während der ersten Lebenshälfte ist man im allgemeinen nicht glücklich, weil man dazu neigt, Liebhaber anzuziehen, die einem nicht wirklich entsprechen. Wenn man das einmal erkannt hat, kann man seine eigene Persönlichkeitsstruktur dahingehend verändern, daß sie mehr mit der Realität in Einklang ist.

Die physische Erscheinung, absolut korrekte Kleidung und gepflegtes Aussehen sind für diesen Menschen besonders wichtig. Wenn er sich selbst nicht sauber fühlt, neigt er dazu, seinen Sexualtrieb zu unterdrücken, indem er ihn rationell als mentale Diskriminierung abtut. Sogar wenn er realistisch ist, sind seine Maßstäbe übertrieben hoch, und er würde sich eher den Sex versagen, als das Gefühl zu haben, daß er in irgendeiner Weise seine ethischen oder moralischen Wertvorstellungen herabsetzen würde.
Manche Menschen mit Jungfrau im ersten Haus neigen zur Bi- oder Homosexualität, da sie unentwegt nach der perfekten Vereinigung des Selbst suchen. Sexuelle Abstinenz und Zölibat sind bei dieser Hauspolarität nicht ungewöhnlich. Wenn der Betreffende heterosexuell veranlagt ist, verursacht der Jungfrau-Aszendent ein Gefühl, selbst gering zu sein, im Vergleich zu dem unendlichen Wesen des siebten Hauses im Zeichen Fische, das durch den Partner empfunden wird. Er möchte seinem Partner mitfühlend zu Diensten sein und es ist gut möglich, daß sein Partner der Realität entfliehen möchte, Alkoholiker, ein chronischer Lügner, ein launenhafter Künstler oder einfach ein Illusionist ist, der in einer realitätsfremden Traumwelt lebt.
Das Ego kann den Anflug eines »Heiligen« haben. Dieser Mensch sieht sich selbst als Reformer, der versucht, einem scheinbar zu kurz Gekommenen sein Mitleid auszudrücken. Er hält seinen Partner für seine märtyrerhafte Mission. Fische ist das Zeichen Christi, und jeder, dessen siebtes Haus in das Zeichen Fische fällt, wird in der Ehe sein eigenes Kreuz zu tragen haben.
Die ungeheuere Anstrengung, die dieser Mensch macht, um einem Meer der Illusion und Konfusion Festigkeit, Struktur, Sinn und Wert zu geben, bringt seine besten Seiten zum Vorschein. Bisweilen wird ihm klar, daß seine Aufgabe scheinbar aussichtslos ist, aber trotzdem wächst seine Bewußtheit über eine höhere Form der Liebe in ihm, die sich aus dem bloßen Versuch heraus entwickelt.

Die Lektion dieser Hauspolarität lernt man gewöhnlich erst später im Leben, nachdem der Mensch die Wichtigkeit erkannt hat, seine konkreten Ideale mit den schweren Opfern in Einklang zu bringen, die er bringen muß, um die Erfahrung der mystischen Tiefe emotionellen Fühlens, die er sucht, machen zu können.

Schlüsselbegriffe: diskriminierend, idealistisch, nervös, schlau, Desillusionierung verursacht Hedonismus, manchmal asexuell, bisexuell oder homosexuell, Sexualtrieb wird von der körperlichen Erscheinung angeregt, manchmal frigide, natürliche unbewußte Frömmigkeit, helfende Rolle in der Ehe, sensitiver Partner, erreicht göttliche Liebe durch Vereinigung.

Erstes Haus Waage – Siebtes Haus Widder

Mit Waage im ersten Haus hat der Sex die Eigenschaft, die Bedürfnisse des Partners zu reflektieren. Dieser Mensch hat Schwierigkeiten damit, zu erkennen, wer er wirklich ist. Gewöhnlich ist er in die Liebe selbst verliebt. Oft geht er mit einer rosaroten Brille durchs Leben und stellt sich in vielen Situationen romantische Liebesabenteuer vor. Er hält sowohl sich selbst als auch seine Mitmenschen zum Narren, weil er die Realität seiner Beziehungen nicht sehen will.
In der Sexualität ist dieser Mensch passiv und muß von der Begeisterung seines Partners angesteckt werden. Grundlegende Unsicherheiten und die Angst vor Zurückweisung führen dazu, daß er sich einen starken und manchmal selbstsüchtigen Partner sucht, der zu führen versteht. Das sensitive, nachgiebige und gutmütige Wesen des Waage-Aszendenten begnügt sich vollkommen damit, dem richtigen Partner zu folgen.
Trotz der ätherischen Leichtigkeit dieser Hauspolarität sind die sexuellen Bedürfnisse ziemlich erdhaft und ausge-

prägt, da bei dieser Häuserfolge in der Regel Stier in das achte Haus fällt. Die natürliche körperliche und spirituelle Schönheit dieses Menschen kann sich durch den Sex in ganz besonderer Weise ausdrücken. Durch die Ehe entwickelt er ein Gefühl der Individualität und Identität, weil der Waage-Aszendent (das Zeichen der Ehe) dazu tendiert, dem Menschen das Gefühl zu geben, daß er nur ein halber Mensch ist, wenn er zum Alleinsein gezwungen ist. Wenn sich die Identität auf ein »Wir« anstatt auf ein »Ich« konzentriert, kann sich die natürliche innere Schönheit dieser Konstellation voll entfalten. Durch das siebte Haus im Zeichen Widder entsteht ein Gefühl für eine eigene Meinung und die Wichtigkeit, seinem Leben eine feste Richtung zu geben. Da dieser Mensch ausgesprochen sensitiv ist, absorbiert er sämtliche selbstsüchtigen Eigenschaften des Partners. Das ist jedoch nichts Negatives, sondern verleiht dem ansonsten passiven Ego Schwung und Antrieb. Auf der sexuellen Ebene möchte dieser Mensch seinem Partner gefallen, aber von diesem lernt er auch, daß er sich selbst gefallen muß.
Die Lektion dieser Hauspolarität ist, das passive Ego durch die Ehe zu festigen, während man gleichzeitig lernt, durch sein unpersönliches Selbst den Ausgleich in der Partnerschaft herbeizuführen.

Schlüsselbegriffe: sensitiv, schafft Frieden, dem Partner gegenüber opferbereit, unpersönliche Identität, taktvoll, ästhetisch, sexbetonte Beziehungen, manchmal bisexuell, unbewußter sado-masochistischer Komplex, jugendlicher Partner, energetischer sexueller Partner.

Erstes Haus Skorpion – Siebtes Haus Stier

Diese ist die sexuell betonteste Hauspolarität im Tierkreis. Das fixe Wesen von Skorpion und Stier erhält seine Kraft.

aus dem sexuellen Bedürfnis. Auch wenn dieser Mensch auf einem spirituellen Weg ist, werden die Transformationen durch die Sexualität zur Grundlage dieses Weges. Sex schärft die intuitive und instinktive Natur des Menschen, was eine leidenschaftliche und feinsinnige, aber doch oft ruhige Persönlichkeit hervorbringt, in der sich ein großes Maß an persönlicher Tiefe verbirgt.

Obwohl dieser Mensch die tiefsten Geheimnisse eines anderen durchschaut, verbirgt er die Motivationen seines eigenen Ego sehr geschickt. Er tut das, weil er nicht wirklich daran glaubt, daß andere das Leben so verstehen können, wie er es sieht. Seine Ideen, Lebenseinstellungen und Handlungen rühren aus einer ursprünglichen, ungehemmten, unverblümten und erstaunlich realistischen Ebene.

Dieser Mensch pirscht sich an sein sexuelles Ziel heran wie ein Tier an seine Beute. Wenn er verheiratet ist, hat er möglicherweise noch andere Liebesaffairen, weil er Sex braucht, um die Richtigkeit seiner Lebensmotivation bestätigt zu sehen. Anstatt über das nachzudenken, was in seiner Ehe verkehrt läuft, sucht er sich lieber geheime sexuelle Beziehungen mit Partnern, die das, was ihm fehlt, erfüllen. Seine inneren Kämpfe sind der Tatsache zuzuschreiben, daß sein Ego sehr unbewußt ist. Er wird von dem Wunsch nach Selbstzerstörung und der Vernichtung der ihm nahestehenden Menschen gequält, da er versucht, alle Zustände in der Welt, die nicht an seine hohen Ideale heranreichen, zu reformieren. Dies irritiert ihn ständig.

Möglicherweise zerstört er sich selbst, um ein anderer zu werden. In der Ehe lernt er die Werte der Dauerhaftigkeit, Geduld und einer soliden Lebensführung, was seinem ansonsten sehr hektischen Lebensstil Struktur verleiht. Sein unbewußtes Ego schätzt Sex höher ein als Liebe, aber die Ich-Ideale seines siebten Hauses lehren ihn das genaue Gegenteil. Durch wiederholte Erfahrungen mit der Zerstörung, nur um wieder aufbauen zu müssen, begreift er allmählich,

wie man Sex und Liebe in einen sinnvollen Einklang bringt, wodurch er zu seiner eigenen Harmonie findet.
Da er das Vergnügen sucht, sucht er sich einen Partner, der die Muße liebt. Seine größten Schwierigkeiten in Beziehungen erwachsen aus der Art und Weise, wie er mit seinem besitzergreifenden und eifersüchtigen Wesen umgeht. Er kann eine Ehe buchstäblich dadurch zerstören, daß er seine eigene unbewußte Paranoia durch sein Mißtrauen projiziert. Wenn er lernt, seine Intensität zu steuern, kann er sowohl sein Ego transformieren, als auch seinem Partner die Tiefe geben, die dieser braucht.
Mit dieser Hauspolarität muß man lernen, wie man seine sexuelle Energie in Kreativität umwandelt, während man gleichzeitig den Wert, neue Ideale auf einem soliden Fundament aufzubauen, erkennt.

Schlüsselbegriffe: betont sexuell, eindringlich, verschlossen, lustbetont, manchmal besessen, regenerierend, manchmal bisexuell, sucht die unbewußten Wahrheiten, großes Glück durch Vereinigung, Sex-Liebe-Konflikt muß in Harmonie gebracht werden, perverse Bedürfnisse, Neigung zur Wolllüstigkeit, Voyeurismus.

Erstes Haus Schütze – Siebtes Haus Zwillinge

Dieser Mensch hat eine Menge sexueller Gedanken, die sich aber nicht unbedingt körperlich manifestieren. Das Ego identifiziert sich mit Freiheit und benutzt Sex als Mittel zum Ausbruch, wann immer es sich eingeengt fühlt. Wenn dieser Mensch aber frei ist, ist Sex für ihn von nicht allzu großer Bedeutung. Stattdessen ist Sex ein Symbol für andere Dinge. Sein höherer Verstand muß das Gefühl haben, daß er über dem Irdischen steht. Die Sexualität, die dieser Mensch erlebt, muß in gewisser Weise mehr sein als das, was andere seiner Meinung nach begreifen können. Er betrachtet die

Liebe nicht als etwas Geplantes oder als etwas, das man bewahren müßte, sondern vielmehr als eines der Abenteuer des Lebens. Somit ist er ein sehr romantischer Mensch, der oft Luftschlösser baut, sich aber trotzdem von einem Abenteuer ins nächste stürzt. Daher fällt es ihm schwer, sich einem Partner ganz zu widmen. Aus diesem Grund und einer Urangst vor Verpflichtung und Bindung kommt es bei diesem Aszendenten häufig zur Scheidung. Das Interessante dabei ist, daß es mehr die Idee der sexuellen Möglichkeit ist, die das Ego dazu antreibt, sich in verschiedene Richtungen hin zu orientieren, als die wirkliche körperliche Befriedigung aus dem Sexualakt. Dieser Mensch hat ein ungeduldiges Bedürfnis nach Spontaneität, das Grenzen durchbrechen und transzendieren will und ihm die Sicherheit gibt, ein wirklich freier Geist zu sein.
Seine sexuellen Phantasien spielen gewöhnlich in der freien Natur, was das Bedürfnis dieses Menschen erfüllt, Teil der Natur zu sein. Durch die Ehe lernt er, wie er diese Interessen in der lebendigen Gegenwärtigkeit der »Jetzt«-Realität verwirklichen kann. Das gewöhnlich arrogante Schütze-Ego neigt dazu, die Dinge nicht im richtigen Verhältnis zu sehen, aber die Ich-Ideale des Zeichens Zwillinge im siebten Haus lenken die Wahrnehmung in die richtigen Bahnen, was den Menschen wieder zurück auf den Boden der Tatsachen bringt. Das Selbst ist sich stets des Makrokosmos bewußt, während sich die Ehe auf den Mikrokosmos gründet. Obwohl dieser Mensch hochgeistige persönliche Wertvorstellungen besitzt, die scheinbar an die universelle Wahrheit heranreichen, kann er nur durch die Ehe lernen, sie zu verwirklichen. Sowohl für das Ego als auch für das Ich-Ideal ist Sex mehr Neugierde, die auf Interessiertheit basiert, als ein körperliches oder emotionelles Bedürfnis.
Mit dieser Hauspolarität muß man lernen, zwischen »erkennen« und »sein« zu unterscheiden. Das Ego muß lernen, wie man sich unter Berücksichtigung eines anderen ausdrückt, was dazu verhilft, das partnerschaftliche Ver-

ständnis zu entwickeln, das diesen Menschen schließlich zu der gesuchten Wahrheit führt.

Schlüsselbegriffe: unbeständig, freier Geist, Mangel an emotioneller Sensitivität, sucht spontane sexuelle Erlebnisse, langweilt sich schnell, geistige Masturbation, zieht platonische Beziehungen an, leidenschaftslose Ehe, lernt durch den Partner, wählerisches Ego, Scheidung möglich, vergewaltigt andere geistig, schwieriger Kampf mit der Sterblichkeit.

Erstes Haus Steinbock – Siebtes Haus Krebs

Mit Steinbock im ersten Haus versucht der Mensch ein persönliches Gefühl sexueller Verantwortung zu entwickeln. Er strebt nach Form, Struktur, Würde und Selbstachtung und wird somit ein sexuelles Verhalten vermeiden, das diesen Bedürfnissen widerspricht.

Dieser Mensch hat das Bedürfnis, sich zu verstecken, und baut deshalb eine Mauer zwischen seine wahren Empfindungen und das, was er davon preisgeben will. Stolz und Einschränkung sind die Bausteine dieser Mauer, und der Wunsch, sich gegen alle zu verteidigen, was seine Sicherheit erschüttern könnte, ist der Zement, der sie zusammenhält. Sein Sexualleben scheint in irgendeiner Weise eingeschränkt zu sein. Sex ist unbewußt mit einem inneren Pflichtgefühl gegenüber den religiösen und moralischen Wertvorstellungen gegenüber seinem Gott verbunden. Obwohl er nicht unbedingt weniger sexuelles Interesse hat als jedes andere Tierkreiszeichen, erkennt er doch die Wichtigkeit, Selbstachtung zu erlangen und aufrechtzuerhalten, nicht nur zu seinem eigenen Vorteil, sondern auch, um die Prinzipien, an die er glaubt, zu bewahren.

Durch die Ehe lernt er, mit seinen Emotionen in Berührung zu kommen. Obwohl sein Ego sich gerne hinter einer Maske verbirgt, würde sein Ich-Ideal in Wirklichkeit lieber alle

Masken fallen lassen, mehr auf die Erde kommen und lernen, die Interaktionen zwischen ihm und den Menschen, die er liebt, zu spüren.
Mit dieser Hauspolarität ist man in jungen Jahren für sein Alter sehr reif, da man versucht, allen Erwartungen, die man an sich gestellt sieht, gerecht zu werden. Wenn man beginnt, die Charaktermerkmale des siebten Hauses im Krebs zu entdecken, beginnt man allmählich, seine Verhaltensmuster zu ändern. Die Ehe bringt eine Spontaneität hervor, die mit weniger vorausgeplanten Reaktionen, Aktivitäten und Situationen verbunden ist. Dieser Mensch wird sich immer einen Partner suchen, der sehr liebevoll, sensitiv und warm ist, so daß er diese Eigenschaften schließlich in sich selbst erkennen kann.
Sex nimmt ein Maß an Schicklichkeit an, das nirgendwo anders im Tierkreis zu finden ist. Sex wird zu dem wichtigen Bindeglied, aus dem eine Familie entsteht, die auf einer hingebungsvollen Liebe aufgebaut ist.
Hier muß das gereifte Ego lernen, einen Partner zu umsorgen, wofür es als Gegenleistung die Bausteine dafür erhält, ein Gefühl von Wert und Sinn zu entwickeln, weil dieser Mensch durch die Ehe gelernt hat, Wärme und Aufrichtigkeit zu leben.

Schlüsselbegriffe: einschränkend, sachlich, sexuell unterdrückt, schlechtes Zeitgefühl, beschützend, starkes Über-Ich, sorgt sich um den Partner, sensitiv gegenüber den sexuellen Bedürfnissen des Partners, pflichtbewußt, wächst durch die Ehe, Angst loszulassen, ödipale Konflikte, unreifer Partner, der sich entwickeln muß.

Erstes Haus Wassermann – Siebtes Haus Löwe

Mit dieser Hauspolarität besitzt man ein großes Maß an sexueller Neugierde. Die Persönlichkeit befindet sich in ständiger Veränderung, da dieser Mensch ein unpersönliches Bewußtsein hat. Jedesmal, wenn er glaubt, sich selbst gefunden zu haben, entdeckt er einen neuen Weg, was ihn dazu bringt, seine Suche fortzusetzen. Er ist experimentierfreudig, aber da diese Häuserfolge meistens das Zeichen Jungfrau im achten Haus aufweist, sind seine Sexualtriebe mehr geistiger als körperlicher Art. Durch das Wissen um die sexuellen Abenteuer anderer hat er das Gefühl, an etwas teilzuhaben, das über seine persönliche Geringheit hinausgeht. Oft führt er sich in gewisser Weise selbst an der Nase herum, wie der sprichwörtliche Esel, der der Mohrrübe hinterherläuft, die man vor seine Nase hält.

Trotz seiner geistigen Neugierde neigt er auf sexueller Ebene zur Kühle. Sein sexuelles Verhalten ist mechanisch, wissenschaftlich und untersuchend. Somit ist seine Sexualität weniger menschlich und mehr auf die Forschung ausgerichtet. Dieser Mensch kann originell, ausgefallen, spontan anpassungsfähig an fast alles und in manchen Fällen bi- oder homosexuell sein. Dies alles ist ein Produkt seines Bedürfnisses, sich selbst zu finden.

Durch die Ehe lernt dieser Mensch, seine aufgespaltene Persönlichkeit zu festigen, so daß er in allem, was er erlebt, einen konstruktiven Sinn erkennen kann. Dies ist eine der wenigen Tierkreiskonstellationen, die es dem Betreffenden unmöglich macht, sein persönliches Selbst ohne eine feste Partnerbeziehung zu finden. Die Uranus-Energien, die hier das Ego beeinflussen, sind so ziellos und sprunghaft, daß dieser Mensch keine Einheit in seinem Dasein empfinden kann. Die Forderungen des siebten Hauses im Löwen hingegen ermöglichen ihm, sein Bedürfnis zu geben zu kanalisieren. Somit kann er (durch die Ehe) ein Gefühl für seinen Sinn entwickeln, das sein Ich-Ideal braucht, um von den ganzen existentiellen Möglichkeiten, die er erkennt, Gebrauch machen zu können.

Sein Partner ist gewöhnlich sehr sexbetont, besitzt aber ein gutes Gespür für Führung und Perspektiven. Die verstreute

Herde der Gedanken, die ein Wassermann-Aszendent mit sich bringt, findet in der Ehe ihren Schäfer, dem sie folgen kann.
Die Lektion, die diese Hauspolarität beinhaltet, ist, die Freiheit des Selbst dadurch zu erlangen, daß man einem Partner selbstlos zu Diensten ist, dessen hohe Maßstäbe und Prinzipien dazu verhelfen, das Bewußtsein des unpersönlichen Ego zu entwickeln.

Schlüsselbegriffe: originell, futuristisch, unabhängig, sexuell experimentierfreudig, neugierig, sexuell anpassungsfähig, manchmal bi- oder homosexuell, wird mißverstanden, Bedürfnis, anderen Erfüllung zu schenken, kämpferisches Ego, distanziertes unpersönliches Verhalten in intimen Situationen, braucht einen rechtschaffenen und ehrlichen Partner, Sinnfindung durch den Partner, Selbstwertgefühl entwickelt sich durch die Ehe, sexuell fordernder Partner.

Erstes Haus Fische – Siebtes Haus Jungfrau

Dies ist der liebesfähigste und mystischste Aszendent im Tierkreis. Dieser Mensch identifiziert sich mit der reinen Liebe. Er lebt in einem grenzenlosen Traum von der Liebe. Wenn entweder Waage oder Skorpion in das achte Haus fallen, muß sich dieser Mensch mit dem Problem, sich selbst im Sex zu verlieren, auseinandersetzen. Er verliert sehr leicht seine Energien, weil er dem anderen zu sehr zu Gefallen sein möchte. Das passiert dann, wenn er sehr wenig Selbstvertrauen besitzt oder das Gefühl hat, daß seine sexuellen Vorstellungen nicht akzeptiert werden. Er hat große Angst davor, wegen seiner sexuellen Bedürfnisse verurteilt zu werden, und versteckt sich deshalb möglicherweise hinter der nebelhaften Imagination seines Fische-Aszendenten.
Seine romantische Persönlichkeitsstruktur stammt aus einem Leben in einer Welt der Bilder und Phantasien, die

sich um ganz besondere Schönheit drehen und um geschichtliche Epochen, in denen phantasievolle Kleidung, Ritterlichkeit und die Methoden anstandsvoller Werbung von Bedeutung waren. Da dieser Mensch sehr mystisch und scheu wirkt, zieht er andere in seinen Bann. Ob Mann oder Frau, dieser Mensch ist meistens ausgesprochen verführerisch und er hat immer gerade soviel Geheimnisvolles an sich, daß er die anderen in ständiger Spannung und Ungewißheit läßt. In sexueller Hinsicht ist er sehr liebesfähig und kann sehr viel geben, da er versucht, den Eindruck eines romantischen Verhältnisses zu vermitteln. Bei dieser Hauspolarität grenzt die persönliche Einstellung zur Liebe oft ans Unendliche.

Die Ehe bringt dieses Ego wieder auf die Erde zurück und verleiht ihm eine zusätzliche Dimension der Klarheit in seiner ganzen Wahrnehmung. Durch den Partner kann dieser Mensch innere Ordnung finden. Daher beginnt er auch zu erkennen, daß er Teil des Greifbaren ist und nicht nur fließende Substanz.

Auf sexueller Ebene ist das Fische-Ego überaus diffus und illusionistisch. Durch die Ideale des siebten Hauses in der Jungfrau kann dieser Mensch den positiven Wert der Begrenzung des sexuellen Ausdrucks erkennen. Er erlangt hierdurch ein Wissen, das ihn unterscheiden lehrt. Durch diese Unterscheidungsfähigkeit kann er schließlich die Träume aussortieren, die unrealistisch sind und sich auf diejenigen konzentrieren, die ihm Erfüllung schenken werden.

Schlüsselbegriffe: interessant, mystisch, erotisch, manchmal masochistisch, selbstopfernd, nachgiebig, mitfühlend, sanft, illusionistisch, verliert sich in Träumen, kann bi-sexuell sein, manchmal pervers, diskriminierender Partner, idealisiert den Partner, feste Ehebeziehung, sadistische Erfahrungen, wird durch die Ehe realistisch.

DIE ZWEITEN UND DIE ACHTEN HÄUSER

Das zweite Haus symbolisiert all die Dinge, Ideen, Anschauungen und Menschen, die ein Mensch in seinem Wertsystem schätzt. Werte sind Besitz. Sie repräsentieren alles, wodurch ein Mensch seine eigene Bedeutung gewinnt. Deshalb ist das zweite Haus wie ein Lagerhaus oder ein Vorratsschrank, aus dem der Mensch andere versorgen kann, indem er gibt. Hinsichtlich der sexuellen Ebene stellt das zweite Haus das dar, was man einem Partner während des sexuellen Erlebnisses gibt.
Sex ist mehr als nur eine physische Interaktion zweier Menschen. Es findet immer ein Austausch (oder Geschenk) statt. Tatsächlich ist eine der Hauptursachen, warum ein Mensch ein sexuelles Bedürfnis nach einem anderen hat, das Geben und Nehmen. Dies kann eine Idee sein, nach der man gesucht hat, eine Antwort, das Bewußtmachen von unbewußten Kräften oder eine Lebensorientierung. Es könnte buchstäblich alles sein. Das Wichtigste daran ist, daß jeder bei jedem sexuellen Erlebnis zum Gebenden und gleichzeitig auch zum Nehmenden werden kann. Sexuelle Erlebnisse, in denen nichts außer rein körperlicher Befriedigung gegeben und genommen wird, hinterlassen ein Gefühl der Leere und Frustration, und die unerfüllten Wünsche, die zu der Begegnung geführt haben, bleiben bestehen. Diejenigen Erlebnisse aber, in denen ein Austausch von Ge-

ben und Nehmen stattfindet, sind für beide Partner ausgesprochen erfüllend.

Die Menschen werden von sexuellen Verhaltensmustern geprägt, die eine starke Tendenz zur Wiederholung zeigen, ungeachtet dessen, wieviele sexuelle Erfahrungen ein Mensch tatsächlich gemacht hat. Durch die symbolische Wiederholung des Ausdrucks der Werte in bezug auf andere Menschen ist. Um die Polarität zwischen dem zweiten und dem achten
ist. Um die Polarität zwischen dem zweiten und dem achten
Haus verstehen zu können, muß man das Grundprinzip des Zeichens Stier (das dem zweiten Haus zugeordnet ist) und des Zeichens Skorpion (das dem achten Haus zugeordnet ist) verstanden haben.

Der Stier sammelt Materie an, um Substanz daraus zu machen, während der Skorpion alles, was nicht mehr von Nutzen ist, eliminiert, um Transformationen herbeizuführen. Das zweite Haus der Werte basiert wirklich darauf, was ein Mensch aus dem Materiellen gestaltet hat. Das Wertsystem eines Menschen ist ein Maß für seine Substanz. Das Gebenwollen, das aus dem zweiten Haus resultiert, ist ein Produkt des fundierten Wertsystems eines Menschen. Durch den Skorpion-Einfluß im achten Haus transformiert der Mensch seine Werte. Indem man alles Wertlose eliminiert, kann man zur Erfüllung seiner tiefsten Bedürfnisse gelangen und lernt außerdem, die Werte der anderen zu akzeptieren. Die Herrschaft des Zeichens Stier über das zweite Haus zeigt das natürliche Besitzverhältnis zwischen einem Menschen und den Dingen, für die er einsteht. Andererseits weist die Herrschaft des Zeichens Skorpion über das achte Haus auf die aufwühlenden Transformationen hin, denen unsere Werte wegen der anderen Menschen unterworfen sind.

Allgemein ist das achte Haus im traditionellen Sinne das Haus der Sexualität. Wenn man also das zweite und das achte Haus in ihrer Polarität verstehen will, muß man erkennen, in welcher Weise die Sexualität mit den persönlichen Werten zusammenhängt. Durch die Sexualität kommt ein Mensch mit der Substanz eines anderen am tiefsten in Berührung. Somit kann er seine Ideale, Prinzipien und Werte an dem messen, was er von seinem sexuellen Partner absorbiert. Es steht außer Frage, daß Sexualität Werte transformiert. Auch das Gegenteil davon ist richtig. Werte haben einen starken Einfluß auf die Sexualität.

Durch die Tiefen des achten Hauses kann man auch lernen, wie man von seinem inneren Selbst nimmt. Dieses Haus beinhaltet die persönlichsten intimen sexuellen Gedanken und Wünsche eines Menschen. Diese liegen gewöhnlich so tief verborgen, daß sie im Vergleich zu der Alltagsrealität, in der man lebt, wie eine andere Welt erscheinen. Man kann Sex erleben und doch nicht mit den unbewußten Bedürfnissen seines achten Hauses in Berührung sein.

Einer der hervorstechendsten Gründe hierfür ist ein starkes Schuldgefühl, sich die Niedrigkeit der Sexualität in ihrer primitivsten Form einzugestehen, da das achte Haus auch das Haus der kriminellen Veranlagungen ist. In irgendeiner Weise hängen die kriminellen Assoziationen in diesem unbewußten Haus mit der tief in einem verwurzelten Vorstellung von der »Sünde« zusammen, was latente oder unbewußte Blockierungen verursacht, derer man sich vielleicht nicht einmal bewußt ist.

Um seine sexuellen Bedürfnisse wirklich zu erkennen, muß man das Problem einer dualistischen Persönlichkeitsstruktur verstehen. In jedem Menschen wirken zur gleichen Zeit viele Schattierungen seiner Persönlichkeit. Trotzdem gibt es gewöhnlich eine bestimmte Doppelpersönlichkeitsstruktur, die sich klar definieren läßt. Unsere Identität wird von dem geprägt, was uns unsere Eltern und Lehrer beigebracht oder was wir aus Büchern gelernt haben. Diese Identität enthält viele Kompromisse, da sie weitgehend vom Über-Ich geformt wird. Sie ist der Teil in uns, den wir ausgebildet haben, weil wir nach der sozialen Anerkennung in unserer Gesellschaft streben. Deshalb reflektiert dieser Teil der Persönlichkeit nicht vollständig das, was wir in Wirklichkeit sind.

Der zweite Anteil unserer Persönlichkeit wird nicht in dieser Weise beeinflußt. Er stammt aus dem, was in der Psychologie das »Es« oder unsere angeborenen Urinstinkte genannt wird. Diese Identität findet man nur dann, wenn man sich fragt: »Wie würde ein Mensch denken, fühlen und handeln, wenn er sich nicht um die elterliche Erziehung, die religiösen Tabus, die soziale Anerkennung und die allgemeine Belastung, die ihm vom Über-Ich auferlegt wird, kümmern würde?« Mit anderen Worten, wie wären wir und was würden wir tun, wenn wir sein und tun könnten, was wir wollten? Dies ist der triebhafte Anteil in uns, der oft sehr verdeckt ist, um uns den Eindruck der Ehrbarkeit und Solidität in den Augen der anderen zu sichern. Doch aus diesem Grund bauen wir so viele Blockaden auf, daß wir niemals ganz in Berührung mit dieser Urkraft, die uns antreibt, kommen. Um das zu erreichen, müßten wir uns vorstellen, daß es in Wirklichkeit niemand anderen als uns auf dieser Welt gibt. Tatsächlich gibt es kein Über-Ich, das unsere Wünsche einschränkt, außer dem Über-Ich in unserer Phantasie. Wenn man dies einmal erkannt hat, kann man beginnen, sich auf einer reinen und ursprünglichen Ebene zu verstehen. Und genau auf diesem Urgrund geht die Saat unserer natürlichen instinktiven Bedürfnisse auf. Während das zweite Haus die angesammelten Werte, mit denen wir uns identifizieren, aufzeigt, werden sie im achten Haus aussortiert, so daß man zu sich selbst finden kann, ohne den Erwartungen der Außenwelt entsprechen zu müssen. Aus diesem Grund ist der sexuelle Ausdruck, wenn man sich auf der instinktiven Ebene mit der Sexualität auseinandersetzt, eine große Befreiung von angestauten Spannungen. Die Sexualität befreit uns von den Grenzen, die uns durch unsere Eltern, die Erziehung, Religion, Gesellschaft und die gesellschaftlichen Tabus auferlegt worden sind, und sie schenkt uns ein paar Augenblicke, in denen wir wirklich in

Fühlung mit uns selbst sind[1]. In diesen Momenten fühlen wir uns fast so, als ob wir von einer Welt in eine andere kommen. Und das ist auch wirklich der Fall! Für viele ist dieser Übergang schwierig, weil sie sich über die Tatsache bewußt bleiben, daß sie danach wieder in die irdische Welt zurückkehren müssen. Im Wesentlichen müssen sich diese Menschen noch einmal mit dem starken Über-Ich, das sie in sich fühlen, befassen.

Wenn ein Mensch wirklich mit seiner Erfahrung des achten Hauses in Berührung ist, macht er Veränderungen seiner Persönlichkeit durch. Sowie das sexuelle Unbewußte die Möglichkeit hat, an die Oberfläche zu kommen und sich zu verwirklichen, verschwinden all die unrealistischen Werte, die man als einen Teil von sich selbst betrachtet, wie durch ein Wunder. Stattdessen kommt man mit seiner realen sexuellen Identität in Kontakt, wodurch man sich ganz und vollständig fühlt, von der man aber weiß, daß die Gesellschaft sie niemals wirklich billigen wird. Hierin liegt der Konflikt verborgen, in dem die Menschen ständig leben. Dennoch wird das Selbst gerade durch diesen Konflikt regeneriert, da neue Werte aus dem Unbewußten auftauchen und die alten ersetzen, die man anderen gibt.

Zweites Haus Widder – Achtes Haus Waage

Mit dem Zeichen Widder im zweiten Haus bringt der Mensch sein eigenes Gefühl des Einsseins mit in die Sexualität. Er gibt seinem sexuellen Partner Jugendlichkeit und Vitalität und ein Gefühl dafür, neue Anfänge zu machen. Auf diese Weise regeneriert er andere, indem er sie lehrt, Herausforderungen anzunehmen.

Sein größtes Geschenk ist der hohe Wert, den dieser Mensch der Unabhängigkeit beimißt. Daraus können seine Partner lernen, individuell und einzigartig zu sein. Die dieser Kon-

1) Zum Verständnis »der Realität des Augenblicks« siehe Karmische Astrologie 4: »Das Karma im Jetzt« von Martin Schulman.

stellation innewohnende Spontaneität symbolisiert die Art und Weise, in der dieser Mensch andere lehrt, ihren Urinstinkten zu vertrauen.
Die Widder-Werte scheinen unbewußt die Unentschiedenheit anderer zu brauchen. Durch das achte Haus in der Waage entsteht ein Gleichgewicht zwischen den ausgesprochen subjektiven Wertmaßstäben und den unpersönlichen Werten der Waage, die objektiver sind. Da der Mensch zwischen seinem zweiten und achten Haus hin und her pendelt, kann er in sexueller Hinsicht wie ein Chamäleon werden, das einmal sexuell feinfühlig und liebevoll ist und ein andermal sehr defensiv. In manchen Fällen muß dieser Mensch zur Sexualität hingeführt werden, damit er lernt, die Liebe, die aus den unbewußten Ebenen des achten Hauses herrührt, auch auszudrücken. Der grundlegende innere Widerspruch besteht hierbei darin, daß das Zeichen Waage nicht nur das eigene Unbewußte erfährt, sondern auch das ständig wechselnde unbewußte Bedürfnis der anderen. In der Folge ist sich der Betreffende nicht immer sicher, welche Antriebe aus ihm selbst kommen und welche von anderen. Aus diesem Grund ist seine größte Sehnsucht die, mit einem anderen Menschen verschmelzen zu können, so daß er, egal was im Unbewußten vor sich geht (und wo auch immer die Quelle dieses Unbewußten liegen mag), dennoch die Einheit in der Liebe in sich spüren kann. Um erfüllt zu sein, braucht er die totale sexuelle Hingabe und Vereinigung. Alles, was im sexuellen Bereich darunter liegt, kann die Leere, die er in seinem Unterbewußtsein empfindet, weil er immer zu einer Hälfte für den anderen offen bleibt, nicht füllen. In der Liebe ist dieser Mensch feinfühlig, sein Verständnis ist einzigartig und seine Fähigkeit, die Bedürfnisse des Partners ins Gleichgewicht zu bringen, ist mit keinem anderen Tierkreiszeichen in dieser Hauspolarität zu vergleichen.
Die Lektion dieser Widder-Waage-Polarität ist zu lernen, wie man aus dem eigenen Selbst heraus gibt, so daß das tiefe unbewußte Bedürfnis nach Liebe erfüllt werden kann.

Schlüsselbegriffe: einfallsreich, primitive Bedürfnisse, verträumtes Sexualleben, sucht Erfahrungen, sexbetont, gibt dem Partner Kraft, kindliche Triebe, in manchen Fällen imaginäres Einfühlen in die Rollen beider Geschlechter, sucht feinfühlige sexuelle Partner, Ego-Zentrierung durch Sex.

Zweites Haus Stier – Achtes Haus Skorpion

Dies ist die natürliche Zeichenbesetzung des zweiten und achten Hauses. Hier ist der Mensch in der Lage, seinem Partner ein starkes Gefühl von Solidität und Sicherheit zu vermitteln. Er weiß, wie man von Grund auf aufbaut und eignet sich für jeden, der Schwierigkeiten hat, Stabilität zu finden, ausgezeichnet als Liebhaber. Er ist ausgesprochen praktisch veranlagt und schätzt eine tiefgründige bodenständige Denk- und Urteilsfähigkeit. Er ist geduldig und versteht, daß Dinge von Wert Zeit und Hinwendung brauchen, um vollendet zu werden. All diese Gedanken vermittelt er dem Partner während des sexuellen Erlebnisses. Tatsächlich braucht dieser Mensch Sex möglicherweise mehr, als das bei anderen Tierkreiszeichen der Fall ist, weil er ein starkes Bedürfnis hat, den anderen als Ausdehnung seines Selbst zu betrachten.

Das zweite Haus im Stier gibt dem sexuellen Erlebnis viel Liebe und Wärme. Der Partner vergißt das Wohlbehagen und das Gefühl von Sicherheit und Geborgenheit, das ihm hier gegeben wird, nicht so leicht. Aber das vielleicht größte Geschenk dieser Hauspolarität ist das instinktive Gefühl, daß es ein Ziel gibt, auf das es hinzuarbeiten gilt. Durch dieses Geschenk lernt der Partner die wahre Bedeutung der Gefühlskontinuität verstehen, die das Fundament jeder dauerhaften Beziehung darstellt.

Durch das achte Haus im Skorpion kann das Unbewußte voll an die Oberfläche kommen. Durch die natürliche Herrschaft des Zeichens Skorpion über dieses Haus, muß der

Mensch lernen, sich mit der Notwendigkeit einer wirklichen Konfrontation mit den Tiefen seiner Sexualität auseinanderzusetzen, wenn die übrigen Lebensbereiche unbehindert in Fluß sein sollen. Der unbewußte Trieb ist sehr stark, und wenn er nicht zum Ausdruck kommen kann, bringt dieser Mensch vielleicht Jahre in einer ärgerlichen Mißstimmung zu. Wenn er jedoch seine tiefen sexuellen Bedürfnisse entdeckt, kann eine Transformation der Werte stattfinden. Das zweite Haus im Stier ist in allem, was einmal angenehm und bequem war, so fest verwurzelt, daß keine Regeneration möglich wäre, wenn nicht die unruhigen sexuellen Erlebnisse wären, die das Unbewußte durch die heftigen Umwälzungen des achten Hauses im Skorpion aufwühlen.

Transformation ist ein ausgesprochen schwieriger Prozeß, der sich über Jahre hinzieht und für den viele verschiedene Erfahrungen gemacht werden müssen. Wenn die Sexualität zum Schlachtfeld für die Ego-Transformation wird, wird der Lebensstil mit großer Wahrscheinlichkeit von sadomasochistischen Tendenzen, perversen Bedürfnissen und extrem unbefriedigten Wünschen beeinflußt. Diese Hauspolarität beinhaltet eine Ursprünglichkeit, wodurch der Betreffende mit den niederen Wurzeln in Berührung bleibt, bis das Ego vollkommen transformiert ist. Von da an ist die Sexualität verfeinert und beginnt, die Wünsche des höheren Selbst zu reflektieren.

Hier muß man lernen, die Veränderungen herbeizuführen, die das Selbst transformieren, indem man die Wünsche des anderen verstärkt. Wenn man seine Wunschnatur unter Kontrolle behält, nimmt man Einfluß darauf, wie schnell sich das Selbst verändert, was schließlich zur Grundlage dafür wird, seinen wirklichen Lebenssinn zu finden, den die höheren Ideale des achten Hauses im Skorpion in Wahrheit suchen.

Schlüsselbegriffe: starke körperliche Anziehungskraft, liebevoll, warm, besitzergreifend, beschützend, eifersüchtig, sensitiv gegenüber den Bedürfnissen des Partners, hingebungsvoll, möchte die Gefühle durch Sex intensivieren, starke Wunschnatur, sadomasochistischer Ausdruck, gute Wahrnehmungsfähigkeit, ausgesprochen persönlich, sucht durch die Sexualität nach dem metaphysischen Sinn des Lebens.

Zweites Haus Zwillinge – Achtes Haus Schütze

Hier besitzt der Mensch ein dualistisches Wertsystem. Oberflächlich scheint dies ein großes Maß an Verwirrung mit sich zu bringen. Aber im Grunde genommen lernt der Mensch dadurch, daß alles zwei Seiten hat. Sowie man den Wert der Objektivität erkennen lernt, erstreckt sich das Gefühl der Sicherheit, das man im Leben so oft anstrebt, auf ein breiteres Verständnis der Yin- und Yang-Werte, mit denen man tagtäglich zu tun hat. Diese Hauspolarität bringt mit sich, daß man häufig die Rollen tauscht, da die gesamte Vorstellung von der Sexualität die Form einer Lernerfahrung annimmt. Dieser Mensch betrachtet es als seinen Wert zu wissen, wie der Partner fühlt, was er alles erlebt und sogar, wie der Partner das Erlebte mit vergangenen Erfahrungen vergleicht.
Diese Hauspolarität eignet sich ausgezeichnet dazu, die Lektionen der unpersönlichen Liebe zu lernen, da der Mensch mit dem zweiten Haus in den Zwillingen jedesmal, wenn der Partner eine zu große Nähe in der Beziehung entstehen läßt, zurückweicht. Er versucht zwar, eine intakte Beziehung aufrechtzuerhalten, aber doch immer irgendwie seine Freiheit zu behalten. Da sowohl das Zeichen Zwillinge als auch das Zeichen Schütze mit dem Geist zu tun haben, zeigt diese Polarität die Art und Weise, in der ein Mensch den niedrigen Geist durch Sex transzendiert. Die unbewußten Bedürfnisse des achten Hauses sind immer etwas größer als die Möglichkeiten dieses Lebens. Möglicher-

weise läßt sich die Lust schwer unter Kontrolle halten, da dieser Mensch das Bedürfnis empfindet, seine sexuellen Horizonte zu erweitern. Wenn man mit dieser Hauspolarität nicht mit Sorgfalt und Weisheit umgeht, kann es bei diesem Menschen in jungen Jahren zu sexueller Erschöpfung kommen. Das Unbewußte sucht gewöhnlich eine solche Vielfalt an Erfahrungen, daß nach gewisser Zeit nur noch wenig neu zu sein scheint. Dann muß sich dieser Mensch mit der Tatsache auseinandersetzen, daß er sich nicht wirklich sicher ist, was er von seinem Leben erwartet.

Wenn er jedoch im Gleichgewicht ist, dann gehört er zu den seltenen Menschen im Tierkreis, die die höchste Freude der Sexualität erleben. Dies bringt ihm ein breiteres Verständnis der Natur und des ewigen Einsseins.

Die Neigung dieses Menschen, einmal hier und einmal dort zu sein, führt dazu, daß er sich erstaunlich einzigartige sexuelle Partner sucht. Dabei ist die körperliche Sexualakt nicht so wichtig, sondern vielmehr die verschiedenartigen Abenteuer, die diese Partner repräsentieren. Die Bedürfnisse des achten Hauses im Schützen sind darauf ausgerichtet, die Langeweile zu überwinden. Offensichtlich ist dies eine schwierige Hauspolarität für die Ehe. Sie ermöglicht dem Betreffenden jedoch, über den Sex seinen höheren Geist zu erreichen.

Dadurch, daß dieser Mensch das Geschenk der dualen Werte zu geben hat, was dem Partner ermöglicht, die zwei Seiten der Dinge objektiv zu sehen, erhält er dafür das Gefühl der Freiheit, das er gesucht hat. Hier lernt man, daß die vielfältigen Unterteilungen des Lebens durch die Sexualität vereint werden. In gewisser Weise ähnelt die Zwillinge-Schütze-Polarität einem Dreieck, dessen gegenüberliegende Ecken auf der Grundlinie ins zweite Haus fallen, während die Spitze des Dreiecks auf die Wahrheit im achten Haus hinzielt. Die Fragen, mit denen sich dieser Mensch ständig beschäftigt, werden durch die Aufnahme der expansiveren Werte seines Partners gelöst.

Schlüsselbegriffe: unbeständig, große geistige Fähigkeiten, stimuliert den Partner, gibt dem Partner objektive Dualitäten, Rollentausch, Tendenz zur Abhängigkeit, starke regenerierende Kraft durch Sex, Schwierigkeiten in der Ehe, unersättliche Wünsche, braucht einen romantisch veranlagten Partner, der vielfältig ist, erreicht den höheren Geist durch Sex, im Geiste strebt er nach sexueller Aufrichtigkeit.

Zweites Haus Krebs – Achtes Haus Steinbock

Bei dieser Hauspolarität verwendet man einen Großteil seiner Energie darauf, seinen Partner zu umsorgen und ihm Kraft zu geben. Möglicherweise ist dieser Mensch ständig damit beschäftigt, wie sich sein Partner fühlt und er versucht, sich an dessen Stelle zu versetzen, um sicher zu gehen, daß er auch das richtige Gefühl nachempfunden hat. Dies ist eine der gebefreudigsten Hauspolaritäten.

Dieser Mensch versucht seinem Partner all das zu erfüllen, was dieser seinem Gefühl nach in der Kindheit entbehrt hat. Er möchte eine Art Ersatzvater oder Ersatzmutter sein, der ihm seelische Wurzeln, Regeln, Grenzen, Mut und Kraft gibt.

Manchmal besteht hier die Tendenz, Streuner und Obdachlose anzuziehen, die kein Gefühl für ein Heim haben. Weil er einen Mangel an Stabilität nachvollziehen kann, versucht er etwas zu geben, wovon er glaubt, daß es seinem Partner ein sicheres emotionales Fundament bieten wird. Dauerhafte und enge Beziehungen, in denen er seine Werte der Zuverlässigkeit ausleben kann, sagen ihm am meisten zu. Mit diesen Werten versucht er, für sich und seinen Partner einen sicheren Hafen zu bauen. In den meisten seiner Beziehungen äußert sich die Liebe, die er gibt, in der Bereitstellung von Essen und Trinken, dem Bau von irgendwelchen Gegenständen, Wohnungsbeschaffung usw. Er versorgt seinen Partner mit einem inneren Sicherheitsgefühl, das emotionell

sehr viel tiefer reicht, als die nach außen hin sichtbaren Manifestationen dieser Liebe erkennen lassen.
Sex ist hier von großer Bedeutung, da das achte Haus im Steinbock mit Vernunft, ernster Absicht und dem Hinarbeiten auf ein wichtiges Ziel verbunden ist. In jungen Jahren ist das Unbewußte durch die Erziehung, Religion oder aus karmischen Gründen blockiert[1]. Dadurch empfindet dieser Mensch Sex als etwas mit einer verborgenen Schuld Beladenes.
Daher sind die sexuellen Bedürfnisse eingeschränkt und dieser Mensch muß lernen, sich von diesen Einschränkungen zu befreien, wenn er jemals zu sich selbst finden will. Wenn er das einmal geschafft hat, wird Sex zu einem der wichtigsten Lebensbereiche für ihn. Durch die Sexualität analysiert und meistert er sein Leben und er lernt erkennen, welche sexuellen Erfahrungen ihn von seinen Zielen abbringen und welche ihm dafür nützlich sind. Er kann schließlich zu den wenigen Menschen gehören, die ihre unbewußten Triebe beherrschen können und so mit ihnen umgehen, daß sie in sein übriges Dasein passen.
Trotzdem er mit seinem zweiten Haus soviel Gefühl gibt, braucht er doch auch Feedback für die Reife seiner Sexualität. Je mehr er gibt, umso mehr versichert er sich nochmals seines eigenen Fortschritts. Obwohl er die erdhaften Qualitäten des Steinbock erfahren möchte, braucht er dennoch Partner, die ihn respektieren können. Sein größter Konflikt besteht darin, daß er sich sexuelle Anerkennung wünscht, und doch sehr lustbetonte Erlebnisse braucht, um andere kreative Lebensbereiche verwirklichen zu können.
Die Lektion dieser Hauspolarität ist, daß man, indem man seinem sexuellen Partnern Emotionalität entgegenbringt, denen es an der Fähigkeit mangelt, ihre Gefühle offen auszudrücken, ein Gefühl von Anstand und Würde zurückbehält, das aus der Bewahrung der sexuellen Intimsphäre re-

1) Siehe Karmische Astrologie 1: »Mondknoten und Reinkarnation« von Martin Schulman.

sultiert. Die Einschränkungen, mit denen man durch den Partner möglicherweise konfrontiert wird, sind genau das, was man braucht, um seine eigene Persönlichkeit zu verwirklichen.

Schlüsselbegriffe: warm, sensitiv, liebevoll, leicht erregbar, feinfühlig, umsorgt seinen Partner, begeisterungsfähig, sucht emotionale Bindung, beschützt den Partner, beschäftigt sich mit sexueller Ästhetik, Hintergründen, Stimmungen, einschränkende Kindheit, Blockaden, die überwunden werden müssen, braucht ursprüngliche und rein sexuelle Erfahrungen, sexuell verschlossen, wächst durch praktisch veranlagten Partner, manchmal sexuelle Machtkämpfe, ödipale Störungen, wünscht sich unbewußt sexuelle Anerkennung, sexuelle Phantasien aus der geschichtlichen Vergangenheit.

Zweites Haus Löwe – Achtes Haus Wassermann

Mit dieser Hauspolarität gibt man seinem Partner ein starkes Selbstwertgefühl. Dieser Mensch wird von Menschen angezogen, die ihren kreativen Wert nicht kennen und sich in der Folge davon fern von allem fühlen, was das Leben zu bieten hat. Die Partner dieses Menschen haben Vorlieben, die vom Unheimlichen bis zum Bizarren reichen. Seine Aufgabe ist, dem sexuellen Erlebnis Würde und Stolz zu verleihen. Um das zu erreichen, versucht er, dem Partner beizubringen, kreativer zu sein.

Das zweite Haus im Löwen hat viel zu geben und es ist großzügig und romantisch zugleich. Dieser Mensch muß erst das Gefühl haben, daß sich seine Mühe lohnt. Wenn das der Fall ist, kann er einem sensitiven Partner viel Kraft und Kontrolle geben, die diesem fehlen. Auch muß er das Gefühl haben, daß er das sexuelle Erlebnis in der Hand hat. Dafür übernimmt er zusätzlich zu seiner eigenen Rolle die Ego-Rolle des Partners. Dadurch ist er in der Lage, die großartigen Träume seines Partners an die Oberfläche zu bringen. Er

bringt seinen Partner auf eine höhere Ebene, so daß dieser mehr von sich selbst erwarten kann und zu erkennen beginnt, daß er tatsächlich Erwartungen erfüllt.
Durch das achte Haus im Wassermann ist das Erfahrungsspektrum extrem breit. In manchen Fällen besteht ein unbewußter Drang nach bi- oder homosexuellen Beziehungen. Das neugierige Wesen des Zeichens Wassermann mit seiner Abenteuerlust öffnet das Unbewußte für viele verschiedene Kanäle zur gleichen Zeit. Wenn diesem Menschen bisweilen alles zuviel wird, begibt er sich absichtlich in Perioden der Abstinenz oder des Zölibats, nur um genug Abstand zu gewinnen, um seine Energien neu zu ordnen.
Dies ist eine der wenigen Hauspolaritäten im Tierkreis, die den Menschen für ziemlich außergewöhnliche sexuelle Erlebnisse empfänglich macht. Diese resultieren aus dem Unbewußten, wofür der bewußte Verstand nicht verantwortlich sein will, oder daraus, daß dieser Mensch auf den unbewußten neugierigen Ebenen zu offen ist. Mehr als bei jedem anderen Zeichen im achten Haus macht dieser Mensch ständige sexuelle Veränderungen durch. Wie auch immer sein Verhältnis zur Sexualität in diesem Jahr ist, im nächsten Jahr ist es wahrscheinlich ganz anders. Wieder ein Jahr darauf kann er eine Einstellung haben, die nur wenig mit seinen früheren Gefühlen zu tun haben scheint. Da wir uns dem Wassermann-Zeitalter nähern, sollten wir uns mit diesen Menschen eingehender befassen, in Anbetracht dessen, daß sie in sexueller Hinsicht ihrer Zeit voraus sein können. Einige ihrer Ideen könnten die Basis für zukünftige Gesellschaftsformen sein.
Die Löwe-Wassermann-Polarität symbolisiert immer den Konflikt zwischen dem persönlichen und dem unpersönlichen Willen. Hier lernt der Mensch, daß ihn das, was er persönlich für seinen Partner will, zu der Mannigfaltigkeit an unpersönlichen Erlebnissen führt. Er kann seine Ego-Werte zu einem breiteren kosmischen Verständnis einer Realität hin transformieren, die ihm nicht eigen ist.

Schlüsselbegriffe: große Energiereserven, dominiert über den Partner, aufmerksam, treu, kreative Werte, braucht sexuelle Unabhängigkeit, sehr neugierig, ausgesprochen regenerierend, Entdeckungsfreude, sexuelle Bedürfnisse wechseln ständig, manchmal bi- oder homosexuell, Moralist, ausgefallene Erfahrungen, möchte sexuelle Widersprüchlichkeiten erfahren, unpersönliche Partner.

Zweites Haus Jungfrau – Achtes Haus Fische

Mit dem Zeichen Jungfrau im zweiten Haus hat man hohe Ideale. Manchmal sind diese unrealistisch oder unpraktisch, aber weil das zweite Haus das Haus des Besitzes ist, hält man daran fest. Dieser Mensch möchte anderen beibringen, in ihrem Leben Grenzen zu ziehen, damit sie das, was sie wirklich wollen, besser verwirklichen können.

Für die Ehe ist dies eine schwierige Hauspolarität, da dieser Mensch in seinem Innern mehr erwartet, als in der Realität möglich ist. Im sexuellen Bereich neigt er dazu, nach dem Teil seines Partners zu suchen, den man als »vollkommen« betrachten könnte. Die stärksten Seiten dieser Hauspolarität sind der klare Verstand sowie die Fähigkeit, Details zusammenzutragen, um eine falsche Antwort zu entlarven. Durch die Sexualität verhilft er seinem Partner dazu, Klarheit in seine Gedanken zu bringen, so daß er unklare Vorstellungen ausräumen kann. Mit seiner Liebe schenkt er Vernunft und Sensibilität – was in einer Welt, die Liebe oft als etwas Undefinierbares und Unlogisches betrachtet, wirklich selten ist.

Das achte Haus in den Fischen symbolisiert den intuitiven Bewußtseinsstrom, den dieser Mensch durch die Sexualität von anderen empfängt. Er lernt etwas über romantische Sinnlichkeit, die ans Unendliche grenzt und findet zu Partnern, deren Tiefe und Einsicht ihm die kosmische Bedeutung der Sexualität zeigen. Eine primitive Sexualität ist ihm zuwider. Dieser Mensch bevorzugt die sanften neptunischen Erlebnisse, die seinen Körper in Harmonie bringen und ihm das Gefühl geben, daß er Zeit und Raum transzendieren kann.

Eine der Schwierigkeiten bei dieser Hauspolarität ist, daß dieser Mensch in sexueller Hinsicht anderen gegenüber extrem sensitiv ist. Wenn er daher mit zu vielen verschiedenen Menschen sexuelle Erfahrungen macht, gerät sein Unbewußtes so sehr in Verwirrung, daß er sich über seine eigenen Werte nicht mehr im klaren ist. Auch muß die Tendenz des achten Hauses in den Fischen, sich selbst im Sex zu verlieren, durch ein selektives Unterscheidungsvermögen sorgfältig ausbalanciert werden, damit man sichergeht, daß das Bewußtsein des jeweiligen Partners auch zu diesem Menschen paßt. Fische ist das Zeichen der Seele. Die sexuellen Bedürfnisse des achten Hauses werden immer als Teil eines kontinuierlichen kosmischen Lebensstromes empfunden. Als solches ist dieser Mensch mit seiner romantischen Phantasie in der Lage, die Sexualität als einen integrierten Teil von allem, was existiert, zu erkennen. Er kann die Kräfte der Natur begreifen, die in der Sexualität wirken, da er mit dem Göttlichen in der Realität in Berührung kommt. Eines Tages gelangt er vielleicht zu einem Einblick in das Christus-Bewußtsein, da dieser Hauspolarität die Weisheit des Mitgefühls innewohnt.

Die Lektion dieser Jungfrau-Fische-Polarität ist, daß man durch seinen sexuellen Partner einen Einblick in die Unendlichkeit erhält, wenn man ihm die Werte der klaren Geistigkeit und die Ideale der Vollkommenheit gibt.

Schlüsselbegriffe: strebt nach Vollkommenheit, hohe Ideale, starre Werte, strenger Realist, Bewußtseinserweiterung durch Sex, mitfühlende Partner, sexuell sehr sensitiv, reines Bewußtsein, mystische Anziehungskraft, Sex erhöht die Erkenntnisfähigkeit über das Leben, sucht Vereinigung durch seelische Liebe.

Zweites Haus Waage – Achtes Haus Widder

Bei dieser Hauspolarität bringt man die Werte der Harmonie in die Sexualität ein. Oft enthalten diese Werte Gedanken und Gefühle, die dieser Mensch von anderen übernommen hat. Er kann ausgesprochen liebevoll und gebend sein, da er von Natur aus die Bedürfnisse des Partners an die erste Stelle setzt und seine eigene Befriedigung nicht wirklich berücksichtigt. Wenn es in seiner Macht steht, gibt er seinem Partner, was immer dieser braucht. Dafür bringt er sich sogar selber ins Ungleichgewicht. Das macht ihn zu einem Extremisten, der ein großes Maß an Yin und Yang in den Ausdruck seiner eigenen Wünsche legt. Er sucht immer nach dem Mittelweg und versucht, seinen Partner den Wert der Harmonie zu lehren.

Das zweite Haus ist auch das Haus der Begierde und das Zeichen Waage verkörpert den Begriff der »Begierdelosigkeit« aus der östlichen Philosophie. Dieser Mensch fängt die übermäßige Begierde seiner Partner ab. Er neigt dazu, sich sehr sexbetonte Partner zu suchen. Diese passen sehr gut zu ihm, weil es in seiner Natur liegt, den anderen den Anfang machen zu lassen, so daß er nicht aus seinem Schneckenhaus herauskommen muß. Obwohl der Partner sehr viel Energie darauf verwendet, ihn aus der Reserve zu locken, versucht er, die Idee aufrechtzuerhalten, daß die Beziehung durch die Liebe und nicht durch den Sex wertvoll wird. Dadurch wird ein energetisches Gleichgewicht erzielt und die Waage hat ihr Geschenk der Harmonie gegeben.

Die unbewußten Bedürfnisse des achten Hauses im Widder weisen auf einen sexuellen Ausdruck auf primitiver Ebene hin. Die sexuellen Erlebnisse beinhalten immer die Eroberung. Lust, Narzißmus, Exhibitionismus und Sex aus Machtgründen spielen bei dieser Hauspolarität immer mit hinein. Was sich dahinter verbirgt ist, daß die Waage-Werte des zweiten Hauses so nachgiebig und nach Harmonie strebend sind, daß dieser Mensch ständig an seiner Sexualität

zweifelt. Somit versucht das Ego, sich durch das achte Haus seinen Wert zu beweisen. Die Vollendung des Geschlechtsakts ist hier nicht so wichtig wie das Wissen um die Fähigkeit dazu. Die gesamte Persönlichkeitsstruktur dreht sich in der Hauptsache darum, wie erfolgreich man sexuelle Erlebnisse initiieren kann. Dieser Mensch folgt der spontanen Anziehung, um die gesellschaftlichen Einschränkungen zu transzendieren, die ihn daran hindern, er selbst zu sein. Um so strenger diese Tabus sind, um so größer ist die Versuchung, diesen Weg als Mittel, seinen Selbstwert zu beweisen, zu benutzen.
Für diesen Menschen bedeutet Sexualität, regenerierende Neuanfänge zu machen. In den Tiefen eines Universums, das er zwar fühlen, aber nicht vollkommen verstehen kann, konfrontiert er sich mit seinem unbewußten Alleinsein. Daraus entwickelt er das Einssein, durch das er schließlich sein Gefühl der Selbstachtung erlangt.
Mit dieser Hauspolarität muß man lernen, daß man nur dadurch, daß man Liebe auf einer unpersönlichen Ebene gibt, zu seiner wahren Identität findet. Je mehr dieser Mensch von seinen Werten gibt — Schönheit, Harmonie, Frieden und Liebe —, umso mehr Wissen erhält er darüber, wer er ist.

Schlüsselbegriffe: großzügig, liebevoll, künstlerische Begabung, idealistisch, kreativ, aber nicht übermäßig phantasiebegabt, schätzt Harmonie, findet seine Identität durch sehr aktives Sexualleben, spontane Anziehung, kurze Affairen, projiziert sein verzerrtes Selbstbild auf den Partner, manchmal unbewußte bisexuelle Neigungen, regeneriert seine Ich-Stärke durch die Kraftreserven des Partners, wirkt beruhigend auf den Partner, bringt Schönheit in den Sex ein.

Zweites Haus Skorpion – Achtes Haus Stier

Dieser Mensch ist ausgesprochen sexbetont und hat im Sexuellen einen starken Besitzanspruch. Im wesentlichen ist sein Verhalten sehr aufrichtig. In ihm liegt eine der größten Gaben des Tierkreises, denn er ist in der Lage, seinen Partner mit dem Unbewußten in Berührung zu bringen. Dies führt zu einer wahrhaft besonderen Erfahrung, denn die meisten Menschen sind sich über ihre tiefliegenden Motivationen gänzlich unbewußt. Wir neigen dazu, in weiten Bereichen unseres Lebens unsere Gefühle zu verbergen und unsere inneren Triebe zu vermeiden. Oft wundern wir uns, warum wir nicht ganz wir selbst sind. Wenn wir dieses Geschenk, unsere unbewußten Motivationen verstehen zu lernen, annehmen können, wird auf einmal alles viel klarer.

Der Mensch mit dem Zeichen Skorpion im zweiten Haus besitzt den Wert der Zerstörung von allem, was an dem Verhalten eines anderen alt und überholt ist. Aus diesem Grund erscheint er womöglich gefährlich. Die meisten Menschen halten an ihren Verhaltensmustern sehr fest. Dieser Mensch gibt seinem Partner den Anstoß und die Überzeugungskraft, das Alte hinter sich zu lassen, um für das Neue Platz zu schaffen.

Das achte Haus im Stier verursacht ein ständiges sexuelles Verlangen. Die fünf Sinne sind auf eine ausgesprochen sinnliche und erdhafte Natur eingestimmt. Dabei sind der Tast- und Geruchssinn am stärksten ausgeprägt, was eine wichtige Rolle beim Sexualakt spielt, da sie zu der telepathischen Fähigkeit nonverbalen Verständnisses gehören. Für den Sexualakt läßt sich dieser Mensch so viel Zeit, daß er ihn voll auskosten kann. Er schätzt und genießt ihn wie einen auserlesenen Wein. Es ist eine Bestätigung der Liebe im göttlichen Zentrum der Natur. Und dieser Mensch besitzt alle Zeit der Welt, um das Erlebnis nicht bevor er es ganz ausgeschöpft hat zu beenden.

Diese Hauspolarität stellt fraglos eine sehr komprimierte sexuelle Liebe dar. Dieser Mensch muß lernen, sich im Gleichgewicht zu halten, damit er das Schöne nicht übertreibt.

Die Skorpion-Stier-Polarität symbolisiert immer Zerstörung und Aufbau. Hier ist der Mensch in der Lage, seine eigenen Werte auf konstruktive Weise zu erneuern, indem er aufrichtige sexuelle Liebe erhält. Seine Intensität verleiht auch dem Partner eine große Tiefe. Als Gegenleistung bekommt sein Lebenssinn mehr Substanz. Er lernt, daß man dadurch, daß man dem Partner durch den Sex die Energie zur Veränderung gibt, mehr Stabilität in seinen eigenen kreativen Werten erlangt.

Schlüsselbegriffe: starke Triebnatur, aggressiv, manchmal hedonistisch, bezwingend, besessen, eifersüchtig, gute Liebhaber, gelangt durch die Sexualität zu tiefen Einsichten, verhilft dem Partner zur Erkenntnis des Unbewußten, starke Regenerationskraft, Kommunikation durch körperlichen Ausdruck, tiefe Gefühle, gibt sexuelle Tiefe, um Beständigkeit in der Liebe zu erlangen.

Zweites Haus Schütze – Achtes Haus Zwillinge

Mit dem Zeichen Schütze im zweiten Haus schätzt man seine Freiheit. Man möchte von anderen nicht eingeschränkt werden. Mit dem achten Haus in den Zwillingen besteht das Interesse an der Sexualität mehr auf der geistigen als auf der körperlichen Ebene. Dieser Mensch muß seine Gedanken mitteilen können, damit sich eine Beziehung entwickelt. Gewöhnlich zieht er Partner an, die gesellschaftlich bedingte sexuelle Probleme haben, die auf sexuellen Ängsten oder Schuldgefühlen beruhen. Durch das zweite Haus im Schützen kann er seinem Partner zu einer offeneren Bewußtseinsebene verhelfen und ihn von unnötigen sozialen Einschränkungen befreien. Er schätzt das Natürliche mehr als seriöses Verhalten. Er philosophiert über die Sexualität und befreit sich dadurch aus einer zu großen Intimität. Er weiß, wie er die Zwänge aufheben kann, unter denen sein Partner in der Kindheit zu leiden hatte. Sein Geschenk ist, ihn glücklich zu machen.

Das achte Haus in den Zwillingen ist besonders interessant, da es die Entwicklung des Menschen in den Grundschuljahren anzeigt. In der Folge finden sich auf unbewußter Ebene noch unreife Sexualtriebe. Manchmal zeigt sich hier Asexualität, Bi- oder Homosexualität, geistige Masturbation und ausgedehnte Perioden der Frigidität. Wenn das nicht der Fall ist, basiert der unbewußte Sexualtrieb dieses Menschen gewöhnlich auf irgendeiner Phantasie, die auch nicht entwickelt wird. Möglicherweise versucht er beim Sex, auf sicherem Abstand zu bleiben. Vielleicht wünscht er sich, seine Gefühle ausdrücken zu können, aber er hält sich doch zurück, weil er sich darüber Gedanken macht, was sein Partner von ihm denken könnte.

Da er Rollen aus Büchern oder Filmen übernimmt, stellt er sich vor, daß er eine Szene, die ihm gefallen hat, nachspielt. Die körperliche Sexualität ist nicht so wichtig wie die Vorstellung, daß er sich selbst in einem Verhalten beobachtet, das sein bewußtes Selbst in Erstaunen versetzt. Manche Menschen mit dieser Hauspolarität können sich nur dann von ihren Zwängen befreien, wenn sie sich beim Sexualakt unterhalten können. Das Unbewußte möchte etwas hinausschreien, aber es fällt ihm schwer, das zu tun. Das tiefste unbewußte Bedürfnis ist hier, beide Seiten der sexuellen Kommunikation zu verstehen.

Die Lektion dieser Hauspolarität ist, die Wechselbeziehung der sexuellen Rollen zu verstehen. Je mehr unpersönliche Wahrheit dieser Mensch beim Sexualakt mitteilen kann, umso besser versteht er seine Stellung in einer sexuellen Beziehung. Dies ist eine der menschlichsten, gütigsten und am wenigsten besitzergreifenden Hauspolaritäten im Tierkreis.

Schlüsselbegriffe: große Energiereserven, neigt dazu, den Partner auf die Probe zu stellen; schätzt Ideen, freier Geist, großzügig, sucht nach menschlichem Sex, schätzt das Anstandsgefühl des Partners, rationalisiert oft seine Bedürfnisse, verdrängt manchmal die physische Sexualität ins Geistige, jugendlich, gütig, flirtet gern, kindlich unbeständig, kindliche unerfüllte sexuelle Erfahrungen, braucht nachsichtige Partner, manchmal unbewußte bi- oder homosexuelle Neigungen, Perioden der Frigidität, Voyeurismus, neugierig auf die sexuellen Geheimnisse anderer.

Zweites Haus Steinbock – Achtes Haus Krebs

Hier unterliegt das Wertsystem einem langwierigen Reifeprozeß. Danach ist es tiefgründig, praktisch, realistisch und brauchbar. Der Mensch mit dem zweiten Haus im Steinbock entlarvt die Phantasie und unsinnige Illusionen, um seinem Partner zu helfen, die Dinge so zu sehen, wie sie sind. Er liebt Menschen, die weniger Erfahrung besitzen als er selbst, so daß er die Rolle eines Lehrers übernehmen kann. Dies trägt dazu bei, seine eigene Solidität zu festigen.

Obwohl seine Wertmaßstäbe sehr reif sind, ist er in sexueller Hinsicht besitzergreifend, und er sammelt sexuelle Partner wie andere Menschen Briefmarken. Jede neue Liebe wird zu der bedeutungsvollsten und einzigen Liebe in seiner Sammlung. Interessanterweise gibt er selbst seinen Partnern die Bedeutung, die er in ihnen zu erkennen glaubt. Das größte Geschenk an die Menschen, die er liebt, ist, daß er ihnen ein Gefühl der Wichtigkeit gibt, das ihnen über alle Unzulänglichkeitsgefühle hinweghilft, die sie in ihrer Kindheit erfahren mußten.

Bei allem, was das zweite Haus im Steinbock durch die Sexualität zu geben vermag, bleibt doch das Bedürfnis bestehen, durch einen anderen Menschen tiefe Gefühle zu erleben. Das Zeichen Steinbock ist eher starr und trocken, gefestigt und im wesentlichen eine Säule der Kraft. Das achte Haus im Krebs verleiht diesem Menschen offene sexuelle Gefühle, die Wärme in das solide Gebäude der Steinbock-Werte bringen. Sein Partner hat möglicherweise einen natürlichen Mutterinstinkt. Auch wenn der Partner in anderen Bereichen unreif ist, kann er durch das achte Haus im Krebs doch sehr viel geben.

Das sexuelle Erlebnis ist mit Phantasie, Kreativität und Feingefühl verbunden. In der Phantasie dieses Menschen dreht sich vieles um einen unbewußten Wunsch, zu besitzen, was dem Zweck dienen soll, die zukünftige Sicherheit zu bewahren. Viele Menschen mit dieser Hauspolarität haben das starke Bedürfnis eine Elternrolle zu übernehmen. Interessanterweise taucht im Unbewußten ein Gefühl der Untreue auf, nachdem ein eigenes Kind geboren wurde. Das Unbewußte möchte sich irgendwie versichern, daß es seine eigene Kindheit nicht verloren hat. Es sehnt sich nicht nach der Sexualität als solches, sondern vielmehr danach, die Mutterliebe zurückzugewinnen. Nach außen hin scheinen diese emotionellen Bedürfnisse überhaupt nichts mit Sexualität zu tun zu haben.

Die Steinbock-Krebs-Polarität im zweiten und achten Haus weist ein besonderes Syndrom in der psychosexuellen Entwicklung auf. Dieser Mensch schätzt Elternschaft und Familie so hoch ein, daß er Wege finden muß, dies auf sexueller Ebene auszuleben. Andererseits muß er sich durch den Realismus, der in seinem Steinbock-Wertsystem verborgen liegt, ständig aufs Neue bestätigen, daß er in Wirklichkeit nicht der Vater oder die Mutter seines Partners ist. Nach vielen Erfahrungen entwickelt sich diese Hauspolarität schließlich zu einer der aufrichtigsten und moralischsten im ganzen Tierkreis.

Hier lernt man, daß die Fülle der Sexualität nur dann möglich ist, wenn man sich verletzbar macht. Verletzbarkeit wiederum ist aber nur dann möglich, wenn sie mit einem starken Sicherheitsgefühl verbunden ist. Was dieser Mensch in Wahrheit sucht, ist Sex, der mit Sich-verpflichtet-Sein, Versprechen und zukünftigen Zielen einhergeht.

Schlüsselbegriffe: besitzergreifend, festigt die Liebe, praktisch, sexueller Lehrer, setzt seinem Partner Grenzen, durch

Sex zu tiefen Gefühlen fähig, sensitive Partner, strebt nach Verletzbarkeit in Verbindung mit Sicherheit, Besitzanspruch und dominantes Verhalten führen oft zu Scheidungen, fühlt sich zu jüngeren sexuellen Partnern hingezogen.

Zweites Haus Wassermann – Achtes Haus Löwe

Mit dem Zeichen Wassermann im zweiten Haus schätzt man neue und einzigartige Erfahrungen. Doch wegen der Tatsache, daß hierzu gewöhnlich ein Steinbock-Aszendent gehört, neigt man eher dazu, nicht offen zeigen zu wollen, was man fühlt. Dieser Mensch ist überaus neugierig und an einer breiten Vielfalt sexueller Erlebnisse interessiert. Doch das achte Haus im Löwen hält ihn davon ab, zu sorglos und unbeherrscht zu sein, und zwar aus Stolz und Selbstachtung.
Im Grunde genommen mag dieser Mensch keine gesellschaftlichen Regeln, weil er sie als zu sehr in der Vergangenheit verwurzelt empfindet. Stattdessen strebt er danach, seine Werte aus der Zukunft herzuleiten. Es ist ihm wichtig, etwas unpersönlich zu bleiben, denn auf dieser Ebene fällt es ihm leichter, das zu schenken, was er zu geben hat. Er übermittelt das Wissen um die grenzenlose Freiheit des Ausdrucks, was auf Werten beruht, die buchstäblich eine ganze Farbenpalette umfassen.
Bei dieser Hauspolarität besteht ein unbewußtes Interesse an Bisexualität und allen Arten sexueller Abweichungen. von der Norm. Dieser Mensch möchte verstehen, wie die Dinge funktionieren. Seine forschende Wißbegierde bringt ihn oft in ein Dilemma. Seine Werte beruhen auf Dingen, die er noch nicht weiß, während er gleichzeitig erkennt, daß die Gesellschaft seine Ideen möglicherweise nicht billigen wird. Bei beiden Geschlechtern besteht eine Neigung zu geheimen Liebesaffairen. Die Stellung des Jupiter und seine Aspekte (die in diesem Horoskop eine wichtige Rolle in der Beeinflussung des vierten Quadranten spielen) müssen hier

berücksichtigt werden, um diese Neigung individuell deuten zu können.

Das achte Haus im Löwen macht die sexuellen Erfahrungen zu einem symbolischen Kampf des Ego um die Führung. Durch seine sexuelle Konkurrenzfähigkeit kann dieser Mensch sein persönliches Gefühl der Willenskraft entwikkeln (das für andere Lebensbereiche notwendig ist). Manchmal führt diese Hauspolarität zu Perioden des Zölibats, da sich der Mensch selbst nicht leiden kann, weil er sich einer Form der Sexualität hingegeben hat, die entweder ihn selbst oder seinen Partner erniedrigt. Sein Wunsch nach Führung und sein Bedürfnis nach Moral und Selbstachtung verursachen einen inneren Konflikt, der es ihm schwer macht, sein Bedürfnis nach Sex ganz zu akzeptieren. In der Folge weiß er zwar, was er will und braucht, aber er muß einen akzeptablen Weg finden, um dies zu bekommen, damit er in den Augen seines Partners nicht an Achtung verliert. Seine größte sexuelle Erfüllung erwächst aus seiner Fähigkeit, Liebe verbunden mit Ehrerbietung zu zeigen. Manche Menschen mit dieser Hauspolarität suchen sich Partner, die sie an die Zeit der Ritterlichkeit erinnern, in dem Bestreben, in einer Zeit, wo dies eine seltene Eigenschaft zu sein scheint, ein Gefühl der menschlichen Würde zu bewahren.

Das Gleichgewicht in der Wassermann-Löwe-Polarität wird durch Ideale und Kreativität hergestellt. Das Zeichen Wassermann träumt von der Zukunft und da die Zukunft niemals hier und jetzt ist, sind diese Träume oft ausgesprochen idealistisch. Durch Sex bekommen diese Ideale eine konkrete Gestalt, da die feurigen und inspirierenden Qualitäten des achten Hauses im Löwen dazu verhelfen, diese Ideale in die Bahnen der gegenwärtigen Realität zu lenken. In der Folge gibt dieser Mensch etwas von seinen idealistischen und freiheitsorientierten Werten auf, um zu lernen, wie man auf realistische Weise die Führung über sich selbst erlangt. Sex verleiht ihm Energie, Kraft und Selbstachtung, wenn er so klug ist, seinen feineren Instinkten zu folgen.

Die Lektion dieser Hauspolarität ist, daß man umso größere innere Stärke entwickelt, je unpersönlicher man mit den Werten umgeht, die man anderen gibt.

Schlüsselbegriffe: schätzt Freiheit, neugierig, führt Neuerungen ein, phantasiebegabt, unkonventionell, großzügig, unpersönliches Wertsystem, grenzenlose Reserven, lenkt den Partner in die Zukunft, strebt nach Sex, der mit Ehrerbietung verbunden ist; sehr leidenschaftlich, besitzergreifender Partner, Ego-Stärkung durch Sex, verborgene Eifersucht, auffälliges Verhalten, Machtkämpfe mit dem Partner, ritterlich, bedeutungsvolle Ziele.

Zweites Haus Fische – Achtes Haus Jungfrau

Mit dem Zeichen Fische im zweiten Haus schätzt der Mensch Mitgefühl, Romantik, Phantasie, Träume und alles, was nicht greifbar und realistisch ist. Er ist eher sinnlich als sexuell. In diesem Sinne setzt er sich mit seinem Traum von der Sexualität über den wirklichen Sexualakt hinweg, der dem Ideal, das er sich in seiner Vorstellung aufgebaut hat, niemals gerecht werden kann.

Diese Hauspolarität beinhaltet die Auflösung des Selbst, da diesem Menschen alles, was er besitzt und schätzt, entgleitet. Dies ist für Menschen, denen es an Selbstvertrauen mangelt oder die einen Grund brauchen, um ihre Existenz zu rechtfertigen, besonders bedeutungsvoll. Sie ordnen sich immer dem Partner unter, um dessen Ego zu stärken. Das Geschenk des zweiten Hauses in den Fischen spiegelt in vieler Hinsicht die göttliche Liebe im menschlichen Ausdruck wieder.

Während das Zeichen Fische den Dienst an anderen symbolisiert, stellt das Zeichen Jungfrau den Dienst an seinem eigenen Selbst dar. Dieser Mensch tut sehr viel für sich selbst, indem er seine sexuellen Ideale in Einklang mit den

Prinzipien bringt, die er für richtig hält. Entweder ist er kritisch und diskriminierend oder er sucht das hedonistische Abenteuer. Wenn er das letztere tut, dient er seinem höchsten Selbst sehr wenig. Das achte Haus in der Jungfrau ist eine streng moralische Hausposition. Dieser Mensch bewertet sein eigenes sexuelles Verhalten ebenso streng wie das der anderen. Manche Menschen mit dieser Hauspolarität beurteilen sogar den ganzen Charakter eines anderen nach seinem scheinbar lockeren Sexualleben.

Diese Hauspolarität beinhaltet immer ein gewisses Maß an Einschränkung aus der Kindheit. Die intime Beziehung zum anderen Geschlecht ist problematisch, was Zurückweisungsängsten und eigenen sexuellen Schwierigkeiten zuzuschreiben ist.

Auf zwei Ebenen besteht ein schwieriges psychisches Problem. Erstens ist das Wertsystem dieses Menschen (symbolisiert durch das zweite Haus in den Fischen) sehr verschwommen, aber er erwartet unrealistischerweise von anderen, daß sie besonderen Idealen entsprechen (durch das achte Haus in der Jungfrau). Zweitens hält er die unbewußten Triebe für primitiv und niedrig, da sie aus den Wurzeln des Menschen herrühren. Infolgedessen rationalisiert er gewöhnlich einen großen Bereich seines Lebens und vermeidet die Reinigung seines eigenen Sexualtriebs, indem er ihn anderen zuschreibt, statt zu erkennen, daß er in Wahrheit ein Instrument vervollkommneter sexueller Liebe ist, und daß er nur Angst davor hat, von den Maßstäben der Gesellschaft verdammt zu werden.

Die Lektion dieser Hauspolarität basiert auf der Tatsache, daß Werte ein Produkt des Bewußtseins sind. Je mehr man aus einem uneigennützigen und selbstlosen Bewußtsein heraus gibt, desto mehr erhält man dafür die vollkommenen Ideale, die das höhere Selbst sucht.

Schlüsselbegriffe: sinnlich, natürlicher Sinn für Schönheit, rücksichtsvoll, mitfühlend, nachsichtig, verständnisvoll, kreativ, schenkt Träume, künstlerisch, musikalisch, sensitiv gegenüber den Bedürfnissen des Partners, urteilt über die Sexualität anderer, analysiert sexuelle Entwicklungsstadien, sucht Aufrichtigkeit im Sex, manchmal zu moralisch, verliert sich in Details, starke sexuelle Nervosität, Suche nach reiner Sexualität, Perioden der Asexualität, evtl. kindlich oder hedonistisch, platonische Tendenzen, manchmal bisexuell, muß sich vom Partner vollkommen verstanden fühlen, starre sexuelle Vorstellungen werden durch Bewußtseinserweiterung überwunden.

DIE DRITTEN UND DIE NEUNTEN HÄUSER

Diese beiden Häuser repräsentieren eine wichtige Polarität im Horoskop, denn während das dritte Haus zeigt, wie sich ein Mensch in einer Beziehung mit dem anderen verbindet, kann man aus dem neunten Haus ersehen, wie man seine Beziehung mit seinem höheren Selbst erlebt. Traditionell stellt das dritte Haus die Art und Weise der Kontaktaufnahme mit Menschen, Ideen und Ereignissen dar, d. h., den grundlegenden Integrationsbereich mit der alltäglichen Welt. Das neunte Haus (unter der Herrschaft Jupiters) kann als Fluchtweg benutzt werden, da es auch das »Junggesellendasein« symbolisiert, sowie die Einheit des Selbst mit der Natur. Es kann einen Einfluß auf den Wunsch nach Alleinsein haben, das einem lieber ist, als in der Gesellschaft anderer Menschen zu sein.

Beide Häuser (die von Merkur und Jupiter regiert werden) sind Zustände des Geistes. Das dritte Haus beinhaltet die Erfahrungen des niedrigen Verstandes, wodurch ein Mensch mit der Alltagswirklichkeit in Berührung bleibt. Das neunte Haus ist der Schlüssel zu den spirituellen Erfahrungen, die das Bewußtsein in eine höhere Realität bringen. Außerdem symbolisieren beide Häuser verschiedene Lernprozesse.

Es besteht kein Zweifel darüber, daß die Sexualität ein geistiger Zustand ist und Sex (in welcher Form auch immer) eine Lernerfahrung darstellt. Um das zu verstehen, muß man berücksichtigen, daß das dritte Haus unsere fünf Sinne beherrscht, das Sehen, Hören, Fühlen, Riechen und Schmecken, die alle eine bedeutende Rolle beim sexuellen Erlebnis spielen. Dieses Haus symbolisiert auch die Grundschuljahre, in denen unsere Sinne durch das Lernen eine Prägung erhalten, von der sie auch in der Zukunft beeinflußt werden.

Das neunte Haus stellt die höhere sensorische Kommunikation und höher entwickelte Lernerfahrungen dar. Während das dritte Haus die Art und Weise zeigt, wie ein Mensch versucht, die begriffliche Bedeutung von Worten, Sätzen und abstrakter Sprache zu verstehen, repräsentiert das neunte Haus die Art und Weise, Dinge durch Schwingungen zu begreifen. Oft wissen wir etwas, aber wir wissen nicht, wie wir es wissen. Dieses intuitive Wissen entstammt zu einem großen Teil dem neunten Haus, weil es nicht davon abhängig ist, die Dinge klar zu erkennen. Die Yin- und Yang-Dualitäten des dritten Hauses werden im neunten Haus aufgelöst, da es die Totalität überblicken kann. Aus dieser Totalität heraus entstehen Weltanschauungen und spirituelle Philosophien, die an die Stelle unzusammenhängender Gedanken treten. Die wahren Werte der Sexualität kommen ans Licht (da das neunte Haus das zweite Haus vom achten ab gerechnet ist).

Darauf möchte ich kurz etwas näher eingehen. Man kann jedes Haus im Horoskop als das Ergebnis des vorangegangenen betrachten. Das dritte Haus symbolisiert die Gedanken und die Kommunikation in der Sexualität, die aus den eigenen Werten (zweites Haus) sowie aus dem, was man geben kann, resultieren. Das neunte Haus repräsentiert die Ergebnisse der sexuellen Bedürfnisse eines Menschen. Die Kommunikation, die diese beiden Wesen verkörpern (Geist und Ideen), beinhalten eine klar unterscheidbare Polarität. Im zweiten Haus wird all das sichtbar, was man einem anderen Menschen zu vermitteln versucht, während das neunte Haus die eigene Philosophie zeigt. Wenn wir jemanden fragen:

»Was denkst du?«, dann beziehen wir uns auf das dritte Haus. Aber wenn wir zu jemandem sagen: »Sag deine Meinung«, berühren wir direkt die Qualitäten des neunten Hauses.

Um diese Häuser besser zu verstehen, muß man die Bedeutung des Bewußtseins in Verbindung mit der Sexualität betrachten. Das Bewußtsein eines Menschen kann eine natürliche Folgeerscheinung seines Gewissens sein. Das Gewissen muß wegen der Sexualität oft seine größten Proben bestehen. Wenn man diesen Vorgang umgekehrt betrachtet, dann ist Sex oft das Versuchsfeld für die Entwicklung eines klaren Gewissens, das wiederum einen erhöhten und erweiterten Bewußtseinszustand zur Folge hat.

Bei denjenigen Menschen, die ohne ein klar definiertes Gewissen leben, wird das neunte Haus tatsächlich vom dritten Haus (der dualistischen Gedanken, widersprüchlichen Ideen und der gesamten Auswirkungen des sogenannten niedrigen Verstandes) beherrscht.

Wenn das sexuelle Gewissen rein ist, ist der Verstand besser dazu in der Lage, das dritte Haus zu regieren. Die Yin- und Yang-Ideen der anderen Menschen werden in Bezug auf eine höhere Wahrheit verstanden, die aus dem unpersönlichen Bewußtsein eines Menschen stammt.

Um dies in sexueller Hinsicht zu verstehen, ist alles, was man gibt, ein Produkt der Vergangenheit. Alles, was man bekommt, symbolisiert die gegenwärtigen Lebensbedingungen und die zukünftige Entwicklung. Wir neigen dazu, uns vor dem Unbekannten zu fürchten. Das achte Haus repräsentiert das Unbekannte, und das neunte Haus (des Bewußtseins) ist ein Symbol für zukünftiges Wachstum, das dann stattfindet, wenn man aus dem Unbekannten.nehmen kann. Wenn das möglich ist, brauchen wir die Zukunft nicht zu fürchten, denn wir entwickeln ein Bewußtsein, das darauf sehr gut vorbereitet ist.

Sexuelle Partner, die eine gebende Natur besitzen, tragen zu einem zukünftigen Gefühl der Sicherheit bei. Partner, die

nicht viel geben, tendieren zu einer ständigen Wiederholung von Verhaltensmustern aus der Vergangenheit.
Sex ist kein getrennter physischer Akt. Körperlicher Sex bringt mit sich, daß man sein Bewußtsein mit dem eines anderen verbindet. Dabei kann eine Erhöhung der Bewußtheit oder ein Sichverschließen stattfinden, das das Bewußtsein einschränkt. In Augenblicken, in denen wir allein sind, bringen wir die Sexualität immer in Verbindung mit Bewußtsein.
Sex bringt die geringste Erfüllung, wenn wir ihn mit einem Partner erleben, dessen Bewußtsein weit weniger entwickelt ist als unser eigenes. Nach dem Sexualakt fühlt man sich leer oder enttäuscht. Wenn wir aber Sex mit jemandem erleben, der zeitlich und räumlich mit uns auf der gleichen Bewußtseinsstufe steht, dann ist der Sexualakt ausgesprochen erfüllend und bereichernd und wird zu einem Sprungbrett für mehr Verständnis und Entwicklung. Die Menschen fühlen sich deshalb zueinander hingezogen, weil sie das Bedürfnis haben zu wachsen. Die Bewußtseinsstufe des neunten Hauses kann schlecht mit Worten ausgedrückt werden. Es ist leichter, sie durch die Sexualität nonverbal zu vermitteln.
Daraus geht hervor, daß Sex einen starken Einfluß auf den Geist hat. Im dritten Haus zeigt Sex die Art und Weise, wie wir uns in die Gesellschaft integrieren, während er im neunten Haus darauf hindeutet, wie wir unser höheres Selbst erreichen, und wie die Entwicklung des Bewußtseins die Evolution der ganzen Menschheit beeinflußt.

Drittes Haus Widder – Neuntes Haus Waage

Bei dieser Hauspolarität zeigt sich eine ziemlich geistige sexuelle Entwicklung. Dieser Mensch vermittelt seine Wünsche auf telepathischem Wege, indem er mit den Augen spricht. Dieser Polarität haftet nichts Subtiles an, da sich dieser Mensch den vollzogenen Sexualakt sofort in seiner

Phantasie ausmalt, sogar bevor sich sein Partner darüber bewußt ist, was geschieht. Das geistige Drängen des Zeichens Widder geht an der mystischen Qualität und an der Schönheit des Erlebnisses vorbei. Interessanterweise verliert dieser Mensch das sexuelle Interesse, sobald er sich selbst bewiesen hat, daß er einen Partner, der eine Herausforderung für ihn darstellt, besiegen könnte.

Sein Sexualverhalten ist kindlich, was aus neurotischen Prägungen aus der Zeit vom siebten bis zum vierzehnten Lebensjahr resultiert. In diesem Alter sind Kinder am stärksten daran interessiert, ihren sexuellen Wert zu erproben, indem sie sich gegenseitige Anerkennung zeigen. Wenn das Zeichen Widder im dritten Haus steht, bestehen aus dieser Entwicklungsphase noch ungelöste Probleme. Der Erwachsene verleiht seinem Bedürfnis zwar Ausdruck, gelangt aber nicht wirklich zur Erfüllung, weil er möglicherweise nicht versteht, wie er empfänglicher und aufnahmefähiger werden könnte.

Die Idee, ein sexuelles Erlebnis zu initiieren, beschäftigt ihn am stärksten. Der Rest des Erlebnisses – die Berührung, die mystische Qualität, der Sexualakt und die Bewußtheit, die daraus entsteht — sind zweitrangig. Sein Kommunikationsbedürfnis ist so vorschnell, daß er vergißt, seinem Partner zuzuhören oder für das, was dieser ihm mitteilen möchte, empfänglich zu sein.

Das neunte Haus in der Waage symbolisiert ein ziemlich paradoxes Bewußtsein. Im höheren Geist dieses Menschen besteht das Bedürfnis nach Fairneß und Objektivität. Das Bewußtsein des Westens strebt nach einer entschiedenen und maßgeblichen geistigen Haltung, während das Bewußtsein des Ostens die Yin- und Yang-Gegensätzlichkeit der Kräfte erkennt. Der Mensch mit dem Zeichen Waage im neunten Haus kommt mehr mit dem östlichen Bewußtsein in Berührung. Er ist in der Lage, beide Seiten der Wahrheit zu erkennen, kann aber nicht die eine besser oder schlechter einstufen als die andere. Auf persönlicher Ebene sind Beziehungen, die von dieser Hauspolarität geprägt sind, oft zu einseitig, um leicht und fließend zu sein.

Das neunte Haus symbolisiert die Lebenseinstellungen, Meinungen und Einsichten, zu denen man im Leben kommen muß, da wir zwischen Einflüssen, die unseren Lebensweg ändern oder solchen, die uns in Harmonie bringen, unterscheiden. Mit dem Zeichen Waage im neunten Haus fällt es einem schwer, wichtige Entscheidungen zu treffen. Das Zeichen Waage pendelt von einer Seite zur anderen und ist sich niemals ganz sicher, wo die Mitte ist. Deshalb hat die Sexualität auf das Bewußtsein dieses Menschen einen stärkeren Einfluß als auf andere.

In festen Beziehungen verwendet dieser Mensch ein großes Maß an Energie darauf, die Werte seines Partners auszubalancieren. In kurzen Beziehungen oder einzelnen sexuellen Begegnungen neigt er mehr zum Egoismus. Wegen dieser besonderen Qualitäten der Widder-Waage-Polarität lernt er etwas über den sexuellen Ausdruck, indem er einmalige Sexerfahrungen macht, aber über die Liebe (Waage im neunten Haus) lernt er durch höhere geistige Beziehungen, die seinen Geist befreien, indem sie ihm zur Vereinigung mit seinem höheren Selbst verhelfen.

Schlüsselbegriffe: flirtet gern, aggressiv, zieht jugendliche Menschen an, beliebt, energisch, autonom, ungeduldig, zeigt dem Partner, wie man Selbstachtung erlangt; selbstsicher, versucht, den Partner in Harmonie zu bringen; geistige Masturbation, unabhängig, initiativ, nachsichtig, verzeiht die Fehler des Partners.

Drittes Haus Stier – Neuntes Haus Skorpion

Mit dem Zeichen Stier im dritten Haus sind die Sinne sehr stark ausgeprägt. Dieser Mensch teilt sich durch Berühren mit. Der physische Körper empfindet vergangene Krank-

heiten und emotionelle Traumata nach, auch wenn diese schon längst geheilt sind. Die Kommunikation des Menschen mit dem Zeichen Stier im dritten Haus besteht darin, daß er intuitiv weiß, wo und wie er diese Bereiche in einem anderen ansprechen kann (die bei jedem verschieden gelagert sind). Durch diese venusische Berührung vermittelt er seinem Partner ein großes Maß an heilsamer Liebe.
Somit ist er ein Meister der sexuellen und sinnlichen Kommunikation. Er kann ebenso geben wie auch nehmen. Sein Geruchssinn ist so ausgeprägt, daß er seine Partner an ihrem »psychischen Duft« wiedererkennt, der bei jedem Menschen individuell und einzigartig ist.
Da seine Kommunikationsfähigkeit so hoch entwickelt ist, ist er auf vielen Ebenen gleichzeitig ein ausgezeichneter Liebhaber. Was bei dieser Hauspolarität besonders hervorstechend ist, ist das Maß an Zärtlichkeit, das dieser Mensch geben kann.
Das neunte Haus im Skorpion symbolisiert einen Kreuzzug durch die Sexualität. Er macht dem Menschen bewußt, wieviel sich auf unbewußten Ebenen abspielt und gleichzeitig, wie sehr man Sex zur Transformation der eigenen Anschauungen benutzen kann. Daher kann dieser Mensch mit dem Bewußtseinsstrom eines anderen fließen, weil er weiß, daß die Andersartigkeit dieses Bewußtseins ihm Türen öffnet, die für ihn bislang noch verschlossen waren. Die Wißbegierde seines höheren Geistes läßt ihn danach streben, zu finden, was er noch nicht weiß. Er ist auf der Suche nach dem großen Geheimnis des Lebens. Durch die skorpionhafte Natur seines neunten Hauses versucht er, das sexuelle Wesen der spirituellen Liebe zu verstehen.
Die Stier-Skorpion-Polarität ist immer etwas besitzergreifend, eifersüchtig und verbindlich. Sie strebt nach einem tiefen Sinn und großer Fülle. Der höhere Geist wird durch den niederen kanalisiert, so daß das, was der niedrige Verstand denkt, immer integriert werden muß. Die Intensität des Zeichens Skorpion und die Feinfühligkeit des Zeichens

Stier müssen auf diesen beiden geistigen Ebenen zusammenwirken, wenn dieser Mensch Sexualität als eine konstruktive und regenerierende Kraft in seinem Leben erkennen will.

Schlüsselbegriffe: sinnlich, liebt das Vergnügen, sensitiv, sexuelle Berührung wichtig, fürsorglich, besitzergreifende Gedanken, eifersüchtig, hängt sehr schnell an einem anderen Menschen, strebt nach Wahrheit und Aufrichtigkeit, braucht das Gefühl, daß die Sexualität ein Ziel hat; Kreuzfahrerdrang, große Tiefe, Einsicht, telepathische Fähigkeiten, intuitiv, kann den Motivationen des Partners sehr mißtrauisch gegenüberstehen, gutes Wahrnehmungsvermögen, sucht dauerhafte Beziehungen, möglicherweise sexuelle Besessenheit, zwanghafte Vorstellungen, starke sexuelle Verhaltensmuster.

Drittes Haus Zwillinge – Neuntes Haus Schütze

Dies ist die natürliche Häuserstellung für die Zeichen Zwillinge und Schütze. Die Kommunikation wird hier mit einem großen Maß an geistiger und verbaler Aktivität aufgenommen. Dieser Mensch wirkt möglicherweise sexuell sehr anziehend. Er ist aggressiv und genießt geistige Wortspielereien. Er ist ausgesprochen sensitiv und nervös und bekommt Herzklopfen und schwitzige Hände, wenn die Sexualität mit ins Spiel kommt.
Wenn dieser Mensch initiativ sein will, muß er seine Angst vor Zurückweisung überwinden. Er möchte erst sehen, wie seine Nachricht aufgenommen wird, bevor er die Kommunikation fortführt. Sein Interesse am Sex ist mehr geistiger als körperlicher Art. Wenn er nach Befriedigung strebt, wird er sich möglicherweise mit einer inneren Kälte auseinandersetzen müssen. Es besteht auch die Gefahr, daß er das Bedürfnis seines Partners nach Romantik ignoriert.

Das neunte Haus im Schützen kann hier ausgleichend wirken, da das Bewußtsein oder der höhere Geist dieses Menschen beide Seiten jeder Problematik wahrnimmt. Dies verhilft zu einem vollständigeren Bewußtseinsstrom. Er lernt einen Menschen nicht nur durch seine Persönlichkeit kennen, sondern auch durch dessen Freunde, die Art seiner Erfahrungen, seine Handlungs- und Reaktionsweise etc.. Das Erstaunliche daran ist, daß dieser Mensch all diese Dinge mühelos erkennen kann.
Bei dieser Hauspolarität zeigt sich ein Drang, alles, was es im Leben auszuprobieren gibt, zu erfahren. Dies zeigt sich besonders auf sexueller Ebene, da dieser Mensch durch sein breitgefächertes und offenes Bewußtsein Partner anzieht, die sein starkes Bedürfnis nach geistiger Freiheit verstehen. Die Lektion der Zwillinge-Schütze-Polarität im dritten und neunten Haus liegt in der Beziehung zwischen Geist und Erfahrung. Je mehr dieser Mensch durch das dritte Haus in den Zwillingen die Dualität erkennt, umso mehr muß er erfahren (durch das neunte Haus im Schützen), um das zwiegespaltene Denken aufzulösen. Die Zwiespältigkeit des Zeichens Zwillinge wird nicht dadurch aufgehoben, daß sie im Zeichen Schütze zu einer Einheit verschmilzt, sondern vielmehr dadurch, daß die Betrachtungsweise der Dualität erweitert wird, denn dies verhilft einem dazu, alles, was in dieser Welt möglich ist, zu akzeptieren. Aus diesem Akzeptieren heraus erwächst das tiefe Einssein des Zeichens Schütze.

Schlüsselbegriffe: vielseitig, manchmal platonische Beziehungen, beliebt, attraktiv, geistige Aggressivität, jugendlich, spielerisch, kalt, aber verständnisvoll; geistreich, liebt geistige Spielereien, unabhängiger Geist, abenteuerlustig, ruhelos, sensitiv gegenüber sexuellen Ausdrücken, ungeduldig, Erfahrungsdurst, spielt Rollen, klug, flirtet gern, braucht einen harmonischen Partner.

Corrigenda

Drittes Haus Krebs – Neuntes Haus Steinbock

Mit dem Zeichen Krebs im dritten Haus findet die sexuelle Kommunikation auf einer emotionellen Ebene statt. Bei der Frau sind der Busen und der Magen, beim Mann der Magen die empfindlichsten Körperpartien. Beide brauchen eine verbindliche Sexualität. Der Mensch mit dieser Hauspolarität ist seinem Partner gegenüber sehr sensitiv. Er hat ein starkes Bedürfnis nach intimem sexuellen Ausdruck, was er aber erst dann leben kann, wenn er seinen Partner bereits lange kennt. Sein Vertrauen entwickelt sich nur langsam, da er auf einer intuitiven Ebene fühlt, daß sich viele Menschen hinter einer Fassade verbergen.

Erfüllung entsteht nur dann, wenn die Sexualität mit einem großen Maß an zärtlicher und liebevoller Fürsorglichkeit verbunden ist. Dieser Mensch stellt sich eine Beziehung im Zusammenhang mit Gebrauchtwerden, emotioneller Anziehungskraft und dem Wunsch nach Geborgenheit vor. In gewisser Weise betrachtet er eine Beziehung als Isolator für zu viel Unbehagen, das die für ihn unsichere Außenwelt verursacht. Seine sexuelle Verletzbarkeit entspricht dem Sicherheitsgefühl, das ihm der Partner vermittelt.

Das neunte Haus im Steinbock macht den Menschen empfänglich für Lebensanschauungen, Meinungen, Glaubensrichtungen und eine Bewußtseinsstufe, die möglicherweise nicht zum Ausdruck gebracht wird. Dieser Mensch wägt einen Gedanken vielleicht jahrelang ab, da er seinen letztendlichen Wert begreifen möchte. Er ist im wahrsten Sinne des Wortes ein Mensch, der Bewußtsein aufbaut. Er möchte nicht, daß einer dieser Bausteine, aus denen er seinen Tempel errichtet, von der Form oder Größe her nicht paßt. Er ordnet seine Gedanken und formuliert daraus eine Vorstellung, auf der sein so stabiles Bewußtsein fußt, mit dem er gegen so manchen Sturm ankämpfen kann. Eine der Schwierigkeiten, die er überwinden muß, ist die Identifikation seines höheren Geistes mit einem Schuldgefühl. Irgend-

ein Persönlichkeitsanteil in ihm verleiht ihm ein sehr strenges Gewissen.
Er neigt dazu, andere Menschen genau zu studieren, um herauszufinden, ob sein Vorhaben, Verständnis zu entwickeln, durch die sexuelle Intimität gefördert wird, oder ob er von seinem Weg abgebracht wird. Sexuelle Erlebnisse dieser Art verursachen ein Schuldgefühl in ihm, da er sich den Ideen gegenüber, für die er einsteht, verantwortlich fühlt. In dieser Hinsicht fällt es ihm schwer, Menschen zu verstehen, die scheinbar ohne Ziel leben. Er betrachtet das Leben nicht als eine Reihe unzusammenhängender Zufälle, sondern vielmehr als ein klar definiertes und integriertes Puzzlesspiel, dessen Teile scheinbar keinen Sinn ergeben, aber trotzdem genau zusammenpassen, wenn sich mit der Zeit ihre Umrisse besser ausmachen lassen. Er sieht in allem einen Sinn und jede sexuelle Erfahrung bedeutet für ihn eine Lektion, die gelernt werden mußte, d. h., ein weiteres Puzzleteilchen, das das Leben greifbarer macht.
Die wirkliche Lektion dieser Hauspolarität liegt in der Wahrnehmung des Gesetzes von Ursache und Wirkung. Die initiativen Eigenschaften des vom Mond regierten dritten Hauses im Krebs symbolisieren all das, was emotionelle Beziehungen ins Leben rufen kann, während die saturnischen Qualitäten des neunten Hauses im Steinbock zeigen, daß emotionale Beziehungen Anschauungen konkret Gestalt annehmen lassen, die zur Reife des Menschen beitragen. Die Emotionen des Zeichens Krebs werden im Zeichen Steinbock kristallisiert. Wenn dieser Mensch konstruktive emotionale Beziehungen hat, verfestigt sich die Struktur seines höheren Geistes. Wenn seine Beziehungen aber unbefriedigend sind, dann wird die Lebenseinstellung des neunten Hauses im Steinbock sehr negativ. Diese Hauspolarität zeigt, wie die Erfahrungen in emotionalen Beziehungen die Lebensanschauung eines Menschen beeinflußen können.

Schlüsselbegriffe: sympathisch, phantasiebegabt, sensitiv, nachsichtig, defensiv, romantisch, sinnlich, gebefreudig, lehrt die Qualität der Erhaltung, strebt nach Verbindlichkeit, sicherheitsbewußt, besitzt hohe Prinzipien, braucht verantwortungsbewußten Partner, erkennt die Lektionen des Lebens, muß sein von Schuldgefühlen geplagtes Gewissen überwinden, ausgeprägter Familiensinn, verheimlicht seine Meinung, sexuell monogam, möglicherweise Inzestneigung, findet den Sinn des Lebens durch positive Beziehungen.

Drittes Haus Löwe – Neuntes Haus Wassermann

Mit dem Zeichen Löwe im dritten Haus ruft die Sexualität das Gefühl der Liebe hervor. Dadurch entsteht das Problem, daß man sich in zu viele sexuelle Partner verliebt. Da dieser Mensch sehr romantisch wird, wenn er einen Gedanken mitteilen will, konzentriert er seine ganze Aufmerksamkeit auf das Drama des Sexualaktes und darauf, wie dieser sich Szene für Szene abspielt. Er besitzt eine starke Phantasie und versucht, die verschiedenen Rollen zu spielen, von denen er glaubt, daß sie seinen Partner, der sein Publikum darstellt, beeindrucken werden. Die beste Art und Weise, seine Gefühle, Gedanken und sein Wissen zu vermitteln, ist hier die Aktivität. Dieser Mensch möchte seinem Partner mehr bedeuten als dessen frühere Liebhaber. Das gesamte Konzept der romantischen Liebe sensibilisiert ihn.

Eine der Schwierigkeiten dieser Hauspolarität zeigt sich dann, wenn dieser Mensch versucht, das sexuelle Erlebnis zu kontrollieren. Wenn er das Gefühl hat, daß er die Kontrolle über das Geschehen hat, kann er alles, was er über kreative Liebe, Treue und Hingabe an den Partner weiß, mitteilen. Wenn er diese Kontrolle nicht besitzt, entwickelt er eine Philosophie, durch die er sich von der Intimität distanziert,

die er eigentlich braucht. Menschen mit dieser Hauspolarität suchen sich meistens Partner aus, die mit derselben Schwierigkeit zu kämpfen haben.
Trotz der intensiven Sexualität des Zeichens Löwe kann hier dennoch durch das freie Bewußtsein des neunten Hauses im Wassermann Harmonie erreicht werden. Dieser Mensch fühlt sich zu Ideen hingezogen, die die etablierten Denkweisen transzendieren. Tatsächlich scheint er nur wenig festgefahrene Denkmuster zu haben, da er in seinen Anschauungen sehr liberal ist. Er glaubt an einen Lebensstil, dem das Prinzip »leben und leben lassen« zugrunde liegt. In der intimen Kommunikation versucht er, den anderen zu reformieren. Er hat das Gefühl, daß seine Sichtweise von »richtig« und »falsch« dem Menschen, den er liebt, hilfreich sein könnte. Er denkt immer daran, daß die Dinge zwar verschieden sind, ohne daß das eine unbedingt besser als das andere sein muß.
Auf sexueller Ebene möchte er die Anschauungen seines Partner verstehen. Er wird über seinen Partner niemals urteilen, denn das widerspricht seiner humanitären Einstellung. Seine sexuellen Erfahrungen verändern ihn sehr stark, da er von einem Extrem ins andere verfällt. Es gibt Abschnitte in seinem Leben, in denen er das tun muß, da es dazu beiträgt, ihn in Harmonie zu bringen. Das dritte Haus im Löwen gibt ihm das Gefühl, mächtig zu sein, aber das neunte Haus im Wassermann bringt ihm die Erkenntnis, daß er nur ein ganz kleiner Fleck auf dieser Welt ist, die so groß ist, daß er immer nur einen Teil zur gleichen Zeit begreifen kann.
Die Lektion dieser Hauspolarität liegt darin, den persönlichen Willen mit dem universalen Willen in Einklang zu bringen. Auch wenn man in einer Beziehung der dominierende Partner ist, muß man sich trotzdem mit dem universalen Sinn dieser Dominanz auseinandersetzen und damit, ob man mit seinem Verhalten etwas Positives zur Welt beiträgt.

Schlüsselbegriffe: anziehend, beliebt, kreativ, mächtig, fröhlich, möchte die Führung in der Beziehung haben, etwas zu romantisch, lehrt den Partner die Idee der Hingabe, Fairneß als Nebenerscheinung von Großzügigkeit, verständnisvoll, Neigung zum Vorkämpfer, konkurrierend, auffällige Erscheinung, verantwortungsbewußt.

Drittes Haus Jungfrau – Neuntes Haus Fische

Mit dem Zeichen Jungfrau im dritten Haus hat man Angst, sich dem anderen Geschlecht gegenüber ganz zu zeigen. Bei diesem Menschen hat sich die Vorstellung von zwischenmenschlichen Beziehungen in den ersten Schuljahren nur sehr langsam entwickelt. Es ist möglich, daß er Hemmungen hat, die er nur schwer überwinden kann.
Sex ist für diesen Menschen am befriedigendsten, wenn er mehr ein Gefühlserlebnis als eine Denkerfahrung ist, aber mit dem Zeichen Jungfrau im dritten Haus verwendet man die meiste Energie darauf, zu analysieren, ob man für eine Beziehung auch geeignet ist. Wenn bei dieser Hauspolarität das Zeichen Wassermann ins achte Haus fällt, zeigt sich entweder eine Tendenz zur Bisexualität oder eine eher distanzierte Einstellung zur Sexualität. Dies verhindert, daß man sich zu tief in eine Beziehung hineinbegibt. Man beobachtet sich und seinen Partner wie ein Zuschauer aus sicherer Entfernung.
Oft wird dieser Mensch durch Sex aus der Ruhe gebracht, weil es ihm schwer fällt zu verstehen, was von ihm erwartet wird. Seine Kommunikationsfähigkeit wird hier frustriert, weil er nackt nicht derselbe ist, als wenn er bekleidet ist. Wenn er erst einmal das Gefühl hat, die Fassung verloren zu haben, wird es für ihn beinahe unmöglich, mit dem Erlebnis zu fließen. Vielmehr versucht er, seine »mentale Fassung« wiederzuerlangen. Was er seinem Partner dennoch vermittelt, ist die Idee, daß man sich nicht in der Sexualität

verlieren, sondern vielmehr immer ein Gefühl der persönlichen Klarheit bewahren sollte.

Das neunte Haus in den Fischen gibt diesem Menschen die Gelegenheit, ein ausgesprochen positives und reiches Bewußtsein zu entwickeln. Obwohl vieles von dem, was er glaubt, auf seiner Phantasie oder auf Märchen beruht, die ihm ständig im Kopf herumgehen, gehört er doch zu den wenigen Menschen, die Frieden in ihrem höheren Geist finden können. Die Veränderungen in seiner Denkweise finden auf so subtile und fließende Weise statt, daß sich andere darüber wundern, daß er inmitten der schweren Schicksalschläge im Leben so frei erscheint. Die Antwort hierauf ist sehr einfach. Dieser Mensch lebt die ganze Zeit über wie in einem Märchenbuch. Dadurch ist er in der Lage, alles im Leben als ein Teil einer Geschichte zu betrachten, die er gerade durchlebt. So einfach dieses Bewußtsein auch erscheinen mag, haftet ihm dennoch etwas Tiefes und Mystisches an, denn obwohl dieser Mensch immer über den Wolken zu schweben scheint, weiß er doch die richtigen Antworten auf Dinge, über die sich andere buchstäblich den Kopf zermartern.

Auf sexueller Ebene erlebt er verschiedene Märchen wieder, wie beispielsweise »The Yellow Brick Road«, »Peter Pan« und »The Wizzard of Oz«. Manchmal trifft er dabei auch die böse Hexe wieder, die den Menschen schreckliche Dinge antut. All diese Charaktere sind für ihn wirklich. Die höchste Erleuchtung erreicht er dann, wenn er entdeckt, daß es in Wirklichkeit gar keinen »schwarzen Mann« gibt.

Die Jungfrau-Fische-Polarität ist nicht leicht in Einklang zu bringen, da der niedere Verstand schlecht zum Ausdruck bringen kann, was der höhere Verstand weiß. Die Endlichkeit in den intimen persönlichen Beziehungen im dritten Haus ist schwer mit der unendlichen kosmischen Bewußtheit in Harmonie zu bringen, die im neunten Haus eine Veränderungstendenz in der Lebensanschauung hervorruft.

Manchmal scheint sich die Sexualität eher mechanisch auszudrücken, besonders dann, wenn sich der Betreffende mehr durch seinen niedrigeren Geist sieht. Oft besteht die kindliche Neigung, keine sexuelle Verantwortung übernehmen zu wollen. Wenn diese beiden Zeichen aber im Einklang miteinander sind, hat man hier die Möglichkeit, den niederen Geist mit einer höheren Realität zu verbinden.

Schlüsselbegriffe: nervös, analysiert Beziehungen, ängstlich, starres Denken, frustriert, bisexuelle Neigung möglich, sucht einen sehr sensitiven Partner, zerbrechlich, manchmal übertrieben moralisch, verurteilend, kindlich, sehr phantasiereich, mystisches Wissen, große spirituelle Schönheit, sucht die vollkommene Beziehung.

Drittes Haus Waage – Neuntes Haus Widder

Der Mensch mit dem Zeichen Waage im dritten Haus versucht, zu einem Verständnis der Harmonie in allen intimen Beziehungen zu gelangen. Es kann sogar sein, daß er sich selbst aus dem Gleichgewicht bringt, wenn dadurch der innere Frieden eines Menschen, mit dem er in Beziehung stehen will, hergestellt werden kann. Manchmal ist dieser Mensch ausgesprochen kindlich und verdrängt seine Sexualität, weil er sich in Gedanken eine sanftere und weniger intensive Beziehung vorstellt, deren Ziel die Herstellung beidseitiger Harmonie ist.
Durch eine Vielfalt verschiedener sexueller Erfahrungen lernt dieser Mensch, daß er umso mehr seine eigene Mitte verliert, je mehr er andere Menschen in ihre Mitte zu bringen versucht. Dies bringt ihn in einen eigentümlichen Konflikt, denn das Zeichen Waage mag nichts alleine machen und braucht Beziehungen mehr als jedes andere Tierkreiszeichen. Mit dem Zeichen Waage im dritten Haus ist es einem nicht so wichtig, seine eigenen Ideen auszudrücken.

Nur durch das neunte Haus im Widder kann sich dieser Mensch selbst erfahren. Er strebt nach einer klaren Einstellung und einem eindeutigen Standpunkt gegenüber allen Ideen, die an ihn herangetragen werden. Der Wunsch, mit einem anderen Menschen eins zu sein, und der Wunsch, alleine zu sein, können nicht immer zur gleichen Zeit in Erfüllung gehen. Auf der sexuellen Ebene schafft dies ein merkwürdiges Paradox. Die Herrschaft der Venus über das dritte Haus in der Waage symbolisiert, daß man in Beziehungen nach Liebe sucht. Andererseits zeigt die Herrschaft des Mars über das neunte Haus im Widder, daß man die sexuelle Bewußtheit am besten dadurch aufrechterhält, daß man sein Selbst nicht mit einem anderen eins werden läßt. Durch eine zu starke Verschmelzung wird die sexuelle Anziehungskraft verringert. Das Bedürfnis, nicht mit einem anderen Menschen zu verschmelzen, obgleich sich die sexuelle Anziehung erhöht, kann verhindern, daß man ein Bewußtsein der Liebe erreicht.
Die Lektion dieser Polarität bedeutet, daß man lernen muß, seine Sexualität mit dem tief inneren Bedürfnis nach Liebe in Einklang zu bringen, wenn der niedrige Verstand zu einer Harmonie zwischen dem eigenen Selbst und dem eines anderen finden kann, dann kann der höhere Verstand anfangen, ein Verständnis für eine klare geistige Haltung zu entwickeln, die durch eine harmonische Beziehung möglich ist.

Schlüsselbegriffe: nachsichtig, stellt Frieden her, manchmal defensives sexuelles Verhalten, sucht den Ausdruck auszubalancieren, kreativ, mehr sinnlich als sexuell, Stärke wird manchmal durch das passive Wesen blockiert, braucht Freiheit in der Beziehung, sexuelle Erfahrungen fördern die Entwicklung des höheren Selbst, widersprüchliche Gedanken, Konflikt durch sexuellen Konkurrenzkampf, kindliche Eigenschaften, jugendliche Einstellung, Beziehungen bringen das Ego ins Gleichgewicht.

Drittes Haus Skorpion – Neuntes Haus Stier

Bei dieser Hauspolarität findet fast die ganze Kommunikation auf der sexuellen Ebene statt. Dieser Mensch besitzt ausgesprochen starke telepathische Fähigkeiten und er weiß, wie er einen anderen auf unterbewußtem Wege erreicht. Er ist außergewöhnlich empfänglich für die Untertöne der Sprache. Wenn bei dieser Hauspolarität das Zeichen Jungfrau ins erste Haus fällt, wird die extreme Intensität dieser Hausposition etwas gebremst. Dieser Mensch ist gedanklich ständig mit Sexualität beschäftigt und er ist sich dessen auch bewußt. Im Geiste zieht er die Menschen aus, während er nach außen hin ein Muster der Tugendhaftigkeit zu bleiben scheint. Er bringt andere auf das Thema Sex, indem er ihre Aura erkennt und darin liest, um jeden ihrer sexuellen Gedanken festmachen zu können. Infolgedessen ist er imstande, aus einer nicht sexuellen Situation eine sexuelle zu machen, wobei er aber immer den Anschein erweckt, als wäre der andere dafür verantwortlich. Wenn der Sex einmal körperlich geworden ist, spielt seine Kunst der tiefen und intensiven Kommunikation eine ganz andere Rolle. Wenn er sich akzeptiert fühlt, dann drückt sich dieser Mensch beim Sexualakt gerne sehr stark aus. Manchmal beginnt er mit einer »Schlafzimmer-Stimme«, und wenn er sich erst einmal fallen läßt, sind die Mittel und Wege, seinen Partner zu erregen, unbegrenzt. Manchen Menschen ist er scheinbar zu viel, weil seine Kommunikationsfähigkeit tiefer reicht als der Sex. Durch den Sexualakt beginnt er, seinem Partner unbewußte Gedanken bewußt zu machen, die unter der Bewußtseinsschwelle verschlossen waren. Aus diesem Grund zeigt er seinem Partner einen Teil von sich selbst, den aufzudecken ein Psychiater Jahre gebraucht hätte. Dies ist zu einem großen Teil seiner Hartnäckigkeit und Eindringlichkeit zuzuschreiben, die genau den Kern der Sache treffen wollen.

Das neunte Haus im Stier verleiht dem sexuellen

Bewußtsein eine beharrliche Qualität. Da diese Polarität von zwei fixen Zeichen gebildet wird, beinhaltet sie eine Hartnäckigkeit im Denken. Die Stier-Harmonie des höheren Verstandes versucht, an ihrem behaglichen Platz in der Natur festzuhalten. In Beziehungen kommen die aufgewühlten Skorpion-Gefühle zum Vorschein, die Transformationen bedingen, denen sich die Stier-Einstellung zu widersetzen versucht. Dieser Mensch erwartet von seinem Partner Beständigkeit, Hingabe, Aufrichtigkeit und Treue. Diese Hauspolarität ist ausgesprochen sexbetont. Die Oberflächlichkeit des dritten Hauses wird durch die Herrschaft des Zeichens Skorpion sehr tief. Die sexuellen Gedanken werden in die Tat umgesetzt, da der höhere Verstand zur Kommunikation Körperkontakt braucht.
In dieser Hauspolarität liegt die Lektion verborgen, seine Sexualität zu akzeptieren, ohne sie um der Anerkennung des anderen willen zu reduzieren. Wenn dieser Mensch seine Sexualität verleugnet, scheint er nicht mehr mit sich selbst in Fühlung zu sein. Wenn er seinen Bedürfnissen nachkommt, erregt er Anstoß bei denen, die seine Offenheit mißbilligen, aber er wird sich mehr in seiner Mitte fühlen. Sogar wenn er sieht, daß er aufgrund seines dritten Hauses im Skorpion Beziehungen sabotiert, sollte er wissen, daß dies einem Zweck dient, den sein höherer Verstand erforderlich macht.

Schlüsselbegriffe: starkes Bedürfnis nach Selbstausdruck, tiefes Denken, sensitiv gegenüber den unbewußten Gedanken des Partners, intuitiv, lustbetont, mächtige Gedanken, entschlüsselt Geheimnisse, mediale Veranlagung, unbewußte Eifersucht erschwert Beziehungen, Inzestgedanken, Besitzdenken, anspruchslos, strebt nach Fülle, eventuell bisexuelle Neigungen, intensiv, stark, kann von Macht besessen sein.

Diese Hauspolarität ist schwierig, was sich oft in einem Mangel an Perspektive hinsichtlich der wahren Natur der Beziehung zwischen Dingen und Menschen zeigt. Dieser Mensch neigt dazu, sich zu stark mit trivialen Gedanken zu befassen, während er wichtige Dinge übersieht. Möglicherweise findet er Antworten auf seine Probleme, aber niemals eine Lösung! Er denkt wiederholt über Situationen nach, wobei er eher nach Richtigkeit als nach Antworten sucht. Über intime persönliche Angelegenheiten philosophiert er zuviel. Er versucht, unpersönliche philosophische Ideale zu personifizieren.

Auf der sexuellen Ebene gehört dieser Mensch zu den am meisten frustrierten im ganzen Tierkreis, denn nur selten glaubt er daran, daß er seinem Partner all seine Gedanken vermitteln konnte. Beim Sexualakt ist er möglicherweise in Gedanken vertieft. In vielen Horoskopen fällt bei dieser Hauspolarität das Zeichen Stier ins achte Haus. Wenn diese beiden Zeichen aufeinanderfolgen, besteht eine Tendenz zu sexueller Erschöpfung in jungen Jahren infolge Übersättigung.

Die Zwillinge-Schütze-Polarität beinhaltet innere Ängste, sich in Situationen zu verfangen, die zu beengend werden könnten. Dieser Mensch möchte zwar, daß ihm ein anderer nachstellt, aber er möchte sich nicht gefangen nehmen lassen. Er sucht Beziehungen ohne feste Grenzen, die ihn geistig stagnieren lassen.

Wenn man das neunte Haus auf die richtige Weise verwirklicht, kann es einem dazu verhelfen, seine Beziehungen letztendlich zu verstehen. Keines der beiden Zeichen dieser Polarität ist besonders sexbetont. Stattdessen konzentriert sich die Aufmerksamkeit hier auf geistiges Verständnis. Neugierde zählt mehr als die tatsächliche sexuelle Aktivität. Für diesen Menschen ist es wichtig, eine Beziehung zu finden, die auf Wahrheit und Verständnis basiert. Ein

Partner kann dazu verhelfen, übertriebene Gedanken ins Gleichgewicht zu bringen, die aus einer übermäßig idealistischen Wahrnehmung der Realität resultieren. Wenn dieser Mensch erkennt, daß er trivialen Dingen zuviel Aufmerksamkeit schenkt und wichtigen Dingen zuwenig, kann er allmählich all das verstehen, was ihm ein anderer Mensch zu bieten hat.

Schlüsselbegriffe: überschwengliche Ideen, gesprächig, zerstreut geistige Energien, beliebt, philosophische Beziehungen, sexuelle Frustration, braucht Freiheit in Beziehungen, oft Orgasmusschwierigkeiten, verschwenderisch, besessene Gedanken, übertriebene Gedanken, Beziehungen mit Ausländern, geistige Reisen, braucht einen praktischen und konzentrierten Partner.

Drittes Haus Steinbock – Neuntes Haus Krebs

Mit dem Zeichen Steinbock im dritten Haus dreht sich die Kommunikation um die Lösung von Problemen. Diesem Menschen fällt es nicht leicht, seine Gefühle auszudrücken, weil er alles mit zu großer Tiefe empfindet. Möglicherweise baut er eine Mauer zwischen seinem Wissen und dem, was er anderen mitteilen zu müssen glaubt, auf.
In sexuellen Beziehungen braucht er lange Zeit, bis er sich öffnet, denn er muß zu seinem Partner Vertrauen haben, bevor er seine Ideen, Gedanken und seine wahren Gefühle ausdrückt. Dieser Mensch geht entweder bedeutungslose Beziehungen ein, in denen es nicht notwendig ist, sein Selbst zu zeigen, oder er wartet sehr lange, um die dauerhafte und stabile Beziehung aufzubauen, die er in Wahrheit sucht. Wenn er in der Lage ist, sich mitteilen zu können, dann sagt dieser Mensch mit wenigen Worten mehr als jedes andere Tierkreiszeichen, denn er beschäftigt sich nur dann konzentriert mit einer Sache, wenn sie zwei Bedingungen erfüllt. Erstens muß die jeweilige Idee sinnvoll sein, und

zweitens muß sie genug Kraft haben, um dauerhaft zu sein. Dieser Mensch braucht das Gefühl, daß er die Kontrolle über seine Sexualität besitzt. Selten geht er Beziehungen mit Partnern ein, in denen kein verborgenes Potential steckt. Jede Beziehung wird zu einem Projekt und er mißt seinen Erfolg daran, wie sehr sein Partner all den Ideen entspricht, die er auf geheimnisvolle Weise übermittelt.
Mit dieser Hauspolarität fühlt man sich geistig zu Menschen hingezogen, die ihre Persönlichkeit entwickeln oder sich ein neues Image aufbauen oder einen Beitrag zu der Gesellschaft, in der sie leben, leisten.
Die zurückhaltenden Denkprozesse des dritten Hauses im Steinbock harmonisieren mit dem Bedürfnis des neunten Hauses im Krebs, eine spirituelle Heimat zu finden. Die Wahrheit wird von diesem Menschen an ihrer Dauer gemessen. Auf dieselbe Weise definiert er seinen Begriff der Sicherheit. Durch sein drittes Haus im Steinbock errichtet er geistige Gedankengebäude. Jeden Menschen, den er neu kennenlernt, ordnet er in eine geistige Schublade ein. Dadurch schätzt er den Wert ab, den dieser Mensch letztendlich in seinem Leben haben wird. Wenn ein Mensch einen solchen Wert für ihn hat, dann tut er alles, was in seiner Macht steht, um das Bewußtsein dieses Menschen zu fördern.
Sex muß für diesen Menschen einen Sinn und Zweck haben. Er betrachtet Sex als etwas, das entweder die tiefe Bedeutung seiner Zukunftspläne enthüllt, oder als eine sinnlose Anstrengung, die einen von der Solidität der Gegenwart abbringt.
Mit dieser Hauspolarität muß man lernen, daß man die Emotionen nur dann auf eine höhere spirituelle Ebene bringen kann, wenn man sie in Beziehungen zum Ausdruck bringt, die einen endgültigen Wert besitzen. Somit ist die Vorstellung von sexueller Offenheit nur dann möglich, wenn man auf einer geistigen Ebene das Gefühl von wirklicher emotioneller Sicherheit hat.

Schlüsselbegriffe: sehr sensitiv, schränkt den Ausdruck ein, mystisch, sucht nach einem tieferen Sinn in Beziehungen; große Weisheit, lernt durch Erfahrung, sucht tiefes Verständnis, verschlossen; verschließt sich, wenn er sich bedroht fühlt; kann nur durch spirituelle Liebe erreicht werden, konservative Ideen, beschützend, defensiv, sehr selektiv.

Drittes Haus Wassermann – Neuntes Haus Löwe

Mit dem Zeichen Wassermann im dritten Haus ist die sexuelle Kommunikation sehr vielschichtig. Dieser Mensch ist ausgesprochen neugierig. Er hat Angst vor tiefen Verbindungen und behält lieber seine Freiheit, falls sich ihm etwas Neues und Besseres auftun sollte. Wenn dieses dritte Haus und ein Schütze-Aszendent zusammenfallen, vermeidet man eventuell die Ehe, da diese beiden Zeichen eine Tendenz des Umherwanderns und Sich-nicht-festlegen-Wollens beinhalten.

Auf der sexuellen Ebene versucht dieser Mensch seine Vorstellung von der Freiheit auszuleben, was von den bestehenden gesellschaftlichen Normen im allgemeinen nicht akzeptiert wird. Manchmal hat er bisexuelle Neigungen oder ein Interesse an platonischen Beziehungen, da er zu verstehen versucht, was er noch nicht erfahren hat. Für Gedankenströmungen ist dieser Mensch ausgesprochen empfänglich, besonders für solche, die progressive Ideen beinhalten. Er ist immer für das Neue und Erfahrungen, die er zum ersten Mal macht, haben für ihn mehr Bedeutung als wiederholte Erfahrungen mit den gleichen Menschen. Seine stärkste Sensitivität entsteht in sexuellen Situationen, von denen er niemals geglaubt hätte, daß er ihnen gerecht werden könnte, und die er sich insgeheim doch herbeigewünscht hatte. Dies ist die Hauspolarität im Tierkreis, wo »drei oder noch mehr« noch nicht unbedingt eine Menge bedeuten!

Durch den gemeinsamen Einfluß von Sonne und Jupiter, die

das neunte Haus im Löwen regieren, entsteht ein gesteigertes Bedürfnis nach geistiger Freiheit. Dieser Mensch befreit sich gewöhnlich aus einengenden Situationen, da sie seinen Bedürfnissen abträglich sind. Die Wassermann-Löwe-Polarität ist ausgesprochen kreativ und braucht Raum und eine breite Perspektive zur Expansion, damit sich dieser Mensch im Einklang mit dem Universum fühlen kann.

Auf den Ebenen des niedrigen Geistes erscheint er womöglich distanziert, obwohl er in Wirklichkeit sehr besorgt um einen anderen Menschen ist.

Sex bedeutet für ihn ein Teil der Erforschung des Lebens. Sex ist eine Entdeckungsreise, auf der neue Dimensionen erreicht werden können. Die Lektion dieser Hauspolarität ist, die Wassermann-Löwe-Qualitäten der Entdeckungsfreude mit dem persönlichen Wert zu verbinden. Wenn dieser Mensch seine Gedanken auf alles, was neu und andersartig ist, konzentriert, kann er einen Beitrag zur Gesellschaft leisten und auf persönlicher Ebene den Menschen dienen, die er liebt, vorausgesetzt, daß er die Tatsache nicht aus den Augen verliert, daß seine Gedanken und Ideen den Nährboden für neue Schöpfungen darstellen. Sein niedriger Verstand muß mehr Verantwortungsgefühl entwickeln, so daß sich dieser Mensch mit dem höheren Geist im Zeichen Löwe konfrontieren kann. Denn sein höherer Geist zwingt ihn dazu, sich mit sich selbst auseinanderzusetzen.

Schlüsselbegriffe: unkonventionelle Ideen, stimulierend, ungewöhnliche Zweckentfremdungen, schafft großes Durcheinander, neugierig, Freidenken, zukunftsorientiert, unabhängig, ausgefallen, geistig rege, originell, vielseitig, anpassungsfähig, wird leicht mißverstanden, Einzelgänger, leichtsinnige Beziehungen, Schwierigkeiten in der Ehe, stur, feste Meinung, starker Wille, sucht Aufregung, experimentierfreudig, voyeurhafte Neigungen, insgeheim hohe Prinzipien, ausgefallene Beziehungen, geistige Aggression.

Mit dem Zeichen Fische im dritten Haus sucht man nach Traumbeziehungen. Jede Faser dieses Menschen kann sexuell empfänglich sein. Besonders die Augen der anderen Menschen üben eine starke Anziehungskraft auf ihn aus, da er darin ihr ganzes Wesen erkennen kann. Er kommuniziert, indem er äußerst romantische Illusionen aufbaut, die nur wenige (manchmal nicht einmal er selbst) durchschauen.

Die Beziehungen dieses Menschen sind sehr vage, weil er keine Einschränkungen mag. Er versucht Menschen durch das, was er sagt, zu fesseln, und ist oft erfolgreich damit. Der Geschlechtsakt repräsentiert für ihn eine Möglichkeit, auf nonverbaler Ebene seine Wahrnehmung einer größeren kosmischen Realität zu vermitteln. Die neptunische Qualität dieser Hauspolarität verleiht diesem Menschen die Fähigkeit, seine Partner zu lehren, wie man durch Zeit und Raum fließt und zu einem besseren Verständnis seiner wahren Persönlichkeit gelangt. Deshalb ist es nicht der vage Eindruck, den hier die Sprache und das Gedankengut hervorrufen, der diese Hauspolarität so besonders macht, sondern vielmehr die stille Art und Weise, in der ein Mensch in Berührung mit dem unendlichen Verstehen gebracht wird. Wenn die Liebe aus dem Unendlichen kommt, dann ist sie sanft und feinfühlig, beruhigend und reif. Beziehungen nehmen einen einzigartigen und mystischen Charakter an. Die mystische und verwirrende Persönlichkeit dieses Menschen führt andere in die Tiefen des Verstehens, die er selbst lediglich als seinen natürlichen Seinszustand betrachtet.

Das neunte Haus in der Jungfrau macht es ihm jedoch schwer, seinen eigenen Wesenskern zu erkennen. Sein Geist sucht nach einer engstirnigen Sichtweise der Perfektion, obgleich er in Wahrheit fähig ist, Dinge zu wissen, die weit über die endliche Vorstellung des Vollkommenen hinausreichen. Sein höherer Geist neigt dazu, den niedrigen zu verurteilen, indem er ihn an starre Prinzipien anpaßt.

Die Angst, etwas zu übersehen, verursacht, daß sich dieser Mensch mit zu vielen Details beschäftigt. Dies kann ein Segen und auch ein Fluch sein, denn vieles, was er erkennt, enttäuscht ihn. Auf einer sehr tiefen Ebene liebt er die Menschen wirklich, denn er widmet seinen höheren Geist dem Menschlichen. Er hat Angst, daß ihn andere verletzbar machen. Möglicherweise hat er das Gefühl, daß der reinste Teil seiner selbst seine ganz private Angelegenheit ist. Er erkennt, daß andere Menschen durch die Sexualität am leichtesten in diesen privaten Bereich in ihm eindringen können. Infolgedessen sind seine sexuellen Verhaltensweisen gewöhnlich defensiv.
Was dieser Mensch oft nicht erkennt, ist, daß sein drittes Haus in den Fischen ohne Anstrengung all das weiß, was ein neuntes Haus in der Jungfrau herauszufinden sucht. Er kann seine innere Harmonie finden, wenn er die kosmische Bewußtheit erkennt, die er dann erfährt, wenn seine Beziehung zu anderen wirklich ein Produkt der Ideale ist, um die sein höherer Geist schon immer gewußt hat.
Mit dieser Hauspolarität muß man lernen, die Neigung, die sexuelle Seite in Beziehungen zu verurteilen, zu überwinden, die einen in Wirklichkeit mit der göttlichen Natur des Menschen in Berührung bringt. Wenn man die Gründe für die Art und Weise, wie man denkt, analysiert, schadet man nur seinem Bewußtsein, indem man sich vortäuscht, man könnte die subtile Kraft, die die Entwicklung des Bewußtseins vorantreibt, kontrollieren. Bei dieser speziellen Polarität zeigt sich im von Neptun regierten dritten Haus die Klarheit universellen Denkens, während das von Merkur regierte neunte Haus in Wirklichkeit die Illusion ist!

Schlüsselbegriffe: wird mißverstanden, sensitiv, intuitiv, Mißgeschicke, ausweichend, schwer faßbar, analysiert Eindrücke, anziehend, verwirrend, interessant, mißtraut den eigenen Gedanken, idealistisch, beurteilt die Werte des Partners, hypnotisch, aufmerksam, verschwommen.

DIE VIERTEN UND DIE ZEHNTEN HÄUSER

Das vierte Haus symbolisiert unsere Wurzeln. Es ist das Fundament, auf dem sich das restliche Horoskop aufbaut. Durch die Erziehung und die frühen Kindheitserfahrungen werden unsere instinktiven Verhaltensmuster geprägt. Ungeachtet dessen, wo wir uns gerade befinden oder in welcher Gesellschaft wir sind, leben wir die verschiedenen Rollen, die wir in diesen Jahren gelernt haben, aus.

Das vierte Haus stellt auch den Mutterschoß dar, den wir um uns herum schaffen zum Schutz vor der Außenwelt. Unsere sexuellen Partner werden zu Ersatzmüttern, -vätern, -tanten und -onkeln usw., da wir das Fundament, das einst Geborgenheit und Sicherheit bedeutete, immer wieder neu aufbauen wollen. Je mehr andere Menschen den Erinnerungen an unsere Kindheit entsprechen, umso mehr sprechen wir auf sie an und lassen das Kind in uns weiterleben.

Als das Zentrum der Emotionen herrscht dieses Haus über unsere Reaktionsweise auf die äußeren Lebensumstände. Im wesentlichen symbolisiert es die Art und Weise, wie wir auf einer instinktiven Ebene fühlen. Wenn wir diesen Rahmen verlassen, fühlen wir uns bedroht und wollen wieder dorthin (in den sprichwörtlichen Mutterschoß) zurückkehren. Da das vierte Haus das Fundament all unserer instinktiven emotionalen Verhaltensweisen repräsentiert, zeigt es auch, in welchem Lebensrahmen wir uns wohlfühlen.

Dieses Haus symbolisiert auch die Wurzeln für den Ödipuskomplex, den wir verarbeiten müssen, um erwachsen zu werden. In der Mythologie heißt es, daß Ödipus, der Sohn eines Königs und einer Königin, von fremden Eltern großgezogen wurde. Eines Tages, als er schon fast ein Mann war, prophezeite ihm ein Orakel, daß er seinen Vater töten und seine Mutter heiraten würde. Diese Vorstellung war für Ödipus so schrecklich, daß er beschloß, sein Elternhaus zu verlassen, um die Prophezeiung außer Kraft zu setzen. Unterwegs begegnete er einem Fremden, der ihn nicht an sich vorbeilassen wollte, und geriet in eine heftige Auseinandersetzung mit ihm. Dabei erschlug er den Fremden. Schließlich gelangte er in ein fernes Königreich und verliebte sich in eine verwitwete Königin. Später fand er heraus, daß die Königin seine wirkliche Mutter war und der Mann, den er auf der Straße erschlagen hatte, sein richtiger Vater. Ödipus rannte davon, weil er mit diesem Wissen nicht fertig werden konnte.
Sigmund Freud begann, die Hintergründe dieses Mythos zu erforschen. Er fand heraus, daß kleine Jungen sehr eifersüchtig werden, wenn der Vater ihrer Mutter liebevolle Gefühle entgegenbringt. Sie fangen an, im Vater einen Konkurrenten zu sehen. Freud kam zu der Schlußfolgerung, daß jeder Junge seine Mutter liebt und den Vater als Bedrohung für die Mutter-Sohn-Beziehung empfindet (dies ist eine sehr einfache Betrachtungsweise). Umgekehrt ist dies auch bei Mädchen der Fall. Das Mädchen liebt seinen Vater und sieht in der Mutter die Konkurrentin. Freud nannte dies den Elektrakomplex. Zweifellos spielt der Ödipus-Elektra-Komplex in gewissem Maße eine Rolle für die Anfänge unserer Emotionen. Die meisten Menschen wachsen über diese Gefühle hinaus. Manche Menschen aber schleppen diese Gefühle ihr ganzes Leben lang mit sich herum und suchen ständig nach Ersatzfiguren, durch die sie diese Gefühle und Traumata aus der Kindheit wiederholen können. Es gibt keinen besseren Ort, um diese Gefühle

auszuleben, als eine sexuelle Situation. Der Betreffende möchte wieder das Kind spielen (jetzt aber mit der Kraft und Potenz eines Erwachsenen) und betrachtet den Partner als den Elternteil, der ihm in der Kindheit verwehrt blieb. Die Reaktion des Erwachsenen auf Rivalen zeigt dies sehr deutlich. Überreste eines Ödipuskomplexes sind dann noch vorhanden, wenn man sich sexuell zu Menschen hingezogen fühlt, die um viele Jahre jünger oder älter sind als man selbst. All diese Gefühle und die subtilen Ausdrucksformen, die sie während des ganzen Lebens annehmen, stammen aus dem vierten Haus. Diese Erinnerungen sind schließlich die Bausteine, aus denen man im zehnten Haus als Erwachsener sein Leben aufbaut. Das zehnte Haus symbolisiert den dominierenden Elternteil. Um erwachsen zu werden, muß man sich mit dieser dominierenden Person auseinandersetzen, seien dies nun der Vater, die Mutter oder Ersatzpersonen, mit denen man Beziehungen unterhält.

Im zehnten Haus suchen wir einen Lebenssinn, indem wir die Eigenschaften entwickeln, die sinnvoll sind. Um sich von den Autoritätspersonen aus der Kindheit zu befreien, muß man sehr viel eigene innere Stärke entwickeln. Das Endziel hierbei ist, einen hinlänglichen Zustand des Erwachsenseins zu erreichen. Während sich das vierte Haus durch Abhängigkeit auszeichnet, symbolisiert das zehnte Haus das sich entwickelnde Selbst, das die dominierenden Personen aus der Kindheit überwunden hat. Hier strebt der Mensch danach, all das zu meistern, was ihn in der Vergangenheit beherrscht hat.

Auf sexueller Ebene liegt im zehnten Haus ein tiefer psychologischer Sinn verborgen. Jeder Mensch hat ein Ziel oder eine Bestimmung im Leben. Dies gibt seinem Dasein Sinn und Inhalt. Oft stammt der Wunsch, diese Ziele zu erreichen, aus der Kindheit. Doch weil ein Kind nicht in der Realität eines Erwachsenen leben kann, werden diese Ziele in der Phantasie aufbewahrt. Jahr für Jahr wachsen sie in der menschlichen Vorstellungskraft.

Saturn ist der Herrscher des zehnten Hauses. Saturn ist wie ein Container. Unter seiner soliden Fassade sind alle Phantasien und Wunschvorstellungen, die bis dahin noch nicht realisiert wurden, in kreativer Weise mit dem Sexualakt verbunden, der vom ersten Gedanken bis zu seiner Vollendung im Koitus die symbolische inspirierende Idealisierung eines Zieles, das Streben danach und das letztliche Erreichen dieses Zieles ist.
In dieser Hinsicht muß man Saturn auch als den Planeten der Verhaltensmuster verstehen. Die Menschen haben sexuelle Verhaltensweisen, die sie fortwährend wiederholen. Ebenso bewegen sich ihre Phantasien in einem bestimmten Rahmen. Die Träume, Wünsche und sexuellen Phantasien scheinen zwar von Mal zu Mal zu variieren, aber sie werden stets von ein und demselben roten Faden durchzogen. Dieser rote Faden liefert uns den Schlüssel dafür, was ein Mensch in seinem Leben überwinden muß, um seine wahren Ziele zu erreichen.
Die Polarität des vierten und zehnten Hauses besitzt chronologischen Charakter. Sie beginnt mit der Persönlichkeitsentwicklung in der Kindheit und führt zu der Art und Weise, in der sich fremdbestimmte Phantasien schließlich in der kreativen Realität des Erwachsenen manifestieren.

Viertes Haus Widder – Zehntes Haus Waage

Mit dem Zeichen Widder im vierten Haus bleibt die Emotionalität bis ins Erwachsenenalter hinein auf einem unreifen Niveau. Dieser Mensch hat den Wunsch, das Kind in sich zu individualisieren und somit das Ego von dem kollektiven Ego der Familie zu trennen. Eine Möglichkeit, wie er dies erreichen kann, ist, sich schwierigen Aufgaben zu stellen, aus denen man als emotioneller Sieger hervorgeht. Im allgemeinen reagiert dieser Mensch zu heftig, was für ihn aber die natürlichste Art und Weise ist, sich selbst zu beweisen, daß er sein eigener Herr ist.

Dieser Mensch fühlt sich sexuell zu Partnern hingezogen, die jünger sind als er. Falls hier noch Frustrationen aus der Kindheit bestehen, weil ihm Wünsche versagt wurden, hat er möglicherweise einen Hang zum Sadismus. Indem er seinen Partner unterwirft, beherrscht er ihn gefühlsmäßig. Es kann sein, daß er sich darüber bewußt ist, daß er ein Spielchen macht, aber nur selten weiß er, wie er seine Temperamentsausbrüche unter Kontrolle halten kann, die bei jeder Möglichkeit einer Zurückweisung in seinem Innern entstehen. Hierin liegt seine größte Angst begründet, denn auf einer primitiven emotionellen Ebene fühlt er, daß er um sein Leben kämpft. Durch das zehnte Haus in der Waage strebt er nach Harmonie in seinem Freundes- und Bekanntenkreis und möchte keine Unruhe stiften. Möglicherweise weiß er niemals, was für ihn wirklich richtig ist und was nicht. Er verfällt von einem Extrem ins andere. Die Ästhetik übt eine besonders starke Anziehungskraft auf diesen Menschen aus – die Dichtkunst, die Kunst, Musik, das Kunstgewerbe und Hobbys sind sein ganzes Leben lang sehr wichtig für ihn. Sein Konkurrenzdenken stellt eine Disharmonie her, denn sein vorrangiges Ziel ist ein Gefühl von Frieden und Sicherheit. Er lernt, daß es die beste Art und Weise, Frieden herzustellen, ist, sich nicht einzumischen. Indem man Interesse zeigt, aber unverbindlich bleibt, kann man buchstäblich unter dem Regen hindurchlaufen, ohne naß zu werden.
Dieser Mensch erfährt sowohl Yin- als auch Yang-Gefühle. Er geht auf seine Ziele zu und gleichzeitig umgeht er sie auch wieder. Da er immer alles von zwei Seiten aus betrachtet, glaubt er, daß er, wenn er einen eindeutigen Standpunkt annimmt, automatisch den anderen übergeht. Daher schwankt er zwischen einer aggressiven Emotionalität und einer manchmal passiven Art und Weise, mit dem Leben umzugehen.
Auf sexueller Ebene führt er gewöhnlich ein lebhaftes Phantasieleben, das er einerseits verwirklichen will und

andererseits auch wieder nicht. Er möchte seine Phantasien zwar erleben, aber manchmal hat er Angst, daß er die Kontrolle über sie verlieren könnte. Er möchte nichts übertreiben, weil er weiß, wie leicht er sich zu sehr in eine Sache verstrickt. Um sich vor sich selbst zu schützen, sind seine sexuellen Phantasien in der Regel unvollkommen. Er geht niemals über den Punkt hinaus, an dem er die Kontrolle über die von ihm angestrebte Passivität verlieren würde. Ebenso verfährt dieser Mensch mit seinen Karrierewünschen, denn er hat Angst, zu viel zu wollen und mit zu wenig nicht zufrieden zu sein. Sein Bedürfnis ist, das Gleichgewicht zu erlangen, das ihn das erleben läßt, was normal ist. Er hat sexuelle Phantasien, die von der Norm abweichen, und fürchtet, daß sein Partner sie nicht akzeptiert. Sowohl was seine Karriere als auch was den Sex anbelangt, braucht er andere, die ihn ermutigen und ihm Antrieb geben, damit er seine geheimen Wünsche verwirklichen kann. Er muß lernen, daß man sein Gleichgewicht und seine Harmonie aufrechterhalten kann, ohne sich in sich selbst zu verkriechen.

Die emotionelle Dynamik des vierten Hauses im Widder treibt diesen Menschen immer zu Neuanfängen, was durch das zehnte Haus in der Waage ausbalanciert werden muß. Seine sexuellen Impulse aus der Kindheit müssen schließlich zu einem reifen und harmonischen Verständnis der Liebe werden, wenn dieser Mensch glücklich werden will.

Die Lektion dieser Hauspolarität bedeutet, seine narzißtischen sexuellen Phantasien aus der Kindheit in ein mächtiges Gefühl der seelischen Identität umzuwandeln, so daß man die Substanz gewinnt, die notwendig ist, um mit einem anderen teilen zu können[1)].

1) Das zehnte Haus in der Waage ist der rückläufigen Venus im zehnten Haus sehr ähnlich. Siehe Karmische Astrologie 2: »Rückläufige Planeten und Reinkarnation« von Martin Schulmann.

Schlüsselbegriffe: vibrierende Seele, emotionell unabhängig, verborgene Sexualität, heftig, verborgene Aggression, Inzestgefühle, primitives Ego, versteckter Wunsch nach Dominanz, Masturbation, beschwichtigt Autoritätspersonen, muß seinen zwanghaften Trieb ins Gleichgewicht bringen.

Viertes Haus Stier – Zehntes Haus Skorpion

Mit dieser Hauspolarität spricht man auf eine Sexualität an, die Sicherheit verspricht. Dieser Mensch braucht Halt und Beruhigung. Wenn in diesem Sinne seine persönliche Sicherheit gewährleistet ist, kann er etwas geben. Das Wichtigste in seinem Leben ist, das Gefühl zu haben, auf festem Boden zu stehen. Er riskiert nur ungern etwas und gewinnt nur langsam Vertrauen zu Menschen, die er noch nicht kennt. Die Emotionen dieses Menschen wurzeln tief in der materiellen Welt. Er baut seine Sicherheit darauf auf, sich Partner zu suchen, die finanziellen Gewinn oder Prestige bedeuten. Im allgemeinen wehrt er sich dagegen, sich mit seinen Kindheitsproblemen auseinanderzusetzen und löst sie meistens erst in der zweiten Lebenshälfte. Um sich die Erinnerungen aus der frühen Kindheit zu bewahren, sucht er Partner, die mit dem Elternteil des anderen Geschlechts Ähnlichkeit haben. Dies versichert ihn einer unbewußten Kontinuität, in der er sich beschützt fühlt.
Im wesentlichen zeigt er eine emotionelle Schüchternheit und braucht einen starken Partner, was aus der Tatsache hervorgeht, daß diese Hauspolarität oft mit einem siebten Haus im Löwen verbunden ist. Durch seinen Partner entwickelt er Ich-Stärke. Dafür muß er ein festes emotionales Fundament einbringen, auf dem eine tiefe Partnerbeziehung aufgebaut werden kann.
In der Mystik wird diese Hausposition die »Mutter der Erleuchtung« genannt, da das emotionale Selbst durch den

langsamen und methodischen Reifeprozeß schließlich zur Erleuchtung kommt. Träume und Phantasien sind hier eng mit der Realität verbunden. Sie werden unter der schützenden Erde genährt und durch den einen oder anderen Umstand durch die ätherische Intensität des zehnten Hauses im Skorpion zum Ausbruch gezwungen, was eine Reihe von Ereignissen und Veränderungen hervorruft, die das Dasein dieses Menschen vollkommen transformieren.

Als Erwachsener ist dieser Mensch mit sich selbst zufrieden, aber doch niemals befriedigt. Die Intensität des Skorpions gibt ihm große Bewußtheit über die Zielstrebigkeit anderer Menschen. Manchmal ist er eifersüchtig auf andere, wenn er in deren Leben mehr Fortschritt und Entwicklung sieht als in seinem eigenen.

Dieser Mensch ist eher verschlossen, denn er meint, daß er, wenn er seine Motive für sich behält, schließlich die Türen aufschließen kann, die ihm den ersehnten Erfolg bringen werden. Diese Polarität beinhaltet möglicherweise ein großes Maß an unbewußter Paranoia, da dieser Mensch glaubt, daß ihm andere seinen »Platz an der Sonne« wegnehmen könnten. Er versucht, sich an die Spitze zu stellen, als ob er seine Furcht, vergessen zu werden, damit überwinden wollte.

Dieser Mensch erkennt die unbewußten Schwächen seiner Konkurrenten. Auf diese Weise versucht er, sich seinen Erfolg zu sichern.

Auf sexueller Ebene beinhalten fast alle Phantasien eine gewisse Destruktivität gegenüber anderen Menschen. Dieser Mensch versucht seinen Partner bloßzustellen, während er selbst sicher hinter seiner Schutzmauer bleibt. Er ist vollkommen geschützt, während er seinen Partner entwaffnet. Auf einer größeren Ebene kann dieser Mensch zu sadistischem Sexualverhalten neigen. Das gibt ihm das Gefühl, etwaige Konkurrenz auszuschalten. Diese Hauspolarität kann möglicherweise eine unbewußte Grausamkeit mit sich bringen.

Man sollte sich daran erinnern, daß das Zeichen Skorpion auf unbewußter Ebene rücksichtslos und unbarmherzig ist, und wenn man dieses Zeichen in Bezug auf Ziele und Erfolge hin betrachtet, gibt es kaum etwas, was dieser Mensch nicht tun würde, egal, wie sehr es einem anderen schaden oder ihn verletzen könnte. Dies ist eine sehr machtvolle Hauspolarität, mit der man eine sehr wichtige Lektion lernen muß. Wenn man Macht ausübt, um Schwächere zu übervorteilen, dann muß man sich ständig vor dem Tag hüten, an dem diese Menschen stark werden. Wenn man seine sexuelle Anzeihungskraft benutzt, um sich seine Macht zu sichern, kann das nur zu unglücklichen Umständen führen. Wenn dieser Mensch lernt, seine Sexualität mit der gebenden und liebesfähigen Stier-Natur zu verbinden, dann werden all seine Erfahrungen im Leben um vieles bereichert.

Schlüsselbegriffe: mächtige sexuelle Gefühle, schüchterne Kindheit, Bedürfnis nach Dominanz, schafft sich sexuelle Probleme, verführerisch, langsames Reifen, gewinnt Ego-Stärke durch andere, hartnäckige Gefühle, extrem sensitiv, überwältigend.

Viertes Haus Zwillinge – Zehntes Haus Schütze

Mit dem Zeichen Zwillinge im vierten Haus ist das emotionale Selbst sehr eng mit der mentalen Erscheinung des Menschen verbunden. In seinem tiefsten Innern hegt dieser Mensch viele ungelöste Ideen. Seine emotionelle Anziehungskraft zum anderen Geschlecht basiert auf dem Bedürfnis, diese Ideen zu erforschen. Seine Sexualität ist zu einem großen Teil geistiger Natur. Manchmal weist diese Hauspolarität auf ein gestörtes Familienleben in der Kindheit hin. Wenn dies nicht zutrifft, besteht meistens ein Identitätsproblem, das aus der Beziehung zur Familie

herrührt. Die dualen Wertmaßstäbe in der Emotionalität werden möglicherweise erst in der zweiten Lebenshälfte erkannt. Dieser Mensch verwendet sehr viel Energie darauf, vor der Konfrontation mit sich selbst davonzulaufen. Er braucht Partner, die ihm dazu verhelfen, seine Gedanken zu ordnen und ihn lehren, die Yin- und Yang-Qualität seiner Emotionen zu verstehen und sich mit seiner unbewußten Dualität zu konfrontieren.
Beim körperlichen Sex studiert er die Interaktion in der Beziehung und versteckt sich dabei oft, so daß er die Entwicklung des Geschehens beobachten kann. Sein wirkliches Lebensalter ist seiner Entwicklung voraus. Dies kann sich darin äußern, daß er sich sexuell von Dingen angezogen fühlt, die in den Grundschuljahren sein Interesse weckten. Nur wenige Tierkreiszeichen sind in emotioneller Hinsicht so unsicher wie das Zeichen Zwillinge im vierten Haus, denn dieser Mensch erkennt, daß er im Zentrum seiner Seele ein Doppelleben führt. Seine philosophischen Ziele ändern sich ständig und lassen sich schwer bestimmen. Um seinen Lebenssinn zu finden, muß sich dieser Mensch in sein zehntes Haus im Schützen begeben. Er möchte reisen, geehrt, ausgezeichnet und belohnt werden. Er möchte die Freiheit haben, seine Ziele zu ändern, so oft ihm der Sinn danach steht. Sein Leben wird zu einer Aufeinanderfolge von Reisen. Dieser Mensch fühlt sich niemals an einem Platz zu Hause. Er malt sich in seiner Phantasie aus, wie es wäre, wenn er herumwanderte, sich treiben ließe, wenn er ein Romantiker wäre, ein Mann von Welt, wenn er viele Sprachen beherrschen und die Sitten und Gebräuche anderer Länder, Philosophien und Religionen kennen würde.
Auf sexueller Ebene stellt er sich Partner vor, die einer anderen Religion, Philosophie oder Kultur angehören. Im Geiste wandert er von einem Menschen zum anderen, weil er das breite Spektrum erfahren möchte, das ihm jeder Mensch, den er neu kennenlernt, eröffnet. Er hat Schwierigkeiten, seine eigene Mitte zu finden, da sich sein Leben oft

um die Menschen dreht, die er erforschen will. Weil er über so viele Dinge, Menschen und Orte Bescheid wissen will, ist er sehr viel weniger zentriert als irgendein anderer Mensch. Dieser Mensch vermeidet Situationen und Beziehungen, die ihn zu sehr verletzbar machen können. Indem er unverbindlich bleibt, kann er sein Freiheitsgefühl beibehalten, das ihm ermöglicht, weiterhin in seiner Phantasie umherzuschweifen. Hier zeigt sich eine große Unzufriedenheit mit dem
fen. Hier zeigt sich eine große Unzufriedenheit mit dem
»Hier und Jetzt«[1]. Wenn sich dieser Mensch die Worte aus die folgendermaßen lauten: »Alle Wege führen dorthin, wo ich jetzt gerade bin«, dann würde er Zufriedenheit erlangen. Die Sexualität basiert bei dieser Hauspolarität nicht so sehr auf physischen Erfahrungen wie das Bewußtsein dieses Menschen. Die Zeichen Zwillinge und Schütze haben beide mit geistigen Veränderungen zu tun. Die eigentliche Lebensreise und sogar die sexuellen Erlebnisse dieses Menschen sind nur Manifestationen in der Außenwelt, die zeigen, wie sich die innere Reise auf geistigem Wege fortwährend verändert. Mit dieser Hauspolarität muß man lernen, seinen Geist in all seinen Wandlungen zu begreifen.

Schlüsselbegriffe: emotionale Dualität, manchmal bisexuell, sexuelle Neugierde, experimentierfreudig, sich wiederholende Erfahrungen, flirtet gern, unverbindlich, Reiselust, unbeständig, risikofreudig, freiheitsliebend, emotionell unabhängiger Partner, braucht psychischen Raum, analytische Gefühle, Katalysator für andere, unbewußte Unsicherheit, muß seelischen Zwiespalt lösen.

Viertes Haus Krebs – Zehntes Haus Steinbock

Das Zeichen Krebs wird dem vierten Haus zugeordnet. Dieser Mensch besitzt das gesamte Spektrum an Emotio-

[1] Siehe Karmische Astrologie 4: »Das Karma im Jetzt« von Martin Schulman.

nen, das notwendig ist, um alles, was das Leben zu bieten hat, voll ausschöpfen zu können. Da dieses Zeichen das Zuhause und die persönliche Umgebung repräsentiert, wird das sexuelle Interesse dieses Menschen durch das Aussehen, die Färbung und Stimmung seiner engsten Umwelt beeinflußt. Bei sanfter Musik, romantischem Kerzenschein oder in einer behaglichen Atmosphäre spricht er besonders auf sexuelle Erregung an. Auch muß er das Gefühl haben, daß ihm sein Partner eine sichere Zukunft bieten kann. Eine dauerhafte und emotionell stabile sexuelle Beziehung mit einem Partner ermöglicht ihm, sich so zu öffnen, daß er ihre ganze Fülle auskosten kann. Ist diese Stabilität jedoch nicht gewährleistet, fühlt er sich im Unbewußten bedroht, denn zu viele kurzfristige Beziehungen stellen eine Bedrohung für seinen Sinn für Stabilität dar. Dort aber, wo emotionale Sicherheit gegeben ist, ist er in jeder Hinsicht ein ausgesprochen warmer und gebender Mensch.

Durch das zehnte Haus im Steinbock besitzt dieser Mensch eine gesunde Zielstrebigkeit und das Wissen darum, wie man auf sie hinarbeitet. Er sagt nicht, wie viele andere Menschen mit anderen Konstellationen: »Dies oder jenes würde ich gern machen«, oder »das möchte ich gern erreichen«, sondern handelt einfach und spricht nicht darüber. Er kommt ans Ziel, ohne von der Erfüllung dieses Ziels zu träumen. Er wird zu einem erfüllten Menschen, weil er das Wesen der Erfüllung versteht.

Eine seiner hervorstechendsten Eigenschaften ist die Fähigkeit, sich geistige Schubladen zu bauen, wo alles an seinem richtigen Platz liegt. Dieser Mensch weiß besser, wie man Ziele erreicht, als das bei jeder anderen Hausposition im Tierkreis der Fall ist. Als erstes malt er sich das Endresultat seines Zieles aus. Dann, wenn es wirklich dem entspricht, was er will, und er glaubt, daß er es erreichen kann, geht er noch einmal zurück zum Anfang seiner Inspiration. Und nun arbeitet er Schritt für Schritt langsam und unverdrossen auf sein Ziel hin. Diese erfolgsorientierte Verhaltensweise hat ihren Ursprung bereits in der frühen Kindheit. Als Kind denkt dieser Mensch viel darüber nach, was von ihm erwartet wird. Bisweilen versucht er, dem zu entfliehen, indem er als längst Erwachsener noch immer Kind bleiben möchte. Doch wenn er einmal bereit ist, seine Sache zu machen, ist er nur noch wenig an einem Phantasieleben interessiert. Da er den Unterschied zwischen Traum und Wirklichkeit kennt, gibt er sich nur Phantasien hin, die er verwirklichen kann. Dieser Mensch hat ein starkes Interesse an der Sexualität, das in einer direkten Beziehung zu anderen Lebenszielen steht. Er fühlt sich von Situationen angesprochen, die im Rahmen des Möglichen und Durchführbaren liegen. Er lernt, sich schnell über Situationen hinwegzusetzen, die Energieverschwendung wären. Sein Ausdruck der Sexualität muß dem entsprechen, was seine Familie, seine Vorfahren oder sein Freundes- und Bekanntenkreis von ihm erwarten. Die Lektion dieser Hauspolarität bedeutet, seine Sexualität mit seinen Bedürfnissen und Gefühlen in Einklang zu bringen, so daß sich die verschiedenen Lebensbereiche harmonisch ineinanderfügen können, woraus letztendlich die eigene Sicherheit resultiert.

Schlüsselbegriffe: sucht nach dauerhaften Beziehungen, Bedürfnis nach einem tiefen Sinn, starke Anhänglichkeit, Angst vor Einsamkeit, Sicherheitsbewußtsein, zurückhaltende sexuelle Gefühle, strebt nach sexueller Anerkennung, beschützend, verantwortungsbewußt, Familiensinn, durch die Ehe entsteht Kampf um die persönliche Identität, beständig, Bedürfnis nach Aufrichtigkeit.

Viertes Haus Löwe – Zehntes Haus Wassermann

Diese Hauspolarität basiert auf der Macht der Kreativität. Dieser Mensch spricht am besten auf sexuelle Situationen an, in denen er die Möglichkeit hat, seine Führerrolle und

seine kreative Vorstellung von sich als einem einzigartigen und großzügigen Liebhaber zu leben.
Im allgemeinen wurde dieser Mensch in der Kindheit durch mindestens einen dominierenden Elternteil unterdrückt. Die Auswirkungen hiervon zeigen sich in seiner Einstellung zur Sexualität. Im Unterbewußtsein versucht er, den Elternteil, der ihm in der Kindheit ein Hindernis war, zu überwinden. Infolgedessen fühlt er sich gewöhnlich zu Menschen des anderen Geschlechts hingezogen, die für ihn eine starke emotionale Herausforderung bedeuten. Er zieht sehr starke Partner an, die die Macht verkörpern, die er in der Kindheit gespürt hat. Seine Liebhaber bringen ihn zum Erfolg und Sex wird zu einem symbolischen Katalysator. Manchmal zeigt sich bei diesem Menschen ein Hang zum Exhibitionismus, weil er Anerkennung und Zustimmung sucht.
Gewöhnlich bestehen in der Kindheit Schwierigkeiten, weil dieser Mensch die Tendenz hat, weiter vorauszudenken als seine Schulkameraden. Er ist seiner Altersstufe und auch der Zeit im allgemeinen voraus. Seine Eltern versuchen, seine Persönlichkeit in ihrem Sinne zu formen. Sein zehntes Haus im Wassermann bedingt, daß die Zukunft eine starke Anziehung auf ihn ausübt. Aus diesem Grund und mit Hilfe seines ausgesprochen starken Willens wird er zu einem Menschen, der auf jedem nur möglichen Gebiet die Regeln bricht. Er tut dies nicht aus Boshaftigkeit oder aus einem Widerspruchsgeist heraus, wie sein Verhalten oft von anderen interpretiert wird, sondern um sich nicht in bereits Bestehendem festzufahren. Wenn er sich nach den festgesetzten Normen anderer richtet, wird er sein eigenes und einzigartiges Ziel, den Ton anzugeben, niemals erreichen.
Auf sexueller Ebene sind die Kindheitsphantasien dieses Menschen experimenteller Art. Er besitzt einen recht einmaligen Sexualtrieb. Der rote Faden, der all seine Phantasien durchzieht, ist seine unersättliche Wißbegierde. Dieser Mensch kann mit sexuellen Situationen experimentieren, die sich andere kaum vorstellen können, aber je

phantastischer und andersartig eine derartige Situation ist, umso mehr stimuliert sie seine Phantasie auf anderen Gebieten dadurch, daß seine Kreativität geweckt wird. So entstehen aus jeder Phantasie wieder neue Ideen.
Die Lektion dieser Hauspolarität beinhaltet den kreativen Einsatz der eigenen Macht zugunsten der Menschheit. Auf sexueller Ebene bedeutet dies, ein gütiger und bescheidener Führer zu sein und anderen Menschen die Erfahrung der Kraft kreativer Liebe zuteil werden zu lassen.

Schlüsselbegriffe: starke sexuelle Bedürfnisse, Hang zum Exhibitionismus, großzügiger Umgang mit Sympathiebezeugung, muß den dominierenden Elternteil überwinden, machtbewußt, Angst, beherrscht zu werden; vielseitig, eigensinnig, strebt nach Beachtung, mächtiges Ego, unbewußt übertriebenes Interesse an sexueller Leistung.

Viertes Haus Jungfrau – Zehntes Haus Fische

Mit dem Zeichen Jungfrau im vierten Haus ist die Emotionalität oft eingeengt, was diesem Menschen die Freiheit zu expandieren nimmt. Möglicherweise versucht er, seine Emotionen in Grenzen zu halten, was sein Erleben einschränkt. Die andere Möglichkeit ist, daß er versucht, seine Emotionalität zu erweitern, indem er Gefühle analysiert, eine Methode, die in Wirklichkeit gar nicht funktioniert. Er glaubt, daß er besser »funktionieren« kann, wenn er versteht, wie er »funktioniert«. Doch »zu funktionieren« ist nicht der Schlüssel zur Sexualität, weil es einem nicht das Gefühl gibt, erfüllt zu sein. Erfüllung entsteht dann, wenn man seine Gefühle fließen läßt.
Bei dieser Hauspolarität können die verschiedensten psychischen Blockierungen auftauchen, die die Sexualität beeinträchtigen. Sie durchlaufen die gesamte Skala von Orgasmusschwierigkeiten über Frigidität oder Zeiten des Zölibats, bisexuelle Neigungen, bis zum bewußt vermiede-

nen Kontakt mit den »niederen« Eigenschaften des Sex. Dieser Mensch möchte vielleicht unbewußt dem Bild seiner Eltern entsprechen. In seiner Kindheit wurde er mit zwar logischen, aber unterschwelligen Vorstellungen über die Erwartungen Gottes konfrontiert. Diese Inbilder werden möglicherweise auf eine Ersatzelternfigur projiziert, da dieser Mensch bewußt versucht, aus seiner groben unbewußten Emotionalität auszubrechen.
Durch das zehnte Haus in den Fischen erhält die Steifheit der Jungfrau einen Anflug von Unwirklichkeit. Da dieser Mensch in einer feststrukturierten Welt gefangen ist, die es ihm unmöglich macht, sein Selbst voll und ganz auszuleben, entwickelt er ein reges Phantasieleben. Im Grunde genommen lebt er in einem Traum. Noch lange bleibt er als längst Erwachsener kindlich und will keine Verantwortung übernehmen. Ob er nun Musiker, Künstler, Missionar oder Krankenpfleger werden will, seine Ziele sind immer von Mitgefühl für die Menschheit durchdrungen.
Obwohl sich diese Mitgefühle für andere bereits in der Kindheit entwickeln, ist der eigene Badarf an Mitgefühl noch nicht gedeckt. Dieser Mensch kompensiert sein Bedürfnis nach Mitgefühl durch Phantasien. Er erfindet sexuelle Phantasien, in denen er unbewußt den Bedürfnissen eines anderen dient. Im weiteren Verlauf entwickelt er masochistische Tendenzen, um dem anderen zum Aufbau seines Ego zu verhelfen. In seinen Phantasien demütigt er sich in sexueller Hinsicht. Bilder oder Filme, die ein Ersatz für seinen eigenen Sexualtrieb sind, üben eine starke Anziehung auf ihn aus. Wenn dieser Mensch kreativ ist, betrachtet er gerne seine eigenen Schöpfungen. Er kann mit dem wahren Kern der Kreativität in Berührung kommen, wenn er seinen Traumzustand konstruktiv zu nutzen weiß. Nur wenige Menschen verstehen seine Gedankengänge oder seine Methoden, die er zur Erreichung seiner Ziele anwendet. Wenn dieser Mensch einen hohen Entwicklungsstand hat und andere Horoskopfaktoren mit dieser Haus-

polarität positiv zusammenwirken, kann er wie Edgar Cayce werden, der den Menschen beständig dazu verhilft, die feineren Schwingungen der Existenz zu erkennen.

In all seinen sexuellen Phantasien ist dieser Mensch doch eher sinnlich als sexuell. Er ist eher romantisch und phantasiereich als grob und ungehobelt. Er sucht feinfühlige und liebevolle Entfaltungsmöglichkeiten anstatt primitive oder niedrige sexuelle Erlebnisse, denn diese würden ihn zu sehr aus seinem Traumzustand aufrütteln. In Zeiten, in denen er hinsichtlich seiner Karriere nicht viel erreicht, ist sein sexueller Ausdruck eventuell voyeurhaft, da er eine Phase des Beobachtens durchmacht. Das ändert sich, wenn er seine Energie aktiver auf seine wahren Wünsche richtet. Und interessanterweise beziehen sich diese Wünsche gewöhnlich mehr auf einen anderen Menschen als auf ihn selbst. Infolgedessen müssen seine Zielstrebigkeit und sein Karrierestreben durch andere Menschen geweckt werden, denn er ist kein Mensch, der aus sich selbst heraus aktiv wird.

Mit dieser Hauspolarität muß man lernen, sich eine kreative Realität zu schaffen, indem man die unendlichen Qualitäten des Traumzustandes in den Rahmen der endlichen Grenzen der praktischen Vernunft einfügt. Wenn die niederen Emotionen des vierten Hauses erst einmal durch das Zeichen Jungfrau gereinigt worden sind, kann dieser Mensch beginnen, die höheren Formen göttlicher Liebe zu erfahren.

Schlüsselbegriffe: emotionelle Starrheit, Vermeidung der Sexualität in der Kindheit, Hingabeschwierigkeiten beim körperlichen Sex, insgeheime Vorurteile gegenüber der Sexualität, Furcht vor Autoritätspersonen, ängstlich, schüchtern, hypersensibel, strebt nach Perfektion, emotionell idealistisch, hellsichtig, stellt andere auf die Probe, ausgesprochen gebende Seele, visionär, altruistisch, selbstkritisch, zu göttlicher Liebe fähig.

Viertes Haus Waage – Zehntes Haus Widder

Dieser Mensch macht einen verborgenen emotionellen Kampf der Selbstfindung durch. Er kann nicht entscheiden, ob dem Vater oder der Mutter Priorität zukommt. Unbewußt pendelt er zwischen einer Identifikation mit dem weiblichen und dem männlichen Prinzip hin und her. Das verursacht eine so starke innere Verwirrung, daß er den Boden unter den Fußen verliert, weil er versucht, vor allen sexuellen Empfindungen, die in sich widersprüchlich sind, davonzulaufen. Um innere Festigkeit zu erlangen, bindet er sich an Menschen, die den Anschein haben, ein festes Fundament zu bilden. Auf sexueller Ebene sucht er sich Partner, die sich ihrer eigenen sexuellen Identifikation sehr sicher zu sein scheinen. Durch diese Partner versucht er, sein eigenes Zentrum zu finden, indem er sich mit den Wurzeln ihrer emotionellen Stärke identifiziert.

Das größte Problem dieses Menschen sind seine Gefühle und die Sicherheit, die er braucht, um sie auszuleben. Er hat das Gefühl allein zu sein, so daß er sich niemals ganz sicher fühlt, daß er wirklich zu jemandem gehört. Aber dieses Zu-jemandem-Gehören ist sein stärkstes emotionelles Bedürfnis. Er würde von seinem eigenen Weg abgehen und vielleicht sogar seine innere Harmonie opfern, um zu einem anderen Menschen zu gehören. Dadurch erlangt er ein Gefühl der Anerkennung.

Die sexuellen Empfindungen erhalten durch die Karriere dieses Menschen eine neue Richtung. Seine Angst vor Zurückweisung ist so stark, daß er sich buchstäblich dazu zwingen muß, der Erste oder der Beste zu sein, um sicher zu gehen, daß er nicht ausgeschlossen wird. Um zu lernen, wie man das erreicht, dreht sich seine in der Kindheit wurzelnde sexuelle Phantasie um das Überwinden von Hindernissen. Beim Erwachsenen können diese Phantasien teilweise von neuen Verhaltensweisen überlagert werden, die man sich mit Hilfe des von Saturn regierten zehnten Hauses aneignet.

Dieser Mensch wird dann vielleicht zu einem Meister sexueller Suggestion, denn damit kann er seine Macht erproben, den Willen eines anderen zu bezwingen. Seine Phantasien sind im Verborgenen narzistisch gefärbt. Dieser Mensch will sich ständig versuchen. Dinge, die er versuchen muß zu bezwingen, üben eine besondere Anziehung auf ihn aus. Wenn es nichts zu besiegen oder erobern gibt, ist er nicht daran interessiert. Dies bezieht sich sowohl auf seine Sexualität als auch auf seine Karriere. In seinen verborgensten sexuellen Wünschen will er immer irgend etwas versuchen, von dem er meint, daß er nicht wüßte, wie, oder worüber er sich nicht sicher ist. Was er im Leben erreicht (oder aus dem Sex macht), ist nicht so sehr das Endresultat, als die Freude, es zu versuchen.

Das Gleichgewicht zwischen Hingabe und Behauptung des Selbst ist das Hauptthema der Waage-Widder-Polarität. Die hierin verborgene Lektion lautet, daß man sein Selbst uneigennützig aufbauen kann, wenn man Sexualität in Verbindung mit Liebe zum Ausdruck bringt.

Schlüsselbegriffe: jugendlich, nicht geerdet, Unsicherheit in der weiblichen und männlichen sexuellen Identifikation, braucht emotionelle Fairneß, unverbindlich zu anderen, starkes Bedürfnis nach Anerkennung, entmutigende Kindheit, kann nicht mit Zurückweisung umgehen, wird durch Rückschläge stärker, manchmal narzißtisch, spontane Zuneigung zu anderen, Einsamkeit, braucht einen Partner mit festen Prinzipien.

Viertes Haus Skorpion – Zehntes Haus Stier

Bei dieser Hauspolarität basiert die Emotionalität auf einem wackeligen Fundament. In den Tiefen der Seele herrscht ein ständiger Aufruhr, weshalb dieser Mensch versucht, seine Einstellung zu sich selbst zu erneuern. Er versucht, die Destruktivität, der er in sich spürt, unter Kontrolle zu halten, da sie unaufhörlich an jedem Gefühl der Solidität oder Sicherheit, das er aufbaut, nagt. In manchen Fällen weist diese Hauspolarität auf gestörte Familienverhältnisse in der frühen Kindheit hin. In weniger extremen Fällen hat dieser Mensch das Gefühl, daß ihm jeden Augenblick der Boden unter den Füßen weggezogen werden kann. Aus diesem Grund durchleben viele Menschen mit dem vierten Haus im Skorpion Phasen der Promiskuität. Sie haben das Gefühl, daß sie wenig verlieren und alles gewinnen können, wenn sie nach irgendeiner Form der Liebe streben, die ihnen Wärme geben kann. Ihr Bedürfnis ist sehr stark, und egal wieviel sie bekommen, scheint ihr Durst unstillbar zu sein.

Das wahre Bedürfnis dieses Menschen kann sich darin äußern, daß er danach strebt, Dinge zu erwerben, die seine Sinne erfreuen. Dieser Mensch möchte sich seiner Sicherheit versichern. Er neigt zur Übertreibung in seinen Handlungen und Wünschen oder er glaubt, mehr zu brauchen, als tatsächlich nötig ist. Eines Tages muß er viel Geld besitzen oder die Macht haben, die ihm Geld verleiht, so daß er seine Sicherheit immer zurückkaufen kann, wenn sie bedroht ist. Dieser Mensch ist sich nur dessen sicher, was er besitzt, und sein Besitz sollte immer in Sichtweite sein. Wegen dem Mangel an Sensibilität in seiner Kindheit ist seine Lebenseinstellung unsicher. Er hat immer das Gefühl, daß sein Leben unter ihm einstürzen wird, und er meint, daß er, wenn er alle bedrohlichen Faktoren und Menschen in seinem Leben unter seiner Kontrolle hat, vor der Erfahrung dieses Gefühls oder den Ängsten, die es in ihm hervorruft, geschützt ist.

Die sexuellen Phantasien in der Kindheit sind oftmals lustbetont und selbstzerstörerisch, doch wenn man sie genauer auf die Verhaltensmuster hin untersucht, die daraus entstehen, dann erkennt man, daß dieser Mensch immer das Ziel hat, zu sichern, festzuhalten und sogar den Partner einzuengen, so daß er seinen Besitz nicht verliert. Er möchte sexuell

über den Partner dominieren, was so weit geht, daß er ihn besitzt. In seiner Persönlichkeit finden sich paranoide Züge, die gemildert werden können, wenn er ein wirkliches Lebensziel erreicht, das ihm eine gesellschaftlich anerkannte Machtposition bringt. Wegen der starken emotionellen Transformationen, die er ständig durchmacht, gerät er bei der geringsten Zurückweisung in Wut. Manchmal meint er fast, daß er in einen tiefen, dunklen Kerker fällt, der voller eingebildeter unbewußter Monster ist. Dieser Mensch braucht einen im Sexuellen unterwürfigen und leicht masochistischen Partner, der ihn dennoch dazu ermutigt, die Stabilität und die Kraft zu erlangen, die ihm letztendlich die Sicherheit verleihen, nach der er sich sehnt.
Mit dieser Hauspolarität muß man lernen, die aufwühlenden sexuellen Emotionen in kreative Liebe zu transformieren. Dies kann man nur erreichen, wenn man sich dem höheren Selbst hingibt.

Schlüsselbegriffe: emotionelle Umbrüche, lustbetont, manchmal Promiskuität, Suche nach sicherem Fundament, wird mißverstanden, ständige Transformation der emotionellen Verhaltensmuster, selbstzerstörerisch, emotioneller Kampf in den Tiefen der Seele, muß die Vergangenheit rekonstruieren, zu kreativer Liebe fähig, destruktive Beziehungen, erlebt Zurückweisung, schweres Karma in jungen Jahren[1)].

Viertes Haus Schütze – Zehntes Haus Zwillinge

Das vierte Haus im Schützen weist auf eine Emotionalität hin, die sich durchwegs in einem fließenden Zustand befindet. Dieser Mensch strebt ständig neuen Horizonten entgegen, die das vage Versprechen enthalten, besser zu sein als

1) Siehe Karmische Astrologie 1: »Mondknoten und Reinkarnation« von Martin Schulman (Kapitel: »Absteigender Mondknoten im Skorpion«)

das, was er gerade erlebt. Es fällt ihm schwer, im Hier und Jetzt zu bleiben, weil das Gras woanders immer grüner zu sein scheint. Auf sexueller Ebene strebt er nach Erlebnissen, die er noch nicht ausprobiert hat. Möglicherweise sucht er nach einem unverwirklichten Ideal, das er aber niemals findet. Vielmehr wird letzten Endes die emotionale Suche wichtiger als die Entdeckung des Ideals selbst. Er liebt die Freiheit und obwohl er vorgeben mag, Sicherheit zu brauchen, sucht er sich absichtlich Partner, die seine Gefühle der Unabhängigkeit verstärken.

In vieler Hinsicht ist dieser Mensch ein emotioneller Nomade, der von einem Gefühl, einem Ort oder einer Beziehung zur anderen geht, ohne die Erfüllung zu finden, von der er weiß, daß es sie gibt. In einigen Fällen führt diese Hauspolarität zur Promiskuität, da dieser Mensch in seinen Gefühlen keine Grenzen oder Einschränkungen kennt. Seine Kindheitsphantasien tragen die Züge eines Don Quichotte, und er sieht sich gerne als den galanten Abenteurer. Seine prahlerischen Gefühle stehen meistens in keinem Verhältnis zu den Ereignissen oder Umständen, die sie ausgelöst haben.

In jungen Jahren scheint sein ganzes Dasein von einer Art emotioneller Wildheit durchdrungen zu sein. Durch das zehnte Haus in den Zwillingen kommt er mit der Reife auch zur Vernunft. Das Bedürfnis dieses Menschen, soziale Anerkennung zu gewinnen, zwingt ihn dazu, seine Gedanken und Ideen auf einer tiefgründigeren und realistischeren Ebene mitzuteilen. Es ist ihm wichtig, daß seine Worte und Gedanken für andere eine Bedeutung haben, denn das gibt ihm die Gewißheit, daß er geistig wertvoll ist. Hierin liegt seine größte Unsicherheit verborgen, denn in Wahrheit ist er sich über seine geistige Einstellung absolut nicht im klaren. In seiner Kindheit bewegt sich dieser Mensch durch seine breitgestreuten Interessen gleichzeitig in viele verschiedene Richtungen. In jungen Jahren sind seine Ziele unrealistisch und haben scheinbar keinen Zusammenhang.

Wenn dann die sexuelle Phantasie an die Stelle dieser Ziele tritt, kann er sich zeitweise von seinen Frustrationen befreien. Jedoch ist auch das sexuelle Verhalten breitgefächert und richtet sich auf viele Menschen, Situationen und Orte, wodurch dieser Mensch unstet und schwankend bleibt. Als Erwachsener akzeptiert er diese unzusammenhängenden Gedanken vielleicht nicht mehr. Statt die Tatsache zu akzeptieren, daß er sich selbst verzettelt hat, macht er es sich leicht und schiebt anderen Menschen die Schuld für seine verschieden gelagerten Wünsche zu. Infolgedessen braucht er andere Menschen, denn durch sie kann er all die verschiedenen Triebe in sich selbst ausleben. Für diesen Menschen ist es schwierig, einem einzigen Partner gegenüber aufrichtig zu sein, denn in seinem tiefsten Inneren ist er im Grunde genommen ein rastloser Mensch.
Dieser Mensch ist in der Lage, sich neben sich selbst zu stellen, und er weiß es nicht einmal. Er tut dies oft, um sich vom Standpunkt anderer aus zu betrachten. Oft hegt er voyeurhafte sexuelle Phantasien, da er stellvertretend an anderen beobachten möchte, was er eigentlich selbst erleben, sich aber nicht eingestehen will. Hinter dieser Vortäuschung möchte er gerne Sex mit mehreren Personen gleichzeitig erleben oder an einer Orgie teilnehmen. Manche Menschen mit dieser Hauspolarität tun das auch oder sie lesen stattdessen pornographische Literatur. Aber das ist nicht so wichtig. Was aber etwas ausmacht, ist, daß dieser Mensch in seinem Leben viel vergeudet, weil er seine Wünsche und Ziele auf andere projiziert statt sie in sich selbst zu sehen.
Die hierin verborgene Lektion lautet, daß die Fähigkeit, eine Beziehung mit anderen Menschen einzugehen, darauf basiert, wie ehrlich und aufrichtig man zu sich selber ist.

Schlüsselbegriffe: expansiv, übertriebene Emotionen, mangelnde Disziplin, Beziehungen rufen Identitätskrise hervor, frivol, sucht nach emotioneller Freiheit, mangelnde Zielstrebigkeit, manchmal Promiskutät, wild, Freidenker, vorschnell, unbeständig, vielseitig, grundlegendes Bedürfnis nach Veränderung, muß gefühlsmäßige Aufrichtigkeit lernen.

Viertes Haus Steinbock – Zehntes Haus Krebs

Das Zeichen Steinbock steht im vierten Haus in einer schwierigen Position, da es sich hier in Opposition zu seinem zugehörigen Haus befindet. Die Emotionen werden zurückgehalten oder unterdrückt, da dieser Mensch versucht, den Erwartungen anderer zu entsprechen. Er strebt danach, von Älteren respektiert zu werden (ein Gefühl, das ihm in der Kindheit aufgeprägt wurde). Im sexuellen Bereich hat dies aber manchmal die gegenteilige Wirkung von dem, was man erwartet hatte. Anstatt daß dies zu einer sexuellen Verhaltensweise führt, die das Gefühl seiner Respektwürdigkeit verstärkt, verursacht es oft ein verborgenes unverantwortliches Sexualverhalten. Wenn dieser Mensch seinen wahren Gefühlen nicht direkt gegenübertreten muß, dann kann er sexuell machen, was er will. Im allgemeinen vermeidet er die Auseinandersetzung mit schweren ödipalen Konflikten, die damit zu tun haben, daß er als Kind erwachsener sein mußte als er wollte. Wenn er das wirkliche Erwachsenenalter erreicht, kommt sein rebellisches Wesen zum Vorschein. Die niederen Steinbock-Eigenschaften machen sich bemerkbar. So kann er extrem lustbetont sein, bis er das Gefühl hat, daß er auf einem festen Fundament steht. Oft erreicht er dies erst sehr spät im Leben oder dann, wenn er die Möglichkeit hatte, den Lauf der Welt zu erkunden und für sich selbst daraus zu lernen.

Durch das zehnte Haus im Krebs kehrt sich der Prozeß, sexuelle Phantasie durch Zielorientiertheit zu ersetzen, um. Der Erwachsene, der in jungen Jahren für sein Alter sehr reif war, weigert sich nun, erwachsen zu werden. Als Kind hatte dieser Mensch die Ziele eines Erwachsenen, die er schließlich durch seine sexuelle Phantasie ersetzt. Seine Phantasien sind oft auf erwachsene Personen fixiert, die erwachsene Dinge tun. Dieser Mensch probierte vielleicht die Kleider seiner Eltern an, als er noch Kind war. Er übernahm bereits sehr früh eine dominante Erwachsenenrolle. Wenn er jedoch das Erwachsenenalter erreicht hat, hat er das Gefühl, seine Kindheit versäumt zu haben, eine Kindheit, die er niemals wirklich erlebt hat. Aus diesem Grund versucht dieser Mensch, alle Kindheitsgefühle nachzuholen, die andere Kinder erfahren haben.

Dies ist ein ziemlich einzigartiges Verhaltensmerkmal, weil es bedeutet, daß dieser Mensch sich einbildet, als Erwachsener Kind zu sein. In dieser Hinsicht kann ein Kind für seine Taten nicht wirklich verantwortlich gemacht werden. Mit diesem Komplex glaubt er nicht nur, daß er den Zielen eines Erwachsenen nicht entsprechen muß, sondern auch, daß er seine kindlichen Sexspiele ausleben darf, ohne mit schlimmeren Folgen als einer »elterlichen Bestrafung« rechnen zu müssen. Somit erhält er kein Feed-back auf Fehlverhalten, d. h. auf ein Verhalten, durch das entweder ein anderer Mensch, sein eigenes Selbst oder das Gesetz verletzt werden — wie es bei der normalen und gesunden Selbstbeschränkung eines wirklich Erwachsenen der Fall ist.

Sein Sexualverhalten dreht sich darum, sich über irgend etwas hinwegzusetzen oder gegen die Familienstruktur eines anderen zu verstoßen, um seine Grenzen zu finden. Im Bereich der Karriere neigt er zu Unbeständigkeit, bis er dieses Problem gelöst hat und aufhört, die Vergangenheit nachholen zu wollen.

Die Lektion dieser Hauspolarität bedeutet, emotionelle Verantwortung zu akzeptieren, so daß das Erwachsensein eine neue Geburt für das Selbst darstellt, verbunden mit einem vollkommen neuen Verständnis von familiären Bindungen und Wertmaßstäben.

Schlüsselbegriffe: Einschränkungen, verborgene Gefühle, von Schuldgefühlen geplagt, einsam, möchte sein eigenes Fundament aufbauen, setzt Verantwortungsgefühl an falscher Stelle ein, hartnäckig, vergangenheitsorientiert, sehr sensitiv, Ödipuskomplex, altersbewußt, lustbetont, selbstsüchtige Tendenzen; muß lernen, emotionale Verantwortung zu übernehmen.

Viertes Haus Wassermann – Zehntes Haus Löwe

Bei dieser Hauspolarität zeigt sich eine sehr unabhängige und unberechenbare Emotionalität. Dieser Mensch ändert von einem Augenblick zum anderen seine Meinung darüber, was tatsächlich seine Sicherheit für ihn bedeutet. Er stellt die Dinge ständig in Frage und geht dabei weit über die Grenzen seines gegenwärtigen Verständnisses hinaus. Dafür aber braucht er emotionelle Freiheit. Auch versucht er, einen Partner zu finden, der in dieser Hinsicht nicht so ist wie er.
Manchmal führt diese Hauspolarität zu verschiedenen Formen sexueller Perversion, was aus einer ausgeprägten emotionellen Neugierde resultiert. Das Sexualverhalten dieses Menschen folgt überhaupt keinem Schema. Möglicherweise besteht ein psychischer Komplex, der ihn dazu antreibt, sich in seiner Einzigartigkeit zu begreifen. Auch kann er emotionell davon besessen sein, anders als die anderen zu sein, was mit der Angst verbunden ist, sich in etwas festzufahren, was ihn davon abhält, neue Gefühle kennenzulernen. Dieser Mensch muß vor allem zu dem Verständnis gelangen, daß sein Alleinsein in dem Moment verschwindet, wo er akzeptiert, daß er in seinem Alleinsein nicht anders ist als jeder andere auch. Dieses Problem, anders sein zu wollen, wird durch die hohen Erwartungen, die dieser Mensch an sich selbst stellt, noch erschwert. Diese Erwartungen werden durch das zehnte Haus im Löwen bedingt. Er muß sich selbst

beweisen, daß er in der Lage ist, alles zu überwinden, was ihn davon abhält zu sein, wie er will. Auch besteht hier ein zwanghafter Drang, übertrieben hohe Ziele zu erreichen. Der Ehrgeiz ist hier so groß, daß er von keinem anderen Tierkreiszeichen übertroffen wird, denn er erwächst aus der Verbindung von Wille und Macht.

Als Kind spürt dieser Mensch, was er schließlich vollbringen muß, aber er meint, daß ihm andere Menschen dabei im Wege stehen. Er studiert seine Mitmenschen und lernt, wie sie ihre Fähigkeiten einsetzen, um die Welt so zu gestalten, daß sie ihren Wünschen entspricht. Er selbst ist ständig frustriert, weil er seine eigene Macht noch nicht ausleben kann. Infolgedessen wendet er sich dem Prozeß zu, Ziele durch sexuelle Phantasien zu kompensieren.

Er beginnt, sexuelle Phantasien zu erfinden, die ihn in eine Machtposition versetzen. In diesen Phantasien malt er sich Szenen aus, die das Gefühl seiner eigenen Wichtigkeit verstärken. Sowie die sexuellen Phantasien dieses Menschen reifer werden, nimmt sein Machtbedürfnis eine ganz spezielle Gestalt an. Möglicherweise konzentriert sich seine Aufmerksamkeit dann auf die Größe der Geschlechtsorgane eines anderen, da er in der Phantasie unbewußt Größeres mit mehr Macht gleichsetzt. Er sucht sich Partner, die immer unerreichbar scheinen. Während des Liebesaktes trägt er gerne Machtkämpfe aus. Er fällt auf die äußere Erscheinung eines Menschen herein, nur weil sie einer Venus oder er einem Adonis gleicht, anstatt sich an den inneren Werten eines Menschen zu orientieren. Der rote Faden, der seine Phantasien durchzieht, zeigt ihn als den »Eroberer«. Und auch hier macht er noch nicht Halt, denn wenn man etwas erobert hat, dann muß man auch darüber herrschen.

Wenn dieser Mensch beruflichen Erfolg zu haben beginnt, hören seine Phantasien nicht auf, sondern werden scheinbar noch stärker. Die Vorstellung von Macht reizt ihn und es ist fast eine Ironie, daß er gegenüber diesem Machtstreben machtlos ist.

Hier muß man lernen, daß es der Sinn der Macht ist, die Herrschaft über das eigene Selbst zu erlangen. Wenn man dies erreicht hat, können sich die experimentierfreudigen emotionellen Eigenschaften des vierten Hauses im Wassermann auf vielen kreativen Gebieten äußern, die diesen Menschen glücklich machen werden.

Schlüsselbegriffe: eigensinnig, sprunghafte Emotionalität, zukunftsorientiert, dominierend, auffällig, neugierig, frech, stark, farbiger Lebensstil, fürchtet Konkurrenz, möglicherweise homosexuelle oder bisexuelle Neigungen, lebhafte Phantasie, sucht kreative Sexualität, mächtig, Führerrolle in Beziehungen.

Viertes Haus Fische – Zehntes Haus Jungfrau

Mit dieser Hauspolarität besitzt man eine sehr romantische Emotionalität. Dieser Mensch hat niemals das Gefühl, auf einem festen und konkreten Fundament zu stehen. Dafür fühlt er sich ständig zu einer fernen Musik hingezogen, die seine Seele in einen gelösten Zustand der Selbstvergessenheit versetzt. Er ist in die Liebe verliebt und kann sogar dort noch Liebe erkennen, wo andere für sie blind sind. Es fällt ihm schwer, etwas durchzuhalten, denn das neptunische Wesen seiner Gefühle läßt ihre Reichweite nicht erkennen. Er fühlt etwas, kann es aber nicht in Worte fassen. Er weiß etwas, aber er kann seine Gedanken nicht ordnen. Als Kind lernte er, nur nach seiner Institution und nach seinem Instinkt zu leben, und sich nicht nach dem Verstand und der Sensibilität zu richten.
Die ausgesprochen leidenschaftliche Natur dieses Menschen kommt dann zum Ausdruck, wenn er in einem Partner eine feinere Essenz erkennt, zu der er eine Beziehung herstellen kann. Dieser Mensch ist ein großer Idealist. Er ist sehr leichtgläubig und oft glaubt er, was er gerne glauben

möchte und übersieht das, was er intuitiv weiß. Jedesmal, wenn er sich nicht nach seiner Intuition richtet, tut er sich selber Unrecht.

Möglicherweise erlebte er in seiner Kindheit irgendein Leid, das er in seiner Sexualität wiederholt. Er gerät in Beziehungen, in denen er eine masochistische Rolle spielen muß, bis er das Problem erkennt und eine Lösung finden kann.

Durch sein zehntes Haus in der Jungfrau besitzt dieser Mensch das Ideal der Perfektion und hat Angst davor, es niemals erreichen zu können. Auch finden sich in seinem Inneren grundlegende Unsicherheiten, weshalb er nur schwer mit Kritik und Zurückweisung fertig wird.

In seiner Kindheit kompensiert dieser Mensch seine Angst vor Zurückweisung durch eine lebhafte Phantasie, in der er sich selbst als eine mythologische religiöse oder spirituelle Persönlichkeit sieht, die in gewisser Weise über die Möglichkeit einer Zurückweisung erhaben ist. Auf sexueller Ebene muß er Phantasien erfinden, die mehr mit dem Dienst an sich selbst zu tun haben, so daß er, wenn er alt genug ist, diese Phantasien dahingehend umsetzen kann, daß er tatsächlich zu seinem eigenen Diener wird. Aufgrund dieser Phantasien hat er eine starke Tendenz zur Masturbation. Dadurch lernt dieser Mensch, sich selbst zu akzeptieren. Wenn er aber älter geworden ist, dann zeigt sich die Masturbation auch auf anderen Ebenen als nur der sexuellen. Es wird für ihn zu einer Lebensaufgabe, zu lernen, seine Ängstlichkeit zu überwinden und seine kosmischen Gefühle auszudrücken. Der Dienst am eigenen Selbst bedeutet, aus sich selbst herauszugehen und ein Zugehörigkeitsgefühl zur Welt zu entwickeln. Dieser Mensch neigt dazu, Gefühle zu analysieren und sein eigenes Leben zu beobachten. Weil er hierdurch viel zu lernen hat, empfindet er eine starke Einsamkeit. Aber er muß lernen, in der Welt zu wachsen und nicht außerhalb von ihr. Und obwohl alles, was er sieht, weniger ideal ist als in seiner Vorstellung, muß er sowohl die Zustände um sich herum akzeptieren lernen als auch seine

eigene Unvollkommenheit. In der Sexualität strebt dieser Mensch nach einer Vereinigung der Endlichkeit mit der Unendlichkeit.
Die Lektion dieser Hauspolarität bedeutet, zu erkennen, daß die Sensibilität in den kreativen Gefühlen Teil des Wissens ist, das man hier aus dem Universum empfängt, um seine Ziele zu klären. Der ausgeprägte Sinn für Schönheit verbunden mit dem Bedürfnis nach Vollkommenheit führt einen hier zu den Lebenserfahrungen, durch die man am meisten wachsen wird.

Schlüsselbegriffe: sinnlich, muß seine emotionelle Leichtgläubigkeit überwinden, Träumer, masochistisches Verhalten, schwaches Ego, kosmisches Gefühl, leidenschaftlich, aber gehemmt; kindliche Züge, braucht feinfühligen Partner, einfühlsam, verständnisvoll, intuitiv, mitfühlendes Wesen, romantisch, kann die Merkmale eines Heiligen haben, visionär, starke Phantasie, tiefer Glauben, braucht Ordnung.

DIE FÜNFTEN UND DIE ELFTEN HÄUSER

Das fünfte Haus beherrscht die Art und Weise, wie ein Mensch sein Leben schöpferisch gestaltet. Allgemein ordnet man diesem Haus die Liebesaffairen zu, und daher wird aus dem fünften Haus ersichtlich, was man mit seinen sexuellen Begegnungen erreichen möchte. Jeder Mensch hat seine Fehler und persönlichen Eigenarten und jeder birgt in sich ein noch nicht entwickeltes Potential und unverwirklichtes Wachstum seiner Persönlichkeit. Durch das fünfte Haus unternimmt man den Versuch, seine Persönlichkeitsentwicklung voranzutreiben, indem man die Ideale und Aktivitäten realisiert, die man persönlich für richtig hält.

Da dieses Haus unter dem Einfluß des Zeichens Löwe steht, hat man hier im allgemeinen das Bedürfnis, die Führung über den Partner zu übernehmen, denn man erkennt das in ihm schlummernde Potential und möchte es zur Entfaltung bringen. Wenn man sein eigenes inneres Potential nicht fühlt, fehlt einem die grundlegende Voraussetzung, um Liebe geben zu können. Liebe ist die Fähigkeit, dem Partner Sonnenschein ins Leben zu bringen oder mit ihm gemeinsam das Ideal von der Liebe zu verwirklichen. Im allgemeinen hat dies eine gestaltende Wirkung. In einer Liebesbeziehung färbt man aufeinander ab. Es gibt Menschen, die eine starke und dauerhafte Wirkung in uns hinterlassen, weil sie uns unsere eigene Fähigkeit zur Kreativität zeigen, – Fähigkeiten, die wir ohne ihre Liebe nicht erkannt hätten.

Es gibt viele Formen der Liebe und viele Möglichkeiten, sie sexuell auszudrücken. Manchmal hat eine Liebesbeziehung scheinbar nichts mit Sexualität zu tun, aber auch wenn der physische Liebesakt darin fehlt, ist sogar diese Beziehung unterbewußt sexuell. Wo ein körperlicher sexueller Austausch stattfindet, entsteht der stärkste kreative Effekt. Ein Mensch lernt, wie er aktiv werden kann, um die Achtung, die Bewunderung und die Liebe eines anderen zu gewinnen. Er wird diesen kreativen Effekt in dem Maße annehmen oder ablehnen, in dem er den anderen braucht.

Das fünfte Haus, das von der Sonne regiert wird, symbolisiert das »Kind« im Menschen, das zur Reife und zur Entfaltung gebracht werden kann. Eine Schöpfung entsteht aus der gegenseitigen Inspiration beider Partner. Infolgedessen zeigt das fünfte Haus weniger, welchen Menschentypus man sich als Liebhaber sucht, sondern vielmehr, welche Liebesideale man hat. Durch eine Liebesbeziehung versucht man, einen Partner zu finden, der die Fähigkeit besitzt, diesen Idealen zu entsprechen und sie zum Ausdruck zu bringen. Dies ist der schöpferische Prozeß an sich, denn aus den Idealen heraus entsteht der kreative Impuls, der einen dazu antreibt, seine Realität zu gestalten. In einem seiner schönsten Gleichnisse spricht Jesus von einem Mann, der Samen aussäte. Einige Samen fielen auf Sandboden oder auf felsigen Untergrund, manche auf einen Weg, wo sie von den Menschen zertreten wurden. Einige Samen jedoch fielen auf fruchtbaren Boden und ihr Wachstum übertraf alle Erwartungen. Mit der Liebe ist es genauso. Einen Menschen zu lieben ist wie das Aussäen von Samen. Da Liebe eine bewußte Entscheidung ist, haben wir auch die Wahl, unsere Liebe wahllos im Wind zu verstreuen, und auf die Möglichkeit zu vertrauen, daß sie auf einen geeigneten Boden fallen werden, oder wir säen die Samen der Kreativität zielstrebig auf fruchtbarem Boden aus, d. h. bei Menschen, bei denen die Liebe wachsen und blühen kann. Auf einem Felsen kann man nichts wachsen lassen und auch nicht auf Sand. Es wäre sinnlos, auf einem Weg zu säen, wo die empfindlichen Samen achtlos zertrampelt werden. Aber es gibt auch immer einen fruchtbaren Boden, und unter diesen Bedingungen wächst die Liebe am besten.

Die Erkenntnis, daß man einen anderen Menschen nicht lieben kann, bevor man sich nicht selbst liebt, ist sehr bedeutsam. In dieser Hinsicht ist es schwer, sich selbst zu lieben, ohne zunächst einmal das Gefühl zu haben, daß man einen Platz im Universum hat, an den man gehört. Dies geht aus dem elften Haus hervor, das zweifellos das Haus ist, das in der Astrologie am meisten mißverstanden wird.

Um dies verstehen zu können, muß man sich vergegenwärtigen, daß die Astrologie zwei Hauptziele hat, die sich gegenseitig bedingen. Das erste Ziel der Astrologie ist, der Menschheit zu helfen, und das zweite, diese Hilfe aus einer objektiven Sicht heraus zu leisten, denn die Astrologie ist objektiv. Man muß auch verstehen, daß auf persönlicher Ebene Objektivität unmöglich ist. Nur wenn man etwas von einem unpersönlichen Standpunkt aus betrachtet, kann man zu einer konkreten Wahrheit finden. Unsere persönlichsten Dinge, die uns lieb und teuer sind, sind unsere Wertmaßstäbe, unsere Ideen, Vorstellungen und Prinzipien. Auch schätzen wir die Fähigkeit, in Einklang mit unserer eigenen und einzigartigen Identität schöpferisch zu sein, sowie unsere unbewußten sexuellen Sehnsüchte. Diese Dinge werden vom zweiten, fünften und achten Haus symbolisiert, die im Quadrat bzw. in Opposition zum elften Haus stehen. Das elfte Haus wurde oft als das Haus der Träume bezeichnet, und Träume werden fast immer mit Romantik in Verbindung gebracht. Doch das elfte Haus steht in direkter Opposition zum fünften Haus der Romantik. Somit entsteht ein scheinbares Paradox, was das elfte Haus schwer verständlich macht. Um seine wirkliche Bedeutung erkennen zu können, muß man sich zunächst einmal vergegenwärtigen, daß es mit drei anderen Häusern ein großes Quadrat bildet, die alle im Zusammenhang mit einer besonders tiefen Verpflichtung stehen. Ein Mensch ist bereit, für das, was er im zweiten Haus wertschätzt, zu kämpfen. Die romantischen Zwischenspiele des fünften Hauses berühren ihn auf seiner intimsten Ebene sehr tief. Und die unbewußte Sexualität des achten Hauses repräsentiert vielleicht das stärkste intime Betroffensein von allen. Mit all diesen Verpflichtungen braucht der Mensch einen Ausweg, was man im wesentlichen mit dem Ventil eines Schnellkochtopfes vergleichen könnte. In allen Erfahrungen, die Verpflichtung oder Beteiligtsein erfordern und wo wir für etwas einstehen müssen, üben andere Druck auf uns aus. Um der geistigen Gesundheit willen muß es im Horoskop eine Stelle geben, die eine Möglichkeit bietet, die Intensität dieser Verpflichtung zeitweise zu durchbrechen, so daß wir unseren Geist befreien und unsere Energien wieder regenerieren können. Die einzige Art und Weise, wie man das erreichen kann, ist, unpersönlich, distanziert oder an dem, was um einen herum vorgeht, desinteressiert zu sein.

Diese Möglichkeit gibt uns das elfte Haus. Wenn eine sexuelle Bindung zu stark wird, können wir durch das elfte Haus zu einem unpersönlichen Bewußtsein gelangen. Das Zeichen, in das die Häuserspitze des elften Hauses fällt, zeigt, was wir gewinnen können, wenn wir unpersönlich sind.

Die Träume, die das elfte Haus im traditionellen Sinn symbolisiert, stellen das dar, was der Mensch erfindet, wenn er Entspannung braucht. Man sollte sich aber immer vor Augen halten, daß man, wenn man zu sehr in seinem elften Haus lebt, selbst zu dem Traum wird, den man sich geschaffen hat, um vor der Realität zu fliehen. Wenn dies einmal geschehen ist, dann kann man den Traum nur schwer von der Realität unterscheiden, wie das bei Menschen der Fall ist, die eine unpersönliche Maske tragen, um zu tarnen, was sie in Wirklichkeit suchen.

Die Kunst, unpersönlich zu sein, kann sehr wirkungsvoll sein, wenn man sie richtig zu nutzen weiß, und sie mit der persönlichen Natur des Menschen im Gleichgewicht hält. Aber nicht jeder versteht, was es bedeutet, unpersönlich zu sein. Es gibt Abertausende von Menschen, die geistigen Führern folgen, und versuchen, unpersönlich zu leben. In der Tat geben sie dafür ihr Bedürfnis nach der Entwicklung von Werten auf (zweites Haus), ihre kreativen Fähigkeiten (fünftes Haus) und ihr biologisches oder unbewußtes Bedürfnis nach Sexualität (achtes Haus). Hier stellt sich einem die Frage, ob sie sich dadurch entwickeln oder vor etwas davonlaufen. Leider laufen sie in den meisten Fällen vor etwas davon. Traurig jedoch ist die spirituelle Desillusionierung, die diese Menschen letztendlich erleben, wenn sie entdekken, daß sie sich selbst um eines anderen Menschen willen verleugnet haben, der eines Tages ihre Ideale enttäuschen wird, weil er auch nur ein Mensch ist. Wirkliche Unpersönlichkeit entsteht aus einem distanzierten Bewußtsein und der Erkenntnis, daß man Teil der Entwicklung des Ganzen ist. Diese Sichtweise erreicht man dann, wenn man begreift, wie man seine höchsten Ideale verinnerlicht, so daß sie zu einem Teil unseres gesamten Seins werden. Als Kinder identifizieren wir uns mit den Heldenfiguren, die unverdorben und unbestechlich sind. Sie setzen sich immer für das Wohl der Öffentlichkeit ein. Irgendeine mystische Kraft umgibt sie, die sie vom Durchschnittsmenschen unterscheidet. Und obwohl sie eine starke sexuelle Anziehungskraft besitzen, sind sie nie an Sex interessiert. In diesem Sinne sind sie unerreichbar. Und die Krönung des Ganzen ist, daß sie selten, wenn überhaupt einmal, für Geld arbeiten.

Man denke nur an die Helden aus den Comic-Heften, wie Superman, Batman etc., mit denen Kinder ihr realitätsfernes Phantasieleben beginnen. Wir sind auf die Ideale, die diese Helden verkörpern, eingestimmt. Ungeachtet dessen, wie wenig unser Leben diesen Maßstäben gerecht wird, wünschen wir uns doch, daß es so wäre. Interessanterweise können die Helden ihre Heldentaten nur vollbringen, weil sie nicht persönlich beteiligt sind. Wir kennen ihre Fähigkeiten, ihre Uniformen oder ihr Rüstzeug, mit dessen Hilfe sie ihre Wunder vollbringen, aber viel mehr wissen wir nicht. Ihr persönliches soziales Leben existiert nicht. Auch streben sie nicht nach persönlicher Erfüllung, nach persönlichem Gewinn. Sie sind die Zukunftsideale (Wassermann) der ganzen Menschheit.

Daher scheint das elfte Haus die Flucht aus einer Realität zu symbolisieren, da wir danach streben, eine andere auszuprobieren. Aber eigentlich ist dies gar keine Flucht. Indem wir unsere Verpflichtungen auf einer persönlichen Ebene lokkern, können wir eine größere Verpflichtung gegenüber den Idealen der Menschheit eingehen, die wir symbolisch repräsentieren. Wenn dies erreicht ist, kann jeder von uns auf seiner individuellen Ebene beginnen, die verschiedenen Verpflichtungen, die wir auf unseren verschiedenen Daseinsbereichen fühlen, ins Gleichgewicht zu bringen.

Die Polarität des fünften und elften Hauses stellt das Gleichgewicht dar, das wir zwischen dem kreativen Ausdruck unseres romantischen Instinktes und den höheren Idealen herstellen müssen, die uns das Gefühl geben, daß das Leben für etwas Höheres steht als wir es selbst sind. Wenn die Gedanken, Aktivitäten und Leistungen dieser beiden Häuser in Harmonie miteinander sind, hat man die Möglichkeit, eine enorme Erfüllung im Leben zu finden.

Fünftes Haus Widder – Elftes Haus Waage

Mit dem Zeichen Widder im fünften Haus ist der Samen, den man aussät, daß man ständig Neuanfänge macht. Um das zu tun, muß dieser Mensch ausgesprochen unabhängig sein. Liebesaffairen machen ihm die Gefahr bewußt, sich in einem anderen Menschen zu verlieren, und er achtet sehr darauf, daß das nicht passiert. Auf sexueller Ebene ist er möglicherweise hedonistisch, denn seine Einstellung zur Kreativität tendiert zur Primitivität. Er hat viele Wünsche und Bedürfnisse und strebt auf sehr aggressive Weise nach ihrer Erfüllung, ohne darauf Rücksicht zu nehmen, ob er dabei die Gefühle eines anderen Menschen verletzt. Im allgemeinen fühlt er sich zu Liebhabern hingezogen, die scheinbar unerreichbar sind, denn die Vorstellung von der Eroberung ist bei ihm sehr ausgeprägt.

Die körperliche Sexualität ist ein Schlachtfeld für sein Ego. Er versucht, seinen Partner zu beherrschen und ist befriedigt, wenn er ihm in eine unterwürfige Rolle gedrängt hat. Mit der Zeit aber lernt auch der Partner zu kämpfen. Wenn das der Fall ist, sucht sich dieser Mensch meistens einen neuen Partner, weil er sich nicht mit der Tatsache konfrontieren will, bei jemandem der Verlierer zu sein, der so stark ist wie er. Auf spiritueller Ebene erkennt er, daß seine Neuanfänge erfolgreich sind.

Diese Hauspolarität trägt dazu bei, daß ein großes Maß an Narzißmus in den Liebesakt mit hineinspielt. Dieser Mensch besitzt einen starken Enthusiasmus und bange Hoffnungen, aber er schenkt den feineren Nuancen der Sexualität nur wenig Beachtung. Er konzentriert seine geistige Energie darauf, wie schnell er einen anderen gewinnen, oder wie er diesen Menschen durch die Vollendung des Liebesaktes besiegen kann und wendet sich danach gleich neuen Bereichen zu.

Durch das elfte Haus in der Waage sehnt sich dieser Mensch nach geistigem Frieden, den er nur dadurch erreichen kann, daß er sich von seinen Wünschen distanziert. Er besitzt die Fähigkeit, die Dinge von zwei Seiten zu betrachten, aber er kann das nur dann, wenn er nicht persönlich davon betroffen ist. Das fünfte Haus im Widder weist darauf hin, daß dieser Mensch sich in Situationen verwickelt, bevor er darüber nachgedacht hat. Dann muß er auf Distanz gehen, um erkennen zu können, inwieweit er sich aus dem Gleichgewicht gebracht hat, indem er das Sprichwort »erst wägen, dann wagen« umgekehrt hat. Dieser Mensch kann nur schwer einen Rat von anderen Menschen annehmen. Die Neigung,

»erst wagen und dann wägen«, verursacht zu tiefe Verstrickungen. Um dies auszubalancieren, ist er, was seine Hoffnungen, Träume, Wünsche oder Ideale betrifft, unpersönlich. Aber beide Reaktionsweisen sind extrem. Die Widder-Waage-Lektion muß hier aus erster Hand gelernt werden. Dieser Mensch muß lernen, daß die Liebe zu sich selbst und die Liebe zu anderen zwei Seiten derselben Medaille sind. Sie ergänzen sich, wenn sie positiv verwirklicht werden, und sie heben sich gegenseitig auf, wenn eine von beiden negativ gelebt wird. Mit der Zeit lernt dieser Mensch, daß er zu seinem Selbstausdruck durch kreative Liebe gelangt, indem er sich an die Ideale von Frieden, Liebe, Harmonie und Fairneß hält.

Schlüsselbegriffe: aggressiv, starker Sexualtrieb, ungeduldig, sucht nach neuen Herausforderungen, manchmal bisexuell, gibt dem Partner Energie, selbstgerecht, verurteilend, exhibitionistische Züge, Scheidung möglich, entdeckt sein Selbst durch kreative Liebe, frustrierte Wünsche, mit den Jahren sehr moralisch, extrem idealistisch, läuft manchmal vor den eigenen Erwartungen davon.

Fünftes Haus Stier – Elftes Haus Skorpion

Mit dieser Hauspolarität sät man Dinge, die einen Sinn haben und von Dauer sind. Dieser Mensch hat großen sexuellen Appetit. Nicht nur die Qualität der Sexualität ist ihm wichtig, sondern auch die Quantität. Auch ist er ein leidenschaftlicher Liebhaber. Seine schöpferischen Ideen sind eher passiv als aktiv. Er ist der Meinung, daß die Früchte des Lebens von selber zu ihm kommen sollten, und nicht, daß er sie säen müßte. In gewisser Hinsicht tarnt dies die Angst vor Zurückweisung, mit der sich dieser Mensch lieber nicht auseinandersetzen möchte. Es macht ihn glücklicher, von einer Solidität überzeugt zu sein, als sich in eine gefährliche Lage zu begeben, nur um dies auf die Probe zu stellen.

Die kreativen Bedürfnisse des fünften Hauses im Stier drehen sich um den Aufbau von Stabilität, Sicherheit und Komfort. Mit dieser Hauspolarität sucht man nach sexuellen Erlebnissen, die einem das Gefühl dauerhafter Solidität vermitteln. Die Dauerhaftigkeit gibt diesem Menschen die Gewißheit, daß die Schöpfung selbst ewig ist. Er sucht sich Partner, die entweder sehr unsicher sind oder problematische Phasen in ihrem Leben durchmachen. Seine Eigenschaft, eine dauerhafte Stütze zu sein, ist für die Menschen wertvoll, die nicht daran glauben, daß es ein Fortbestehen gibt. Seine natürliche Wärme und Zärtlichkeit ist für die wichtig, die diese Qualitäten in ihrer Kindheit entbehren mußten.
Dieser Mensch hat auch die Neigung, auf der persönlichen Ebene steckenzubleiben. Er hält eine Liebesbeziehung auch dann noch aufrecht, wenn er weiß, daß das Feuer schon längst verloschen ist. Indem er von der distanzierten und objektiven Unpersönlichkeit des elften Hauses Gebrauch macht, kann er lernen, wie man Beziehungen beendet, wenn sie vorbei sind. Er lernt dann, wie man sich neuen Dingen zuwendet, anstatt in einer Situation hängenzubleiben, die es nicht mehr wert ist, daß man sie aufrecht erhält.
Die Phantasiehelden in seinem Inneren sind immer stark und rechtschaffen. Wenn dieser Mensch lernt, unpersönlich zu sein, kann er mit diesem Teil in sich in Berührung kommen. In diesem unpersönlichen Bewußtseinszustand kann er unbarmherzig die heuchlerischen Gesellschaftsnormen durchbrechen, die ihn an alte Gewohnheiten binden, die nicht mehr von Nutzen für ihn sind. Er ist ein aufrichtiger Kämpfer, der bereit ist, seinen Glauben zu verteidigen und für ihn zu sterben.
Die Stier-Skorpion-Polarität symbolisiert den Kampf zwischen dem konstruktiven und destruktiven Kräften im Leben. Dieser Mensch muß lernen, auf Liebe zu bauen, sodaß er sich eine solide Zukunft schaffen kann. Andererseits muß er aber auch dazu bereit sein, all die falschen Vorstellu-

gen fallenzulassen, die seine Entwicklung behindern. Die Erwartungen des elften Hauses im Skorpion sind hoch und verursachen Unruhe und Unzufriedenheit. Die Ruhe und das Wohlbehagen der kreativen Liebe, die durch das fünfte Haus im Stier ausgedrückt wird, gehört auch zum Lebensziel dieses Menschen. Wenn er diese beiden Zeichen ins Gleichgewicht bringt, wird die Liebe durch die Ideale des Skorpion transformiert und diese Transformation garantiert ihre Dauerhaftigkeit.

Schlüsselbegriffe: sinnlich, natürliche Wärme, Unmäßigkeit, Zukunftserwartung, leidenschaftlich, besitzergreifend, eifersüchtig, sucht Verbindlichkeit, sich selbst gegenüber sehr nachsichtig, reformierend, ständige Veränderungen, um Harmonie herzustellen; zwanghafter Drang nach Sex, sensitiv, intuitiv, fordernd, erneuert die Ideale von der kreativen Liebe.

Fünftes Haus Zwillinge – Elftes Haus Schütze

Mit dem Zeichen Zwillinge im fünften Haus sät man Verständnis. Die Ideen, die aus der Liebe entstehen, werden hier wichtiger als der körperliche Ausdruck der Sexualität. Schöpferisch zu sein, beinhaltet hier Worte, Gedanken und Techtelmechtel. Das Zeichen Zwillinge verkörpert den Schauspieler, der Vorbilder braucht, denen er folgen, Menschen, die er nachahmen und Vorstellungen, die er realisieren kann. Dieser Mensch ist kreativ, indem er die Gedanken anderer kopiert. Im allgemeinen zeigt er ein lebhaftes Interesse an sexueller Literatur und hört gerne von den Liebesabenteuern anderer. Dies gibt ihm das Gefühl, daß er an ihrem Leben teilnimmt, während er aber immer noch seinen Sicherheitsabstand wahren kann. Das Zeichen Zwillinge wird von Merkur regiert und besitzt daher eine unterentwickelte Sexualität. Diesem Menschen sind daher platonische Liebe, Freundschaften, Kameradschaften und

Beziehungen, die oberflächlich bleiben, angenehmer. Mit allem, was eine tiefere Verpflichtung bedeuten würde, kann der Zwilling nur schwer umgehen.

Zwillinge ist das Zeichen des Verständnisses. In Liebesangelegenheiten versucht dieser Mensch, sich in seiner eigenen Rolle zu sehen, aber auch im Rahmen der Vorstellungen, von denen er glaubt, daß sein Partner sie schätzt. Manchmal verliebt er sich mehr in Ideen als in einen Menschen. Wenn sein Partner seine Wertmaßstäbe ändert, besteht für diese Liebe kein Grund mehr.

Das fünfte Haus in den Zwillingen weist oft auf einen Menschen hin, der an geistigem Voyeurismus Gefallen hat. Dies kann eine Flucht vor den realistischen Gedanken und Ideen sein, die in intimen Liebesbeziehungen entstehen. Wenn ihn zu viele widerstreitende Gedanken einengen, versucht er, der Verwirrung zu entfliehen. Dieser Mensch sucht seine Expansion im Leben mit Hilfe des elften Hauses im Schützen. Hier kann er sich auf philosophische Weise distanzieren und sich selbst schützen. Dies führt zu einer sexuellen Kälte und der Erfahrung von einmaligen sexuellen Abenteuern oder bedeutungslosen Begegnungen, die ihm die Möglichkeit geben, seine Freiheit zu behalten.

Beiden Zeichen mangelt es an Wärme, Nähe und Intimität mit einem Partner. Ob auf persönlicher oder unpersönlicher Ebene, dieser Mensch liebt Ideen, Worte, Gedanken, Denkweisen, Philosophien, Prinzipien und Gedankengebäude. Anstatt sich wirklich zu verlieben, manifestiert sich hier durch das fünfte Haus in den Zwillingen die Idee zu lieben. Das elfte Haus im Schützen ist auf unpersönliche Weise rastlos. Es symbolisiert den Wunsch, von fernen romantischen Orten, Zwischenspielen im Ausland und unbekannten Horizonten zu träumen. Sowohl das Zeichen Zwillinge als auch das Zeichen Schütze besitzen eine Fluchttendenz, die sie unbeständig macht. Hier braucht man einen dominanten Partner, der den ständigen Bewußtseinsstrom in eine konstruktive Bahn lenkt.

Die Lektion dieser Hauspolarität lautet, die Ideale des höheren Geistes mit den Handlungen, die aus den Gedanken des niederen Verstandes entspringen, in Einklang zu bringen. Dieser Mensch braucht Partner, die logisch denken können oder kreativ sind. Das wahre Glück entsteht bei dieser Hauspolarität dann, wenn dieser Mensch erkennt, daß Liebe eine Lernerfahrung ist, durch die sich beide Partner entwickeln.

Schlüsselbegriffe: unbeständig, flirtet gern, schüchtern, neugierig, Interesse an sexueller Literatur, spielt, manchmal frigide, Rollenspiel, extreme geistige Aktivität, übertrieben idealistisch, freundlich, nachdenklich, reduzierter Sexualtrieb, Frustration durch unvollkommene Erfahrungen, voyeurhafte Neigungen, kalt, braucht geistige Stimulierung, philosophisch, unselbständig, unaufrichtige Beziehungen, gute Beobachtungsgabe, Schwierigkeiten mit dem Gesetz durch Liebe, Wahrheitssuche.

Fünftes Haus Krebs – Elftes Haus Steinbock

Mit dem Zeichen Krebs im fünften Haus sät man mit seiner warmen und liebevollen Art Liebe und Gefühl. Dieser Mensch strebt nach ehrlichen sexuellen Beziehungen, so daß er das Gefühl hat, mit der Zeit mehr Sicherheit aufzubauen. Er sucht einen Partner, den er umsorgen kann. Auch muß er erst zu einem Menschen Vertrauen gefaßt haben, bevor er das Gefühl der Liebe zuläßt.
Diese Hauspolarität weist vielleicht mehr als jede andere auf einen Menschen hin, der für das Wohl und die Sicherheit eines geliebten Menschen sorgt. Auf sexueller Ebene ist er sehr emotionell und romantisch, doch recht konventionell. Er fühlt sich zu Menschen hingezogen, die seinen Mutterinstinkt akzeptieren. Dieser Mensch gibt denen etwas, die sich im »Dschungel« des Lebens schutzlos fühlen. Krebs ist das

Zeichen, das die Erinnerung beherrscht. Daher lehrt dieser Mensch seinen Partner, sich mit seiner Vergangenheit zu beschäftigen und sich die versäumte Sicherheit bewußt zu machen, was von außerordentlicher Wichtigkeit für die Zukunft ist.
Mit dem elften Haus im Steinbock besitzt man das Ideal des Märtyrers. Auf unpersönlicher Ebene glaubt dieser Mensch, daß das Beste, was man aus seinem Leben machen kann, ist, sich einer Sache zu widmen, die einen überdauern wird. Wenn er auf persönlicher Ebene liebt, umsorgt er den Partner ständig. Im elften Haus kann er sich erholen, wenn er davon emotionell erschöpft ist. Obwohl dieser Mensch auf der persönlichen Ebene ausgesprochen warm und liebevoll ist, kann er seine Gefühle auch verbergen, wenn es sein muß. Die Sensitivität des fünften Hauses im Krebs muß oft von einem Schutzmantel umgeben werden, der es vor Verletzung bewahrt.
Mit dieser Hauspolarität braucht man einen Partner, der einem treu und ergeben ist, um die Dauerhaftigkeit zu gewährleisten, die die Zeichen Krebs und Steinbock repräsentieren. Kurzlebige Beziehungen, die gerade begonnen, auch schon wieder vorbei sind, tragen nichts zu der Sicherheit bei, die dieser Mensch aufbauen will. Das Zeichen Steinbock ist sehr fordernd. Die daraus resultierenden Ideale der Standhaftigkeit und Dauerhaftigkeit können nur dann verwirklicht werden, wenn die Gefühle des Zeichens Krebs zum Ausdruck kommen. Die Bereitschaft, sich sexuell verletzbar zu machen, steht in engem Zusammenhang mit der zu erwartenden zukünftigen Sicherheit.
die Lektion dieser Hauspolarität lautet, die warme, umsorgende und gebende Liebe des Zeichens Krebs mit den dauerhaften Idealen in Einklang zu bringen, die das Zeichen Steinbock akzeptiert. Wenn man das erreicht hat, dann können sich Liebe und Zielorientiertheit, Sex und Lebenssinn, Geben und Erfolghaben in einer dauerhaften und sehr wertvollen Art und Weise verbinden.

Schlüsselbegriffe: sensitiv, kreativ, aufrichtig, besitzergreifend, herrisch, aufmerksam, fähig, Hindernisse zu überwinden; sinnlich, möglicher Ödipuskomplex, kämpft mit seinen Gefühlen, schüchtern, ehrlich, abhängig, lange und feste Beziehungen, sucht Nähe, starke Bindung, sehr gebend, muß Vertrauen entwickeln, muß Hemmungen überwinden, beschützend, umsorgend, leicht verletzbar, romantisch.

Fünftes Haus Löwe – Elftes Haus Wassermann

Das fünfte Haus wird dem Zeichen Löwe zugeordnet, dem Zeichen der Liebe und romantischen Abenteuer. Hier sät man die Schöpfung an sich. Dieser Mensch ist ausgesprochen sexbetont, und er ist stolz darauf. Mehr als bei jeder anderen Hausposition bringt er die Talente, Fähigkeiten und kreativen Anlagen seiner Partner zum Vorschein. Er ist besitzergreifend und eifersüchtig, was er mit dem, was er zu bieten hat, rechtfertigt. Er meint, daß kein einleuchtender Grund dafür besteht, daß sein Partner noch jemand anderen braucht als ihn. Seine Zuneigung zeigt er sehr feurig und ist oft allzu großzügig, aber umgekehrt fordert er auch viel von seinem Partner.

Der Mensch mit dem fünften Haus im Löwen hat einen sehr prägenden Einfluß auf seinen Partner, weil er versucht, ihn zu einem besseren Lebensstil zu führen, auf einen höheren Lebensstandard zu bringen und ihm allgemein zu einer positiveren Lebenseinstellung zu verhelfen. Im sexuellen Bereich fordert er seinen Partner gern heraus und verführt ihn zu Dingen, von denen er weiß, daß der Partner Angst oder Hemmungen vor ihnen hat. Er tut das, um das Selbst seines Partners zu stärken.

Durch das elfte Haus im Wassermann besteht eine natürliche Verbindung der Ideale mit der Realität. Das elfte Haus wird dem Zeichen Wassermann zugeordnet und infolgedessen kann die Phantasie dieses Menschen die gesellschaftlichen Grenzen durchbrechen und sieht weit in die Zukunft hinein. Wenn dieser Mensch die Dinge aus objektiver Entfernung betrachtet, kann er zu einem objektiven Verständnis seines Platzes in der Welt gelangen. Er weiß, daß die Dinge zwar verschieden sind, ohne daß das eine unbedingt besser oder schlechter sein muß als das andere. In diesem Bewußtsein kann er aber nur leben, wenn er wirklich unpersönlich ist.

Die Löwe-Wassermann-Polarität symbolisiert Kämpfe mit der Willenskraft. Willenskraft ist aber keine Einzeldimension. Das Zeichen Wassermann symbolisiert den Willen und das Zeichen Löwe die Kraft. Wenn der Wille und die Kraft eines Menschen in Einklang miteinander sind, hat er die Möglichkeit, in seinem Leben selbst Regie zu führen.

Obwohl dies eine führende Hauspolarität ist, ist das Liebesleben dieses Menschen niemals einfach. Er muß seine Willenskraft gebrauchen, um seinen Beziehungen Sinn, Zweck und Zielrichtung zu geben. Nur dann findet er die ersehnte Erfüllung.

Das herausfordernde Benehmen des Zeichens Löwe, verbunden mit dem Wunsch nach Einzigartigkeit, der aus dem elften Haus im Wassermann resultiert, äußert sich manchmal in exhibitionistischen Zügen, denn dieser Mensch hat ein großes Bedürfnis nach Publikum. Er möchte seine Furchtlosigkeit zeigen. Um sich selbst respektieren zu können, braucht er den Respekt des Partners. Auch muß er in jeder intimen Beziehung die Führungsposition haben.

Die Lektion lautet hier, daß Erfüllung nur dann möglich ist, wenn die Macht der Liebe die Liebe zur Macht besiegt. Zum einen will man für andere kämpfen, um ihnen ein besseres Leben zu verschaffen, und zum anderen läßt man seine Kreativität von der Macht ehrlicher Liebe leiten und richtet seine Träume und Ideale danach aus. Wenn man dies macht, verschwindet jeder negative Ausdruck dieser Hauspolarität wie durch ein Wunder, und an seiner Stelle manifestiert sich der Ausdruck wahrer Liebe, Sexualität und der Liebe zu seinem unpersönlichen Selbst, in der Erkenntnis, daß die Welt zu groß ist, um jemals ganz begriffen werden zu können.

Schlüsselbegriffe: autonom, ausgesprochen kreativ, inspirierend, scharfsinnig, beim Liebesakt aggressiv, fordert Treue, stolz, fair, gebend, lebt romantische Rollen, starker Wille, herausfordernd, unverschämt, offen, manchmal exhibitionistische Züge, feurige Beziehungen, übertreibt seine Leidenschaft, zukunftsorientierte Ideale, verborgenes Interesse an Orgien, strebt nach einzigartigem Selbstausdruck, betrachtet Liebe als Herausforderung, hohe Wertmaßstäbe, Narzißmus, findet seine Kreativität durch Liebe.

Fünftes Haus Jungfrau – Elftes Haus Fische

Mit dieser Hauspolarität versucht man, die vervollkommnete Liebe zu leben. Obwohl dieser Mensch von vielen Persönlichkeiten angezogen wird, kann er doch sofort erkennen, wer verkehrt für ihn ist oder was unveränderlich ist. Um glücklich zu werden, muß er bei seiner Partnerwahl sehr selektiv sein.

In manchen Fällen sind die Ideale hier so hoch, daß das erwartete Verhalten oft das Gegenteil bewirkt. Wenn dieser Mensch erkennt, daß es unmöglich ist, in einer unvollkommenen Welt jemals ein Ideal der Perfektion zu verwirklichen, kann er sich dazu entschließen, nicht mehr zu selektieren und den Standpunkt anzunehmen, daß das auf lange Sicht überhaupt nichts ausmacht. Wenn diese Einstellung sein Denken beherrscht, führt das zu Phasen der Promiskuität.

Dieser Mensch möchte sein Sexualleben eher auf einer oberflächlichen Ebene halten. In Augenblicken, wo er reine Lust empfindet, scheint er nur unschuldig zu experimentieren, um sich so erwachsen zu fühlen wie andere. Interessant

ist die Tatsache, daß sich dieser Mensch sehr bewußt darüber ist, was andere von ihm denken. Er setzt seinem sexuellen Ausdruck Grenzen und ordnet im Geiste alles in gut oder schlecht ein. Es ist möglich, daß ein Mensch mit dem Zeichen Jungfrau im fünften Haus keinen vollkommenen Geschlechtsverkehr erlebt, und somit durch den Sex nicht zur Erfüllung gelangen kann. Tatsächlich hat er die Tendenz, kurz vor dem Geschlechtsakt abzubrechen, um tiefe Gefühle zu bewahren, die er durch die vollständige Vereinigung mit einem anderen zu verlieren glaubt. Er sucht sich gewöhnlich Partner, die durch zu viele unzusammenhängende Wünsche innerlich zerrissen sind, oder die eine eher lässige Einstellung zur Hygiene haben.
Die Ideale des elften Hauses in den Fischen richten sich auf den Dienst am anderen mittels kreativer Liebe. Hier verbinden sich sinnliche, künstlerische und romantische Gefühle mit der Tiefe einer kosmischen Realität und lassen den Traum von der idealisierten Liebe entstehen. In dieser Hauspolarität verbirgt sich ein recht eigentümlicher Konflikt, der sich darin äußert, daß der Mensch in seiner Phantasie sehr verliebt sein kann, auch wenn er in Wirklichkeit gar nicht verliebt ist. Wenn dieser Mensch aber einmal eine tiefe Beziehung zu einem Menschen entwickelt, vergißt er plötzlich seine Gefühle und grenzt sich soweit ab, daß er die Intimität und die Freude persönlicher Liebe nicht mehr schätzen kann. Im ganzen Tierkreis gibt es keinen anderen Menschen, der mehr geben könnte, als ein Mensch mit einer Jungfrau-Fische-Polarität. So sensitiv und mitfühlend, nachsichtig und rücksichtsvoll wie dieser Mensch ist, zieht er im allgemeinen Partner an, deren unstetes Wesen nur er verstehen kann. Seine Liebe wird oftmals zu einem Kreuzzug für Anstand und Schicklichkeit und für spirituelle Wahrheit. Sein Leben wird von Perioden der Frigidität durchzogen, was auf die emotionelle und psychische Desillusionierung zurückzuführen ist, durch die er erkennt, daß die Realität den heiligen Idealen seines Unbewußten nicht

entspricht. Manchmal ist er kindlich und ängstlich und bringt seine mächtigen und tiefen Gefühle nicht zum Ausdruck, weil seine Erwartungen von der Liebe zu hoch sind. Die Lektion dieser Hauspolarität bedeutet, daß im Leben immer der Geist über der Materie steht. Die Entfernung der Zeichen Jungfrau und Fische deckt eine breite Palette des menschlichen Verständnisses ab. Die Kraft der Gedanken ist die kreative Kraft, die das Universum in Bewegung hält. Das fünfte Haus in der Jungfrau symbolisiert, daß Liebe so ist, wie wir sie in Gedanken leben. Gleichzeitig zeigt das elfte Haus in den Fischen, daß unsere Ideale ein Produkt unserer Phantasie sind. Wenn Denken und Phantasie miteinander in Einklang gebracht werden und sich in kreativer Liebe positiv verbinden, kann man hier viele Erfahrungen machen.

Schlüsselbegriffe: idealistische Liebe, sensitiv, strebt nach vollkommener Liebe, große Vorstellungskraft, mitfühlende und gebende Natur, inspirierend, fordernd, diskriminierend, selbstaufopfernd, verständnisvoll, sucht kultiviertes Vergnügen, erkennt das Potential des Partners, aufregende Liebesaffairen, manchmal masochistisch, Bedürfnis nach Treue, unvollständige sexuelle Erlebnisse, organisiert das Leben seiner Partner.

Fünftes Haus Waage – Elftes Haus Widder

Mit dieser Hauspolarität schafft man Harmonie. Die Kunst der Liebe im richtigen Gleichgewicht hat Vorrang vor allem anderen. Die Liebe dieses Menschen weist eine besondere Feinheit auf, die bei keinem anderen Zeichen in diesem Haus zu finden ist. Dieser Mensch ist aufopferungsbereit, nachsichtig, ausgesprochen gebefreudig, und in vieler Hinsicht widmet er sein gesamtes Sein dem Partner. Er identifiziert sich mit jeder Beziehung und möchte, daß er und sein

Partner »eins« werden. In diesem Sinne hat er immer das Gefühl, daß er nur »halb« ist, wenn der Partner nicht körperlich anwesend ist. Wegen seines mangelnden Urvertrauens braucht er ständig Bestätigung. In der Folge verursacht seine Abhängigkeit, daß die dominanten Seiten seines Partners zum Vorschein kommen. Unbewußt ist dieser Mensch masochistisch veranlagt, und er hält oft Beziehungen aufrecht, auch wenn er längst weiß, daß sie nicht gut für ihn sind. Der Grund darin liegt in seiner Schwierigkeit verborgen, eigene Entscheidungen zu treffen, aus Angst, er könnte die Gefühle des anderen verletzen. Es fällt ihm leichter, alles gegen sich selbst zu richten und sich statt dessen selber weh zu tun.

Im Grunde genommen ist dieser Mensch in die Liebe verliebt. Er ist der glücklichste und erfüllteste Mensch auf der Welt, wenn sich seine Liebe entfalten und erblühen kann. Im sexuellen Bereich spielt er eher die unterwürfige Rolle und sorgt mehr für die Bedürfnisbefriedigung des Partners als für seine eigene.

Das elfte Haus im Widder symbolisiert die Idealisierung des Einsseins, das dieser Mensch erreichen kann, wenn er keine Angst davor hat, sich auf unpersönliche Weise zu behaupten. Dieser Mensch scheint in zwei Hälften geteilt zu werden, wenn er sich zu tief in eine Liebesbeziehung hineinbegibt, aber je mehr er sich von allem distanzieren kann, um so besser lernt er seine eigene Entschlußkraft kennen.

Seine Kindheitshelden verehrt dieser Mensch wegen ihrer Unabhängigkeit und Selbständigkeit. In seinem wirklichen Leben erreicht er diese Eigenschaften nicht, so daß er möglicherweise versucht, durch eine Beziehung unabhängig und selbständig zu werden. Mit der Zeit aber erkennt er, daß er Probleme mit festen sexuellen Beziehungen hat, da er durch sie doch nicht zu der erstrebten Selbständigkeit gelangt. Statt dessen verdrängt er seine Ideale, weil er das Bedürfnis hat, seinem Partner gefällig zu sein.

Hier muß man lernen, die Ideale des Ego mit dem Bedürfnis nach einer engen Verbindung mit einem anderen Menschen in Einklang zu bringen. Selbstaufgabe und Selbstbehauptung werden zu den zwei Enden der Schaukel, auf der dieser Mensch sitzt. Die große Weisheit, die man mit dieser Hauspolarität erlangen kann, bedeutet zu wissen, wann man führen, wann man sich führen lassen und wann man gemeinsam gehen muß.

Schlüsselbegriffe: sensitiv, musikalisch, kreativ, dominante Züge wechseln mit unterwürfigen ab, braucht Beachtung, versucht seinen Partner ins innere Gleichgewicht zu bringen, konkurrierende Beziehungen, Extreme im Selbstausdruck, anfällig für Schmeichelei, Probleme mit dem Ego, neigt zu Übertreibung, flirtet gerne, möchte eine besänftigende Wirkung ausüben.

Fünftes Haus Skorpion – Elftes Haus Stier

Mit dem Zeichen Skorpion im fünften Haus gibt der Mensch Sexualität – die Essenz des Lebens. Er ist interessiert, scharfsinnig und intensiv und dringt in alles ein, was ihm ein Rätsel oder ein Geheimnis ist. Und er läßt nicht davon ab, ehe er nicht die gesuchte Antwort gefunden hat. Dieser Mensch möchte seine Sexualität in der primitiven und reinen Urform zum Ausdruck bringen, denn dies bringt ihn in Berührung mit den Wurzeln seiner Existenz.

Da dieser Mensch ausgesprochen neugierig ist, wird er auf andere eifersüchtig, wenn er hört, daß sie Erfahrungen machen, die er nicht kennt. Sein Partner hat es schwer, mit ihm Schritt zu halten, weil er in ständigem Kontakt mit dem Ursprung der menschlichen Schöpfung ist. Hierin liegt seine Macht, und mit ihr versucht er, sicherzustellen, daß ihn niemand übertreffen kann.

Mit dieser Hauspolarität ist eine Tendenz zur Destruktivität verbunden. Eine Liebesbeziehung kann im Chaos enden, wenn dieser Mensch darin erreicht hat, was er wollte, und die Beziehung dann in seinen Augen an Wert verliert. Hier ist es ideal, daß das elfte Haus im Stier das Bedürfnis symbolisiert, alles zu bewahren. Das Besitzstreben des Zeichens Stier zusammen mit den Idealen des Skorpion hat aber oft zur Folge, daß man unfähig ist, sich das zu erhalten, was einem am wichtigsten ist.

Durch die streng festgelegte, fixierte Wesensart werden hier feste Beziehungen für andere oft unerträglich eng. Es finden ständige Transformationen statt, da diese Polarität ein großes Maß an sprunghafter sexueller Aktivität beinhaltet. Dieser Mensch drängt seine Partner zur Veränderung. Deshalb bedrängt er sie oft, auch wenn er es gar nicht beabsichtigt.

Die Ideale des elften Hauses im Stier drehen sich um eine friedliche Koexistenz. Dieser Mensch möchte sich eine ruhige und beständige Zukunft sichern. Er weiß, daß dies nicht möglich ist, ohne zunächst einmal alle Hindernisse aus dem Weg zu räumen, die eine mögliche Ursache der Stagnation sein könnten. Er arbeitet an der Liebe und baut seine Beziehungen mittels plutonischer Transformationen auf, die sich auf tiefen unbewußten Ebenen vollziehen. Er kämpft für den Frieden, weil er ihn sich sehr wünscht. Aber wenn er einmal begonnen hat zu kämpfen, vergißt er den altruistischen Grund, warum er damit begonnen hat.

Die Lektion dieser Hauspolarität lautet, daß der Frieden und die Liebe des gegenwärtigen Augenblicks wichtiger sind als der Versuch, sich aus eigenem Willen eine Zukunft zu schaffen, über die Gott allein Gewißheit hat[1)]. Wenn man sich das vor Augen hält, kann alles, was als ein Ergebnis des Sex entstand, zu dauerhafter Liebe erblühen. Um dazu beizutragen, ist alles, was man tun muß, aus dem Weg zu gehen und Gott die Wunder vollbringen zu lassen, die man sucht. Wenn man lernt, keine Erwartungen zu haben, wird man

1) Siehe Karmische Astrologie 4: »Das Karma im Jetzt« von Martin Schulman.

entdecken, daß man durch die Umwandlung des Sexualtriebes alles haben kann, was man will.

Schlüsselbegriffe: intensiv, leidenschaftlich, pervers, neugierig, forschend, eifersüchtig, Besitzstreben muß transformiert werden, instinktiv, intuitiv, sensitiv, mächtig, versteht die göttliche Vereinigung in der Schöpfung, dominant, manchmal unbewußte sadistische Veranlagung, Beschützerideale, sucht Dauerhaftigkeit durch positive Veränderung, primitive Sexualität, fordernd, seelische Beziehungen, sexuelles Karma, muß seine Destruktivität überwinden, regenerierende Beziehungen, Kreativität durch Umwandlung des Sexualtriebs.

Fünftes Haus Schütze – Elftes Haus Zwillinge

Mit dem Zeichen Schütze im fünften Haus gibt man Fülle und Reichtum. Dieser Mensch macht große Anstrengungen, um sich einen freien Lebensstil zu ermöglichen. Da er selbst keine Verbindlichkeit liebt, ist er froh, zu wissen, daß andere möglicherweise eine Bindung zu ihm suchen.

Dieser Mensch stellt sich den Sex im Freien vor, im Wald, am Strand oder in einer ländlichen Umgebung, wo er das Gefühl hat, mit der Natur in Einklang zu sein. Er ist nicht immer treu und zuverlässig, denn sein Wandertrieb ist zu stark, um sich gebunden fühlen zu können. Der Sexualtrieb dieses Menschen ist spontan. Meistens langweilt er sich schnell mit einem Liebhaber.

Für seinen Partner ist er ein Überbringer einer sehr wertvollen Botschaft, die er entweder verbal oder auf telepathischem Wege übermittelt, und die den höheren Geist zur Wahrheit führt. Mindestens einmal in seinem Leben wird dieser Mensch eine Beziehung mit einem Ausländer haben oder ein Liebesverhältnis, das sehr weit von seinem Zuhause stattfindet. Liebe und jede Art von Kreativität muß bei diesem Menschen ständig in Bewegung sein, denn dieser Mensch ist ein Nomade. Im Geiste ist er ständig mit Dingen beschäftigt, die er in seiner Kindheit aus Märchen und Geschichten gelernt hat, in denen es um zwischenmenschliche Beziehungen geht und um das, was man aus ihnen lernt. Mit dem elften Haus in den Zwillingen strebt man in seinen Idealen nach Verständnis. Dieser Mensch erkennt, daß alles zwei Seiten hat, die nicht unbedingt miteinander übereinstimmen müssen. Eine besondere Faszination im Leben besteht für ihn darin, immer neue Dualitäten zu entdecken, die ihm das Wesen der Dualität des Universums zeigen. Je mehr er darüber lernt, um so größer wird sein Wissensdurst, der tatsächlich so stark ist, daß er ihn oft noch über sein Bedürfnis nach Liebe stellt.

Im Bereich der Sexualität schwankt er zwischen einem zu großen Bedürfnis oder dem Wunsch, Sex vollständig zu vermeiden. In psychologischer Hinsicht ist dies eine Polarität der Annäherung und Vermeidung, was zum größten Teil daraus resultiert, daß die Ideale dieses Menschen nicht aus ihm selbst entspringen, sondern eine Mischung sind, die sich aus den »aufgeschnappten« Idealen anderer Menschen zusammensetzt. Dieser Mensch ist in seinem Leben zeitweise asexuell, da das Zeichen Zwillinge das Zeichen für platonische oder nichtsexuelle Liebe ist. Tatsächlich fällt es diesem Menschen leichter, sich zu verstehen, wenn er in einer Beziehung nicht so sehr sexuell engagiert ist.

Diese beiden geistigen Zeichen im fünften und elften Haus weisen auf eine enge Beziehung zum Verständnis des kreativen Prozesses hin. Es ist hier nicht so sehr von Belang, was man in einer Liebesbeziehung tut, sondern was man über seine Handlungen und Gefühle denkt. Infolgedessen haben die Lektionen, die man hier durch Liebe und Sex lernt, weniger Einfluß auf das Körperliche als auf das Bewußtsein. Liebe ist die höchste Ausdrucksform der Schöpfung und mit dem Zeichen Schütze im fünften Haus kann das Vorhandensein von spiritueller Wahrheit zu einem festen

Fundament für das humane Verständnis werden, das man mit dem elften Haus in den Zwillingen erlangen möchte.

Schlüsselbegriffe: Übertreibung, Abenteuer, ungeduldig, freier Lebensstil, sucht Aufrichtigkeit, fühlt sich zu Erfahrungen auf Reisen oder im Ausland hingezogen, überbringt sexuelle Botschaft, übersteigertes Liebesbedürfnis, beliebt, ungezügelter Geist, unbeständig, verwirrende Ausstrahlung, aggressiv, blüht bei geistiger Anregung auf, starkes Ego, spontane Anziehung, Scheidung möglich, farbiges und romantisches Leben.

Fünftes Haus Steinbock – Elftes Haus Krebs

Mit dem Zeichen Steinbock im fünften Haus geht es um die Erhaltung, so daß man das bewahrt, was von dauerhaftem Wert für die Zukunft ist. Für diesen Menschen sind Liebesbeziehungen außerordentlich wichtig. In dieser Hinsicht sind ihm Erfahrungen lieber, die sich langsam entwickeln, als ein leidenschaftliches Strohfeuer, das sich ebensoschnell wieder verzehrt hat. Da er nach Prestige, Ehre und Achtung strebt, zieht er Menschen an, die entweder reich oder berühmt oder nahe daran sind, zu einem Statussymbol zu werden.
Sein Sexualverhalten ist sowohl traditionell als auch ungewöhnlich. Obwohl dieser Mensch sehr gehemmt sein kann, möchte er trotzdem die Kontrolle über jede seiner Beziehungen haben. Das Wort »Hingabe« existiert in seinem Wortschatz nicht. Auch Spontaneität kennt er nicht, sondern er lenkt sein Liebesleben gezielt, indem er seine sexuelle Stimmung zuläßt oder zurückhält, je nachdem, was er geplant hat. Hinter seinem Verhalten steht immer eine Absicht oder methodisches Vorgehen. Er versucht, seinen Liebesbeziehungen Form und Struktur zu verliehen, so daß sie schließlich in den soliden Lebensstil hineinpassen, den er

sucht. Er weiß, daß es auf der Welt Millionen von Menschen gibt, die er lieben könnte, und er sucht sich daraus den einen, der ihm das meiste bieten kann.

Dieser Mensch verwendet viel Zeit und Mühe darauf, seinen Partner zu formen. Dadurch kann er die fürsorglichen Bestrebungen seines elften Hauses im Krebs erfüllen. Dennoch muß er ernste psychische Konflikte verarbeiten. In seinen intimen und persönlichen Beziehungen hält er sich zurück und öffnet sich dem anderen nicht gerne. Auch wenn er versucht, sich zu distanzieren und unpersönlich zu sein, führt die Emotionalität des Zeichens Krebs dazu, daß er doch an den Partner gebunden bleibt. Viele Menschen mit dieser Hauspolarität können ihr Ideal dadurch verwirklichen, daß sie sich einer weltweiten Bewegung anschließen, die ihnen, egal ob sie sich nun auf spirituelle Prinzipien gründet oder auf irgend etwas anderes, das Gefühl gibt, zu einer großen Familie zu gehören. In dieser Hinsicht kann dieser Mensch unpersönlich sein, ohne das Gefühl des Geborgenseins zu verlieren, das ihm die Ersatzfamilie gibt.

Auf sexueller Ebene muß dieser Mensch mit emotionellen Schwierigkeiten fertigwerden. Er muß ein Zuhause in sich selbst finden, das auf einem Prinzip basiert, für das einzustehen er für wichtig hält. Nur wenn dieser Mensch in seiner Partnerwahl sehr selektiv ist, wobei jeder Partner das schützende Idealzuhause verkörpern muß, nach dem er sucht, kann er den Wert dieser Hauspolarität ganz ermessen.

Die Lektion lautet hier, daß man seine emotionellen Ideale nur dann erreichen kann, wenn man seine Sexualität verbunden mit einem Ziel lebt und seiner Liebe und seinem Leben einen Sinn gibt.

Schlüsselbegriffe: fühlt sich zu wichtigen Persönlichkeiten hingezogen, schämt sich im Unbewußten seiner Sexualität, manchmal gehemmt, langsamer Aufbau von festen Bindungen, solide Beziehungen, sucht reifen Partner, muß seine überschüssige Energie durch Sachlichkeit ausbalancieren, verschlossen, ängstlich, unbewußt sexuelle Schuldgefühle, Ödipuskomplex, viele emotionelle Kämpfe, zweite Lebenshälfte leichter, methodischer Selbstausdruck, vorausplanend in der Liebe, gibt dem Partner das, was für diesen von größter Bedeutung ist; verantwortungsbewußt, zu tiefen und dauerhaften Gefühlen fähig, langsame Entfaltung.

Fünftes Haus Wassermann – Elftes Haus Löwe

Mit dieser Hauspolarität schenkt man mit seiner unpersönlichen Liebe die Zukunft. Dieser Mensch ist sprunghaft und unberechenbar. Seine Fähigkeit, in einer Beziehung distanziert zu bleiben, verursacht, daß sich sein Partner frustriert und unverstanden fühlt. Er kann ausgesprochen viel geben, obwohl er seinem Partner nur selten das gibt, was dieser haben möchte, sondern vielmehr das, was sein Partner seiner Meinung nach wirklich braucht.

Auf sexueller Ebene ist dieser Mensch etwas ganz Besonderes. Möglicherweise hat er auch bisexuelle Neigungen, was auf seinen experimentierfreudigen Forscherdrang zurückzuführen ist. Er ist ausgesprochen wißbegierig, und wenn sich in seinem Leben keine besonderen Hemmfaktoren auswirken, dann probiert er Dinge aus, nur um zu erfahren, welches Gefühl man dabei hat. Da dieser Mensch ein großes Maß an geistiger Anregung braucht, um schöpferisch sein zu können, empfindet er am meisten für diejenigen Menschen, die großes Wissen besitzen. Seine Liebesbeziehungen sind immer eine Lernerfahrung.

Dieser Mensch fördert den individuellen Ausdruck seiner Partner. Viele Menschen haben eine Vorstellung davon, was zusammenpaßt und was nicht. Sie stellen Farben, Ideen, Philosophien und Gefühle zusammen, je nachdem wie sie erzogen worden sind. Wenn sie aber einmal eine Beziehung mit einem Menschen mit dem Zeichen Wassermann im fünften Haus hatten, dann sehen sie diese Vorstellung in einem ganz neuen Licht.

Die Zeichen Wassermann und Löwe im fünften und elften Haus sind etwas problematisch, weil sie jeweils in der Opposition zu ihrer eigentlichen Hauszuordnung stehen. Obwohl die kreativen Anlagen des Zeichens Wassermann von keinen gesellschaftlichen Einschränkungen behindert werden, fehlt es diesem Menschen in seiner Liebe an Wärme und Beständigkeit. Durch das elfte Haus im Löwen besitzt er sehr hohe Ideale. Mit diesem Menschen ist es schwer, zurechtzukommen, weil man niemals weiß, wie er das, was er sagt, meint, oder wann er gerade einmal wieder seine Meinung ändert. Wenn er sich nicht verpflichtet fühlt, ist er aber sehr romantisch und gebefreudig. Doch wenn sich ihm die Gelegenheit für eine tiefe Beziehung bietet, neigt er eher dazu, sich auf philosophischem Wege über sie zu erheben.
In manchen Fällen zeigt sich hier eine chauvinistische Einstellung zur Sexualität, was auf die Tatsache zurückzuführen ist, daß sowohl das Zeichen Löwe als auch das Zeichen Wassermann mit Willenskämpfen zu tun haben. Immer wenn dieser Mensch das Gefühl hat, daß eine sexuelle Beziehung zu sehr von ihm Besitz ergreift, dann versucht er, sich aus der Affaire zu ziehen, nur um des Traumes einer dauerhaften erfüllenden Beziehung willen. Dieser Mensch läuft vor dem davon, was er sich wünscht, und träumt lieber davon, anstatt es wirklich zu erleben. Mit Menschen, die keine Verbindlichkeit von ihm fordern, kann er diese Wünsche ausleben. Auf diese Weise kann er lieben und doch gleichzeitig in sicherem Abstand zur Realität der Situation bleiben.
Dieser Mensch erfährt viele Frustrationen, weil er von intimen Dingen frei bleiben möchte und weil seine Ideale unerreichbar sind. Er muß lernen, die Tatsache zu akzeptieren, daß man sich Ideale zur Persönlichkeitsentwicklung schafft und daß die Erfahrung wahrer Liebe viele Schicksalsschläge mit sich bringt. In einer realen Beziehung muß man tolerant sein. Die Ideale der Liebe ändern sich in Wirklichkeit nie. Wenn ein Reisender erkennt, daß sich die Straße, auf der er fährt, niemals ändert, fällt es ihm viel leichter, die Ideen und

Prinzipien, die sein Fahrzeug darstellen, zu verstehen und auch seine Reise durch die Liebe und all die sexuellen Lektionen, die damit verbunden sind.

Schlüsselbegriffe: sexuelle Neugierde, zukunftsorientiert, einzigartig, außergewöhnliche Erfahrungen, manchmal bisexuelle Neigung, starker Eigenwille, Bewußtseinserweiterung durch Liebe, mag keine bindenden Verpflichtungen, manchmal homosexuelle Neigungen, zu unpersönlicher Liebe fähig, individuelle Psyche, Über-Ich-Probleme, sexuell experimentierfreudig, ausgefallene und unerwartete Erfahrungen, widersprüchliches und rebellisches Wesen, ausgefallen, inspirierende Liebesaffairen, ist seiner Zeit voraus, aufregende Erlebnisse.

Fünftes Haus Fische – Elftes Haus Jungfrau

Dieser Mensch schenkt göttliche Liebe. Er ist im ganzen Tierkreis am stärksten mit dem Kosmos verbunden und sehnt sich nach dem Traum von mystischen romantischen Begegnungen. Zweifellos gehört er zu den sensibelsten Liebhabern überhaupt. Er ist mitfühlend, freundlich, nachsichtig und sehr mysteriös, und besitzt daher eine ausgesprochen starke Anziehungskraft, die weit über den rein verbalen Ausdruck hinausgeht. Tatsächlich drückt sich dieser Mensch in Liebesbeziehungen ohne Worte besser aus, denn er besitzt eine Art, seine Gefühle intuitiv zu vermitteln, was sich auf einer nicht leicht erkennbaren Ebene abspielt.

Die prägende Wirkung des fünften Hauses verkehrt sich hier in ihr Gegenteil. Was dieser Mensch bei seinem Partner tatsächlich bewirkt, ist, Prägungen, feste Strukturen und Regeln zu transzendieren. Er verhilft seinem Partner zu einer neuen Auffassung von Gefühl, weil dieser dadurch größere Vollkommenheit erlangt.

Seine Sexualität lebt er zu einem großen Teil in der Phantasie und stellt sich andere Zeiten und Schauplätze vor, die ihm realer erscheinen als die gegenwärtige Realität. Leider werden die einzigartigen mystischen Erfahrungen, die man mit diesem Menschen machen kann, oft nicht verstanden. Er erscheint dort unzuverlässig, wo er es gar nicht ist. Seine Moralvorstellungen werden von anderen oft mißverstanden. Aus diesem Grund werden seine Liebesbeziehungen für ihn verwirrend. Durch das elfte Haus in der Jungfrau kann dieser Mensch objektiv klären, was er nicht erkennen kann, wenn er in eine enge Beziehung verwickelt ist. Er strebt nach spiritueller Vereinigung, die er dem anderen nur schwer vermitteln kann, denn im wesentlichen ist diese Vereinigung eben spirituell. Er schwankt zwischen seinem Bedürfnis nach Liebe und seinen frustrierten Gefühlen hin und her, weil die romantische Liebe, die er sucht, seiner geistigen Klarheit zuwiderläuft. Er lebt abwechselnd in Phasen häufiger Sexualität und selbstauferlegten Zölibats. Auf diese Weise versucht er, all das zu regenerieren, was er durch die Verwicklung in einer Liebesbeziehung gibt. Das elfte Haus in der Jungfrau dient ihm als Verschnaufpause von erschöpfenden Liebesbeziehungen.
Dieser Mensch regeneriert sich auch durch platonische Beziehungen mit dem anderen Geschlecht, denn wenn er persönlich beteiligt ist, ist er zu sensitiv. Wenn er weniger persönlich ist, stärkt er seinen denkenden Körper, macht seine Psyche etwas unempfindlicher und hat das Gefühl, ein realistisches Fundament unter den Füßen zu haben.

Schlüsselbegriffe: sehr mystisch, in Berührung mit der göttlichen Liebe, phantasiereich, sehr kreativ, aufopfernd, sinnlich, gebend, schwer faßbare Beziehungen, Auflösungstendenz, unverstanden, nachsichtig. Ego löst sich auf, erkennt seine eigenen Illusionen, versucht durch Sexualität zu einer tiefen Kommunikation zu gelangen, Suchender, tiefe Einsichten durch schwierige Beziehungen.

DIE SECHSTEN UND DIE ZWÖLFTEN HÄUSER

Das sechste Haus wurde niemals hinsichtlich seines Einflusses auf die Sexualität untersucht. Im traditionellen Sinn symbolisiert es die Gesundheit, die Arbeitsbedingungen, die Beziehungen zu Vorgesetzten und Untergebenen und das Pflichtgefühl anderen Menschen gegenüber. Um die sexuelle Bedeutung dieses Hauses verstehen zu können, muß man sich zunächst vergegenwärtigen, daß es von Merkur und dem Zeichen Jungfrau beherrscht wird. Als solches ist es der Bereich im Horoskop, wo man auf intellektuellem Wege begreifen möchte, wie die Dinge funktionieren.
Das sechste Haus stellt den Bereich dar, wo man versucht, seine Lebensumstände zu ordnen, sowie zu verstehen, was von einem in Bezug auf den Umgang mit diesen erwartet wird. Aus dem Gefühl heraus, daß es im Leben eine Ordnung gibt, beginnt man, den Sinn seiner endlichen Existenz zu spüren.
Es gibt die verschiedensten philosophischen Lehren, die alle miteinander im Streit sind, ob der Mensch nun ein Produkt seiner Taten und Handlungen ist oder nicht. Beide Auffassungen treffen auf unterschiedlichen Ebenen zu. Das sechste Haus symbolisiert unsere Handlungen. Was nun ein Mensch von sich hält, wird von dem, was er tut oder nicht tut, sehr stark beeinflußt.
Auf sexueller Ebene verwenden die Menschen Zeit auf ihre eigene Erfüllung und ebenso darauf, andere zufriedenzustellen. Der Wunsch, anderen gefällig zu sein, ist eine Form

des Pflichtgefühls, das das sechste Haus repräsentiert. In allen sexuellen Beziehungen entsteht eine Wechselwirkung zwischen der körperlichen Erfüllung der Erwartungen des Partners und der eigenen Erwartung an den Partner, sich dafür zu revanchieren. Das Pflichtgefühl verursacht das Verantwortungsgefühl, dem man gerecht werden zu müssen glaubt, was von der Stärke des Pflichtgefühls abhängig ist. Durch das sechste Haus lernt man etwas über Verantwortung. Wenn man dies in bezug auf die Sexualität betrachtet, gehört sie zu den Faktoren, die dem körperlichen Geschlechtsakt Erfüllung verleihen. Sex ohne Verpflichtung oder Verantwortung dem Partner oder sich selbst gegenüber ist leer und nichtssagend.

Das sechste Haus beherrscht die Arbeit. Viele Menschen, die keine erfüllte Sexualität erleben oder das Gefühl haben, daß Sex zuviel Energie verschwendet, verdrängen ihre Bedürfnisse in die Arbeit. Wenn man sich darüber bewußt ist, kann man mit dieser Verdrängung fertig werden. Bei manchen Menschen vertreibt Sex den Wunsch, sich auf anderen Gebieten kreativ zu betätigen, und sie werden faul. Bei anderen hingegen wirkt Sex als Triebfeder, mehr zu arbeiten, oder als ein Mittel, den Energiefluß ins Gleichgewicht zu bringen.

Das sechste Haus beherrscht auch den physischen Körper. Lange Phasen sexueller Enthaltsamkeit verursachen körperliche Spannungen, die dann auf einem anderen Wege gelöst werden müssen. Zuviel Sex kann die Körperenergie erschöpfen und gibt einem auf emotioneller Ebene ein sehr starkes Selbstbewußtsein. Sexuelle Erlebnisse, die körperlich und emotionell befriedigend sind und im richtigen Verhältnis zur Realität des Menschen stehen, verhelfen dem Körper zur Harmonie, da er akzeptiert wird. Man kann das sechste Haus als einen Schlüssel zu sexueller und emotioneller Gesundheit betrachten, weil man lernt, die sexuellen Bedürfnisse und Aktivitäten mit dem Pflichtgefühl anderen und sich selbst gegenüber in Einklang zu bringen.

Während das sechste Haus die persönliche Wahrnehmung und den Umgang mit dem Körper repräsentiert, herrscht das zwölfte Haus über das Bewußtsein. Man kann das Wort »Bewußtsein« als eine Ableitung aus »bewußt« und »Gewissen« betrachten. Wenn man diese zwei Wörter aneinanderreiht, ergibt sich der Ausdruck »bewußtes Gewissen«, was schlußendlich die Basis des Bewußtseins ist. Um das zu verstehen, muß man etwas näher auf die Funktion des Gewissens eingehen.

Das Gewissen ist der innere Mechanismus, der uns die Wahrheit sagen kann. Manche Menschen schließen Kompromisse mit ihrem Gewissen. Wenn das Gewissen auf diese Weise verzerrt wird, wird das Wissen um die Wahrheit ins Unterbewußte verdrängt. Sich bewußt sein aber bedeutet, alles, was wahrgenommen wird, bewußt zu erkennen. Wenn wir mit Angst, Schuld- und Schamgefühlen oder Zweifeln leben, setzen wir unserer Wahrnehmungsfähigkeit Scheuklappen auf. Sie wird eingeschränkt, was dazu führt, daß man sich eine Meinung bildet, eine Einstellung gewinnt und Schlüsse zieht, die auf unvollständigen Informationen beruhen. Unser Denken wird verdreht und verzerrt. Aber wenn wir bereit sind, für unsere Wahrnehmungen offener zu werden, sind wir auf dem Weg, bewußt zu werden.

Man sagt, daß es im Grunde genommen nur zwei Sorten von Menschen auf der Welt gibt: diejenigen, die wissen, und die, die nicht wissen. Die Unwissenden leben in einem unbewußten Zustand. Die Menschen aber, die wissen, öffnen ihr Bewußtsein, indem sie mit einem bewußten Gewissen leben. Es gibt nur wenige Gründe, warum ein Mensch mehr Schuldgefühle als Sexualität erlebt. Psychotherapeuten verwenden Jahre darauf, ihren Patienten dazu zu verhelfen, sich mit dem Bewußtsein ihres zwölften Hauses zu konfrontieren. Für die Menschen, die nicht wissen, symbolisiert das zwölfte Haus das Unbewußte. Für die, die wissen, ist es das Versuchsfeld für das Überbewußtsein. Wenn das Gewissen ehrlich und klar ist, hat man keine Angst davor, man

selbst zu sein. Nur von diesem Punkt aus kann der Prozeß, den man Entwicklung nennt, in Gang kommen.
Das zwölfte Haus symbolisiert das Verständnis, das aus der Seele entspringt. Die Seele ist aber nur so frei wie das Bewußtsein. Im sechsten Haus dringen die Taten und der Umgang mit dem Körper in den bewußten Verstand. Im zwölften Haus hat man nun die Möglichkeit, die vollständige Wahrheit seines gesamten Seins zu erkennen. Es ist wichtig, was wir im Leben tun. Noch viel wichtiger aber ist, was wir darüber denken und wissen.
Die Fähigkeit, sich zu verändern und zu wachsen, muß sich aus dem inneren Selbst heraus entwickeln. Wenn man sich mit seinem Körper und seiner Persönlichkeit der Seele bewußt ist, wird es dem gesamten Sein möglich, in Harmonie mit sich selbst zu sein.
Sex ist ein Bereich des Lebens, der den Menschen entweder von sich selbst entfernt, oder ihn zu seiner Seele führt. Sex durchdringt die Tiefen des Unbewußten und setzt sich über die Scham an der falschen Oberfläche hinweg. Wenn man bezüglich seiner Sexualität aufrichtig ist, kann man sich über die Emotionen seines Ego erheben, die einen ständig schwächen. Die Polarität des sechsten und zwölften Hauses zeigt, wie gut ein Mensch seine endliche Realität, in der er lebt, mit der unendlichen Realität, über die sich sein inneres Selbst bewußt ist, in Einklang bringen kann. Sex kann lediglich dazu dienen, die körperlichen Bedürfnisse zu befriedigen, er kann aber auch etwas Spirituelles und Mystisches sein, das mit der Musik im Innern der Seele in Berührung ist.

Sechstes Haus Widder – Zwölftes Haus Waage

Mit dem Zeichen Widder im sechsten Haus besteht hinsichtlich der Sexualität eine sowohl körperliche als auch geistige Spannung, die oft in eine konkurrierende Arbeitsenergie umgewandelt wird. Obwohl dieser Mensch ständig ein inneres Bedürfnis nach dem romantischen Teil der Sexualität hat, kann er seine Verdrängung doch sehr leicht damit rechtfertigen, daß ihm seine Partner nicht immer einen spontanen Ausdruck ermöglichen. Er ist sich seines Rufs bewußt. Für Situationen, in denen er das Gefühl hat, gebraucht zu werden, ist er sehr empfänglich. Mit dem Zeichen Widder, das sich über seine Identität sehr bewußt ist, verwendet man viel Energie darauf, über diese Denkmuster nachzudenken.

Der Sexualtrieb dieses Menschen ist instinktiv. Wenn er Sex nicht leicht oder nur auf eine Art und Weise erlangen kann, die ihm mißfällt, dann muß er diese Energie in eine andere Richtung lenken. Aufgrund dieser körperlichen Frustration, die diese Verdrängung hervorruft, läßt er ein gewisses Maß an offenem oder verstecktem Zorn in seiner Arbeit ab. Dies äußert sich darin, daß er andere beherrschen will, um das zu kompensieren, was ihm seiner Meinung nach auf sexueller Ebene verweigert wird. Bei dieser Hauspolarität bezieht man sein Pflichtgefühl immer auf sich selbst.

Die unbewußte Energie, die vom zwölften Haus in der Waage symbolisiert wird, könnte man als friedliche Koexistenz bezeichnen. Hier kann dieser Mensch ohne großes Aufsehen geben, ohne dafür von anderen etwas zurückzufordern. Dieses Geben wird zum großem Teil durch geheime Liebesaffairen möglich. Je mehr dieser Mensch versucht, andere zu reformieren, umso mehr entwickelt sich in ihm ein Gefühl, daß er sich selbst in Harmonie bringt. Für die meisten Menschen ist er ein Rätsel, da diese Hauspolarität gewöhnlich mit einem Skorpion-Aszendenten verbunden ist. Ohne tief in sein Inneres zu blicken (was er gewöhnlich nicht zuläßt), können sich andere Menschen kaum vorstellen, wie feinfühlig seine Seele ist. Dieser Mensch setzt Sex bewußt (und manchmal in sehr lustbetonter Weise) ein, um die tieferen Ebenen der Menschen mit seiner Liebe anzusprechen.

Mit dieser Hauspolarität muß man lernen, die körperlichen Bedürfnisse mit der Liebe, die in der Seele verborgen liegt, in Einklang zu bringen.

Schlüsselbegriffe: aktive Vitalität, sehr sexbetont, übertriebene Beschäftigung mit der körperlichen Erscheinung, auf sexuelle Weise selbstbewußt, konkurrierend, strebt nach Ruhe durch Liebesbeziehungen, unverstanden, Kreuzfahrerinstinkt, starker Konflikt zwischen der reformierenden Persönlichkeit und der friedlichen Seele, nervöse und aggressive Energie, braucht einen kooperativen Partner, Extremist, muß seinen Egoismus überwinden, versteckt seine Frustrationen, sucht nach spontanem Ausdruck, strebt nach innerer Harmonie.

Sechstes Haus Stier – Zwölftes Haus Skorpion

Bei dieser Hauspolarität ist Sex ein wichtiger Teil der Grundveranlagung. Dieser Mensch zeigt sein Bedürfnis nach körperlichem Ausdruck der Liebe oft auch in seiner Arbeit. Manchmal führt das zu Liebesaffairen am Arbeitsplatz. Mit diesem Zeichen neigt man hier zu einer Vertraulichkeit, weshalb dieser Mensch von seinen Kollegen, Freunden und Bekannten nicht die Achtung erhält, nach der er sich unbewußt sehnt. Wenn er spürt, daß ein anderer nur das geringste Anzeichen von Liebe für ihn zu haben scheint, übertrifft er sich selbst und setzt alles daran, um sich diese Zuneigung zu sichern. Oft verwechselt er Verpflichtung mit Liebe, und er glaubt, daß seine Beziehung zu anderen mehr Bedeutung hat, als das in Wirklichkeit der Fall ist. Doch in seinem Inneren kennt er die Wahrheit. Bei diesem Menschen spielt sich alles so sehr im körperlichen Bereich ab, daß er den Wald vor lauter Bäumen nicht sieht.

Dieser Mensch erlebt unbewußt eine große innere Unruhe. Es fällt ihm schwer, das Leben leicht zu nehmen, weil er unstet und rastlos ist und einen Drang nach innerer Transformation verspürt. Die Unbeständigkeit des zwölften Hauses im Skorpion bedingt, daß er anderen die Macht nimmt, die er in ihnen erkennt. In gewisser Weise ermöglicht ihm

dieser Drang, in Berührung mit der Macht in seinem eigenen Innern zu kommen.
Insgeheim neigt dieser Mensch dazu, fast alles vom Sexuellen her zu betrachten. Im ganzen Tierkreis ist er der einzige, der überall Phallussymbole sieht und von ihnen in Bann gezogen wird. Kerzen, Orangen, Kopfkissen, Füllfederhalter, ja fast alles kann ihn unbewußt in Erregung versetzen. Oft ist ihm dies nicht bewußt, aber es ist der Grund dafür, warum er emotionell so rastlos ist. Das vielleicht größte Problem dieses Menschen ist, daß er im allgemeinen seine unbewußten Triebe nicht zum Ausdruck bringt. Vielmehr bleiben sie tief verborgene Geheimnisse, wogegen die äußere Verwirklichung seines Sexualtriebes eingeschränkt ist, was auf seinem unbewußten Bedürfnis nach Diskretion beruht, um seinen guten Ruf zu wahren.
Diese Hauspolarität verleiht jedoch eine ganz besondere Gabe, die einmalig im ganzen Tierkreis ist. Dieser Mensch besitzt die Fähigkeit, andere zurück an ihre Wurzeln zu führen, indem er ihnen dazu verhilft, ihre innere Sexualität zu erkennen und sich mit ihren verborgenen Motivationen auseinanderzusetzen[1)].
Mit dieser Hauspolarität braucht man ein ein großes Maß an Körperkontakt, um sich sicher zu fühlen. Nach außen hin hat dieser Mensch sehr stark das Bedürfnis, seine Liebe im Rahmen dessen, was die Gesellschaft billigt, zu verwirklichen. Im Innern aber macht seine Seele eine ständige Transformation durch. Sex dient hierbei als Brennstoff für diese Transformationen. Hier lernt man, wie man das innere Selbst transformiert, indem man sexuelle Verantwortung übernimmt.

Schlüsselbegriffe: muß sexuell Aufrichtigkeit erlangen, zweite Heirat möglich, mächtige Seele, starke innere Fru-

1) Diese Hauspolarität weist auf sexuelles Karma hin. Siehe Karmische Astrologie 1: »Mondknoten und Reinkarnation« von Martin Schulmann (Kapitel: Absteigender Mondknoten im Skorpion).

stration, Bedürfnis nach Körperkontakt, sensitiv, ausgeprägte Wahrnehmungsfähigkeit, individuell, Tendenz zu Übertreibung und Überanstrengung, besitzergreifend, muß Eifersucht überwinden, spürt die Verpflichtung aus Liebe, strebt nach mystischer Vereinigung.

Sechstes Haus Zwillinge – Zwölftes Haus Schütze

Mit dem Zeichen Zwillinge im sechsten Haus hält man Sex in einem sehr empfindlichen Gleichgewicht. Dieser Mensch flirtet sehr gern in der Arbeit, aber er kann trotzdem noch Arbeit und Spiel auseinanderhalten. Obwohl er Liebe und Arbeit trennt, mag er sexuelle Witze und ist an den Affairen seiner Mitarbeiter sehr interessiert, während er selbst distanziert bleibt.

Dieser Mensch ist sehr darum bemüht, sein Image aufrechtzuerhalten und er will nicht, daß es durch das leere Gerede im Kollegenkreis getrübt wird. Das Zeichen Zwillinge hat zwei Seiten. Dieser Mensch ist ein Extremist und hier im sechsten Haus, das auch die Vorgesetzten und Untergebenen symbolisiert, erkennt er sich in beiden wieder.

Die sexuelle Versuchung ruft ein großes Maß an nervöser Energie in ihm hervor, die sich in verbalem Ausdruck Luft verschafft, wenn Sex nicht körperlich gelebt werden kann. Der größte Konflikt dieses Menschen liegt darin, daß er sich ständig fragt, wer beim Liebesakt gewinnt und wer verliert. Letztendlich muß er erkennen, daß Sex kein Kampf ist, sondern vielmehr eine intimere Form der Kommunikation, die mehr zum Ausdruck bringt, als Worte sagen können. Wenn er das einsieht, gelangt er zu der Erkenntnis, daß es sein Drama ist, in seinen Beziehungen kommunizieren zu lernen.

Hier blüht man bei anregenden Menschen auf und erfreut sich bei den Menschen, denen man durch seine Arbeit begegnet, großer Beliebtheit. Auf der alltäglichen und irdischen Ebene stellt einen die soziale Interaktion auf eine

ständige Probe, durch die man seine geistige Identität aufbaut.
Durch das zwölfte Haus im Schützen erlebt dieser Mensch ein unbewußtes Bedürfnis nach Freiheit um jeden Preis. Aus tiefstem Herzen wünscht er sich ein Leben ohne Komplikationen. Er macht nicht gerne Versprechungen. Sein Unbewußtes ist spontan und die wahre Quelle seiner Lebhaftigkeit, die durch den Zwillings-Intellekt herausgefiltert wird. Die Schütze-Energie stammt aus dem höheren Geist. Dies kann diesen Menschen in Berührung mit der Wahrheit bringen, wenn er bereit ist, sein Bewußtsein zu erforschen. Wenn er das tut, dann entdeckt er, daß er nichts damit gewinnt, wenn er Beziehungen aufbaut, die auf Abhängigkeit basieren. Diese Beziehungen nehmen ihm sein Gefühl, das daraus entsteht, daß er innerlich ein freier Geist ist.
Die Zwillinge-Schütze-Polarität symbolisiert hier die Verpflichtungen in Beziehungen zu anderen Menschen. Sex ist hier möglicherweise mehr eine Idee als eine körperliche Manifestation. Nicht das, was dieser Mensch tut oder nicht tut, macht ihn zu dem, der er ist, sondern vielmehr das, was er von sich selbst denkt. Seine Handlungen und sein Bewußtsein können im Streit miteinander liegen, denn dieser Mensch macht einen Lernprozeß durch. Da er ausgesprochen wißbegierig ist, will er alles wissen, was den geistigen Hunger in seiner Seele stillt. Seine Anziehungskraft auf inspirierende Menschen gibt ihm das Gefühl zu wachsen. Viele Fragen und Antworten durchziehen sein Bewußtsein und rufen eine Transformation nach der anderen hervor. Er kann seinem Partner leicht über den Kopf wachsen, weil er in seinem Leben ein enormes Wissen anhäuft und große Weisheit erlangt.
Hier muß man lernen, auf geistigem Wege die Bedürfnisse des Körpers in bezug auf die Weisheit der Seele zu verstehen. Wenn man dies kann, dann kann man die extreme geistige Aktivität des inneren Selbst mit seiner Beziehung zur Außenwelt in Einklang bringen.

Schlüsselbegriffe: ausgesprochen nervöse Spannung, Bedürfnis nach sozialer Interaktion, muß den Abstand zwischen sich und anderen ausgleichen, wißbegierig, innerlich expansiv, äußerlich einschränkend, Egoprobleme, muß Dualität auflösen, übertriebene sexuelle Vorstellungen, voyeurhafte Natur, masochistische Tendenzen, eventuell kühl, muß die Ablehnung seines Selbst überwinden, Angst vor Dominanz, braucht Freiheit in Beziehungen.

Sechstes Haus Krebs – Zwölftes Haus Steinbock

Mit dem Zeichen Krebs im sechsten Haus fühlt man einen starken Beschützerinstinkt, der dazu führt, daß man seine Partner bemuttert und mit Zuneigung überschüttet. Dieser Mensch versucht die Rolle eines Dieners zu spielen, indem er spürt, was der Partner braucht, und er hofft, die Bedürfnisse des Partners erfüllen zu können. Auf einem seltsamen psychischen Umweg führt dies zur Stärkung seines Ego und gibt ihm das Gefühl, mehr Macht zu haben. Auf sexueller Ebene wirbt er solange um den Partner, als er sich in einer dauerhaften Beziehung wähnt. Emotionen spielen hier eine große Rolle, da dieser Mensch erst einmal Vertrauen entwickeln muß, bevor er sich öffnet. Bis dahin verschließt er sich in seinem Innern.

Da er sich immer zu Menschen hingezogen fühlt, mit denen er etwas aufbauen kann, sucht er sich Partner, die starke Fähigkeiten besitzen, aber eine beschützende und bemutternde Liebe um sich herum brauchen. In seiner Arbeit versucht er, eine freundliche und behagliche Atmosphäre zu verbreiten, da seine Mitarbeiter in seinen Augen Familienmitglieder sind. Da sich dies auf einer sehr tiefen psychischen Ebene abspielt, muß er mit diesen Sympathiebekundungen am Arbeitsplatz sehr vorsichtig sein. Ohne es zu erkennen, kann sein Bedürfnis, aus Kollegen Ersatzfamilienmitglieder zu machen, einen Konflikt heraufbeschwören, der jedesmal, wenn er eine sexuelle Anziehung spürt, psychischen Inzest beinhaltet.

Durch das zwölfte Haus im Steinbock nimmt man das Leben insgeheim sehr ernst. Nach außen hin mag dieser Mensch offen und sorglos erscheinen, aber in Wirklichkeit fühlt er nicht so. Alles in seinem Leben muß einen Sinn und Zweck haben, oder auf ein Ziel gerichtet sein, was ihm dazu verhilft, innerlich ein Gefühl der Sicherheit aufzubauen. In diesem Sinne ist er unbewußt abhängig, bis er versteht, was Sicherheit wirklich ist. Er muß lernen, daß das einzige, was er wirklich besitzt, er selbst ist. Dann kann seine Energie, etwas zu erreichen, frei fließen. Dies macht er den Menschen zum Geschenk, die ihm nahe stehen. Auf sexueller Ebene ist dieser Mensch darauf bedacht, mit dem anderen nicht ganz zu verschmelzen, denn dies würde bedeuten, die Mauern einzureißen, die er unter so großer Anstrengung aufgebaut hat.

Dieser Mensch ist für andere sehr empfänglich, obgleich er im Innern weiß, daß er das nicht bräuchte. Dadurch gerät er in einen Konflikt, der nur dadurch gelöst werden kann, daß er seine Emotionen dem Wissen seiner Seele unterstellt. Er stellt sich in den Dienst der anderen, weil er ständig eine Aufgabe im Sinn hat, die größer ist als er selbst. Das Hauptanliegen seiner Seele ist der Schutz der Menschen, die ihm nahestehen, und der Gesellschaft und Zivilisation, in der er lebt.

Auf persönlicher Ebene motivieren Gefühle der Entbehrung das niedrige Selbst, und dennoch hat dieser Mensch das Bedürfnis, dem Selbst noch mehr Entbehrungen aufzuerlegen, um eines höheren Wertes willen. Die spirituelle Lektion dieser Polarität lautet, anderen aufrichtige Liebe und Zuneigung zu geben, ohne dafür Dank zu erwarten. Wenn man dies erreicht hat, kann man das Wesen der Emotionen allmählich verstehen, und zwar in einem größeren Zusammenhang, der eine größere Bedeutung für einen hat.

Schlüsselbegriffe: umsorgendes Pflichtgefühl, fühlt sich zu Menschen hingezogen, die inneren Aufbau brauchen; Verdrängung, Bindungen durch Arbeit, sensitiv gegenüber anderen, unsicheres Körpergefühl, besitzergreifende Ehe, reife Seele, moralisch, mitfühlende Freunde, emotionelle Verhaltensmuster werden aufrechterhalten, um Sicherheit aufzubauen; manchmal Bewußtsein über Einengung, bei der Frau sind die Brüste extrem empfindlich, zielorientierte Gefühle, Bedürfnis nach inneren Grenzen, kann puritanisch und verurteilend sein, starke innere Abwehrmechanismen, baut sein Ego durch die Ehe auf, mächtiger Partner, sexuelle Schuldgefühle aus der Vergangenheit, kristallisiertes Bewußtsein muß sich durch emotionellen Ausdruck öffnen.

Sechstes Haus Löwe – Zwölftes Haus Wassermann

Mit dem Zeichen Löwe im sechsten Haus fühlt man sich verpflichtet, für andere Menschen schöpferisch tätig zu sein. Dieser Mensch stellt an seine Mitarbeiter und Partner hohe Ansprüche. Er hat das Gefühl, ihnen dazu verhelfen zu müssen, ihr Potential auszuschöpfen. Dies erlaubt ihm, seine Überlegenheit im Vergleich zu anderen zu rechtfertigen. Auf sexueller Ebene verlangt er Treue von jedem, den er liebt. Sogar der unbedeutendste Flirt seines Geliebten verursacht, daß er sich in seiner Stellung bedroht fühlt. Wenn er sich aber der Hingabe und Treue seines Partners sicher ist, dann belohnt er ihn sogleich in jeder nur möglichen Weise, so daß sein Partner auch in Zukunft ein positives Verhalten ihm gegenüber einnimmt. Dies zeigt, daß er seinen Partner mehr als Besitz und nicht so sehr als Persönlichkeit betrachtet.

Gewöhnlich hat er eine doppelte Moral, denn trotz der Forderung an seinen Partner, erlaubt er sich selbst einen »Büroflirt«. Er meint das zwar nicht besonders ernst, aber oft erfüllt er damit sein Bedürfnis nach Prestige.

Das sechste Haus symbolisiert das Dienen. Das Zeichen Löwe schafft hier die Tendenz, sich selbst zu dienen, indem man sich einen Partner sucht, der sein Ego stärkt, seine Karriere fördert oder den Erwartungen, die man an ihn stellt, gerecht wird. Diese Erwartungen basieren auf dem Stolz und dem Vollkommenheitsgefühl dieses Menschen. Um seine Verpflichtung zu erfüllen, dem Partner zu mehr Kreativität zu verhelfen, dient er ihm als eine Quelle der Inspiration. Seine besitzergreifende Veranlagung bedingt eine schwierige spirituelle Lektion. Er muß letztendlich erkennen, daß er, wenn er einen Menschen mit Nahrung versorgt, diesen für einen Tag sättigen kann, doch wenn er diesen Menschen lehrt, sich selbst zu versorgen, dann hat er ihn für sein ganzes Leben inspiriert.

Viele der Egospielchen des sechsten Hauses im Löwen sind ein äußere Fassade, mit der dieser Mensch die innere Unsicherheit seiner Wassermann-Seele verbergen möchte, die versucht, ihre Identität zu finden. Auf sehr tiefen Ebenen erlebt er Stimmungsschwankungen, die man zwischen irrational und vollkommen schizophren einordnen könnte. Sein innerstes Zentrum ist immer in Bewegung, was es ihm schwer macht, mit den ständig wechselnden Winden zurechtzukommen, die ihn in viele verschiedene Richtungen verwehen. Dieser Mensch fühlt sich innerlich sehr einsam, als wäre er bei allem, an dem er gerne teilhaben möchte, der Außenseiter. Seine unbewußte Energie ist die Energie der vollkommenen Unabhängigkeit, was die Einsamkeit zwingend macht.

Dieser Mensch lebt in einer nur schwer durchschaubaren Illusion. Er muß lernen, sich mit seinem kosmischen Selbst im Wassermann zu identifizieren, indem er sich von allem distanziert, anstatt zu versuchen, an Menschen und Beziehungen festzuhalten, die ihm keine Stabilität verleihen.

Wenn er die Tatsache akzeptiert, daß er eigentlich keine Stabilität braucht, wird er erkennen, daß er sie erstaunlicherweise schon besitzt.

Obwohl diese Polarität den Anschein von egozentrischem Verhalten haben mag, ist dieser Mensch in Wirklichkeit ein wahrer Menschenfreund. Er gibt sich selbst immer dann, wenn er es für wert hält, oder wenn er darin einen wertvollen Sinn erkennt. Mit Menschen zu fließen, die einen wertvollen Sinn darstellen, motiviert ihn, sich in die Instabilität hineinzubegeben, über die er sich eigentlich beklagt. Er muß erkennen, daß er ein gebender Mensch ist, und auf unbewußten Ebenen seiner Zeit weit voraus ist. Die Ideen, die seinem zwölften Haus entspringen, werden von der Menschheit vielleicht zwanzig oder fünfzig Jahre später akzeptiert, wenn er selbst bereits einem ganz anderen Ruf folgt. Dieser Mensch lebt möglicherweise mehr in einer kosmischen Existenz als in einer persönlichen. Sein Verständnis ist so groß, daß es nicht nur einen einzelnen Menschen, sondern die gesamte Menschheit umfaßt, denn dieser Mensch verbreitet Ideen.

Die Löwe-Wassermann-Polarität wird oft mißverstanden. Das sechste Haus im Löwen gibt diesem Menschen den Anschein, als ob er ständig um seine Überlegenheit kämpfen würde. Auf sexueller Ebene neigt er sogar zum Exhibitionismus, um seinen Stolz zu zeigen. Der Wunsch, andere Menschen zu führen, ist ein Ausdruck für das, was seine Seele in Wirklichkeit tut. Sein herrisches und hartnäckiges Wesen setzt er immer zum Wohl der anderen ein. Wenn dies mißverstanden wird, verursachen seine Beziehungen starke Spannungen. Mit seiner Kämpfernatur verletzt er oft gerade die Menschen, für die er kämpft. Die Lektion dieser Polarität lautet, seine Intensität der eigenen Macht zu dämpfen, um andere leichter erreichen zu können. Das Zeichen Löwe symbolisiert die Macht des Ego, während das Zeichen Wassermann das unpersönliche Ego der Menschheit als Ganzes repräsentiert. Damit dieser Mensch glücklich werden kann, muß er die Forderungen, die er an einen geliebten Menschen stellt, immer im Zusammenhang mit einer größeren und universellen Selbstlosigkeit betrachten.

Schlüsselbegriffe: inspirierend, beschützend, dominant, fühlt sich verpflichtet, für andere schöpferisch tätig zu sein; inneres Einsamkeitsgefühl, verborgene bisexuelle Neigungen, Kämpfernatur, braucht Achtung, im Einklang mit universeller Liebe, strebt nach Charakter durch die Ehe, seiner Zeit voraus, unverstanden, sehr humanes Wesen, Schwierigkeiten in der Ehe.

Sechstes Haus Jungfrau – Zwölftes Haus Fische

Das Zeichen Jungfrau wird dem sechsten Haus zugeordnet. Dieser Mensch ist in der Lage, sein Pflichtgefühl so einzusetzen, daß er niemals aus seinem inneren Gleichgewicht gerät. Er zieht zwischen sich und anderen eine klare Grenze, so daß er immer erkennen kann, was er selbst tut und was andere tun.

Dieser Mensch ist gerne selbstbeherrscht, weil ihm das ein Gefühl der Sicherheit gibt. Er nimmt seine Arbeit ganz in Besitz, weil sie ihm dazu dient, seinen Sexualtrieb zu verdrängen. In diesem Sinne möchte er seine sexuellen Bedürfnisse nicht mit anderen Bedürfnissen durcheinander bringen. Wenn ihm etwas schwer fällt zu tolerieren, dann ist es Verwirrung und Durcheinander, und er setzt alles daran, um seine Beziehungen in Ordnung zu halten und sie in geistige Schubladen einzuordnen, so daß er jederzeit erkennen kann, wer was symbolisiert.

Seine sexuellen Blockierungen kommen immer von seiner Angst, daß andere Menschen die Ordnung, die er im Leben halten möchte, stören könnten. Er tut alles im Leben zur rechten Zeit und am rechten Ort, und es ist ihm wichtig, daß Sex im Schlafzimmer bleibt. Andererseits aber studiert er andere Menschen, um seine eigenen sexuellen Erfahrungen zu erweitern.

Das zwölfte Haus in den Fischen macht diesen Menschen ungewöhnlich sensitiv. Sein Unbewußtes ist wie eine feine

Wolke der Liebe, die endlos dahinschwebt. Seine Seele wird immer von Mitgefühl bewegt, was verursacht, daß er sich Menschen sucht, denen er helfen kann. Dieser Mensch ist tatsächlich in der Lage, die unbewußten Energien anderer zu verkörpern, und ihnen die Art und Richtung ihrer Phantasie zu zeigen. Seine eigene sexuelle Phantasie ist außergewöhnlich lebhaft. Durch das sechste Haus in der Jungfrau besitzt er ein besonders empfindliches Nervensystem, das auf den geringsten sexuellen Gedanken anspricht. Durch das zwölfte Haus in den Fischen ist dieser Mensch ein Träumer, ein Romantiker und ein Dichter aus längst vergangenen Zeiten. Manchmal erscheint er wie Don Quichotte, der gegen Windmühlen ankämpft, die sich in seinem Geist drehen.

Nach außen hin kann dieser Mensch egoistisch erscheinen, obwohl er einer der humansten Menschen im ganzen Tierkreis ist. Seine Taten werden von seinen Gedanken bestimmt, sein Bewußtsein hingegen beherrscht die Phantasie. Wenn er lernt, diese beiden zu verbinden, begreift er, daß das Leben so ist, wie man es selbst gestaltet. Die starke Nervosität, die entsteht, sobald er zuviel Nähe zu anderen Menschen hat, stammt aus Kindheitskomplexen, die aus einem Bedürfnis, übertrieben gefallen zu wollen, entstanden.

Auf sexueller Ebene neigt man mit dieser Polarität dazu, alles übermäßig zu idealisieren. Dieser Mensch ist ausgesprochen reinlich und zu hygienisch. Manchmal hat dies hypochondrische Beschwerden zur Folge, die den Sexualtrieb einschränken. Er besteht auf absoluter Hygiene als Voraussetzung für seine sexuelle Erregung. Das Bewußtsein seiner Seele ist jedoch viel offener und strebt nach dem Ideal der mystischen Vereinigung in der Sexualität. Mit dieser Hauspolarität muß man lernen, das, was man von einem größeren Universum fühlt, mit der Fähigkeit, in der irdischen Realität zu leben, in Einklang zu bringen. Auf das Sexuelle bezogen heißt das, daß man dazu neigt, die Probleme seines Partners

lösen zu wollen, weil man mit seiner Seele absolute Erkenntnisse hat. Dies kann oft anmaßend sein. Wenn diese Haus-Polarität mit einem Widder-Aszendenten verbunden ist, tendiert man dazu, den Partner zu führen, anstatt die Gemeinsamkeit und Zusammenarbeit zu erleben, die man in Wirklichkeit sucht.
Hier muß man lernen, daß man die idealisierte Perfektion, die man in einem anderen Menschen sucht, durch das intuitive Zusammenspiel, das sich in einer Beziehung entwickelt, verwirklichen kann, anstatt ständig auf der Unvollkommenheit herumzureiten.

Schlüsselbegriffe: hypersensibel, idealistisch, sehr nervöse Energie, intuitiv, sinnlich, kreativ, verborgene voyeurhafte Neigungen, latente Homosexualität möglich, übertriebene Etikette, möchte das Leben des Partners organisieren, insgeheim sehr romantisch, mystisch, Angst, sein Selbst in unwirklichen Phantasien zu verlieren; muß Minderwertigkeitsgefühle überwinden, extrem verschlossen, Verdrängung durch Arbeit, Gefühl der Isolation und Einsamkeit, große innere Schönheit, Transformationen durch selbstlose Taten, anspruchslose Liebesaffairen verursachen Starrheit.

Sechstes Haus Waage – Zwölftes Haus Widder

Mit dieser Hauspolarität bringt man sich selbst ein. Dieser Mensch gibt tatsächlich so viel von sich selbst, daß er Beziehungen zerstören kann, weil er zu viel tun will. Waage ist das Zeichen der Harmonie, aber es zeigt auch einen Bereich der Disharmonie an, den man lernen muß, ins Gleichgewicht zu bringen. Dieser Mensch hat Schwierigkeiten, den Abstand zwischen sich und anderen zu erkennen. Entweder versucht er, den Menschen zu nahe zu sein (indem er praktisch in deren Aura lebt), oder er hält sich zurück, wenn er wirkliche Nähe sucht. Er bringt sich selbst durcheinander, indem er

versucht, seine Beziehungen ins Gleichgewicht zu bringen, und müht sich wegen anderen ab, die ihn, nachdem sie von ihm profitiert haben, einfach stehen lassen.
Der Grund hierfür liegt in der Unfähigkeit dieses Menschen, mit Verpflichtungen und Verantwortungen richtig umzugehen. Einmal schwankt er in die eine Richtung, dann wieder in die andere. Er betrügt sich selbst, indem er sich aus Situationen zurückzieht, die für ihn von großem Vorteil sein könnten. Er ist ein guter Ratgeber und Berater, aber seine eigenen inneren Schwierigkeiten kann er nicht verstehen. In dieser Hinsicht äußern sich die unbewußten egoistischen Bedürfnisse des zwölften Hauses im Widder in verborgenen und symbolischen Temperamentsausbrüchen. Die Seele dieses Menschen ist ausgesprochen unabhängig und in vieler Hinsicht ziemlich primitiv. Dieser Mensch ist schon immer ein Einzelgänger gewesen und wird es auch immer bleiben. Was er auch nach außen hin zu zeigen versucht, sein Unbewußtes ist voller Wünsche und Begierden.
Dieser Mensch erlebt primitive und spontane sexuelle Impulse, denen er dann nachgibt, wenn sich die Gelegenheit dazu bietet. Die Energie, die seinem zwölften Haus entspringt, ist die eines Kämpfers, und wie feinfühlig er auch erscheinen mag, wenn er einen Fische-Aszendenten hat, in seinem Innern fühlt er keine Sanftheit und Güte. Oft möchte er seinen Sexualtrieb ausleben, um zu beweisen, daß er Hindernisse überwinden kann. Er nimmt gerne ein Risiko auf sich, nur um zu sehen, ob er gewinnen kann. Seine Handlungen beruhen auf unbewußten Impulsen, die ihn zum Handeln antreiben, und nur selten denkt er zwischen Impuls und Handlung einmal nach.
Das zwölfte Haus ist immer tiefer als das sechste und es enthüllt einen verborgeneren Persönlichkeitsanteil im Menschen. Die feinfühligen und gebenden Eigenschaften des sechsten Hauses in der Waage können als ein Versuch betrachtet werden, den Anschein eines harmonischen Verhältnisses zu den Vorgesetzten und Untergebenen erwecken

zu wollen. Die Tatsache, daß dieser Mensch andere überhaupt in diesen Rollen sieht, enthüllt das, was er in seinem Innern wirklich fühlt. Diese Haus-Polarität beinhaltet eine Suche und ein Ziel. Wenn dieser Mensch lernt, mit anderen zusammenzuarbeiten, kann er besser zu seiner eigenen Identität finden. Auf sexueller Ebene bedeutet dies, daß dieser Mensch seinen Wunsch oft nicht zeigt, wenn dies dazu führen würde, daß er die Kameradschaft oder die Harmonie mit dem geliebten Menschen verliert. In seinem inneren Selbst entstehen ständig neue Ideen. Er begibt sich dauernd auf neue Wege und nimmt neue Herausforderungen an, die aber sinnlos sind, wenn sie nicht mit anderen geteilt werden. Diese Hauspolarität bedingt einen unbeständigen Lebenswandel, aber der Körper kann durch Liebe und selbstlosen Dienst an anderen Menschen in Harmonie gebracht werden. Auf diese Weise kann man seinen inneren Enthusiasmus mit denen teilen, die man liebt. Diese Polarität hat mit dem Überleben zu tun, was sich in vielen Situationen, Umständen und Ereignissen im Leben dieses Menschen zeigt, die ihn dazu zwingen, sich zu entscheiden, wieviel er geben kann und wieviel er überhaupt zu geben hat.
Das Sexualleben dieses Menschen ist manchmal primitiv und oft sehr aktiv. Der unbewußte Egoismus verursacht, daß Beziehungen oder Ehen auseinandergehen, da er möglicherweise das Gefühl hat, um seine Existenz zu kämpfen. Die Lektion dieser Hauspolarität lautet, daß man sein Bedürfnis nach Sex (manchmal in primitivster Form) mit dem Bedürfnis nach geistigem Frieden in Einklang bringen muß. Im inneren Bewußtsein sucht man Sex und muß lernen, daß Sex mit Liebe, Harmonie und geistigem Frieden verbunden ist, was noch wichtiger ist als Sex allein. Je mehr man seine Triebnatur beherrscht, um so mehr nähert man sich dem geistigen Einssein, nach dem die Seele strebt.

Schlüsselbegriffe: starker Überlebenstrieb, Schmeichler, unharmonische Triebnatur, verborgene Aggression, muß vergangenes sexuelles Karma überwinden, strebt nach Zusammenarbeit mit anderen, nervöse Disharmonie, Stimmungsschwankungen, stark unbewußte Sexualität, freiheitsliebend, unabhängige Seele, destruktive Ehe, fühlt sich seinem Partner verpflichtet, kommt durch Arbeit ins Gleichgewicht, mächtige Transformationen durch Stabilitätsverlust.

Sechstes Haus Skorpion – Zwölftes Haus Stier

Mit dem Zeichen Skorpion im sechsten Haus ist man in allen Beziehungen sehr intensiv. Dieser Mensch kämpft für das Wohl der Menschheit. Die Unmenschlichkeit, die er überall sieht, bringt ihn in Rage. Er möchte anderen auf körperlichem, geistigem und emotionellem Wege ein Gefühl für die Gegenwart vermitteln. Er sucht sich einen Arbeitsbereich, wo die Möglichkeit einer spontanen Sexualität gegeben ist. Er hat viele Meinungen über Sex, aber sein Ansatz bleibt immer wissenschaftlich und theoretisch. Möglicherweise betrachtet er seine sexuellen Erlebnisse als eine Art Forschung, die ihm hilft, sich selbst zu finden. Dieser Mensch gehört zu den leidenschaftlichsten Liebhabern und er ist extrem empfänglich für körperliche Erregung. Er glaubt nicht an den äußeren Schein und oft dient ihm Sex dazu, zu beweisen, daß Dinge wie Vorgesetzten-Untergebenen-Verhältnisse, Machtspiele in der Geschäftswelt oder hypochondrische Beschwerden nur Vorwände von Menschen sind, denen die Sexualität »aus dem Bauch«, die er zu bieten hat, fehlt. Mit dieser Hauspolarität kann man am besten hinter die Fassaden der anderen schauen. Dieser Mensch stellt den körperlichen und emotionellen Wesenskern der anderen bloß und kann ihnen so das Zentrum ihrer unbewußten Motivation zeigen.

Durch das zwölfte Haus im Stier erlebt dieser Mensch eine unbewußte Fülle, die die meisten Menschen nur schwer verstehen können. Er fühlt sich zu allem motiviert, was auf natürliche Weise entsteht, und vermeidet alles in der Welt, was sich nach »Plastik« anfühlt. Alles, was er tut, wird von seinen instinktgelenkten Gefühlen bestimmt, so daß sein Sexualverhalten oft über Jahre gleich bleibt. Er gehört nicht zu den Menschen, deren Unbewußtes die Vergangenheit gerne losläßt. In seinem tiefsten Innern ist er ein liebendes Wesen, das insgeheim ein großes Maß an Ernsthaftigkeit besitzt. Da dieser Mensch ausgesprochen sensibel ist, kann er Einsamkeit auf sehr tiefen Ebenen erleben. Dies ist vielleicht ein Grund dafür, warum er an Dingen und Menschen auch dann noch hängt, wenn sie keine sinnvolle Rolle mehr in seinem Leben spielen. Sein größtes Problem ist eine beinahe instinktive Selbstzufriedenheit, infolgedessen er sich im allgemeinen dazu zwingen muß, seine Wünsche zu verwirklichen.

Wenn er seine Faulheit einmal überwunden hat, dann kann er erkennen, daß die Energie, die aus ihm herausströmt, eine Energie des Handelns, Aufbauens und Gestaltens ist. Bei dieser Hauspolarität kommen heimliche Liebesaffairen vor, die aber allmählich aufhören, wenn sich dieser Mensch mehr auf die mächtigen Energien seiner Seele konzentriert. In Beziehungen kann er anderen unbewußt ein Gefühl der Anerkennung geben.

Sowohl das Zeichen Skorpion als auch das Zeichen Stier sind sehr sexuell. Mit Hilfe des sechsten Hauses versucht man hier die Wirkungen, die Sex auf den Körper ausübt, theoretisch zu verstehen. Dieser Mensch beobachtet seine sexuellen Reaktionen vor, während und nach dem Liebesakt und versucht, sie in sein Verständnis von der körperlichen Liebe einzuordnen. Die Lektion dieser Hauspolarität lautet, daß man die Liebe, die aus der Seele kommt, körperlich zum Ausdruck bringen kann, wenn man seine Sexualität nicht auf destruktive Weise aus Machtgründen einsetzt.

Schlüsselbegriffe: intensiv, leidenschaftlich, sensitiv, in Harmonie mit den Bedürfnissen des Partners, innere Fülle, verständnisvoll, entdeckt Werte durch Liebesaffairen, sucht das Vergnügen, anmaßend, starke instinktive Bedürfnisse, mächtiger Sexualtrieb, reagiert überempfindlich auf Zurückweisung, mehrere Ehen möglich, sucht nach einem tiefen Lebenssinn, extrem gebende Seele.

Sechstes Haus Schütze – Zwölftes Haus Zwillinge

Dieser Mensch beansprucht bei allem, was er tut, sehr viel Raum. Er fühlt sich niemandem verpflichtet, denn Pflichtgefühle beengen ihn und schränken sein Bedürfnis nach Expansion ein. Diese Hauspolarität beinhaltet einen Konflikt, da das Zeichen Schütze von Jupiter, das sechste Haus hingegen von Merkur regiert wird. Dadurch neigt dieser Mensch dazu, Kleinigkeiten zuviel Bedeutung beizumessen. Wichtigen Dingen aber schenkt er zu wenig Beachtung. In seinen Beziehungen zu anderen Menschen vertraut er auf sein Glück und auf seine Intuition und läßt die Dinge laufen so gut es geht, anstatt sich wie andere Menschen damit abzumühen.

Auf sexueller Ebene ist er sich nie ganz sicher, was er wirklich will oder braucht. Er glaubt vielleicht, etwas zu wollen, sucht aber eigentlich etwas ganz anderes. Im allgemeinen führt seine Unfähigkeit, seine Bedürfnisse klar zu definieren, zu einem Gefühl der Unzufriedenheit. Wenn er deshalb verwirrt ist, wird er philosophisch, um sich nicht mit zu intimen Dingen konfrontieren zu müssen. Da er von Natur aus zu Übertreibungen neigt, braucht er einen Partner, der seine Neigung zum Exzeß bremst. Beim Liebesspiel ist dieser Mensch möglicherweise kühl oder distanziert und gibt sich nicht voll der Bindung und der Wärme hin, die damit verbunden ist. All das Wohltuende, was Liebe geben kann, bedroht ihn, weil er Angst hat, seine geistige Freiheit zu verlieren. Auch dieser Mensch hat eine doppelte Moral, denn von seinem Partner verlangt er Treue und Hingabe.

Dieser Mensch fühlt sich verpflichtet, anderen die Wahrheit zu bringen, und er ist dazu auch in der Lage. Wenn er jemandem nahesteht, hat er die erstaunliche Fähigkeit, die ganze »Gestalt« einer Sache zu erkennen, die anderen normalerweise entgehen würde. Wenn sein Partner seine prophetischen Ratschläge nicht annehmen kann, verliert er leicht die Geduld und wendet sich erfolgversprechenderen Menschen zu.

Ein Großteil der Rastlosigkeit und der widersprüchlichen Gedanken dieses Menschen resultieren aus dem zwölften Haus in den Zwillingen. Vieles in seinem Leben beinhaltet Annäherung und Vermeidung, weil sein Unbewußtes dualistisch ist. Er geht auf etwas zu, schreckt aber gleichzeitig auch davor zurück. Er kann andere auf gute Ideen bringen, ist aber aufgrund seiner Unentschlossenheit nicht fähig, selbst aus diesen Ideen etwas zu machen. Sogar die Treue, die er seinem Partner möglicherweise entgegenbringt, kann das Ergebnis seiner Unentschiedenheit sein. Seine Instinktebene ist oberflächlich oder ängstlich. Im Unbewußten hat er das Bedürfnis, andere Menschen zu imitieren, ihre Worte und Einstellungen in sich hineinzunehmen, um so zu lernen, sein eigenes Leben zu gestalten.

Das zwölfte Haus in den Zwillingen ist mit einer ausgeprägten inneren Unsicherheit verbunden. Dieser Mensch neigt dazu, seine Verpflichtung anderen gegenüber zu übertreiben, da er sie durch das sechste Haus im Schützen wahrnimmt. Diese Unsicherheit basiert auf seinem Glauben, daß er zu wenig weiß. Er versucht ständig dazuzulernen, wo immer ihm sich dazu Gelegenheit bietet.

Bei dieser Hauspolarität spielen sich zwischenmenschliche Beziehungen auf einer karmischen Ebene ab. Dieser Mensch möchte sein eigenes Rollenspiel verstehen. Seine Beziehungen sind oft übertrieben und die Bedürfnisse, die er glaubt erfüllen zu müssen, scheinen oft unrealistisch groß zu sein.

Was hier den Anschein eines sehr aktiven Sexualtriebs haben mag, ist oft tatsächlich nicht mehr als das Resultat einer Überfülle an Gedanken. Mit dem Zeichen Schütze im sechsten Haus neigt man dazu, den höheren Geist auf das Bewußtsein der körperlichen Bedürfnisse zu konzentrieren. Wenn dieser Mensch anfängt, seine kosmische Beziehung zu sich und zu anderen Menschen mit Hilfe seines zwölften Hauses in den Zwillingen zu begreifen, können die Aktivitäten seines höheren Geistes allmählich durch seine Seele gesteuert werden, anstatt durch äußere Sensibilität beinflußt zu werden, was eine Überreaktion hervorruft. Die Lektion dieser Hauspolarität bedeutet, daß man ein unpersönliches Verständnis seines Selbst entwickeln muß, so daß der höhere Geist die Persönlichkeit lenken kann.

Schlüsselbegriffe: unsicher, rastloses Wesen, karmische Beziehungen, tiefgründige Ideen, Schwierigkeiten, seine Gedanken auszudrücken; intuitiv, innere Einsamkeit, fühlt sich unverstanden, manchmal unbewußte bisexuelle Neigungen, übertrieben analytisch, braucht starken und verantwortungsbewußten Partner, idealistisch, besitzergreifende Beziehungen, exzessive Ideen, sexuelle Neugierde, voyeurhafte Neigungen, übertriebenes Pflichtgefühl.

Sechstes Haus Steinbock – Zwölftes Haus Krebs

Mit dem Zeichen Steinbock im sechsten Haus ist es möglich, daß man unter vielen hypochondrischen Krankheiten leidet. Auf diese Weise versucht man, die Aufmerksamkeit auf seine inneren emotionellen Bedürfnisse zu erregen, von denen man meint, daß sie von anderen nicht beachtet werden. Dieser Mensch besitzt ein außergewöhnliches Organisationstalent in der Arbeit und ist absolut fähig, die Angelegenheiten anderer zu handhaben und darauf zu achten, daß alles am richtigen Platz ist. Das Verantwortungsgefühl ist hier stärker ausgeprägt als bei jeder anderen

Hauspolarität. Andererseits erwartet dieser Mensch aber auch viel von anderen, was auf seinen hohen Maßstäben beruht.

Wenn man diese Wesenszüge auf die Sexualität bezieht, dann zeigt sich, daß es diesen Menschen nicht möglich ist zu lieben, bevor sein Partner seinen Erwartungen nicht gerecht werden kann, indem er Fortschritte in seiner Entwicklung zeigt. Liebe und Sex sind hier nur zweitrangig gegenüber dem, was man füreinander tut und was beide Partner von der Beziehung haben. Dieser Mensch reagiert sehr empfindlich auf Zurückweisung, was er aber so gut verbirgt, daß man es nur mit einem ausgesprochen scharfen Wahrnehmungsvermögen bemerken kann. Beim Liebesakt macht er sich Gedanken über dessen Ablauf und darüber, ob er den Erwartungen seines Partners entspricht. Die geringfügigste und subtilste Ablehnung seines sexuellen Verhaltens kann dazu führen, daß er den Geschlechtsakt abbricht und sich in ein hypochondrisches Leiden flüchtet. Wenn er dagegen sexuell befriedigt ist, scheinen seine hypochondrischen Krankheiten zu verschwinden.

Zu einem großen Teil läßt sich dies der starken Emotionalität zuschreiben, die in seinem zwölften Haus im Krebs verborgen liegt. Dieser Mensch kann diese Emotionen aber nur schwer zum Ausdruck bringen. Eine der Möglichkeiten, durch die er mehr in Kontakt mit sich selbst kommt, sind geheime Liebesaffairen. Mit dieser Hauspolarität besteht die Tendenz, viele solcher Beziehungen zu haben, um sich selbst zu finden.

Das gesamte Dasein dieses Menschen wird von einem Gefühl der Verzweiflung durchzogen, was unnötige Bindungen, illusorische Abhängigkeiten und romantische Beziehungen zu unbefriedigenden Liebhabern bedingt. Dies läßt sich auf die Verzweiflung des zwölften Hauses im Krebs zurückführen, das nach einem Ausdruck sucht. In vieler Hinsicht ist dieser Mensch innerlich ein Feigling, während er sich als Kompensation nach außen hin überaus mutig zeigt.

Die unbewußte Energie dieses Menschen ist eine Energie der emotionellen Entwicklung und des Wachstums. Er versucht, anderen soviel und solange zu geben, bis er völlig erschöpft und leer ist. Deshalb muß er lernen, sich etwas von seinen positiven Emotionen für sich aufzusparen. Die Illusion symbolisiert hier eine der schwersten Lektionen im ganzen Tierkreis. Dieser Mensch muß in jeder Hinsicht lernen, Herr seiner Gefühle zu werden.

Schlüsselbegriffe: hypochondrisch, überempfindlich, kindliche Phantasie, sehr sexbetont, tief emotionell, medial veranlagt, ausgesprochen gebende Seele, strebt nach emotioneller Weisheit, behält seine Emotionen für sich, starkes seelisches Erinnerungsvermögen an vergangene Leben, innere Gefühle der Hilflosigkeit, Befreiungskampf, muß Vertrauen entwickeln, sucht nach Anerkennung, Scheidung möglich, braucht ständige Rückversicherung, Überkompensation, starke Bindungen führen zu Enttäuschung, sucht sinnvolle Beziehungen, lustvolle Phasen, auf die Unterdrückung der eigenen »Primitivität« folgt; reagiert überempfindlich auf Ablehnung, nimmt Verpflichtungen sehr ernst.

Sechstes Haus Wassermann – Zwölftes Haus Löwe

Mit dem Zeichen Wassermann im sechsten Haus möchte man den Menschen etwas geben, die weniger glücklich sind als man selbst. Dieser Mensch macht keine Versprechungen, die er nicht halten kann. Es fällt ihm leichter, sein Pflicht- und Verantwortungsgefühl offen zu lassen und nicht klar zu definieren, als sich auf etwas festzulegen, was er dann vielleicht nicht erfüllen kann. Das sechste Haus ist das Haus des Dienens und mit dem sechsten Haus im Wassermann fühlt man sich verpflichtet, den Unterdrückten oder zu kurz Gekommenen zu helfen. Gewöhnlich fühlt man sich hier zu

Menschen hingezogen, die gerade an einem Tiefpunkt in ihrem Leben sind oder die ungerecht behandelt werden. Indem man einen solchen Menschen liebt oder eine sexuelle Erfahrung mit ihm macht, kann man seinen ausgeprägten humanen Instinkt befriedigen. Die Vorstellungen darüber, was man für andere tun möchte, ändern sich aber. Manchmal möchte dieser Mensch lieber allein als in die Probleme anderer verwickelt sein. Die sexuelle Vielseitigkeit dieser Hauspolarität führt bei manchen Menschen zu bisexuellen Erlebnissen, zu Homosexualität, gegenseitiger Masturbation einschließlich dem Gebrauch von verschiedenartigsten Hilfsmitteln, die sich andere Menschen mit einer anderen Hauspolarität kaum vorstellen können. Dies läßt sich auf die Tatsache zurückführen, daß das sechste Haus den Körper regiert und Wassermann das Zeichen des Experimentierens ist. Die Kombination beider ergibt, daß dieser Mensch alles erforschen will, was neu und andersartig ist, um seine sensorische Bewußtheit zu erhöhen. Eine der bemerkenswertesten Eigenschaften dieser Hauspolarität ist, daß die Verpflichtung, die dieser Mensch seinem Partner gegenüber empfindet, beinahe absolut ist, aber gleichzeitig auch unpersönlich. Daher erscheint er oft kühl, wenn er es in Wirklichkeit gar nicht ist.
Das zwölfte Haus im Löwen verleiht diesem Menschen ein ausgesprochen starkes inneres Selbst. Unbewußt ist er fähig, sein restliches Sein zu kontrollieren und zu führen. Und aus dieser Fähigkeit heraus kann er anderen kreative Kraft geben. Gewöhnlich hat er eine geheime Liebesaffaire, da er sich seine Macht sichern muß. Ungeachtet dessen, wie das übrige Horoskop aussieht, ist er ein positiver Mensch, da sein Unbewußtes stärker ist als bei jeder anderen Hauspolarität im Tierkreis. Er kann mit Dingen umgehen, mit denen andere nicht fertig werden. Er ist auch dort noch Herr der Lage, wo andere längst davongelaufen wären. Aber die Macht ist eine Illusion, die er überwinden muß. Bis er das geschafft hat, ist diese Illusion verlockend für ihn. Bei an-

deren erkennt er diese Falle, aber sich selbst gesteht er sich das nicht gerne ein.
Diese Hauspolarität ist etwas Besonderes, da sie den Kampf zwischen dem animalischen Selbst und dessen humanen Instinkt symbolisiert. Die Zeichen Löwe oder Jungfrau, die hierbei entweder ins zwölfte oder erste Haus fallen, stellen die Sphinx dar. Halb Löwe, halb Mensch erkennen wir in ihr ein Symbol der Herrschaft über das Animalische verbunden mit den Anfängen humaner Überlegung.
Dieser Mensch muß lernen, sein sechstes Haus im Wassermann als Mittel zu betrachten, mit dessen Hilfe er unpersönliche Verpflichtungen erfüllen kann. Wenn er die Herrschaft über seine animalische Natur durch den Willen seiner Seele erlangt, dann bekommen seine Handlungen und Beziehungen einen Sinn.
Mit der Wassermann-Löwe-Polarität muß man hier lernen, wie man sich auf unpersönliche Weise von zuviel Körperbewußtsein distanziert, so daß man seine innere kreative Kraft einsetzen kann, um das gesamte Sein damit zu lenken. Wenn man das erreicht, dann wird Sex zu einem Geschenk göttlicher Inspiration, aus der das spirituelle Ego erwächst.

Schlüsselbegriffe: erfinderisch, human, großzügig, manchmal bisexuell, extrem gebendes Wesen, große innere Kraft, zu göttlicher Liebe fähig, gibt anderen kreative Inspirationen, gibt den Menschen, die er liebt, Aufschwung; braucht Achtung in Liebesbeziehungen, romantische Seele, möglicherweise Märtyrerkomplex, idealistisch, versucht, den Partner zu reformieren; große innere Kraftreserven, hohe Erwartungen, verborgene erotische Natur, eventuell besessen, musikalisch, künstlerisch, muß lernen, wie man auf unpersönliche Weise durch kreative Liebe dient.

Sechstes Haus Fische – Zwölftes Haus Jungfrau

Mit dem Zeichen Fische im sechsten Haus besitzt man zuviel Mitgefühl. Dies ist die schwierigste Hausposition für dieses Zeichen, da es eigentlich das gegenüberliegende zwölfte Haus regiert. Dieser Mensch versucht, auf mystische Weise in andere etwas hineinzuinterpretieren, was vielleicht gar nicht vorhanden ist. Er sucht in endlichen Dingen eine unendliche Ordnung. Er verwendet auf seine Beziehungen mehr Mühe, Gefühl und Energie, als er eigentlich bräuchte. Er plagt sich mit trivialen Dingen zu sehr herum und mißt ihnen eine zu große Bedeutung bei.

Dieser Mensch fragt sich, wo er in das Leben anderer hineinpaßt. Dies ist Ausdruck einer starken neurotischen Unsicherheit, die bei dieser Hauspolarität fast immer vorhanden ist. Was er für andere tut, ist gewöhnlich nicht sichtbar und erhält erst dann die verdiente Anerkennung, wenn er schon längst wieder von der Bildfläche verschwunden ist. Was ihn am meisten verwirrt, ist die Tatsache, daß das Zeichen Fische den Dienst am anderen symbolisiert, das sechste Haus hingegen den Dienst an sich selbst. Daher ist er sich nie ganz sicher, ob er für andere zuviel oder nicht genug tut.

Wenn die Dinge nicht wunschgemäß laufen, versucht dieser Mensch, das Mitleid seiner Mitmenschen zu erregen, indem er den Hilflosen spielt. Er ist ausgesprochen gebend, sehr aufgeschlossen und setzt alles daran, dem Menschen, den er liebt, zu gefallen. Sein Pflichtgefühl ist eher kosmisch als persönlich, denn er lernt die spirituelle Lektion zu geben, ohne zu wissen, was er gibt.

Durch das zwölfte Haus in der Jungfrau strebt das Unbewußte dieses Menschen nach Reinigung und Läuterung. Innerlich ist er ein Idealist und erwartet von jedem, daß er seinen Maßstäben gerecht wird. Mit dieser Hauspolarität begibt man sich nicht gerne in heimliche Liebesaffairen, da man ein striktes inneres Gefühl für Recht und Unrecht besitzt.

Das Unbewußte dieses Menschen sucht in allen Dingen im Universum nach einer Ordnung und einem Sinn. Da er auf diese Weise allem, was er wahrnimmt, Grenzen setzt, kann er immer nur Teile des Ganzen erkennen.
Bei dieser Hauspolarität findet man bisweilen latente oder offene Homosexualität, da dieser Mensch seinen unbewußten Narzißmus verstehen will, der sein ganzes Sein durchzieht. Die Fische-Jungfrau-Polarität ist extrem sensitiv. Die Unsicherheit darüber, ob das, was man denkt, auch richtig ist, verursacht ein gewisses Maß an Leichtgläubigkeit. Dieser Mensch erklärt Emotionen rationell, was eine Auseinandersetzung mit sich selbst erschwert. Seine innere Starrheit blockiert den gesamten Wachstums- und Entwicklungsprozeß.
Obwohl dieser Mensch sehr gebefähig ist, weiß er nicht, wie man nimmt. Deshalb sind seine Beziehungen einseitig, da er seine Gedanken stur auf das richtet, was den anderen als seine programmierte Seele erscheint. Sein inneres Selbst ist möglicherweise von Sex angewidert, aber er braucht ihn trotzdem. Gewöhnlich ist er sogar sehr sexbetont, während seine Seele wünscht, es gäbe keinen Sex. Infolgedessen neigt dieser Mensch dazu, in Extremen zu leben. Er muß lernen, seine Kunst der Unterscheidung einzusetzen, die ihm hilft zu verstehen, wie man die feineren Formen des Sex erleben kann, die zur Vervollkommnung seiner Seele beitragen.

Schlüsselbegriffe: Konflikt zwischen höherem und niederem Bewußtsein, kreativ, künstlerisch begabt, musikalisch, strebt nach Verfeinerung, intolerant, verurteilend, bedrückt, frustriert, muß lernen, Liebe anzunehmen; einsame Gefühle, masochistische Neigungen, verletzt seine eigenen Ideale, gutmütige Natur, neurotische Komplexe durch falsche Sichtweise, muß seine Liebe verfeinern.

Teil 3

Horoskope

HOROSKOPBEISPIELE

Zur Erläuterung der Horoskopdeutung hinsichtlich der Sexualität des Horoskopeigners enthält dieses Kapitel Beispielhoroskope, die eine besondere Problematik aufweisen. Obwohl auch die Planeten und die Aspekte in der Horoskopzeichnung berücksichtigt werden, bezieht sich die Deutung hier nur auf die Häuser, um zu zeigen, wie man die grundlegenden Merkmale der Sexualität eines Menschen allein anhand der Häuser erkennen kann. Außerdem kann man aus den Häusern Problemlösungen ableiten.

Selbstverständlich ist es wichtig, die Planetenstellungen und die Aspekte zu betrachten, um zu erkennen, inwieweit sie das, was die Häuser anzeigen, verstärken, verfeinern und fördern. Aber das Verständnis der Sexualität ist ein so weites Thema, das ein jahrelanges Studium erfordert, so daß man nichts übereilen sollte in dem Versuch, alles auf einmal verstehen zu wollen. Dies ist ein Ding der Unmöglichkeit. Eine gründliche Kenntnis der Häuser ist ein stabiles Fundament, auf dem man zukünftige Erkenntnisse aufbauen kann. Die hier aufgeführten Horoskope sollen dem Leser verdeutlichen, wie man die grundlegende Sexualität eines Individuums durch die Häusererfahrungen verstehen kann. Zwei Dinge muß man sich unbedingt vergegenwärtigen, wenn man ein Meister der Horoskopdeutung zu diesem Zweck werden will. Erstens wird die Aussage des Hauses durch die

Planetenkonstellationen und die Aspekte modifiziert. Innerhalb des Erfahrungsrahmens, den das jeweilige Haus anzeigt, gibt es von Horoskop zu Horoskop große Unterschiede. So äußert sich der Neptun im Löwen im achten Haus im Horoskop von Hugh Hefner anders als bei einem Menschen, der zwar dieselbe Neptunkonstellation hat, aber ansonsten völlig andere Horoskopfaktoren aufweist. Zum zweiten muß man berücksichtigen, daß es nur zwölf mögliche Aszendenten gibt, die alle Menschen auf der Welt haben können. Viele Menschen, die den gleichen Aszendenten haben, haben auch ähnliche Häuserspitzen. Deshalb darf man nicht den Fehler machen, aufgrund dessen, daß Casanova einen Skorpion-Aszendenten hat, darauf zu schließen, daß alle Horoskopeigner mit einem Skorpion-Aszendenten »Casanovas« sind. Dies entspricht absolut nicht der Wahrheit. Auf dieser Ebene funktioniert die Astrologie nicht. Die tatsächlichen Erfahrungen, die die Menschen machen, werden durch die Parameter ihres Seins eng begrenzt. Die Interpretation möglicher Erfahrungen, die sich durch die verschiedenen Häuser manifestieren, ist viel weiträumiger und schließt eine Vielzahl der verschiedenartigsten Erfahrungen ein. Man sollte verstehen, daß die hier verwendeten Horoskope nur zu Studienzwecken gedacht sind. Zu einem vollkommenen Verständnis des Einflusses der Häuser auf die Sexualität gelangt man nur durch Übung und das Studium vieler verschiedener Horoskope.

Giovanni Casanova

Casanova ist wegen seiner sexuellen Abenteuer zur Legende geworden. Er stammt aus einer Schauspielerfamilie und wurde zum Priester ausgebildet. Wegen seines skandalösen Benehmens wurde er jedoch aus der Priesterschaft ausgeschlossen. Danach war er Prediger, Abbé, Alchemist, Kabbalist, Spieler und Geiger. Egal welche berufliche Laufbahn

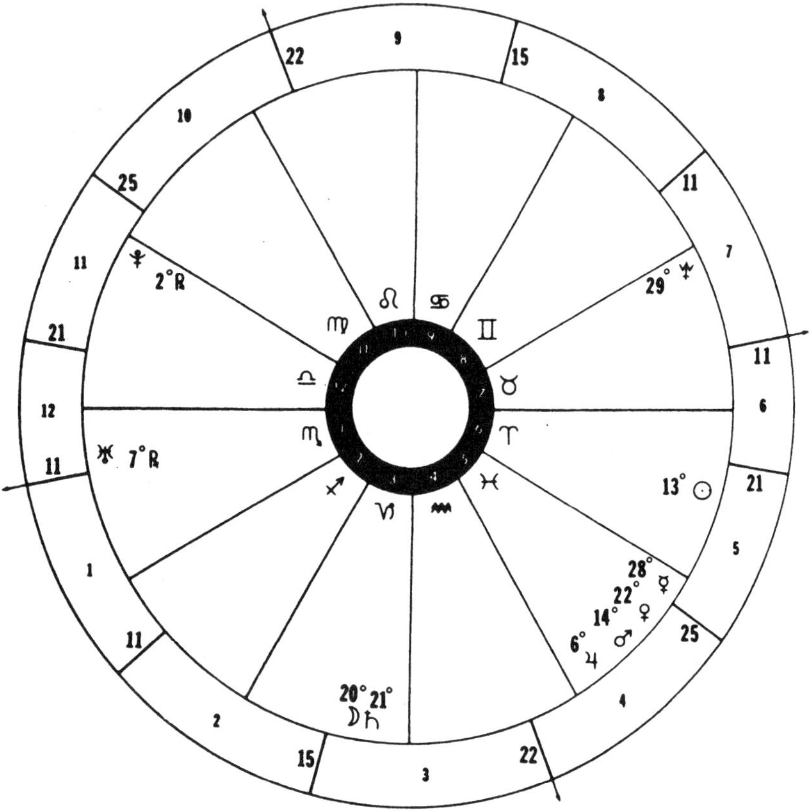

GIOVANNI CASANOVA
2. April 1725
Venedig, Italien

er gerade einschlug oder in welcher Hauptstadt Europas er gerade wohnt — er war allseits bekannt als sinnlicher Mensch, der in eine Affaire nach der anderen verwickelt war.
Casanovas Horoskop weist einen Skorpion-Aszendenten auf. Somit war die direkte Konfrontation mit sich selbst durch die Sexualität ein wichtiger Teil seiner Suche nach einer Identität. Interessanterweise wurde er auch beschuldigt, ein Spion zu sein, aber es gelang ihm wie durch ein Wunder zu fliehen, was beides auf seinen Skorpion-Aszendenten zurückzuführen ist. Seine Grundveranlagung wurzelte in den dunkleren Bereichen des Lebens, wo man sich zum Überleben auf Intrigen, Lust und dunkle Geschäfte einläßt.
Im zweiten Haus der Werte und finanziellen Mittel finden wir das Zeichen Schütze, das den freien Geist symbolisiert. Casanova war ein Wanderer, der aus einem Land nach dem anderen floh, ständig auf der Suche nach seinem Platz. Aber genau dieses Freiheitsgefühl war es, das ihn für so viele Frauen anziehend machte. Seine großspurige Lebenseinstellung (Schütze im zweiten Haus regiert die geschätzten Lebenseinstellungen) übte eine magnetische Wirkung auf Frauen aus, die sich von den ihnen auferlegten Einschränkungen befreien wollten. Gleichzeitig war sich Casanova bewußt, daß Wohlstand und Geld ein wichtiger Schlüssel zur Freiheit sind, und wurde Direktor der staatlichen Lotteriegesellschaft in Paris, wodurch er ein Vermögen erwirtschaftete.
Das dritte Haus im Steinbock weist darauf hin, daß die Kommunikation in seinen Beziehungen nicht leicht vonstatten ging. Sicherlich wollte Casanova viele Dinge für sich behalten, um sich den Anschein von persönlicher Würde zu geben. Er bewegte sich immer in der gehobenen Gesellschaft und war Gast in den Königspalästen ganz Europas. Sogar mit dem Papst wurde er bekannt gemacht, der ihm einen päpstlichen Orden verlieh. Somit war es für seine eigene

Meinung wichtig, daß er sich für eine angesehene Persönlichkeit hielt (drittes Haus Steinbock).

Von Casanovas Kindheit ist nur wenig bekannt, ebensowenig weiß man über die genauen Einzelheiten der prägenden Jahre, in denen die Wurzeln eines so abenteuerlichen Lebens liegen. Doch das vierte Haus im Wassermann zeigt die Liebe zur Freiheit und zum freien Willen, den unstillbaren Wissensdurst und den Abenteurergeist. Casanova kämpfte sein ganzes Leben lang um Selbstbeherrschung, doch den wirklichen Veränderungsprozeß, den das Zeichen Wassermann symbolisiert, bewirkte das unbeständige Fundament, auf dem er sich bewegte. Uranus, der Herrscher des Zeichens Wassermann, steht rückläufig im Zeichen Skorpion (dem Zeichen der Sexualität im zwölften Haus, dem Haus der heimlichen Liebesaffairen). Das vierte Haus im Wassermann und seine tief unbewußten Phantasien über einen Machtkampf brachten ihn in Berührung mit einigen der königlichsten Frauen in Europa (Löwe im zehnten Haus).

Casanovas Phantasie war in allen Lebensbereichen grenzenlos. Dies geht aus dem fünften Haus der Kreativität in den Fischen hervor. Mit einem sinnlichen Abenteuer nach dem anderen war er im Grunde genommen im tiefsten Innern ein Romantiker. Und doch suchte er niemals nach einer dauerhaften Bindung, denn Neptun, der Herrscher des fünften Hauses der Liebesaffairen, steht im siebten Haus der Ehe. Das fünfte Haus gibt auch darüber Auskunft, was man in einem anderen hervorrufen möchte. Casanova konnte die Frauen über ihre Träume, Phantasien und all die Fische-Illusionen erreichen, die die Romantik der Liebe von der praktischen Alltagswelt trennen. Zweifellos konnte er den Frauen das Gefühl geben, schöner und romantischer und in Berührung mit der unendlichen Natur der Liebe zu sein, die jeden von uns auf einer kosmischen Ebene durchströmt.

Das sechste Haus im Widder weist auf ein großes Maß an sexueller Spannung hin. Dieses Haus beherrscht den Körper,

und das Zeichen Widder deutet hier auf einen spontanen Sexualtrieb hin, der ständig nach Verwirklichung drängt. Gleichzeitig fühlt man sich auf körperlicher Ebene nicht an den Partner gebunden und fühlt sich ihm nicht zur Treue verpflichtet.
Das Zeichen Stier im siebten Haus stellt den Ausgleich zu Casanovas Skorpion-Aszendenten dar. Dies zeigt, daß seine Partner, obwohl er selbst in einem ständigen inneren Aufruhr und in fortwährender Transformation lebte, zu mehr Beständigkeit und Treue neigten. Tatsächlich zerstörte Casanova Teile seiner eigenen Persönlichkeit, um diese Wesenszüge seiner Partner zum Vorschein zu bringen. Fraglos ließ er eine ganze Reihe nicht erhörter Liebhaberinnen überall im ganzen Kontinent zurück.
Das achte Haus in den Zwillingen zeigt, was man in bezug auf Informationen, Ideen und das Verständnis, wie Beziehungen funktionieren, aus seinen sexuellen Erfahrungen lernt. Das Zeichen Zwillinge tendiert zur Unbeständigkeit. So versuchte Casanova, durch verschiedene Erlebnisse zu lernen. Möglicherweise hat er mehr gegeben als bekommen, denn das zweite Haus im Schützen (das symbolisiert, was man einem Partner gibt) entspringt dem höheren Geist, während sich das achte Haus in den Zwillingen mit dem niederen Geist befaßt. Aufgrund seines expansiven Lebensstils brauchte Casanova Partner, die ihm durch ihre analytischen Werte Gesichtspunkte des niederen Geistes vermitteln konnten, um zu einer ausgewogenen Perspektive zu gelangen. Wenn man den Herrscher des achten Hauses betrachtet (Merkur), findet man diesen im Skorpion-Dekanat des Zeichens Fische im fünften Haus der romantischen Abenteuer. Somit konnte Casanova durch sexuell erworbenes Wissen zu einem Verständnis seiner romantischen Natur gelangen. Das Wesen seiner Liebe geht über die reine Mann-Frau-Begegnung hinaus und wird zu einer mehr universellen Liebesbeziehung mit der ganzen Welt. Für die, die dies erkennen können, ist es eine Manifestation der Liebe

auf kosmischer Ebene. Auf Fische-Art von einem Land ins andere zu ziehen, in die verschiedensten abenteuerlichen Berufe hineinzuschlittern und auch wieder hinaus, sowie ein kontinuierlicher Lebensdurst, waren ein Ergebnis der intimen Beziehungen Casanovas und eine natürliche Folge des Wissens, das er durch sein achtes Haus in den Zwillingen aus diesen Beziehungen bezog.

Das neunte Haus im Zeichen Krebs beinhaltet ein interessantes Paradox. Im allgemeinen bedingt diese Hausposition ein ziemlich treues Sexualverhalten. Man sucht nach einem dauerhaften Sinn und betrachtet den Partner als ständiges Zuhause oder als Anker, auf jeden Fall als ein Nest für seine Gefühle. In der Tat ist diese Einstellung so stark, daß man, wenn diese Art von Abhängigkeit nicht möglich ist, dazu neigt, sich in wertlosen Beziehungen zu engagieren, gleichsam als emotionelles Ventil für frustrierte Gefühle. Im Fall von Casanova sah dieser den Mutterinstinkt in der Frau (Krebs) immer fern von Zuhause oder von der Entfernung her unerreichbar (Krebs im neunten Haus). Er brachte Jahre damit zu, nach Gefühlen zu suchen, die scheinbar immer außerhalb seiner Reichweite lagen.

Das zehnte Haus im Löwen zeigt den psychischen Machtkomplex, auf den Casanova seine Männlichkeit aufbauen wollte. Er sah sich selbst gerne den Tapferen spielen und wollte sich mit einem gewissen Flair umgeben. Seine Vorstellung von Eroberung (Löwe) manifestierte sich oft in Liebesbeziehungen (Sonne im fünften Haus im Widder), da er immer nach Allbekanntheit, Wohlstand, Macht und Frauen strebte, um seine kreativen Fähigkeiten bestätigt zu sehen.

Sein elftes Haus im Zeichen Jungfrau ließ ihn wahrscheinlich nach unerreichbaren Idealen und Zielen streben. Aber die Opposition zum fünften Haus, die in diesem Horoskop von ausschlaggebender Bedeutung ist, zeigt, wie leicht er seine Ziele durch Liebesbeziehungen wieder aus den Augen verlor. Mit diesem Haus ist eine Idealisierung des Lebens verbunden, die einen für eine fromme Lebenseinstellung geneigt macht und dazu führt, daß man andere Menschen nicht so sieht, wie sie wirklich sind, sondern lieber so, wie sie sein könnten. Auch hier läßt sich eine Verbindung zu Casanovas romantischen Abenteuern herstellen. Merkur, der Herrscher des elften Hauses, befindet sich im fünften Haus der Liebe und regiert außerdem sein achtes Haus der Sexualität. Sicherlich idealisierte er die Menschen, denen seine Leidenschaft galt und machte sie in seiner Phantasie zu Heiligen. Trotzdem konnte er in seinen Träumen und Idealen genügend Ordnung wahren (Jungfrau im elften Haus), um sein offensichtlich zerstreutes Leben zusammenzuhalten. In seinem späteren Leben wurde er unpersönlicher und richtete seine Energien auf den Bereich der Literatur. Er wurde Bibliothekar (durch das Bedürfnis nach unpersönlicher Ordnung des Zeichens Jungfrau im elften Haus). Schließlich schrieb er ein kluges, aber zynisches Buch über seine Gaunereien und Amouren.

Das zwölfte Haus in der Waage enthüllt noch eine ganz andere Seite dieser erstaunlichen Persönlichkeit. In seiner Seele spürte Casanova den innersten Wesenskern der Liebe, Harmonie, Zusammenarbeit und Ausgewogenheit. All dies wollte er in der Außenwelt erleben. Venus, die über das zwölfte Haus herrscht, befindet sich im dritten Dekanat des Zeichens Fische. Damit besaß Casanova die göttlichen Qualitäten der Liebe, die man oft bei einer Nonne oder einem Mönch findet. Diese Seite seiner Persönlichkeit konnten wahrscheinlich nur die Menschen schätzen, die Casanova wirklich kannten. Seine Seele hatte stets das Bedürfnis nach Harmonie (Waage im zwölften Haus), während seine Persönlichkeit (Skorpion-Aszendent) ständig nach Anerkennung an den für sie einzig möglichen Orten strebte, nämlich den dunklen Bereich am Rande des falschen Stolzes der Gesellschaft.

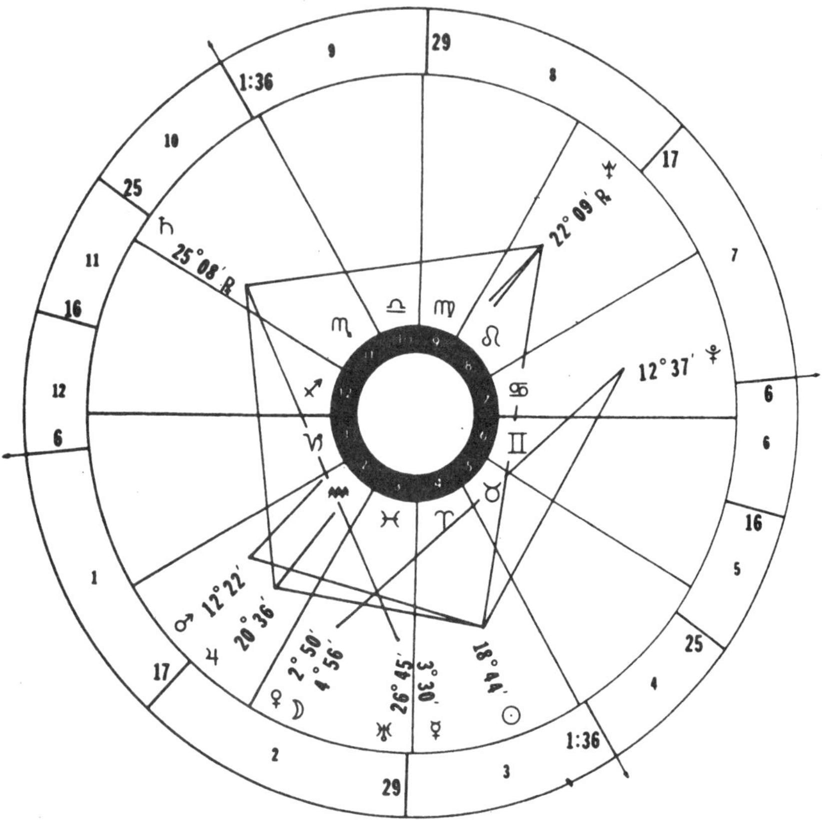

HUGH HEFNER
9. April 1926
Chicago, USA

Hugh Hefner, Herausgeber der Zeitschrift »Playboy«

Das Horoskop Hugh Hefners weist einen Steinbock-Aszendenten auf. Dies weist gewöhnlich darauf hin, daß man das starke Bedürfnis hat, im Leben etwas Substantielles zu erreichen, so daß das Ego stolz sein kann. Steinbock ist das Zeichen der großen Geschäfte, Verantwortung und Arbeit für ein absehbares Ziel. Im zweiten Haus der finanziellen Mittel finden wir die Zeichen Wassermann und Fische. Das Zeichen Wassermann bedeutet Originalität, Einfallsreichtum und etwas, das sich von dem, was die Gesellschaft im allgemeinen akzeptiert, vollkommen unterscheidet. Das Magazin »Playboy« wurde wegen seiner Photographien berühmt. Fische ist das Zeichen, das über die Bilder herrscht. Der Herrscher des Zeichens Fische, Neptun, befindet sich im achten Haus der sexuellen Bedürfnisse im Zeichen Löwe. Dies zeigt, daß die bemerkenswerte Aufmachung des »Playboy« auch in akzeptierten Kreisen Zugang fand. Mit seiner Widder-Sonne im dritten Haus ist Hefner eine führende Persönlichkeit im Kommunikationswesen.

Interessanterweise fällt die Sonne in das zweite Dekanat des Zeichens Widder, das Löwe-Dekanat, das das achte Haus regiert. Dies verbindet die natürliche Herrschaft des Zeichens Skorpion über das achte Haus mit dem dritten Haus der Kommunikation, Veröffentlichung und Verbreitung von Informationen im Widder. Das vierte Haus zeigt seine seelischen Wurzeln und sein Fundament im Zeichen Stier, was auf ein praktisches Wesen, Realismus, ein gewisses Maß an emotioneller Schüchternheit und ein sehr stark zielorientiertes Leben hinweist. Die Häuserspitze des fünften Hauses der Kreativität liegt noch im Zeichen Stier. Hier kann man auf ein Interesse an körperlichen Vergnügungen schließen, das mit dem Wunsch nach Kommunikation verbunden ist, da das Zeichen Zwillinge auch im fünften Haus beginnt. Zwillinge ist das Zeichen, das Zeitschriften beherrscht, und da es ins fünfte und sechste Haus fällt, zeigt es an, worauf man seine kreativen Energien richtet und welche Arbeitsbedingungen man in seinem Leben hat. Zwischen dem sechsten und dem dritten Haus besteht in diesem Horoskop ein wichtiger Zusammenhang. Die Herrschaft des Zeichens Zwillinge im sechsten Haus zielt ins dritte Haus der Kommunikation. Widder und Zwillinge sind beide sogenannte männliche Zeichen. Unter der Herrschaft von Merkur und Mars symbolisieren sie den Ausdruck eines männlichen Gesichtspunkts. In dieser Hinsicht ist das »Playboy«-Magazin einseitig orientiert, da es durch den Widder im dritten Haus zum Ausdruck gebracht wird.

Die untere Hälfte des Horoskops zeigt, wie sehr ein Mensch nach persönlicher Erfüllung strebt. In Hefners Horoskop kann man sehr gut erkennen, wie stark er persönliche Erfüllung durch seine Karriere sucht.

Aus dem siebten Haus im Krebs geht hervor, daß Hefner mit anderen Menschen auf einer rein emotionellen Ebene umgeht. Auch das Zeichen Löwe fällt in dieses Haus, was auf einen starken Einfluß der Eltern in all seinen intimen Beziehungen schließen läßt. Das achte Haus, das im allgemeinen die Sexualität beschreibt, beginnt ebenfalls im Zeichen Löwe. Durch den Neptun in diesem Haus manifestiert sich hinsichtlich der Sexualität ein Bedürfnis nach Show, einem gewissen Flair und Zurschaustellung. Auch das Zeichen Jungfrau fällt noch mit ins achte Haus, wodurch Hefner das Ideal sexueller Perfektion erreichen möchte. Ein sehr hoher Maßstab, der mit Vortrefflichkeit zu tun hat und im Zusammenhang mit Sex steht, ist für Hefner wichtig, um die Kriterien erfüllen zu können, die das Zeichen Jungfrau hier fordert.

Im neunten Haus der Weltanschauungen finden wir das Zeichen Waage, das Schönheit, Farbigkeit, Form und Harmonie symbolisiert. Diese Interessen eignen sich ganz besonders gut für sein zehntes Haus im Skorpion, das eine Karriere anzeigt, die ihre Kraft aus der Sexualität bezieht. Eine ganz besonders interessante Tatsache ist, daß sowohl das Zeichen

Skorpion als auch das Zeichen Schütze ins elfte Haus fallen. Durch den sexuellen Einfluß des Zeichens Skorpion verbunden mit dem Drang des Zeichens Schütze, Spaß haben zu wollen, ergibt sich das perfekte Abbild des »Playboy« im elften Haus der Organisation, Gesellschaften und Clubs. Im zwölften Haus, das das innere Selbst symbolisiert, befindet sich das Zeichen Schütze. Unter der Herrschaft des Jupiter, der die Veröffentlichung darstellt, manifestieren sich diese Energien im von Neptun regierten zwölften Haus in Form von Bildern, Farbe und einer höheren Ästhetik natürlicher Schönheit.

Es ist interessant, daß nicht alle Menschen wissen, wie sie ihr ganzes Horoskop nutzen können. Bei den meisten Menschen werden verschiedene Häuser im Horoskop nicht verwirklicht. Bei Horoskopen berühmter oder kreativer Menschen ist das nicht der Fall. Ein erfolgreicher Mensch lernt, wie er sein Potential besser nutzen kann. Ein Mensch, der sein Potential verwirklicht, erfährt seine Häuser als Energien, die aus ihm selbst entspringen und die auf seine besondere Art der Erfüllung konzentriert werden. Wenn man das Horoskop Hugh Hefners betrachtet, erstaunt es einen nicht, wie gut die Häuser seine Karriere wiederspiegeln, die fraglos der Brennpunkt seiner Energien und Interessen ist.

ALLEGORIE

Es waren einmal ein Mann und eine Frau, die sich sehr liebten. Tatsächlich war ihre Liebe so tief, daß einer im anderen Gottes Vollkommenheit sah. In ihren Augen konnten sie die ganze Welt erkennen, denn ihre Seelen waren eins. Jeder fühlte im Herzen des anderen den Rhythmus der göttlichen Energie, denn sie lebten und atmeten, als wären sie eins. Mit ihren Ohren hörten sie dieselbe Musik, aber in ihren Körpern erkannten sie Unterschiede.
Die Gleichheit, die sie empfanden, bedurfte keines Verständnisses, denn es erfüllte sie fortwährend mit Freude. Aber ihre körperliche Verschiedenheit verwirrte sie. Keiner von beiden wußte, welcher Körper der bessere war. Bald begannen sie, Selbstbewußtsein zu entwickeln. Ihre Liebe blieb unverändert, aber die Verschiedenartigkeit ihrer Körper verursachte, daß sie unterschiedlich dachten. Sie begannen, verschieden zu fühlen und verschieden zu handeln. Und allmählich wurde das Einssein, das sie miteinander erlebt hatten, von dunklen Wolken beschattet. Die Gleichheit, die sie empfunden hatten, wurde durch ihre körperliche Verschiedenheit getrübt. Die Vollkommenheit Gottes wurde nun von ihrer Wahrnehmung der Unvollkommenheit verdeckt.
Der Mann fragte sich, ob der Körper der Frau wohl der perfekteste sei. Und die Frau stellte sich die gleiche Frage über

den Körper des Mannes. Langsam begannen sie, die körperlichen Unvollkommenheiten, die einer am anderen sah, zu übertreiben. Dann übertrieben sie die emotionellen Unterschiede. Und danach fingen sie an, ihre Liebe zu analysieren und mit der Zeit konnten sie sie kaum mehr wiederfinden. Der Mann suchte sich andere Frauen, die Frau andere Männer. Jeder von ihnen versuchte, das zu finden, was dem anderen fehlte. 12.000 Jahre lang durchwanderten sie die Erde. Der Mann fand viele schöne Frauen. Die Frau fand viele gutaussehende Männer. Trotzdem schien allen etwas zu fehlen. Mit der Zeit wurden sie müde und enttäuscht. Ihre Körper hatten ihren Glanz verloren. Ihre Herzen wußten nicht mehr, was Liebe ist, denn ihre Desillusionierung brachte sie zur Verzweiflung. Die Jahrhunderte hatten verwischt, wonach sie gesucht hatten, und sie konnten sich nicht mehr daran erinnern.

Eines Tages aber begegneten sie sich wieder. Sie sahen ihre müden Körper und blickten sich in die Augen. Und nun erkannten sie etwas, was sie noch nie zuvor gewußt hatten. Plötzlich konnten sie keine Unterschiede mehr an sich feststellen. Ihre Augen begannen vor Tränen des Glücks zu glänzen. In der Verschwommenheit der aufleuchtenden Wahrheit erkannte jeder die Unvollkommenheit des anderen. In der Demut, die sie ihre Reisen gelehrt hatten, fanden sie die Vollkommenheit ihrer Liebe. Der Himmel öffnete sich voller Gnade. Die Wolken der Verwirrung waren verschwunden. Und das Sonnenlicht breitete sich über dem großen Schatz aus, den sie entdeckt hatten. Ihre Jugend kehrte zurück. Ihre müden Körper wurden wieder stark, als sie wieder eins wurden. Aus ihrem Einssein heraus erblühte ihre Liebe in ewiger Wahrheit.

Martin Schulmann

Karmische Beziehungen 2

Partnerschaftliche Aspekte

Urania

Titel der Originalausgabe: Carmic Relationships
Erschienen bei Samuel Weiser Inc., York Beach, Maine

Deutsche Übersetzung von Peter Hamann

4. Auflage 2002

... An die, die sich danach sehnen, ihren Lebensweg mit einem anderen Menschen zu teilen ...

... An die, deren grenzenlose Liebe andere trägt ...

... Für Diane, wie die Luft, tief wie ein Fluß, fest wie die Erde und sanft wie eine Weide ... denn sie geleitet mich zum Unsichtbaren ...

... An meine liebste Prinzessin Penny Sue mit ihrer Wärme im Herzen, ihrem geistigen Verstehen und ihrer tiefen Liebe zur ganzen Menschheit – auf ihrer Reise in die Weiblichkeit ...

... An jene wunderbaren Schüler überall, die immer mehr von der Quelle des Wissens und Verstehens trinken, während sie dem Brunnen der Liebe näherkommen.

INHALT

Einführung

Was ist eine Beziehung? Welche Erfahrungen machen Menschen in Beziehungen? Was führt dazu, daß Beziehungen entstehen oder zu Ende gehen? Solche Fragen stellen wir uns, wenn wir nach besseren Möglichkeiten der Integration mit anderen suchen. Manche Beziehungen sind karmischer Natur, andere sind es nicht. Manchmal sehen wir Partnerschaften, in denen die ganze Last der Verantwortung anscheinend von einer Person allein getragen wird. In manchen Fällen bemerken wir etwas Geheimnisvolles an der Art, wie die Partner in einer Beziehung miteinander umgehen – geheimnisvoll und schwer zu verstehen.

Die Natur einer Beziehung kann viele Ebenen umfassen, einige bewußt, andere unbewußt. Verborgene Motivationen und karmische Lektionen liegen oft direkt unter der Schwelle des Bewußtseins. Daher versuchen die Partner mit viel Zeit und Mühe, diese rauhen, nicht immer sichtbaren Stellen zu glätten. Jeder Mensch hat viele Facetten der Persönlichkeit, die sich mit den Eigenschaften eines anderen verbinden und vermischen und schließlich die Beziehung als solche ausmachen. Man kommt auf einigen Gebieten gut miteinander aus, während man auf anderen großen Schwierigkeiten hat. Manchmal können schwierige Bereiche überwunden oder sogar übersehen werden, wenn die eigentliche Qualität der ganzen Beziehung bereichernd ist.

Das, was wir kennen, können wir bewältigen, aber wir haben keine Möglichkeit, das zu verstehen, was wir nicht kennen. Ob eine Beziehung gutgehen wird oder nicht, ist weni-

ger wichtig als das Verständnis der konstruktiven und weniger konstruktiven Energien, die zur Verfügung stehen.
Die astrologischen Aspekte symbolisieren die Ebbe und Flut der Energieströme zwischen den jeweiligen Menschen. Wir können beobachten, wie der Fluß des Verstehens sich seinen Weg zur Erleuchtung sucht, und sehen die Winkel, Ritzen und dunklen Ecken, die untersucht werden müssen, um das Beste aus unseren Beziehungen herauszuholen.
Es ist wichtig, die Tatsache zu akzeptieren, daß nicht alle Beziehungen funktionieren. Trotzdem existiert keine von ihnen ohne Grund, und wenn wir mehr von den Ursachen einer Beziehung verstehen, können wir uns selbst besser verstehen. Manche Beziehungen scheinen karmischer Natur zu sein, andere eher körperlicher oder gefühlsmäßiger Art. Beim Studium der verschiedenen Aspekte zwischen zwei Horoskopen enthüllt uns das Auf und Ab der Liebe, wie unsere Gefühlsbindungen in Wirklichkeit unser sich entwickelndes Bewußtsein widerspiegeln.

Liebe

Das Ideal der Harmonie

Eines der größten Geheimnisse des Lebens ist die Erfahrung, einen anderen Menschen zu lieben. Seit undenklichen Zeiten versuchen die Menschen, die Tiefe und Einfachheit der Liebe zu erklären und zu verstehen. Wir kennen die intime Liebe eines Menschen zu einem anderen. Wir erfahren die Liebe zur Natur. Wir lieben materielle Dinge. Wir fühlen die Liebe zu Familie und Kindern. Wir sind von der Liebe zu Gott und zum Leben selbst ergriffen worden. All das sind verschiedene Formen der Liebe, und doch sind sie auf subtile, ungreifbare Weise eins. Etwas Gemeinsames verbindet alle Formen der Liebe; daher basieren die Unterschiede mehr auf dem Objekt der Liebe und der Qualität dieser Liebe als auf dem grundlegenden Wesen. Ein Mensch, der Liebe zu einem anderen Menschen fühlt, kann auch andere Dinge dieses Universums lieben, weil sein Innerstes offen ist. Wenn ein Mensch große Liebe zum Leben fühlt, kann er alles lieben – denn, irgendetwas zu lieben ist die Grundlage dafür, alles zu lieben. Die gängige Definition der Liebe ist manchmal verwirrend. Manchmal verwechseln wir Leidenschaft mit Liebe, weil wir den Unterschied zwischen Sexualtrieb und Gefühl nicht erkennen. Leidenschaft erregt die Persönlichkeit. Liebe gibt der Seele Flügel. Leidenschaft ist Macht. Liebe ist die einzige Macht, die die Leidenschaft überwinden kann. Wenn sich Menschen nur in Leidenschaft aufeinander beziehen, können sie eine solch launische, unbeständige Aufeinanderfolge von Gefühlen erfahren, daß jegliche Ethik und Verantwortlichkeit verlo-

ren geht. Liebe ist viel weniger aufregend, aber sie hat unermeßlich viel größeren Wert, denn sie ist ihrem Wesen nach eine stille, unterstützende Kraft, die aus der Seele aufsteigt und das Gefühl der inneren Leere lindert und besänftigt und dabei dem Menschen ein Gefühl der Erfüllung schenkt.
Man sagt, die Zeit heile alle Wunden. Das ist nicht bedingt wahr, denn viele Menschen verweilen jahrelang bei vergangenen Verletzungen. Liebe ist die wahre Heilung. Selbst Jesus, dessen Liebe so groß war, daß er nach Harmonie mit der ganzen Menschheit suchte, heilte nur dann, wenn er Liebe fühlte. Die Macht der Liebe ist zweifellos die größte Macht auf dieser Erde. Wenn wir nach Gründen für unsere Existenz suchen, strapazieren wir manchmal unseren Intellekt, um unseren Platz im Universum zu verstehen. Wir brauchen aber eigentlich nur Liebe zu erfahren, um den göttlichen Plan wirklich schätzen zu können. Wo Vernunft und Logik enden, beginnt die Liebe.
Liebe nährt Geist und Seele. Liebe ist der Unterschied zwischen dem Ansehen einer Musiknote und der wirklichen Erfahrung von Musik. Sie schafft eine Dankbarkeit dem Leben gegenüber, die aus dem tiefsten Innern der menschlichen Seele aufsteigt und in dem Gefühl zur Blüte kommt, daß alles gut sein wird.
Weil wir versuchen, Gefühle zu vereinfachen, sind wir zu dem Glauben gekommen, daß Liebe und Haß zwei entgegengesetzte Ideen seien, oder zwei Seiten derselben Sache. Menschen mit einem Herzen voller Liebe sind jedoch nicht fähig zum Haß. Die, deren Herzen voller Haß sind, können nicht einmal wissen, daß Liebe existiert. Liebe und Haß sind nicht Gegensätze, sondern sie sind in Wirklichkeit so verschieden, daß wir das reine Wesen aller beiden unmöglich in ein und denselben Menschen finden können. Liebe ist das, was alle Dinge zusammenführt. Ihre wahre Bedeutung läßt sich nicht leicht in Worte fassen. Sie könnte mit einem Licht verglichen werden, das in der Saat der Wahrheit leuchtet und all denen Wärme und göttliche Inspiration bringt, die

sein Wesen wahrnehmen können. Liebe hat die Kraft, das Puzzlespiel des Lebens zusammenzusetzen, die Rätsel des Verstandes zu lösen und scheinbar unzusammenhängenden Erfahrungen ihren Sinn zu geben. Sie ist die eine Kraft, die den Menschen mit sich selbst in Harmonie bringt.

Wenn ein Mensch ein harmonisches Verständnis seiner selbst erlangen kann, wird er dazu neigen, sich harmonischer auf all die Liebe einzustimmen, die es in der Welt gibt. Er kann sich auf den Weg begeben, um ein göttliches, spirituelles Wesen zu werden. Das Studium astrologischer Zusammenhänge kann uns auf diesem Weg helfen, denn das Horoskop selbst lehrt uns zu verstehen, wie sehr wir Teil der göttlichen Kraft sind, die unser Leben lenkt und bewegt. Niemand kann Liebe zu einem anderen Menschen erfahren und dabei nicht mit sich selbst in Einklang stehen.

Wenn ein Mensch sich selbst vervollkommnet, indem er einen anderen liebt, kommt ein dritter Faktor ins Spiel. Das Universum scheint sich herabzubeugen, um die Ziele beider zu erfüllen. Schwierige Situationen werden einfach. Hindernisse scheinen wie durch ein Wunder hinwegzuschmelzen. Ein tiefes Gefühl von Sinn und Erfüllung beginnt zu erblühen, so wie zwei Bäume, die sich auf dem Weg zu universaler Einheit ineinanderranken. Wenn wir erkennen, daß Liebe sich durch Kunst, Musik, Poesie, Form, Design, Gefühl, Natur, Weisheit und durch alle Ebenen des Verstehens manifestiert, dann wird es einfach zu sehen, daß Beziehungen oder das Finden und Teilen von Liebe mit einem anderen Menschen die wahren Schätze des Lebens sind.

Karmische Beziehungen

Alle Beziehungen enthalten Möglichkeiten zu persönlichem Wachstum. Sie geben uns die Hindernisse und Anreize sowie die Erfahrung des persönlichen Einbezogenseins, die uns zeigt, wie wir mit unserer Lebensphilosophie zurechtkommen, wenn wir das, was wir verkünden, tatsächlich leben müssen. Wenn Karma mit im Spiel ist, empfinden wir oft einen Mangel an Kontrolle über die Umstände und Geschehnisse und ebenso auch einen Mangel an Kontrolle über unsere eigenen Reaktionen auf diese Ereignisse. Ein Mensch mag das Gefühl haben, daß er uncharakteristisch handelt, wenn er bestimmte Eigenschaften aus vergangenen Leben wiederholt und korrigiert, die mit einer Persönlichkeit verknüpft sind, die ihm auf bewußter Ebene nicht mehr vertraut ist. Karmisch gesehen müssen diese Eigenschaften entfaltet werden, wenn der Mensch mehr in Kontakt mit seinem jetzigen Leben kommen soll. Die karmische Beziehung nimmt jeweils die Färbung des einen Partners an, während sie die Illusionen des anderen zerstört. Durch diesen Prozeß wird eine neue Bewußtheit erlangt, und ein Gefühl der Leichtigkeit und Freiheit kann erfahren werden, während die Last des karmischen Gewichts verschwindet. Interessanterweise wird das karmische Muster gewöhnlich erst dann klar verstanden, wenn eine Lektion gelernt worden ist. Ein Mensch kann sich über Monate oder Jahre hinweg durch Schwierigkeiten in einer Beziehung hindurchkämpfen, ohne zu erkennen, worum der Kampf überhaupt geht. Erst nachdem die zugrundeliegende Schwierigkeit ans Licht gekommen und gelöst worden ist, löst sich die karmische Last tatsächlich auf. Die Belohnung für die harte Arbeit ist Verstehen, und dieses kommt, wenn wir das Verbindungslied zwischen Überresten aus vergangenen Leben und dem JETZT erkennen!

Karma hat die Tendenz, sich über eine Periode von mehreren Jahren hin durch eine Kette ähnlicher Erfahrungen zu manifestieren. Wenn wir in eine Beziehung eintreten, geschieht das oft, weil wir in dem anderen Menschen unbewußt etwas sehen, das uns helfen kann, ein karmisches Problem zu lösen. Mit anderen Worten, wir ziehen einen bestimmten Menschen zu einer Zeit an, da wir bereit sind zu verstehen. Das alte Sprichwort, »Wenn der Schüler bereit ist, erscheint der Lehrer«, ist wirklich bezeichnend für das Wie und Warum karmischer Beziehungen.

Persönliches Wachstum in Beziehungen

Eine Blume beginnt dann zu blühen, wenn sie dazu bereit ist. Die Kelche öffnen sich zu ihrer Zeit und enthüllen das großartige Geheimnis der Blüte. Das Wunder der Geburt ereignet sich nach Monaten der Vorbereitung. In ähnlicher Weise erfahren auch die Einsichten, die aus karmischem Verstehen kommen, eine Periode des Werdens. Normalerweise sind wir nicht bereit, karmische Lektionen zu lösen; üblicherweise sind wir im Stadium der Informationssammlung. Manchmal führt uns dieser »Formierungsprozeß« durch Jahre, in denen wir eine Beziehung nach der anderen durchleben – denn diese vorübergehenden, zeitweiligen persönlichen Wachstumsbeziehungen stellen die grundlegenden Einsichten zur Verfügung, die den Weg für die künftige Auflösung karmischer Muster bereiten. Wie der Embryo im Mutterleib, so repräsentieren diese Kurzzeitbeziehungen die notwendigen Schritte auf dem Wachstumsweg, den wir auf unserer Suche nach einem besseren Leben beschreiten.

Anders als bei der karmischen Beziehung erscheinen hier die Lektionen, die gelernt werden können, nicht in folgerichtiger Ordnung, sondern sie stellen Teile eines Puzzlespiels dar, dessen Form noch nicht festgelegt ist. Oft wird ein Problem oder Hindernis entfernt, nur um gleich durch ein neues ersetzt zu werden. Eine Lektion wird vielleicht verstanden, aber dann stellen wir fest, daß uns das nur wenig hilft, die gesamte Beziehung zu verbessern. Diese Art von Erfahrung tritt dann auf, wenn wir uns auf jemand anders nicht beziehen können, weil wir uns noch nicht mit der Wahrheit über uns selbst konfrontiert haben. Die Lösung dieser Beziehungsprobleme durch das Überwinden von

Hindernissen bereitet uns darauf vor, die karmischen Einsichten zu akzeptieren, die später kommen werden. Persönliche Wachstumsbeziehungen bieten die Möglichkeit, Gefühle, Ideen und Einstellungen im alltäglichen Leben zu bearbeiten, so daß jeder Zentimeter des »Persönlichkeitsboden« gepflügt werden kann, bevor der spirituelle Garten gedeiht.

Das Unbewußte

Anima und Animus

Die Erscheinungen des Lebens verbergen oft den wahren Bewußtseinsstrom, der in Wirklichkeit der Usprung unserer Handlungen ist. Wir bewundern die Schönheit des Baumes, aber niemals bemerken wir seine Wurzeln. Eben diese Wurzeln aber, versteckt in der Erde, bringen den Baum als lebendes Wesen hervor. Subtile Ereignisse, die sich in einer Beziehung abspielen, stammen von den Wurzeln dieser Beziehungen. Wir sehen ihre Manifestationen als die Äste des Baumes.
Die Art, wie die Wurzeln wachsen, wird über die Stärke und Richtung der Äste entscheiden. Die Wurzeln jeder Beziehung werden von den unbewußten Eigenschaften und Mustern genährt, die sich über Jahre und Leben hin entwickelt haben.
C. G. Jung, der bekannte Psychologe, sprach von den Anima- und Animusfiguren im Unterbewußtsein. Er glaubte, sie seien zwei Aspekte eines gemeinsamen Ursprungs in der Entwicklung des Unterbewußtseins. Diese Symbole sind äußerst wichtig, wenn wir zu verstehen versuchen, was wirklich in menschlichen Beziehungen geschieht. Sigmund Freud bemerkte, daß ein kleiner Junge seine ersten Liebeserfahrungen durch seine Mutter macht. Während das Kind heranwächst, behält es die unbewußte Erinnerung an ihre Liebe als Symbol oder Modell dessen, was es später in einer Beziehung suchen wird. Im Lauf der Jahre werden diesem unbewußten Bild noch Fragmente hinzugefügt, ähnlich einem Baum, dem mit jedem Jahr mehr Wurzeln wachsen.

Während weitere Eindrücke der verschiedenen Menschen gesammelt werden, die dem Betreffenden Liebe zeigen, beginnt er allmählich, die Details dessen zu präzisieren, was er in einem Partner brauchen wird. Vielleicht hat ihn einmal eine Lehrerin mit dunklem Haar für eine schulische Leistung belohnt. Unbewußt mag er nun dunkelhaarige Lehrerinnen damit in Verbindung bringen, daß sie seine intellektuellen Fähigkeiten steigern. Vielleicht hat ihn einmal eine Frau mit einer sanften Stimme beruhigt, als er Angst hatte. Er wird eine solche Stimme nun als symbolisch für ein Gefühl von Sicherheit im Gedächtnis behalten. Zu einer anderen Zeit trifft er vielleicht eine Frau, die ihm die Fürsorge und Aufmerksamkeit gibt, die er braucht. Ihre Eigenschaften werden der unbewußten Anlage seines Bildes der »perfekten Frau« hinzugefügt. Die unbewußten Bedürfnisse jedes Menschen entwickeln sich auf natürliche Weise, etwa so wie die Wurzeln des Baumes in die Richtung wachsen, die am meisten Wasser und Nahrung verspricht. Wenn die verschiedenen Aspekte von Liebe, Beschütztwerden und Stärke zusammenkommen, formt sich die »Anima«-Figur. Aus diesem Entwurf entwickelt der Mann seinen Geschmack für die Eigenschaften, die er sich in einer Gefährtin wünscht. Und jede Frau, zu der er in Beziehung tritt, wird er mit diesem Bild vergleichen.

Die Frau schafft sich einen ähnlichen Entwurf. Sie wird die Qualitäten von Männern, einschließlich ihres Vaters, sammeln, die ihr während der Jahre ihrer Kindheit liebevoll begegnet sind, und so formt sie ihre unbewußte »Animus«-Figur. In jeder Beziehung, die sie eingeht, wird sie die wirklichen Eigenschaften des Mannes mit ihrem Idealkonzept vergleichen.

Ein Baum wächst aus einem winzigen Saatkorn heran. Tausende von Eichensamen werden Tausende von Eichen hervorbringen. Trotzdem wird jeder Baum anders sein, weil sein Wachstum von seiner Nahrung beeinflußt wird. Er wird die individuelle Charakteristika desjenigen Samens zum

Ausdruck bringen, von dem er abstammt, denn eine Eiche kann nicht zu einem Ahorn werden. Und die Wurzeln dieses Baumes sind von Bedingungen beeinflußt, die schon vor seiner Geburt exisitiert haben.

C. G. Jung bemerkte, daß Fragmente der Anima- und Animus-Figuren von gemeinsamen mythischen Bildern herstammen. Auch ist es möglich, daß unbewußte Erinnerungen an Geliebte aus vergangenen Leben mit in dieses Leben gebracht werden, mit der Erwartung, dieselben Qualitäten wiederzufinden. Starke Überreste aus vergangenen Leben können die Entwicklung der Anima- oder Animus-Figuren beeinflussen. Dieses Phänomen kann dazu führen, daß ein Mensch in seiner gegenwärtigen Inkarnation eine »karmische« Beziehung anzieht.

Wenn Menschen nicht in der Lage sind, die Anima-Animus-Qualitäten in einem Partner zu finden, über-identifizieren sie sich mit diesen Qualitäten in ihrem eigenen Inneren. Auf diese Weise spielen sie beide Rollen. Wenn eine Frau auch die Rolle eines Mannes spielt, oder wenn ein Mann zusätzlich zu seiner Rolle auch weibliche Qualitäten zum Ausdruck bringt, kann die Beziehung sehr verwirrend werden. Und es ist gar nicht so ungewöhnlich, daß diese Menschen nicht einmal bemerken, daß die Verwirrung von Bildern herrührt, die sie in sich selbst tragen.

Rollenspiel

Wir gehen jede Beziehung mit unterschiedlichen Erwartungen ein. Manchmal erhoffen wir uns Sicherheit oder dauerhafte Liebe oder die Anerkennung unserer Existenz oder sogar die Bestätigung unserer Lebenseinstellung. Sobald jedoch eine Beziehung angefangen hat, neigen viele Menschen dazu, eine Rolle zu spielen. Die Gesellschaft, in der wir leben, sorgt für diese Rollen – Mutter, Vater, Kind, Freund, Herr und Herrin. Manche Leute fühlen sich wohler dabei, die Mutter-Kind-Rolle oder Vater-Kind-Rolle zu spielen als die von Mann und Frau.

Man stelle sich ein Mädchen vor, das seinem Vater gegenüber aufgeschlossen war; ein Mann wird es wahrscheinlich am leichtesten finden, sich in väterlicher Weise auf sie zu beziehen. Je mehr er, bewußt oder unbewußt, die Vaterrolle annimmt, desto empfänglicher wird sie sich ihm gegenüber verhalten. Tatsächlich wird sie mit größter Wahrscheinlichkeit solche Männer anziehen, die es natürlich finden, eine solche Rolle anzunehmen.

Ein Junge mag eine Tante besonders gern gehabt haben. Eine Frau, die zu ihm in Beziehung tritt, wird ihn wahrscheinlich am besten erreichen können, wenn sie unbewußt die gleiche Rolle annimmt. Er wird auch die Art von Frau anziehen, die sich in dieser Rolle am wohlsten fühlt. Oder, ein Bruder oder eine Schwester mag manchmal eine dominierende Figur in der Kindheit gewesen sein. Auch das würde eine Vorstellung im Unterbewußtsein schaffen, und der Mensch würde versuchen, diese in einer Beziehung wiederzufinden.

Zwischen dem Bewußtsein und dem Unterbewußtsein besteht eine Wechselwirkung, die sich letztendlich als das Wesentliche im Hinblick darauf erweist, was ein Mensch in einer Beziehung gibt und bekommt. Karma aus vergangenen Leben und Erinnerungen aus der frühen Kindheit formen die Basis des Unterbewußtseins, während der Wunsch eines Menschen, sein Leben durch die Arbeit an einer besseren Zukunft zu verändern, aus der Aktivität des bewußten Denkens kommt. Das Unterbewußte ist der Herrscher der Vergangenheit. Wenn wir zu sehr im Unterbewußten verhaftet sind, sind wir uns nicht all dessen bewußt, was eine Beziehung zu bieten hat. Ähnlich verhält es sich, wenn wir übermäßig darauf aus sind, bewußt zu sein, ohne die Existenz des Unterbewußten anzuerkennen. Wir werden dann vielleicht nie in der Lage sein, über das Ausagieren unbewußter Lebensmotivationen hinauszuwachsen. Es ist wichtig, daß beide Ebenen sich integrieren, denn nur wenn wir beide erkennen und mit ihnen zusammenarbeiten, können wir eine totale Beziehung suchen und erreichen.

Spirituelles Wachstum

Alle Beziehungen enthalten Möglichkeiten für spirituelles Wachstum. Ob karmisch oder nicht, unter der Unzahl subtiler Rollen- und Identitätsspiele gibt es für jeden Menschen die Möglichkeit, die Erfahrung einer spirituellen Beziehung zu machen. Der Strom eines jeden Lebens mag viele Biegungen nehmen, aber er ist immer im Fluß. An manchen Orten ist das Wasser tief, an anderen seicht. Manchmal ist das Wasser schlammig, manchmal ist es klar wie die Tiefe der reinen Seele selbst. Das Wasser denkt nicht daran, was es gewinnen oder verlieren könnte, während es die Erde nährt, es ist einfach da.

Wenn wir lernen können, einem anderen Menschen Nahrung zu geben, anstatt nur an uns selber festzuhalten, dann werden sogar die schwierigsten Aspekte, wie sie sich in einem Horoskop darstellen, zu einem Teil des immer fließenden Lebensstroms. Wir können unser Karma bewußt nutzen, statt uns von ihm erdrücken zu lassen. Die Belastungen, Verantwortungen und Hindernisse, die wir überwinden, können schließlich zu eben der Stütze werden, die unsere immer weiter wachsende Persönlichkeit stärkt. Wie der Fluß des Lebens seinen Lauf ändert, so folgt ihm das Karma; niemals kämpft es gegen die Strömung an, sondern fließt mit ihr auf seine ewige Bestimmung hin.

Beziehungsaspekte

Beziehungen sind ein Ergebnis der Art und Weise, wie Menschen miteinander fließen. Es gibt keine Eltern oder Kinder, Ehemänner oder Ehefrauen, Verwandte oder Freunde. Wir alle sind Lehrer und Schüler – wir teilen, geben und lernen, während wir mit dem Strom des Lebens fließen. Aufgezwungene Rollen verbergen oftmals das eigentliche Wesen einer Beziehung. Wenn wir diese Rollen sehen und die Gründe für ihre Existenz erkennen können, dann sind wir in der Lage, den Sinn und die Ursache einer jeden Beziehung zu entschlüsseln.
Die Aspekte zwischen zwei Geburtshoroskopen zeigen an, wie Menschen voneinander lernen, wobei jeder dem anderen hilft, seine karmischen Lektionen zu verstehen.* Auf unserem Lebensweg durchlaufen wir eine endlose Lernerfahrung. Jedesmal, wenn unser Unterbewußtsein an etwas arbeitet, ruft es solche Leute in unser Leben, die in sich Teile der Antwort tragen, nach der wir suchen. Es ist kein Zufall, wenn wir zu einer bestimmten Zeit feststellen, daß eine endlose Reihe von Widdergeborenen in unser Leben tritt. Dann verschwinden diese wieder, beinahe ebenso plötzlich, wie sie gekommen sind, um einer Reihe von Menschen Platz zu machen, die unter einem anderen Zeichen geboren wurden. So etwas ist eine Manifestation dessen, wonach das Unterbewußtsein verlangt.

---

* siehe: Karmische Astrologie, Bd. 1–4, von Martin Schulman, Urania Verlag, Sauerlach.

Wenn tatsächlich eine Beziehung oder Ehe entsteht, sind die Lektionen, die gelernt werden müssen, größer, und erfordern eine viel längere Zeitspanne und intimeren Kontakt. Gewöhnlich gibt es viele Lektionen auf vielen verschiedenen Ebenen zu lernen. Die Dualität des Verstandes gelangt durch Konflikte zur Harmonie. Gemischte Gefühle werden konfrontiert, und dadurch finden beide Partner mehr zu sich selbst. Fragen von spiritueller Bedeutung, Meinungen über die Rolle, die man im Leben zu spielen hat, die Kämpfe die sich im Ego abspielen – all das kommt an die Oberfläche. Sexualität kann auf tieferen Ebenen verstanden werden. Die Totalität des eigenen Wesens wird daraufhin geprüft, wie weit es expandieren und wachsen kann, ohne ein Mindestmaß an Harmonie mit sich selbst und dem Universum, in dem es seine Bezugspunkte sieht, zu verlieren.
Wir sollten verstehen, daß Evolution durch Reibung vorangetrieben wird. Kritik, Streit, Meinungsverschiedenheiten und unterschiedliche Ideen sind die Auslöser. Das Wesen der Harmonie besteht nicht in jener idealen Seligkeit, die wir der »perfekten« Beziehung manchmal zuschreiben. Seligkeit ist nicht dasselbe wie Wachstum. Seligkeit kommt für Momente, als Ergebnis von Anstrengung. Harmonie kann trotz der für das Wachstum notwendigen Reibung vorhanden sein, denn man kann verschiedener Meinung sein und doch diese unterschiedlichen Ideen ohne Haß vertreten. Man kann einander kritisieren und dennoch im großen und ganzen auf einer breiteren Basis einen harmonischen Energiefluß spüren, der momentane Auseinandersetzungen übersteht.
Konflikte sind oft eine Quelle von Klarheit, jedoch zerstören zu viele Konflikte die Harmonie. Wenn wir uns ansehen, wie die planetarischen Positionen des einen Horoskops die Positionen in einem anderen beeinflussen, müssen wir die feine Grenzlinie finden, die für das Wachstum notwendige Reibung und Verschiedenheit von den Konflikten trennt, die eine harmonische Beziehung letztlich zerstören können.

Es ist wichtig, zu erkennen, daß die biologische, psychologische und soziologische Situation der Frau anders ist als die des Mannes. Astrologische Aspekte können für das eine Geschlecht eine Bedeutung haben und eine gänzlich verschiedene für das andere. Bei den Aspektinterpretationen dieses Buches sollte darauf geachtet werden, welcher Planet sich im Horoskop des Mannes befindet und welcher in dem der Frau. Der Astrologe trifft niemals eine endgültige Entscheidung darüber, ob eine Beziehung funktionieren kann oder nicht. Dies bleibt immer der Entscheidung der betreffenden Person überlassen. Wichtiger ist es, zu zeigen, auf welche Weise eine Beziehung zur harmonischen Entfaltung der Partner beitragen wird, und auch, auf welche Weise sie zerstörerisch wirken kann. Die Synthese wird eine starke Neigung in die eine oder andere Richtung anzeigen. Und doch kann die Frage, ob eine Beziehung oder Ehe begonnen oder weitergeführt werden soll, nur beantwortet werden, wenn man sich die Frage stellt, »welche Rolle spielt diese Beziehung im kosmischen Plan? Hilft sie dem Menschen auf seinem Weg? Bringt sie ihn mehr in Einklang mit seinem Platz in der Schöpfung? Oder wirkt sie zerstörend im Rahmen des großen Plans, in dem jeder Mensch eine wichtige Rolle spielt?« Manchmal müssen wir Beziehungen erleben, die unüberbrückbare Gegensätze zu enthalten scheinen, weil es hier etwas Wichtiges zu lernen gibt. Auf tieferen Ebenen können sich die Partner durchaus verstehen, denn wir brauchen Wachstum in uns selbst und Einklang mit dem universellen Schöpfungsplan. Wenn wir das erkennen, könnten Aspekte, die zunächst destruktiv erscheinen mögen, gleichsam als Unkrautvernichter interpretiert werden, ohne den der Garten der Liebe nicht gedeihen könnte. Die sogenannten schlechten Aspekte müssen einem nicht das Gefühl des Wohlbefindens nehmen. Statt dessen symbolisieren sie Herausforderungen und Prüfungen, so daß wir mit uns selbst und unserer universellen Bestimmung in Einklang kommen, wenn wir die betreffende Erfahrung durchleben.

Einflußbereich

Der traditionelle Einflußbereich (Orbis) von acht bis neun Grad, den man normalerweise für Geburtsaspekte zugrundelegt, erhält eine neue Bedeutung, wenn wir zwei getrennte Horoskope miteinander vergleichen. Wenn zwei Menschen miteinander in Beziehung treten, entdecken sie bald, daß es umso schwieriger ist, miteinander zu kommunizieren, je größer die Entfernung zwischen zwei einander aspektierenden Planeten ist. Wenn Planeten dagegen sehr enge Aspekte bilden (mit einem Orbis von ein bis zwei Grad), ist die Wirkung so stark spürbar, daß oft ein Austausch individueller Identität stattfindet und dabei Lektionen auf subtilen, unbewußten Ebenen gelernt werden. Wenn wir das wissen, können wir nach engen Aspekten suchen, die uns die inneren Transformationen in Beziehungen zeigen. Dabei müssen wir uns darüber klar sein, daß die Aspekte mit weiterem Orbis zwar auch eine Wirkung haben, deren Bedeutung aber oft geringer einzuschätzen ist.

Aspektstärke

Die Hauptaspekte (Konjunktion, Opposition, Quadrat und Trigon) repräsentieren verschiedene Grade von Intensität. Die Konjunktion ist der stärkste Aspekt. Ihre Wirkungen sind sehr stark spürbar, selbst wenn der Orbis größer als ein oder zwei Grad ist; aber wenn sie innerhalb dieses Orbis liegt, ist der karmische Austausch zwischen zwei Personen so stark, daß er beide dazu zwingt, ihre Aufmerksamkeit der Bedeutung des Aspekts zuzuwenden.

Die Opposition ist der zweitstärkste Aspekt. Die Anziehung durch die entgegengesetzte Polarität zwingt beide Partner, diejenige Energie zu verstehen, die ihrem Gefühl für Orientierung und Sinn entgegensteht.

Quadrate, die drittstärksten Aspekte, verursachen die zum

Wachstum notwendige Spannung, weil sie Bewegung und Aktivität erzeugen.

Trigone, die schwächsten Aspekte, bewirken eine Harmonie, die auf die Beziehung ausgleichend wirkt, weil jeder der beiden Partner Energien hat, die einander ergänzen.

Die Genauigkeit und die Art des Aspekts zusammen legen seine relative Stärke fest und zeigen uns genau die Art jeder Energieverbindung in einer Beziehung. Eine Konjunktion mit einer Abweichung von fünf Grad von der exakten Konjunktion wird zweifellos stärker spürbar sein als ein Trigon mit einem Orbis von vier Grad. Ein fünf Grad Orbis bei einem Quadrat wird eine schwächere Wirkung haben als ein sechs Grad Orbis bei einer Opposition. Um die Stärke irgendeines Aspekts festzulegen, ist die Größe des Orbis von ebenso großer Bedeutung wie die relative Stärke der Aspektart im Vergleich zu anderen Hauptaspektarten.

Aspekte zu den inneren Planeten

Sonnenaspekte

Sonne in Konjunktion zur Sonne: Dieser Aspekt erzeugt natürliche Wärme und eine ähnliche Lebensperspektive bei den Partnern. Eine starke Neigung zur Konkurrenz kann das Beste in beiden Partnern zum Vorschein bringen. Da die beiden Geburtstage entweder am selben Tag sind oder einen Tag auseinanderliegen, bestehen gewisse Schwierigkeiten, eine ausgeglichene Beziehung zu erreichen. Die subjektiven Erfahrungen der beiden könne so ähnlich sein, daß der eine jeweils zur selben Zeit deprimiert oder aufgeregt ist wie der andere. Man sollte die übrigen Planeten in den beiden Horoskopen betrachten, um zu sehen, ob die subjektive Energie an anderen Stellen der Beziehung ausgeglichen werden kann.

Sonne des Mannes in Konjunktion zum Mond der Frau: Dies ist eine ausgezeichnete Kombination, die die natürliche Brillianz des Mannes zum Vorschein bringt, weil die Frau für ihn empfänglich ist. Die Beziehung wird vom Mann dominiert werden, dennoch kann die Frau eine beschützende, mütterliche Rolle spielen. Dieser Aspekt bringt, zusammen mit der eher traditionellen Auslegung als Eheschließungsaspekt, eine Qualität von Klarheit und Verstehen in die Partnerschaft. Die Beziehung zeichnet sich durch Kreativität in Verbindung mit Gefühl aus – die beiden notwendigen Voraussetzungen für eine Erfahrung von Ganzheit.

Sonne der Frau in Konjunktion zum Mond des Mannes: Dieser Aspekt symbolisiert eine von der Frau dominierte Beziehung. Obwohl eine natürliche Affinität zwischen den Partnern besteht, wird der Mann letztendlich zum willigen Begleiter. Eine solche Grundlage für eine Beziehung kann verschiedene Formen von Unmut oder Groll zum Vorschein bringen, ausgelöst durch Erfahrungen, denen es an spiritueller Klarheit fehlt. Wenn der Mann jedoch fähig ist, seine Rolle als Reflektor für das Licht und die Kraft der Frau zu akzeptieren, kann dieser Aspekt sich als Grundlage einer natürlichen und harmonischen Verbindung erweisen.

Sonne des Mannes in Konjunktion zum Merkur der Frau: Dieser Aspekt fördert geistige Klarheit und schafft eine Beziehung, die auf guter Kommunikation beruht. Der Mann schätzt die Frau mehr aufgrund ihrer Fähigkeit zum Ausdruck von Ideen als wegen ihrer Weiblichkeit. So wie die Sonne das Zentrum des Sonnensystems ist, ist der Mann das Zentrum dieser Beziehung; seine Partnerin wird feststellen, daß ihre Ideen von ihm mit viel Hoffnung und Optimismus aufgenommen und unterstützt werden.

Sonne der Frau in Konjunktion zum Merkur des Mannes: Dieser Aspekt zeigt eine stark von der Frau beherrschte Beziehung an. Der Mann kann sich bedroht fühlen, weil er befürchtet, in eine Kinderrolle gedrängt zu werden. Er kann sehr viel von der Frau lernen, denn sie schätzt ihn nicht wegen seiner Sexualität, sondern wegen seines geistigen Potentials. Sie wird ihm bei der Entwicklung seiner geistigen Fähigkeiten helfen und ihn mit Wärme und Optimismus unterstützen.

Sonne des Mannes in Konjunktion zur Venus der Frau: Dieser Aspekt zeigt natürliche Wärme und gegenseitiges Verstehen in einer Beziehung an. Auf unbewußter Ebene findet sich viel vertrauliche Fürsorge füreinander, ähnlich dem

Austausch zwischen einem Vater und seiner Tochter. Großer materieller und spiritueller Reichtum kann entstehen. Das strahlende Licht der Sonne und die von Venus symbolisierte Liebe spielen zusammen und schaffen Harmonie.

Sonne der Frau in Konjunktion zur Venus des Mannes: Dieser Aspekt taucht in Beziehungen auf, wenn der Mann in einem früheren Leben »feminisiert« worden ist. Nun muß er seine männliche Kraft und Stärke von einer Frau beziehen. Die Frau wird im Zentrum dieser Partnerschaft stehen. Durch ihren strahlenden Glanz und ihre Unterstützung bringt er seine Kreativität zum Ausdruck. Die Frau wird mehr und mehr Stärke entwickeln, weil ihre unbewußte Animus-Figur durch den Mann bewußt gemacht wird.

Sonne des Mannes in Konjunktion zum Mars der Frau: Dieser Aspekt zeigt eine aktive und dynamische Beziehung an. Die Frau wird vom Mann Energie bekommen und durch seinen Einfluß Initiativen ergreifen. Die beiden mögen miteinander in Konkurrenz treten, aber diese Energie kann durch gemeinsames Interesse an Sport und aktiver Betätigung transformiert werden. Das sexuelle Erleben ist wahrscheinlich intensiviert, da die Frau physisch und emotional gerne mit ihrem Partner wetteifert.

Sonne der Frau in Konjunktion zum Mars des Mannes: Bei diesem Aspekt versucht der Mann, seine Partnerin zu beeindrucken, weil er ihre Ausstrahlung von Macht und Stolz als Hindernis empfindet, das er überwinden möchte. Die Sexualität kann aggressiv gefärbt sein, und es zeigt sich ein gesteigerter Drang nach Aktivität, Erfolg und Fortschritt. Zwei Flammen brennen wie eine.

Sonne des Mannes in Konjunktion zum Jupiter der Frau: Großer Überfluß oder aber ein Zersplittern der Energie können das Ergebnis dieses Aspekts sein, denn er intensiviert und erweitert die Erfahrungen beider. Der Mann ist in sich gefestigt, während die Frau nach Freiheit sucht. Inmitten der positiven Energie kann hier einige Frustration auf Seiten des Mannes entstehen. Er glaubt, daß er an seinem Zustand festhalten muß. Die Frau empfindet sowohl einen Drang wegzulaufen, als auch große Anziehung zum Partner hin. Mit dieser Plazierung haben die beiden die Wahl, den Erwerb großen Reichtums zu verfolgen oder aber Zeit für höhere Bildung aufzuwenden.

Sonne der Frau in Konjunktion zum Jupiter des Mannes: Dieser wohltuende Aspekt erfüllt eine Beziehung mit Hoffnung und Optimismus. Beide Partner erfahren ein Gefühl der Freiheit und teilen gerne miteinander. Gegenseitige Achtung und Weisheit verbinden sich mit gesundem Wettbewerbsgeist, der Lebendigkeit in die Beziehung bringt. Dies ist ein mächtiger Wachstumsaspekt, der zu materiellem Wohlstand und spirituellem Reichtum führen kann. Die Münze glänzt auf beiden Seiten.

Sonne des Mannes in Konjunktion zum Saturn der Frau: Dieser Aspekt schafft eine nüchterne Beziehung, die sich auf die Vernunft weiblicher Urteilskraft gründet: Überschäumende und übertriebene Haltungen des Mannes werden von der reifen Weisheit seiner Partnerin in Zaum gehalten. Der Mann gibt ihr das Gefühl, gebraucht zu werden. Wir sehen hier ein Rollenspiel, denn die Frau neigt dazu, unbewußt das Bild ihres Vaters auf ihren Partner zu projizieren. Dadurch erfüllt sie das Karma, ihn zu lehren, wie man ein starkes Gefühl von innerer Sicherheit entwickelt. Die Kraft und Stärke dieses Aspekts können einer Beziehung helfen, die schwierigsten Rückschläge auszuhalten, da die Wert- und Urteilskriterien der Frau, die sie in der Vergangenheit erworben hat, nun all das ergänzen, was der Mann in der Gegenwart repräsentiert. Der Mann überblickt seine Domäne, stolz wie ein Adler in seinem Nest. Seine Partnerin ist die Festung, die seine Macht unterstützen wird.

Sonne der Frau in Konjunktion zum Saturn des Mannes: Hier teilt der Mann die Weisheit des Alters mit seiner Partnerin. Er bereichert ihren Lebensstil durch Umgangsformen, Würde und soziale Tradition. Dadurch wird diese Partnerschaft letztendlich zum Symbol für etwas, das größer ist als die beiden Einzelpersonen, die die Beziehung tragen. Während der Mann das Karma erfüllt, seine Partnerin zu stärken, beginnt sie, ihr Potential zu verstehen. Dies ist ein starker Eheaspekt, der sich über die Jahre hin verstärkt. Die Frau ist wie eine aufblühende Blume, die vom Mann bei ihrem Wachstum beschützt wird.

Sonne des Mannes in Konjunktion zum Uranus der Frau: Bei diesem Aspekt ist die Beziehung von überschäumender Lebendigkeit geprägt. Hektische und noch unentwickelte Ideen von Seiten der Frau führen dazu, daß der Mann gezwungen ist, sich in seiner eigenen Mitte zu verwurzeln. Viele Veränderungen, Überraschungen und unerwartete Ereignisse warten auf die beiden. Ein andauernder Zustand von Nervosität oder prickelnder Elektrizität kann die Regel sein. Beziehungen dieser Art verkörpern den Konflikt zwischen dem Traditionellen und dem Exzentrischen. Obwohl es viel Anregung gibt, fehlt der Beziehung die für Dauerhaftigkeit nötige Stabilität, es sei denn, die Partner sind wirklich innerlich reif.

Sonne der Frau in Konjunktion zum Uranus des Mannes: Hier muß sich die Frau bei ihrem Versuch, sie selbst zu sein, mit einem Mann auseinandersetzen, der versucht, sie zu verändern. Sie empfindet ihn als unverantwortlich aufregend und fühlt sich von seiner unkonventionellen Art angezogen. Wo Wille und Macht zusammentreffen, wird ein Sinn für Richtung notwendig, denn beide Kräfte brauchen ein gemeinsames Ziel. Ohne ein solches wird die Beziehung zwar aktiv, aber ziemlich anfällig sein; in vielerlei Hinsicht wird sie dem momentanen Glanz eines großen Volksfestes gleichen.

Sonne des Mannes in Konjunktion zum Neptun der Frau: Stolz und Stärke des Mannes kombinieren sich mit subtilen Fluchtmanövern auf Seiten der Frau und machen diese Beziehung faszinierend, aber schwierig. Sonne und Neptun symbolisieren Licht und Liebe, die göttlichen Kräfte, die für spirituelles Wachstum notwendig sind. In dieser Beziehung müssen die beiden Partner liebevoll und einfühlsam miteinander umgehen. Wenn das gelingt, wird ihre Beziehung wie ein schimmernder Strom von Eindrücken sein, der in der Morgensonne glänzt. Wenn nicht, dann werden bei diesem Aspekt düstere Wolken die Sonne verfinstern.

Sonne der Frau in Konjunktion zum Neptun des Mannes: Hier wird die Frau durch den Mann bezaubert. Durch sein sanftes Mitgefühl und seine Opferbereitschaft kann er ihre künstlerischen Fähigkeiten zum Vorschein bringen. Im Mann kann eine Tendenz zu ausweichendem Verhalten vorhanden sein, wenn er versucht, ein vages oder mystisches Machtgefühl zu finden. Wenn beide Partner realistische Ziele verfolgen, werden intuitives Verstehen und beiderseitige Empfänglichkeit für non-verbale Kommunikation sie nahe zusammenbringen. Der Mann versteht seine Partnerin auf ähnliche Weise wie Wasser, das wärmende Sonnenstrahlen empfängt.

Sonne des Mannes in Konjunktion zum Pluto der Frau: Dieser Aspekt bringt die Möglichkeit einer unbeständigen Beziehung mit sich. Die dunklen und unbewußten Antriebe der Frau kombinieren sich mit dem Licht des Mannes zu leidenschaftlichen Extremen. Das Beste und Schlimmste von allem wird durchlebt. Der Mann kann die Frau durch sein Licht transformieren, und sie führt ihn in Tiefen, von denen er nicht einmal wußte, daß sie existierten. Ein Fluß von Wahrheit entspringt einer Quelle.

Sonne der Frau in Konjunktion zum Pluto des Mannes: Diese Beziehungen kann manchmal zu seelischer Ausbeutung führen, da der Mann versucht ist, das Wertgefühl, das er in seinem Innern nicht finden kann, in seiner Partnerin zu entdecken. Gleichzeitig versucht die Frau, den Mann zu transformieren, indem sie ihm ihr Licht zur Verfügung stellt. Normalerweise leidet sie, während er sie mit Energien in Berührung bringt, auf die sie wahrscheinlicht nicht vorbereitet ist. Wenn die Beziehung länger dauert, wird die Frau stärker werden und lernen, die Tiefen, die er ihr gezeigt hat, in sich selbst zu finden. Erst wenn sie eine Erfahrung durchlebt hat, die einer Sonnenfinsternis am hellichten Tage vergleichbar ist, beginnt die Frau, die Ursache für die mystischen Tiefen zu verstehen, die sie kennengelernt hat.

Sonne im Quadrat zur Sonne: Dies ist ein äußerst schwieriger Aspekt. Beide Individuen ringen um ihre Identität, aber da sie einen unterschiedlichen Lebensweg haben, wird ein Kampf stattfinden. Ihr Zusammenleben hat einen Tretmühleneffekt und legt einer Weiterentwicklung Frustration und Hindernisse in den Weg. Hindernisse können allerdings auch die Entdeckung neuer Stärken auslösen. Wenn die Frau erkennen kann, daß es für sie zweitrangig ist, sich mit ihrer Weiblichkeit zu identifizieren, und sich statt dessen vorrangig mit ihrem ganzen Selbst identifiziert, dann können die Schwierigkeiten dieses Aspekts in ausgeglichenen Optimismus verwandelt werden, der zu gegenseitiger Selbstachtung und neuer Bewußtheit führt. Die Partner sind wie zwei Lichter, die beide darauf warten, scheinen zu dürfen.

Sonne des Mannes im Quadrat zum Mond der Frau: Dieser Aspekt verursacht Schwierigkeiten zwischen den Partnern, die beide darum kämpfen, ihre instinktive Identität zu finden. Beide mögen dasselbe Ziel verfolgen, aber aufgrund früherer Konditionierungen hat jeder seine eigene Vorstellung von dem Weg, der dort hinführt. Der Mann muß unbewußte Erinnerungen an seine Mutter überwinden, die Frau muß aufhören, sich ihrer unbewußten Vaterfigur zu unterwerfen. Wenn das erreicht wird, kann sich die Beziehung zum Wohl beider Partner entwickeln.

Sonne der Frau im Quadrat zum Mond des Mannes: Dieser Aspekt schafft Schwierigkeiten bei Wahrnehmung und Verständnis. Standpunkte, Gefühle und Prinzipien werden oft mißverstanden, weil beide einen inneren Kampf austragen, der mit ihrem sexuellen Ausdruck zusammenhängt. Die Frau wird ihre Weiblichkeit in Zweifel ziehen, der Mann seine Männlichkeit. Dieses persönliche Problem wird die Beziehung prägen und sogar wichtigere Ziele blockieren, bis beide Partner gelernt haben, den Anima/Animus-Rollentausch zu überwinden, durch den sie einander auf die Probe stellen.

Sonne des Mannes im Quadrat zum Merkur der Frau: Hier empfindet der Mann die Frau als Herausforderung. Er hat vielleicht den Wunsch, die Entwicklung ihrer Weiblichkeit und Sexualität zu beeinflussen. Sie dagegen wird auf mehr platonischer Ebene auf ihn eingehen oder ihn als Vaterfigur ansehen. Die durch regen Gedankenaustausch erzeugte Spannung läßt beide Partner wachsen, aber die in Mann-Frau-Beziehungen notwendige Zartheit wird nur schwer zum Ausdruck kommen können.

Sonne der Frau im Quadrat zum Merkur des Mannes: Dieser Aspekt ist in einer platonischen Beziehung positiv zu bewerten, denn die Frau wird in ihrem Partner unbewußt eine Art Bruderfigur sehen. In einer Ehe oder längerdauernden Beziehung aber kann es sein, daß die Erwartungen des Mannes von der Frau nicht erfüllt werden. Schwer auszudrückende Spannungen können sich manifestieren und einen Mangel an emotionaler Erfüllung verursachen, was in Frustration resultiert. Trotzdem kann dieser Aspekt in einer Arbeits- oder platonischen Beziehung eine Vielzahl von interessanten Ideen und große Arbeitsenergie hervorbringen, wenn auch die für gemeinsames Handeln notwendige innere Harmonie beeinträchtigt ist.

Sonne des Mannes im Quadrat zur Venus der Frau: Dies ist einer der frustrierendsten Aspekte in der gesamten Astrologie. Er verursacht sexuelle Anziehung, und jeder der beiden Partner erwartet, im anderen das zu finden, wonach er sucht. Aber die Beziehung scheint dieses Ziel nicht erreichen zu können. Die Frau mag irgendeinen tragischen Fehler haben, der sie verwundbar macht; beim Mann kann die Selbstkenntnis fehlen, die notwendig wäre, um das Potential zum Ausdruck zu bringen, das die Frau in ihm sieht. Daher kann dieser Aspekt für beide Partner eine Quelle innerer Frustration sein.

Sonne der Frau im Quadrat zur Venus des Mannes: Dieser Aspekt zeigt eine Tendenz an, männliche und weibliche Rollen auf unbewußter Ebene zu vertauschen. Oft versucht die Frau, durch die männliche Energie, die ihr Partner zum Ausdruck bringt, zu sich selbst zu finden. Trotzdem empfindet sie ihn in Wirklichkeit nicht als Mann. Dagegen sieht der Mann all das, was er gerne sein würde, in seiner Partnerin verkörpert, aber er kann ihre Weiblichkeit nicht wahrnehmen. Statt dessen fühlt er die weibliche Seite seiner selbst, die als Anima-Projektion bezeichnet werden könnte. Die Frau wird vielleicht einen vergangenen Konflikt mit ihrem Vater noch einmal durchleben. Der Mann sucht ständig nach seiner maskulinen Rolle. Diese Kombination kann in eine Sackgasse führen, es sei denn, beide Partner sind so reif, daß sie diese Schwierigkeiten in früheren Beziehungen schon durchgearbeitet haben.

Sonne des Mannes im Quadrat zum Mars der Frau: Dieser Aspekt symbolisiert große Unterschiede und macht eine Beziehung beinahe unmöglich. Der Mann hat das Gefühl, daß seine männliche Energie auf ihn projiziert wird, statt von ihm auszugehen, während die Frau verzweifelt nach ihrer Weiblichkeit sucht. Starke sexuelle Anziehung kann vorhanden sein, aber wegen ihrer doppelt positiven Polarität weiß keiner der beiden Partner, wie diese Energie ausgeglichen werden könnte.

Sonne der Frau im Quadrat zum Mars des Mannes: Dieser Aspekt zeigt Impulsivität in einer gewagten Beziehung an. Eine jugendliche Qualität im Mann erweckt in der Frau ein gesteigertes Lebensgefühl. Sie muß ihre Macht und Autorität, das heißt ihre männliche Seite, einsetzen, um dem Sturmangriff ihres aggressiven Ritters in glänzender Rüstung entgegenzutreten. Auch wenn in dieser Beziehung romantische Untertöne mitspielen, so sind sie doch gewöhnlich zweitrangig im Vergleich zu den Egokämpfen, durch die beide Partner ihre Durchsetzungskraft testen.

Sonne des Mannes im Quadrat zum Jupiter der Frau: Dieser Aspekt verursacht grundlegende Differenzen in Fragen der Weltanschauung, die zu Beginn einer Beziehung weniger in Erscheinung treten als in ihrem weiteren Verlauf. Unterschiedliche Meinungen über Wahrheit, Ehre, Würde, Religion oder Erziehung führen zu Auseinandersetzungen und Streitigkeiten über diese Werte. Persönliche Autonomie und Unabhängigkeit sind stark betont.

Sonne der Frau im Quadrat zum Jupiter des Mannes: Ein Ton von selbstgerechter Autonomie durchzieht diese Partnerschaft und macht es den Partnern schwer, einander zu erreichen. Der Mann hat eine gewisse philosophische Distanz an sich, die der Frau das Gefühl gibt, daß ihre Persönlichkeit in der Beziehung nicht so wichtig genommen wird, wie es ein sollte. Daher sind beide darüber enttäuscht, den Partner nicht erreichen zu können. Die Beziehung kann Unterhaltung und Aufregung anzeigen, aber auf einer Ebene, wo Geist und Herz sich treffen, findet man kaum zusammen.

Sonne des Mannes im Quadrat zum Saturn der Frau: Dieser Aspekt schafft eine schwierige karmische Beziehung. Der Mann führt symbolische Kämpfe, um das Eingeschränktwerden durch seinen Vater zu überwinden. Unbewußt hat er diese Beziehung gewählt, weil er dabei ist, sein Erbe und seine Herkunft in Frage zu stellen. Er überlegt sich vielleicht, ob er mit den damit verbundenen Schuldgefühlen fertigwerden kann. Er mag seine Partnerin in einer Vaterrolle sehen, denn sie repräsentiert symbolisch die Begrenzungen und Traditionen, die er überwinden möchte. Sie wird erkennen, auf welche Weise sie sich in der Beziehung selbst einschränkt. Der Mann gibt ihr Hoffnung und Optimismus, aber sie muß auch mit den Anforderungen einer starken weltlichen Realität zurechtkommen. Viele versteckte Herausforderungen warten hier, da beide Partner in hohem Maße erfolgsbewußt sein können. Beide bemühen sich, die Würde des anderen zu wahren und zu vergrößern. Der Mann wird vielleicht allmählich über die Frau hinauswachsen, aber wenn er das tut, muß er ihr gleichfalls helfen, ihr Selbstwertgefühl aufzubauen.

Sonne der Frau im Quadrat zum Saturn des Mannes: Bei diesem schwierigen karmischen Aspekt kann die Frau unbewußt versuchen, ihren Vater zu übertreffen und die Erwartungen ihrer Familie und die Traditionen, durch die sie ihr Leben etabliert hat, in Frage zu stellen. Sie kann den Mann als symbolische, einschränkende Autoritätsperson empfinden, über die sie hinauswachsen muß, wenn sie sich selbst finden will. Er dagegen versucht, die Beziehung im Bereich der Realität und Verantwortung verankert zu halten. Die Frau beschwört Streitigkeiten und Frustration herauf, weil sie sich um die Erfahrung ihrer vollen Weiblichkeit betrogen fühlt. Das Ergebnis sind Einschränkungen und Behinderungen, die nur überwunden werden können, wenn die Frau die volle Kraft ihres Selbst erkennt. Bevor sie ihre eigene Kraft wirklich kennenlernen kann, muß sie lernen, die Würde des

Mannes zu achten, auch wenn seine Ideen ihren eigenen entgegengesetzt sind.

Sonne des Mannes im Quadrat zum Uranus der Frau: Bei diesem Aspekt muß der Mann sich über die Vorstellung, die er von Frauen hat, neu orientieren, denn diese Frau weigert sich, in dieselbe Richtung zu gehen wie er. Sie kann glauben, daß sie ihm aufgrund ihrer unterschiedlichen Lebenseinstellung gut helfen könnte, doch der von der Sonne symbolisierte Stolz macht es ihm schwer, ihr unorthodoxes Verhalten zu akzeptieren, denn er sähe die Frau lieber in einer »normalen« weiblichen Rolle. Ihre Unberechenbarkeit empfindet er als Bedrohung, weil er oft sie oder ihre Sexualität nicht kontrollieren kann. Trotz dieser Schwierigkeiten ist dies ein ausgezeichneter Wachstumsaspekt, weil durch neuartige Ideen viel erreicht werden kann. Jedoch fehlt das aufgeschlossene Aufeinandereingehen, das für eine dauerhafte Partnerschaft notwendig ist.

Sonne der Frau im Quadrat zum Uranus des Mannes: Dieser Aspekt bewirkt Frustration. Die Frau empfindet den Mann als in sich widersprüchlich und hat das Gefühl, daß er ihre Wärme nicht wirklich schätzt und anerkennt. Die Beziehung kann viele Richtungswechsel durchlaufen, oft unvorhersehbar und ohne offensichtlichen Grund. Der Funke, der zu Beginn der Beziehung überspringt, schafft häufig die Erwartung einer besonders anregenden Verbindung; später entstehen dann große Aufregung und Angst. Die Frau erkennt schließlich, daß dem Mann, den sie sich ausgesucht hat, die Tiefe fehlt, nach der sie sucht.

Sonne des Mannes im Quadrat zum Neptun der Frau: Dieser Aspekt kann Romantik ins Spiel bringen, aber auch die formenden Qualitäten behindern, deren Ausprägung ein Hauptziel in dauerhaften Beziehungen ist. Der Mann kann die psychische Wellenlänge seiner Partnerin nur schwer verstehen, da sie dazu neigt, auf andere psychische Sphären auszuweichen. Dies schafft Kommunikationsprobleme auf innerer Ebene. Daher ist der Mann ständig auf der Suche nach der Frau, kann sie aber nie ganz erreichen. Der Mann scheint seine Partnerin ständig zu umwerben; schließlich muß er erkennen, daß er immer wieder mit leeren Händen dasteht. Wenn die Beziehung weitergehen soll, muß die Frau zu der Erkenntnis kommen, daß sie ihn nicht weiterhin täuschen darf.

Sonne der Frau im Quadrat zum Neptun des Mannes: Hier finden wir Trugbilder in die Beziehung eingebaut. Die Frau kann übermäßig idealistische Erwartungen haben, die vom Mann nicht erfüllt werden. Oft basiert die Anziehung allein auf der körperlichen Erscheinung und den Träumen, die das Bild des Mannes im Unterbewußtsein der Frau auslöst. Wenn die Realität sich durchsetzt, mag sie feststellen, daß der Mann überhaupt kein Traum ist, sondern ein sehr realer Mensch, dessen Erscheinungsbild nicht unbedingt mit seinem wirklichen Selbst übereinstimmen muß. Dieser Aspekt führt oft dazu, daß der Mann sich an seine Partnerin anlehnt, wenn es um Zuversicht, Inspiration, Hoffnung oder die Verwirklichung seiner Träume geht. Die grundlegende Schwierigkeit liegt darin, daß er seine eigene Wirklichkeit durch seine Partnerin sucht; und sie erwartet, daß er die Wirklichkeit ist, auf die sie ihre Träume bauen kann. Diese Art von Beziehung führt zu Desillusionierung.

Sonne des Mannes im Quadrat zum Pluto der Frau: Dieser Aspekt hat die Tendenz, unbewußte Ängste in Bezug auf das andere Geschlecht zu intensivieren. Die Anziehung ist so mächtig, daß die Frau sie in ihrem tiefsten Wesen spürt und sich dann zum Schutz gern in sich selbst zurückzieht. Beide haben Angst, allzu offen miteinander umzugehen, zu sehr ausgeliefert und verletzbar zu sein. Beide können ein beinahe zwanghaftes Interesse aneinander haben, während sie nach einer Distanz suchen, die Sicherheit verspricht.

Sonne der Frau im Quadrat zum Pluto des Mannes: Dieser Aspekt kann tiefgründige Einsichten bringen, die häufig zunächst Mißverständnisse auslösen. Beide Partner müssen sich erst für neue innere Energiekanäle öffnen, bevor der andere richtig wahrgenommen werden kann. Die Frau mag von ihrem Geliebten als keusche, lichte Jungfrau angesehen werden. Er dagegen erscheint als die Macht, die ihre Jungfräulichkeit überwinden kann. Sie vertraut ihm, aber er selbst vertraut sich vielleicht weniger. Wenn die Kräfte des Lichts und der Dunkelheit miteinander in Kontakt kommen, entsteht große Energie, die der Beziehung zum Blühen verhelfen kann. Zunächst jedoch muß sich jeder der beiden Partner mit der Frage nach seiner persönlichen Identität befassen.

Sonne im Trigon zur Sonne: Hier finden wir einen Geist von Kooperation und Harmonie, der es beiden Partnern ermöglicht, ein Gefühl von Leichtigkeit und Harmonie zu erfahren. Glück, Wohlstand und spiritueller Reichtum sind möglich, da der Lebensweg beider komplementäre Möglichkeiten für den Partner bietet. Zwei Lichter erhellen einander den Weg.

Sonne des Mannes im Trigon zum Mond der Frau: Hier finden wir Zusammenarbeit ohne Wettkampf. Echte Partnerschaft kann sich auf vielen Ebenen manifestieren, da beide die Fähigkeit besitzen, ausgleichend auf den Partner zu wirken. Unbewußte Erinnerungen an die Eltern fließen in die Beziehung ein und geben ihr Farbigkeit sowie ein Gefühl für Ziel und Richtung. Dieser Aspekt kann eine ausgezeichnete Partnerschaft symbolisieren.

Sonne der Frau im Trigon zum Mond des Mannes: Dieser Aspekt macht es der Frau möglich, sich leicht auszudrücken. Sie neigt dazu, die Beziehung anzuführen, aber dem Mann fällt es nur zu leicht, mitzuziehen. Er verläßt sich auf ihren

Rat, vertraut ihrer Weisheit und sieht sie als das Licht, in dem er sich spiegeln kann. Gleichzeitig nimmt er die Rolle seiner Mutter an und entdeckt unbekannte Segnungen in seiner Familie.

Sonne des Mannes im Trigon zum Merkur der Frau: Hier ist gegenseitiges Verstehen und Interesse am anderen der Hauptton in der Beziehung. Der Mann ist offen für die Ideen seiner Partnerin, und sie kann ihm seine Bestimmung erklären. Beiderseitige Zusammenarbeit prägt ihre Aktivitäten. Manchmal genießt die Frau großen Respekt für ihre Fähigkeit, diese Beziehung zu verstehen. Dieser Aspekt kann eine platonische Note enthalten, die anzeigt, daß der Schwerpunkt auf der geistigen Beweglichkeit der Frau liegt. Sie kann für den Mann von großer Bedeutung sein, weil sie ihm hilft, seine Energien zu verstehen.

Sonne der Frau im Trigon zum Merkur des Mannes: Dies ist ein ausgezeichneter Aspekt für eine Zusammenarbeit, die für beide Partner anregend und erfüllend ist. Jeder der beiden ist der Selbstreflexion fähig, da beide im Partner eine Antwort auf ihre jeweiligen Fragen finden. Die Beziehung wird bereichert, weil der Wunsch, den anderen zu verstehen, beide zum Zuhören befähigt.

Sonne des Mannes im Trigon zur Venus der Frau: Dieser Aspekt bringt Wohlbefinden in die Beziehung, kann aber eine gewisse Faulheit verursachen, da beide ein starkes Gefühl der Zufriedenheit durch den Partner erfahren. Die Beziehung ist auf Zusammenarbeit hin orientiert, und so kann sich materieller ebenso wie spiritueller Reichtum entfalten. Der Mann beschützt seine Partnerin und kann Belastungen auf sich nehmen; die Frau ist nachgiebig und bereit, sich ihrem Apollo zu fügen.

Sonne der Frau im Trigon zur Venus des Mannes: Dieser Aspekt tendiert dazu, aus einer Beziehung die Reibung zu nehmen und auf diese Weise die Harmonie zu vergrößern. Ohne Reibung aber gibt es wenig Anreiz zum Wachstum. Den Partnern mag es an Herausforderungen fehlen. In diesem Fall ist die Beziehung an der Frau orientiert und der Mann spielt eine kooperative, aber ziemlich periphere Rolle bei der unbewußten Vereinigung der Frau mit ihrem Vater. Sie fühlt sich von innen her geschützt. Er fühlt sich von den Belastungen befreit, die von denen getragen werden müssen, die die volle »männliche« Rolle spielen.

Sonne des Mannes im Trigon zum Mars der Frau: Aktivität, Erfolg und allgemein ein Gefühl der Bewegung sind der Kern dieses Aspekts. Die Beziehung ist am Mann orientiert, da die Frau die Neigung hat, sich unbewußt mit ihrer Animus-Figur zu identifizieren. Gleichzeitig empfindet der Mann ihren Kooperationsgeist als Unterstützung für seinen Selbstausdruck. Stolz und Erfolg sowie die Fähigkeit, Herausforderungen mühelos zu meistern, geben dieser Partnerschaft eine glückliche Note.

Sonne der Frau im Trigon zum Mars des Mannes: Dies ist ein ausgezeichneter Eheaspekt. Das jugendliche Drängen des Mannes bringt die Wünsche der Frau zum Ausdruck. Sie wärmt und ermutigt ihn und gibt ihm Zuversicht und Hoffnung für seine Unternehmungen. Ein angenehmes Maß an sexueller Anziehung ist vorhanden. Gemeinsame Ziele lassen sich leicht verfolgen.

Sonne des Mannes im Trigon zum Jupiter der Frau: Dieser Aspekt zeigt ein Zusammenpassen der Weltanschauungen und eine allgemein kooperative Lebenseinstellung. Beide Partner finden, daß Wahrheit und Verstehen von Wichtigkeit sind. Die Frau ist stolz auf ihre Beziehungen, und dieses Gefühl verstärkt ihren Wunsch, Liebe zu geben. Dieser Aspekt begünstigt Glück und Gedeihen der Partnerschaft.

Sonne der Frau im Trigon zum Jupiter des Mannes: Dieser Aspekt bringt Weisheit und Umsicht in eine Beziehung. Es besteht Interesse an Expansion und Reisen. Durch den überschäumenden Elan des Mannes erlebt die Frau die Erfüllung ihres Lebenspotentials. Er lenkt seine Partnerin, und zwar so, daß Ehrlichkeit, gegenseitige Achtung und Vertrauen gefördert werden. Ein Element des Zufalls oder der Unberechenbarkeit begleitet diesen Aspekt und kann zu Glücksspiel, Vermögensverlusten und einem starken Bedürfnis nach persönlicher Freiheit führen. Letztendlich können diese Interessen sich positiv auswirken und dazu beitragen, eine expansive Beziehung zu schaffen.

Sonne des Mannes im Trigon zum Saturn der Frau: Dieser Aspekt bringt eine nüchterne Beziehung mit sich. Die Frau wird durch ihre Weisheit und eine Art Beschützerrolle dem Mann helfen, sein Potential zu verwirklichen. Ziele, Ideale und die Fähigkeit, auf Traditionen der Vergangenheit aufzubauen, werden hier wichtig. Die Beziehung ist am Mann orientiert, da die Frau unbewußt die Neigung hat, ihrem Partner dieselbe Urteilskraft und Weisheit zuzuschreiben wie früher ihrem Vater.

Sonne der Frau im Trigon zum Saturn des Mannes: Dieser Aspekt zeigt bei beiden Partnern großes Interesse an, ihren Status zu verbessern. Es mag notwendig sein, eine »korrekte« Lebensgrundlage zu finden. Die Frau kommt innerhalb der vom Mann festgelegten Strukturen zu einer optimistischen Haltung, und diese Partnerschaft funktioniert problemlos innerhalb von Leitlinien und Begrenzungen, die von beiden Partnern festgelegt werden. Wenn diese Beziehung zur Ehe führt, kann später im Leben großer Reichtum erworben werden.

Sonne des Mannes im Trigon zum Uranus der Frau: Hier ist der Mann von den vielfältigen Erfahrungen fasziniert, die ihm durch den Kontakt mit dieser Frau möglich werden. Sie gibt ihm alle Aufregung, die er in seinem Leben braucht. Er wird ihre Quelle der Inspiration. Die Beziehung kann interessant und offen für Neues sein; beide Partner können sich verändern und gemeinsam aneinander wachsen. Die Frau lockt den Mann immer wieder durch eine gewisse Distanziertheit und ein Losgelöstsein, die ihm immer neue und nie zu lösende Rätsel aufgeben.

Sonne der Frau im Trigon zum Uranus des Mannes: Hier ist die Frau von der Anpassungsfähigkeit des Mannes an Veränderungen fasziniert, denn sie sieht sich in dieser Beziehung mit der grenzenlosen Fülle seiner Erfahrungen konfrontiert. Er ist für sie ein unerreichbares Ideal; daraus gewinnt er mehr und mehr Vertrauen in seine Fähigkeit, die traditionellen Normen der Gesellschaft zu überwinden. Bei diesem Aspekt muß die Frau stark und selbstsicher sein, wenn die Beziehung von Dauer sein soll.

Sonne des Mannes im Trigon zum Neptun der Frau: Hier kombinieren sich die Kräfte der Liebe und des Lichts zu einer sanften sinnlichen Mischung, die für beide Partner angenehm und beruhigend ist. Viel Wärme, künstlerische Kreativität und sogar wortloses gegenseitiges Verstehen können vorhanden sein. Der Mann ist in einen Traum verliebt, und die Frau stellt sich vor, ein Teil dieses Traums zu sein. Das Licht des Mannes beleuchtet ihre Phantasien und stärkt sein Selbstbewußtsein. Die Partnerschaft schließt das stille Teilen mit ein, das das Wesen der Harmonie ausmacht.

Sonne der Frau im Trigon zum Neptun des Mannes: Hier erfüllt der Mann die Traumbilder der Frau. Sie ist von seiner Ausstrahlung fasziniert; er hat eine Qualität des Unerreichbaren an sich, die sie bezaubert und die Kraft ihrer Sonne anregt, in den strahlendsten Tönen zu leuchten. Je mehr sie versucht, ihren Partner zu verstehen, desto mehr kommt sie in Kontakt mit sich selbst. Der Mann sieht, wie aufgrund der realistischen, in sich ruhenden Stabilität seiner Partnerin einige seiner Träume Gestalt annehmen. Dieser Aspekt gibt der Beziehung eine Note von Glanz und Idealisierung.

Sonne des Mannes im Trigon zum Pluto der Frau: Hier vermischen sich die Kräfte des Lichts und der Dunkelheit zu einer gemeinsamen Energie, die beiden Partnern hilft, das Beste aus zwei Welten zu erfahren. Der Mann bringt rohe Energie in der Frau zum Vorschein, was ihr hilft, sich ihrer Stärke bewußt zu werden. Sie verfeinert ihre natürlichen Talente und entwickelt Stärke; dabei hebt sie ihren Partner auf neue Höhen. Viele Transformationen finden durch diesen Aspekt statt. Die Wahrheit und das Licht des Mannes können die von Pluto symbolisierte rohe Energie benützen, um auf Entdeckungen auszugehen. Die unbewußte Energie in der Frau muß ausgegraben und geschliffen werden, bevor sie glänzen kann wie der Diamant, der sie einst werden soll.

Sonne der Frau im Trigon zum Pluto des Mannes: Bei diesem Aspekt wird eine Kraft der ständigen Erneuerung, ähnlich der Sexualkraft, an die Oberfläche des Bewußtseins gebracht. Die Frau erkennt die rohe Qualität in ihrem Partner als notwendig für ihre eigene Transformation. Während der Mann unbewußt versucht, das Licht der Frau zu kontrollieren, führt er sich unabsichtlich zur Wahrheit hin. Große Weisheit, Reichtum und Macht können durch diesen Aspekt geschaffen werden, wobei die Partner schließlich lernen, ein höheres Wesen in ihrem eigenen Innern zu erkennen.

Sonne des Mannes in Opposition zum Mond der Frau: Dieser Aspekt betont die Notwendigkeit, an der Elternproblematik zu arbeiten. Der Mann durchlebt die Schwierigkeiten, die er mit seiner Mutter hatte, während die Frau erneut den Problemen begegnet, die sie in der Beziehung zu ihrem Vater hatte. Aufgrund dieser Wechselwirkung können die beiden einander helfen, zu wachsen und reif zu werden. Bei diesem Prozeß kann Reibung auftreten! Jeder der beiden Partner ist gezwungen, sich mit seiner Anima – (beim Mann) beziehungsweise Animus-Figur (bei der Frau) zu konfrontieren. Die unbewußten Erwartungen an diese Figuren werden neu durchgearbeitet. In einer Ehe ist dies ein schwieriger Aspekt, weil die für eine Beziehung nötige natürliche Harmonie von der Notwendigkeit überschattet wird, sich von frühkindlichen Eindrücken freizumachen.

Sonne der Frau in Opposition zum Mond des Mannes: Dieser Aspekt bringt Kindheitserinnerungen aus der Mutterbeziehung des Mannes an die Oberfläche. Die Frau wird meist die Beziehung beherrschen, während der Mann unfreiwillig eine neue Sichtweise seiner Kindheit zu entwickeln beginnt. Die Frau mag das Gefühl haben, mit einer Doppelrolle belastet zu sein – Geliebte und Ehefrau wie auch Mutter. Sie wird diese Rolle vielleicht ablehnen. Dieser Aspekt ist in einer Ehe besonders schwierig.

Sonne des Mannes in Opposition zum Merkur der Frau: Dies ist ein frustierender Aspekt, besonders für die Frau, denn sie hat das Gefühl, daß ihre Weiblichkeit mißverstanden wird und ihre persönlichen Ideen ganz anders als die ihres Partners sind. Die Verständigung kann mißlingen, da der Mann unbewußt nicht mit seiner Frau, sondern mit einem »männlichen Kind« spricht. Dieser Aspekt ist in jeder Beziehung schwierig, besonders aber in einer Ehe.

Sonne der Frau in Opposition zum Merkur des Mannes: Häufig besitzt die Frau hier Format, Bedeutung und Ansehen, während der Mann sich kindisch verhält, wenn auch oft unbewußt. Der Mann kann sich bedroht fühlen und sich bedeutungslos vorkommen; diese Gefühle zwingen ihn, Stärken in sich zu entdecken, die er andernfalls ignorieren würde. Die Frau wartet darauf, daß er sich selbst zum Ausdruck bringt – obwohl sie ohnehin schon weiß, was er sagen wird. Ihre Überlegenheit wird noch verstärkt, wenn er versucht, mit ihr gleichzuziehen. Dieser Aspekt ist für dauerhafte Beziehungen nicht empfehlenswert, kann aber für für eine kurze Zeitperiode beiden Beteiligten Positives bringen.

Sonne des Mannes in Opposition zur Venus der Frau: Dieser Aspekt ergibt einerseits Anziehung, zeigt aber auch eine Stagnation des natürlichen Flusses von Liebe zum Licht an. Obwohl die Frau sich vom Mann angezogen fühlt, ist ihre Vorstellung von Liebe das Gegenteil dessen, was er geben kann. Entweder muß er aufhören, er selbst zu sein, um das zu sein, was sie braucht, oder er wird es lernen, die Distanz zu akzeptieren, die keiner von beiden eigentlich will. Dieses Paar hat die Möglichkeit, großen Reichtum zu erwerben, aber die tatsächliche Realisierung wird nur durch harte Arbeit erreicht werden können. Unbewußte Faulheit kann ihren Fortschritt hemmen.

Sonne der Frau in Opposition zur Venus des Mannes: Dieser Aspekt stellt die Rollenidentität beider Partner auf die Probe. Die Frau muß, um sie selbst zu sein, oft gegen ihre natürlichen Liebesinstinkte gehen, während der Mann, von ihrer Stärke angezogen, die Tendenz hat, dem »männlichen Willen«, den er in ihr sieht, nachzugeben. Er bewundert sie, erfährt aber gleichzeitig einen Mangel an Erfüllung.

Sonne des Mannes in Opposition zum Mars der Frau: Dies ist ein Aspekt, der Streit bringt. Die Frau ist aggressiver, als der Mann es von ihr erwartet, und in der Beziehung herrscht zuviel Konkurrenz zwischen ihnen. Beide Partner werden unabhängiger voneinander, wenn sie sich besser kennengelernt haben. Sie werden wahrscheinlich nicht näher zusammenwachsen, sondern sich weiter auseinander entwickeln.

Sonne der Frau in Opposition zum Mars des Mannes: Konkurrenzstreben, Überschwang und ein Kampf der Egos kennzeichnen diesen Aspekt. Das männliche Ego strebt nach Überlegenheit, was die Frau oft aus der Fassung bringt. Ihre Sexualität mag Zärtlichkeit und wirkliche Fürsorge fehlen lassen. Oft wird Sex hier weniger Ausdruck von Liebe sein als vielmehr die Manifestation unbewußter Wünsche, die darauf abzielen, eine Herausforderung zu bestehen. Die Beziehung enthält eine ihr eigentümliche Wildheit, die eine Ehe oder dauerhafte Partnerschaft extrem schwierig macht.

Sonne des Mannes in Opposition zum Jupiter der Frau: Dieser Aspekt zeigt Unterschiede in der grundlegenden Lebenseinstellung an. Beide Partner haben die Neigung, individualistisch zu bleiben, ohne das volle Gefühl des Miteinanderteilens zu entwickeln, das einer Beziehung Wärme gibt. Viele Reisen und großer Wohlstand können vorhanden sein, aber die Frau wird einiges von ihrer Weiblichkeit einbüßen, und möglicherweise sogar ihren Wunsch nach Sex verlieren, da sie sich gezwungen fühlt, um die Anerkennung durch ihren Partner zu kämpfen. Dieser Aspekt ist für eine Ehe sehr schwierig.

Sonne der Frau in Opposition zum Jupiter des Mannes: Dieser Aspekt bringt ein Element des Unberechenbaren in die Beziehung und zerstört Sicherheitsgefühle. Während beide Partner ein Gefühl von individueller Freiheit beibehalten, ist es oft die Frau, die sich um die Sicherheit beider kümmert. Ein grundsätzlicher Mangel an Kommunikation und gegenseitigem Verstehen führt dazu, daß der Lebensstil der beiden in entgegengesetzte Richtungen verläuft. Wenn die Beziehung funktionieren soll, müssen beide Partner schließlich ihre Prinzipien und Philosophien einer Neubewertung unterziehen.

Sonne des Mannes in Opposition zum Saturn der Frau: Dieser Aspekt bringt für die Frau große Verantwortung. In ihrem Bemühen, dieser gerecht zu werden, stützt sie sich vielleicht auf Erinnerungen an ihren Vater, dessen Lebensstil anders war als der ihres Partners. Bemühung und harte Arbeit sind notwendig, um schließlich zur Stärkung ihres inneren spirituellen Wesens zu führen. Der Mann spürt, daß er aufgrund der Ernsthaftigkeit, die er in seiner Partnerin wahrnimmt, sein eigenes Leben mit mehr Verantwortlichkeit führt. Diese Beziehung ist zwar schwierig, kann aber von Dauer sein, wenn beide die karmischen Lektionen der Stärke, Ausdauer und gesunden Urteilsfähigkeit lernen.

Sonne der Frau in Opposition zum Saturn des Mannes: Dieser Aspekt schafft eine Situation des Eingesperrtseins, und die Frau kann von den einengenden und herrischen Eigenschaften ihres Partners fast erdrückt werden. Er selbst mag sich als weisen Mann empfinden, wenn er bei ihr ist, und sich insgeheim durch ihre Gegenwart verjüngt fühlen; er hat Angst, seine autoritäre Rolle zu verlieren, zeigt dies jedoch nicht. Die Beziehung kann von Dauer sein, wenn die Frau kein starkes Bedürfnis hat, ihren Persönlichkeitskern voll zum Ausdruck zu bringen.

Sonne des Mannes in Opposition zum Uranus der Frau: Dies ist einer der schwierigsten Aspekte in einer Beziehung. Letztlich empfindet der Mann die Frau als unsensibel, während sie versucht, ihren freien Willen durchzusetzen. Die sexuelle Anziehung ist unberechenbar und manchmal überhaupt nicht vorhanden. Der Mann wird das Gefühl haben, daß die Last der Beziehung bei ihm liegt. Obwohl er warme Gefühle für seine Partnerin hegt, mag er sich erleichtert fühlen, wenn die Beziehung zu Ende ist.

Sonne der Frau in Opposition zum Uranus des Mannes: Die Frau ist stolz auf den unkonventionellen Erfindungsreichtum ihres Partners. Er ist von dem Gefühl der Sicherheit abhängig, das sie ihm gibt, und empfindet sie als einen Anker, seine Wirklichkeit, sein Publikum, seine Unterstützung, ja sogar als das Zentrum seines Wesens. Und doch kann er sie unbewußt durch seinen Eigensinn der Nähe berauben, die sie braucht. Durch diesen Austausch lernt es die Frau, unabhängiger zu werden, während ihr Partner gezwungen ist, den Wert von Wärme, Tradition und Verantwortung verstehenzulernen. Dieser Aspekt muß für eine dauerhafte Beziehung zumindest als schwierig bezeichnet werden.

Sonne des Mannes in Opposition zum Neptun der Frau: Dieser Aspekt bringt einen grundlegenden Mangel an Vertrauen beim Mann mit sich. Er ist zwar von der Frau fasziniert, kann aber nicht auf etwas vertrauen, dessen Natur er überhaupt nicht ergründen kann. Die sinnliche und sexuelle Anziehung ist oft stark, aber der Mann hat das Gefühl, sich in einem unerklärlichen Nebel von Traumbildern zu verlieren.

Sonne der Frau in Opposition zum Neptun des Mannes: Dieser Aspekt macht es der Frau schwer, ihrem Partner zu vertrauen. Seine Versprechungen werden von ihr angezweifelt, bevor er überhaupt die Möglichkeit hatte, sie einzuhalten! Faszination, Bezauberung und mystische Sehnsucht sind Teil der Beziehung, aber die Frau hat das Gefühl, kämpfen zu müssen, wenn sie sich ihre realistische Urteilskraft erhalten will.

Sonne des Mannes in Opposition zum Pluto der Frau: Dieser Aspekt ist schwierig für dauerhafte Beziehungen. Er schafft häufig starke sexuelle Anziehung, aber die beiden Partner sind durch großen inneren Abstand getrennt. Beim Mann mag eine Tendenz vorliegen, die Frau abzuwerten, so als würde die Enthüllung der dunkelsten Seiten ihrer Vergangenheit ihm helfen, die achtenswertesten Seiten seiner selbst zu entdecken. Der Kampf zwischen den Kräften des

Lichtes und der Dunkelheit wird zu einer Quelle ständigen Ärgers. Dennoch kann intensives Wachstum das Ergebnis dieser Verbindung sein. Wenn beide Partner versuchen herauszufinden, ob es die Nacht ist, die dem Tag noch folgt, oder umgekehrt.

Sonne der Frau in Opposition zum Pluto des Mannes: Dieser Aspekt schafft leicht eine Arena, in der animalischen Instinkte zum Vorschein kommen. Die Ehre der Frau wird von der Rohheit des Mannes buchstäblich verwüstet, während er versucht, von den tiefsten Abgründen seiner Seele aus mit ihrem Licht in Berührung zu kommen. Mit der Zeit wird sie spirituelle Kraft in ihrem Inneren finden, während er zu erkennen beginnt, daß die plutonische Energie auch auf höheren Ebenen arbeiten kann. Manchmal kommt bei diesem Aspekt sexuelle Degeneration vor, aber wenn die Frau hohe moralische Ideale hat, ist sie davor geschützt. Wenn die Frau zu Beginn der Partnerschaft duldsam bleibt, wird sie schließlich über diese Beziehung hinauswachsen, weil ihr Ehrgefühl und ihre Selbstachtung durch die ständigen Prüfungen zunehmen.

Mondaspekte

Mond in Konjunktion zum Mond: Dieser Aspekt zeigt sofortiges intuitives Verstehen. Beide Personen kennen die Stimmungen des Partners, den Wechsel seiner Gefühle und seine emotionalen Bedürfnisse. Dadurch entwickelt sich starkes gefühlsmäßiges Verständnis und Harmonie. Die Beziehung wird durch den Fluß von Kreativität und Gefühl bereichert.

Mond des Mannes in Konjunktion zum Merkur der Frau: Dies ist ein interessanter Aspekt, weil die Gefühle des Partners rational verstanden und leicht kommuniziert werden können. Der Mann kann eine gewisse Frustration verspüren, wenn seine Gefühlsäußerungen durch den kalten, analytischen Verstand seiner Partnerin aufgenommen werden, denn er wird Wärme und Gefühl wünschen oder erwarten. Schließlich wird er lernen, daß ihre Einstellung ihm dabei hilft, gewisse aus der Kindheit stammende Überreaktionen auszugleichen. Gleichzeitig lernt die Frau weiblicher zu sein, während sie ihrem Partner nacheifert. Unbewußter Rollenwechsel auf beiden Seiten kann schließlich korrigiert werden, weil jeder durch den anderen mehr über sich selbst lernt.

Mond der Frau in Konjunktion zum Merkur des Mannes: Dies ist ein Aspekt, der gutes Zusammenpassen anzeigt. Die Aspekte des Denkens und des Fühlens begegnen sich und gleichen sich aus. Die Frau kann sich besonders zu ihrem Partner hingezogen fühlen, denn sie fühlt gleichsam jeden seiner Gedanken. Dadurch mag der Mann sich übermäßig bemuttert fühlen, aber im großen und ganzen wird er ihre Empfänglichkeit seinem analytischen Verstand gegenüber zu schätzen wissen.

Mond des Mannes in Konjunktion zur Venus der Frau: Dieser Aspekt führt zu einer »weiblichen« Beziehung. Künstlerische Interessen, musikalischer Geschmack und die Entwicklung persönlicher Talente stehen im Vordergrund. Jedoch muß die Frau Verantwortung übernehmen, wenn die Beziehung funktionieren soll. Obwohl ihr Partner feinfühlig ist, kann sie sich nicht stärker auf ihn stützen als auf ihre eigene innere emotionale Erfahrung.

Mond der Frau in Konjunktion zur Venus des Mannes: Gefühle und Empfindungen sind verbunden und schaffen eine ganz besondere Sensibilität zwischen den Partnern. Der Mann zeigt sich von seiner sanften Seite und gibt so der Frau die Möglichkeit, ihre empfindlicheren Gefühle auszudrükken. Viele Kindheitserinnerungen, besonders solche aus den Teenager-Jahren, können in dieser Beziehung durchlebt werden. Die instinktive Harmonie und das Miteinander-Teilen in dieser Beziehung können zu Wohlstand und einer Anhäufung von Besitz und Eigentum führen.

Mond des Mannes in Konjunktion zum Mars der Frau: Dies ist ein impulsiver Aspekt. Er bringt die instinktive und die progressive Seite bei beiden Persönlichkeiten zum Vorschein. Die Energie kann eine starke sexuelle Anziehung erzeugen, und die Frau kann dabei der aggressive Partner sein. Es kann zur Auslösung eines Ödipuskomplexes aus der Kindheit kommen, während die Partner den durch diesen Aspekt angezeigten Rollentausch bewältigen. Die Frau handelt so, als sei sie der Mann, der sich an Bilder seiner Mutter aus der Kindheit erinnert. Der Mann kann sich unbewußt so verhalten, als sei er die Mutter seiner Partnerin, wobei er versucht, seine Gefühle in Ausgleich mit den primitiveren Qualitäten ihres Egos zu bringen. Jeder kann dem anderen ein wichtiger Lehrer werden.

Mond der Frau in Konjunktion zum Mars des Mannes: Das Mystische in der Frau reagiert auf die männliche Sexualität und wirkt als Hintergrund für deren Ausdruck. Starke sexuelle Anziehung und magnetisches Aneinander-Festhalten tragen dazu bei, die Beziehung zusammenzuhalten. Trotzdem muß die Impulsivität gezügelt werden, wenn die Partnerschaft von Dauer sein soll. Spontaneität und expansive Zukunftserwartungen kombinieren sich mit Tatendrang, um schließlich die Forderungen beider Egos zu erfüllen.

Mond des Mannes in Konjunktion zum Jupiter der Frau: Hier kann die Frau den Mann auf eine höhere Bewußtseinsstufe heben. Es ist ihm so gut wie unmöglich, in ihrer Gegenwart deprimiert zu sein. Seine Gefühle expandieren, wobei die Frau feststellt, wie empfänglich er für ihre Ideen ist – sie hilft ihm nämlich, die höhere Wahrheit in allem, was er fühlt, zu sehen. Dieser Aspekt hat die Tendenz, die Sexualität zu verringern, da er die höheren Bewußtseinsebenen der Frau betont. Die erhöhte Bewußtheit, der Optimismus und die Freude, die von diesem Aspekt symbolisiert werden, machen es der Beziehung trotzdem möglich, ein erfüllendes Glücksgefühl zum Ausdruck zu bringen.

Mond der Frau in Konjunktion zum Jupiter des Mannes: Dieser Aspekt befreit die Frau von Hemmungen und Unterdrückungen der Vergangenheit, weil ihr Partner Gefühle von Ausgelassenheit und überschäumender Freiheit zum Ausdruck bringt. Die Beziehung erfüllt ihr Leben mit Glück und neuen Möglichkeiten, während ein natürliches Zögern, das sie fühlen mag, dazu beiträgt, das Interesse des Mannes wachzuhalten. Sexualität ist bei diesem Aspekt weniger wichtig, aber die Verbindung ihrer Gefühle mit seinem Expansionsdrang ergeben eine perfekte Kombination für eine dauerhafte Partnerschaft.

Mond des Mannes in Konjunktion zum Saturn der Frau: Dieser Aspekt wirkt verbindend auf eine Beziehung, festigt ihre Grundlage und führt die beiden Partner aufgrund karmischer Erfahrungen zusammen.* Der Mann erfühlt die Hintergründe, während die Frau für die Ergebnisse verantwortlich sein muß. Da sie sich der Folgen von Handlungen bewußt ist, neigt sie dazu, ihren Partner zu hemmen und zwingt ihn in einen traditionellen und verantwortlichen Lebensstil. Daher mag er sich etwas eingeengt fühlen, kann aber auch nur schwer seine besitzergreifende Bindung an die Frau aufgeben. Auf unbewußter Ebene nimmt der Mann die Rolle seiner Mutter an, während die Frau den Lebensstil ihres Vaters zum Ausdruck bringt. Infolgedessen verwurzelt

* siehe: Karmische Astrologie, Bd. 1–4 von Martin Schulman, Urania Verlag, Sauerlach

sich die Beziehung tief in Sitten, Werten, Erinnerungen und ungelöstem Karma der Vergangenheit.

Mond der Frau in Konjunktion zum Saturn des Mannes: Hier übernehmen beide Partner eine Elternrolle. Sie spielt Mammi, er spielt Pappi, und beide versuchen, die ursprüngliche Familie nachzuahmen. Gegenseitiger Besitzanspruch sowie reservierte Wahrheit und Nüchternheit durchziehen diese Partnerschaft. Der Mann versucht, ihr seinen Sinn für Würde aufzuprägen. Sie muß zur Reife gelangen, denn ihre Gefühle sind in kindlicher Weise strukturiert. Diese Beziehung ist karmischer Natur und zeigt oft die Überreste einer Ehe aus einer früheren Inkarnation an. In vielen Fällen sind es religiöse oder spirituelle Lektionen, die die Frau vom Mann zu lernen hat.

Mond des Mannes in Konjunktion zum Uranus der Frau: Dieser Aspekt bringt Aufregung und sofortige Anziehung! Eine dauerhafte Beziehung ist schwierig, da die Partner zu unberechenbar sein können. Erwartungen können unerfüllt bleiben, oder der beiderseitige Fluß von Liebe, der eine Partnerschaft zur Erfüllung bringt, ist anscheinend nicht vorhanden. Der Mann scheint besitzergreifend und von seiner eher distanzierten Partnerin abhängig zu sein. Sie ist diejenige, die in der Beziehung entweder durch ihre Willenskraft die Führung übernimmt oder die Verbindung aufgrund ihres Bedürfnisses nach Spontaneität und Freiheit beendet. Emotionale Entwicklung und Bewußtwerdung sind möglich, wenn die Partner reif genug sind, ihre jeweiligen Unterschiede zu erkennen.

Mond der Frau in Konjunktion zum Uranus des Mannes: Dieser Aspekt schafft eine sehr interessante Beziehung. Die Frau hat die Neigung, in der Vergangenheit zu leben, während der Mann die Zukunft gestaltet. Starke sexuelle Anziehung ist sofort spürbar, aber der tatsächlichen Sexualität kann es an Sicherheit oder Erfüllung fehlen. Sie öffnet sich gefühlsmäßig, aber ihr individualistischer Partner scheint unfähig zu sein, ihr das Gefühl der Sicherheit und Geborgenheit zu geben, nach dem sie sucht. Trotzdem sind persönliches Wachstum und spirituelle Entwicklung in dieser Partnerschaft möglich.

Mond des Mannes in Konjunktion zum Pluto der Frau: Dieser Aspekt symbolisiert eine direkte psychische Verbindung zwischen zwei Menschen. Er verursacht starken Magnetismus und intensive sexuelle Anziehung. Aber die Beziehung ist tatsächlich viel tiefgründiger. Die unbewußten Bedürfnisse beider kommen durch den Partner ans Licht. Die Frau zeigt dem Mann die bewußte kosmische Bedeutung des kollektiven Unbewußten, so daß er aus einer Art emotionaler Isolation herauswachsen kann. Diese dynamische und kraftvolle Partnerschaft kann auch großen Reichtum hervorbringen.

Mond der Frau in Konjunktion zum Pluto des Mannes: Eine psychische Verbindung zwischen den Partnern bringt große Tiefe in die Beziehung. Die Frau ist vom Mann abhängig, denn er kann ihr die verborgene kosmische Harmonie zeigen, die in ihren emotionalen Reaktionen verborgen ist. Der Mann kann die Heuchelei durchbrechen, die auf alte Konditionierungen zurückgeht, und ihr helfen, intensive Transformationen mit großer Energie durchzuführen. Die sexuelle Anziehung ist stark, und die intensive Leidenschaft kann die beiden lange genug zusammenhalten, um sie andere wichtige Facetten ihrer Persönlichkeiten und der Beziehung entdecken zu lassen.

Mond im Quadrat zum Mond: Beide Personen sehen die Spannungen aus vergangener Erfahrung als Bedrohung der gegenwärtigen Beziehung an. Die mütterliche Qualität in den beiden Partnern wird unterschiedlich zum Ausdruck gebracht, so daß Konflikte stattfinden können. Die sexuelle Anziehung kann groß sein, aber Meinungsverschiedenheiten, wenn es um Familie, Zuhause, Kinder oder Gefühle geht, können die Romanze abkühlen.

Mond des Mannes im Quadrat zum Merkur der Frau: Der Mann durchlebt unbewußt die Schwierigkeiten seiner Kindheit. Diesmal jedoch wird er wahrscheinlich die Mutterrolle annehmen, während seine Partnerin sich so verhält wie er in seinen ersten Schuljahren. Sie dagegen sieht in ihm vielleicht Ähnlichkeiten mit ihrer eigenen Mutter, mit der sie nicht übereinstimmte. Die von diesem Aspekt verursachte Schwierigkeit wird von den Reibungen abhängig sein, die die beiden Partner in ihren Kindheitsjahren erfahren haben. Die Frau muß geistig die Nabelschnur zu ihrer Mutter durchschneiden, da der Mann (in der Rolle seiner Mutter) symbolisch darum kämpft, den Einfluß über sein Kind zu behalten.

Mond der Frau im Quadrat zum Merkur des Mannes: Dieser Aspekt verursacht Spannung zwischen dem natürlichen Mutterinstinkt der Frau und der Fähigkeit des Mannes, auf sie einzugehen. In ihrer Kommunikation können Blockierungen auftauchen, die den Fluß der Beziehung behindern. Die Frau vermißt vielleicht die »männliche Stärke«, die sie sucht, und kann sich in sich zurückziehen oder aufhören, sich ihm mitzuteilen, wenn sie unbewußt eine Bedrohung ihrer Weiblichkeit fühlt.

Mond des Mannes im Quadrat zur Venus der Frau: Dieser Aspekt zeigt Spannung an. Die Frau ist vielleicht gezwungen, sich mit einer unbewußten Rivalität zu ihrer Mutter zu konfrontieren, während der Mann die Frau als Spannungsquelle zwischen sich und seiner eigenen Mutter empfinden kann. Da diese Beziehung von der Frau dominiert wird, fühlt sich der Mann oft in seinen Bemühungen gestört, erfolgreich die männliche Rolle zu spielen, die er sich eigentlich wünscht. Daher bringt dieser Aspekt innere Kämpfe in beiden Partnern hervor, die es schwer machen, ehrlich miteinander umzugehen.

Mond der Frau im Quadrat zur Venus des Mannes: Hier versucht die Frau, die Rolle ihrer Mutter zu spielen, aber sie stellt fest, daß ihr reifer Mutterinstinkt das Kind bekämpft. Da sie ihre eigene Mutterbeziehung aus der Kindheit nie voll bewältigt hat, neigt sie dazu, die Kindrolle ihrem Partner zu übertragen. Während er um sein Selbstwertgefühl kämpft, erlebt er seinerseits den Konflikt mit seiner eigenen Mutter und die Unmutsgefühle, die er hatte. Da beide Partner Gefühle aus der Vergangenheit mit sich herumtragen, müssen diese aufgelöst werden, wenn die Beziehung Bestand haben soll.

Mond des Mannes im Quadrat zum Mars der Frau: Hier liegt der Mann unbewußt im Kampf mit sich selbst, während er der Frau zugesteht, die meisten seiner Egowünsche auszuleben, die all dem zuwiderlaufen, was er von seiner Mutter gelernt hat. Seine Partnerin mag sich von ihm zurückgestoßen fühlen. Es kann ihr auch schwerfallen, ihre eigenen aggressiven Tendenzen in dieser Beziehung zu verstehen, denn unbewußt kämpft sie durch ihren Partner mit ihrer eigenen Mutter. Daher versucht sie vielleicht, ihn als unterlegen erscheinen zu lassen, während sie sich bemüht, ein stärkeres Selbstgefühl zu entwickeln. Sexuelle Anziehung ist vorhanden, aber der Sex kann hier unbewußt als Waffe benützt werden, durch die das Kind versucht, sich von der Mutter zu befreien.

Mond der Frau im Quadrat zum Mars des Mannes: Dieser Aspekt kann große sexuelle Spannungen hervorrufen. Da Mars den Mann in seiner Jugend symbolisiert und der Mond für die Mutter steht, kann ein unbewußter Inzestwunsch in dieser Beziehung verborgen sein. Die Frau empfängt ihren »Kriegsgott«, kann aber dabei eigentlich nicht sie selbst sein, weil sie das vage oder unbewußte Gefühl hat, gegen die akzeptable gesellschaftliche Rolle, die sie behalten möchte, zu verstoßen. So versucht sie, sich davon zu überzeugen, daß sie ihren Partner nicht beherrscht, während er seinerseits nach Dominanz strebt. Die Partnerschaft kann von Spannung und unbewußter Angst erfüllt sein.

Mond des Mannes im Quadrat zum Jupiter der Frau: Dieser Aspekt verursacht übertriebene Gefühle, die die Urteilskraft beeinträchtigen. Besitzansprüche des Mannes kollidieren mit dem Freiheitsdrang der Frau. Dennoch kommt auch der Optimismus, mit dem sie das Bewußtsein des Mannes bereichern kann, aus ihrem tiefverwurzelten Freiheitsgeist. So finden wir hier einen unversöhnlichen Konflikt, der nur gelöst werden kann, wenn der Mann seine Bewußtseinsebene ihr anpaßt.

Mond der Frau im Quadrat zum Jupiter des Mannes: Hier werden die tiefverwurzelten Beschützerinstinkte der Frau frustriert, denn ihr Ritter in strahlender Rüstung ist durchaus in der Lage, sich selbst zu schützen. Er verzichtet auf ihre Gefühlsäußerungen zugunsten seiner Machtprojektionen. Unfähig, die von ihrer Mutter übernommenen Grundinstinkte auszudrücken, mag die Frau sich unbewußt in einen kindlichen Zustand zurückziehen, anstatt sich bewußt zu werden, daß sie (als Frau) die Wildheit in ihrem Geliebten nicht akzeptieren kann.

Mond des Mannes im Quadrat zum Saturn der Frau: Hier wird der Mann eine ähnliche Rolle spielen wie seine Mutter, wenn sie versuchte, bei seinem Vater Anerkennung zu finden. Die Frau fühlt Spannung aufgrund ihres elterlichen Einflusses. Sie kann unbewußt eine ähnliche Rolle spielen wie ihr Vater, wenn er vergeblich versuchte, ihrer Mutter ein gewisses gesellschaftliches Ansehen zu vermitteln. Diese Beziehung enthält Gefühle von Angst und Ausgeliefertsein sowie die Fortsetzung karmischer Spannung aus vergangenen Generationen.

Mond der Frau im Quadrat zum Saturn des Mannes: Hier spielen beide Partner eine Elternrolle. Die Wertmaßstäbe beider Familien geraten durch diese Partnerschaft in Konflikt. Aus karmischen Gründen versucht der Mann, seine Partnerin auf traditionelle Weise zu dominieren. Die Frau fühlt sich blockiert, weil der Mann ihren Gefühlsäußerungen gegenüber nicht offen ist. Je mehr sie ihre Gefühle unterdrückt, desto mehr sieht der Mann seine Herrschaft über sie bestätigt. Wenn diese Beziehung Bestand haben soll, muß eine offene Neuorientierung bezüglich der persönlichen Wertvorstellungen stattfinden.

Mond des Mannes im Quadrat zum Uranus der Frau: Besitzansprüche des Mannes werden durch diesen Aspekt verstärkt, denn er ist unbewußt eifersüchtig, da die unbeständigen, launenhaften weiblichen Eigenschaften dieser Frau ständig sein Bedürfnis nach emotionaler Sicherheit frustrieren. Er fühlt sich durch den umfassenden Freiheitssinn seiner Partnerin bedroht. Er mag sich fragen, warum er mit ihren liberalen Standpunkten nicht übereinstimmen kann. In Wirklichkeit versucht sie jedoch, sich von ihrer Mutter zu befreien; sie rebelliert gegen ihren Partner, wenn er sich bemuttern lassen möchte. Dieser Aspekt ist für eine dauerhafte Beziehung kaum geeignet.

Mond der Frau im Quadrat zum Uranus der Mannes: Hier erlebt die Frau eine Enttäuschung ihrer Gefühle, da der Mann zwar in seinem Sicherheitsgefühl von ihr abhängig ist, auf der anderen Seite aber versucht, sich von einer emotionalen Festlegung freizuhalten. Er sieht sie symbolisch als seine Mutter, und die Beziehung ist für ihn die Herausforderung, die er meistern muß, um seine eigene Individualität durchzusetzen und die unbewußte Nabelschnur zu durchtrennen. Sie findet ihn aufregend, stimulierend und einzigartig, kann ihn aber niemals ganz besitzen, denn seine Attraktivität beruht zum Teil auf den abgehobenen Höhenflügen seiner Phantasie und wechselnden Interessen, die ihn erfolgreich von emotionalen Verstrickungen fernhalten. Dies ist ein extrem schwieriger Aspekt für eine dauerhafte Beziehung.

Mond des Mannes im Quadrat zum Neptun der Frau: Dieser Aspekt bringt Verwirrung in die Beziehung. Der Mann bemerkt eine ausweichende Haltung an der Frau, die er aber nicht richtig definieren kann. Er versucht vielleicht, ihr Schutz und Sicherheit zu bieten, kann sich aber ihrer Treue und ihrer Absichten niemals ganz sicher sein. So werden die grundsätzlichen Fragen durch ein Gefühl der Täuschung vernebelt. Der Mann versucht unbewußt, die Wünsche seiner Mutter zu erfüllen, während er an der Frau seiner Träume festhält. In Wirklichkeit erlebt er ein Gefühl des Versagens, doch wenn er nach mystischen Antworten sucht, vergrößert er nur noch seine Einsamkeit und Frustration. Unvermeidlich wird er zu einem symbolischen Don Quichote auf der Jagd nach Windmühlenflügeln.

Mond der Frau im Quadrat zum Neptun des Mannes: Die Frau erlebt ein Gefühl unbewußter Einsamkeit, da ihre idealisierte Vorstellung von Beziehungen sich auflöst. Je mehr sie versucht, sich mit ihrem Partner zu identifizieren, desto mehr verliert sie sich selbst. Er kann versuchen, durch ihren Mutterinstinkt zu sich selbst zu finden, während er unbewußten Widerstand gegen die Neuaufführung eines symbolischen Kindheitsdramas leistet, da er der Kindheit entfliehen will. Intensive seelische Wechselwirkungen kommen hier ins Spiel, und jeder der beiden sucht den Partner auf vielen Ebenen. Mißverständnisse und ein Mangel an klar definierten Zielen sowie Identitätsverwirrungen machen es den beiden schwer, die Partnerschaft zu definieren.

Mond des Mannes im Quadrat zum Pluto der Frau: Dieser Aspekt bringt Machtspiele in die Beziehung. Auf seelischer Ebene stellt jeder den anderen auf die Probe. Die Frau neigt zu Destruktivität hinsichtlich der Vorstellungen des Mannes über die Sicherheit der Familie. Der Mann dagegen kann in ihr all das verkörpert sehen, was er sein könnte, wenn er nur durchsetzungsfähiger wäre. Die sexuelle Intensität ist groß, gleichzeitig aber auch Konkurrenzkampf und Eifersucht. Das Symbol des männlichen Beschützerinstinkts trifft hier auf eine Partnerin, die sich durchaus selber schützen kann.

Mond der Frau im Quadrat zum Pluto des Mannes: Hier wird die Frau buchstäblich in Dantes Inferno geworfen. Die Beziehung zwingt sie, mit ihrer Vergangenheit zu brechen, aber sie erhält dafür nicht das Versprechen einer gesicherten Zukunft. Der Mann möchte sich aus dem Mutterleib befreien. Er kann versuchen, seine Partnerin symbolisch zu degradieren, um seine eigene Macht zu spüren. Der Kampf spielt sich zwischen der dunklen Seite des Mannes ab, die ans Licht kommen muß, und der Frau, die nichts anderes tun kann, als die Negativität ihres Partners zu reflektieren. Wenn beide Partner sich schließlich ihre inneren Kämpfe bewußt machen, kann eine Beziehung gelingen.

Mond im Trigon zum Mond: Die emotionale Qualität dieser Beziehung ist harmonisch. Beide Partner verstehen die Gefühle des anderen, ohne dabei sich selbst zu verlieren. Kameradschaft, Zusammenarbeit und ein Geist der Hilfsbereitschaft machen diesen Aspekt zu einer ausgezeichneten Kombination für eine dauerhafte Partnerschaft oder Ehe.

Mond des Mannes im Trigon zum Merkur der Frau: Der Mann fühlt sich in dieser Beziehung wohl, weil er das Verständnis findet, das er bei seiner Mutter sucht. Er fühlt sich beim Ausdruck seiner Emotionen sicher und schätzt die Art, wie die Frau seine unbewußten Gefühle gleichsam in einem Brennpunkt konzentriert. Sie dagegen genießt seine Empfänglichkeit für ihre Ideen, denn seine Antworten helfen ihr, Harmonie mit sich selbst zu entwickeln. Die Beziehung kann eine kindliche Qualität enthalten. Der Mann fühlt sich vielleicht bedroht, aber seine Ängste können leicht überwunden werden, da die Frau seine Gefühle bemerkt.

Mond der Frau im Trigon zum Merkur des Mannes: Dieser Aspekt zeigt leichte Kommunikation an. Die Frau nimmt eine leidenschaftliche Rolle an, während sich beim Mann Gefühl und Vernunft miteinander kombinieren, so daß beide Partner in der harmonischen archetypischen Weise leben. Der Mann schätzt die mütterlichen Qualitäten seiner Partnerin, während sein logischer Verstand eine sichere Grundlage für ihre Gefühle abgibt.

Mond des Mannes im Trigon zur Venus der Frau: Bei diesem weiblich gefärbten Aspekt kommen Sensibilität und Empfänglichkeit der beiden Partner zusammen. Der Mann findet die Erfüllung seiner Bedürfnisse. Die Frau erfüllt seine Vorstellung von Liebe, wie er sie durch seine Mutter kennengelernt hat. Daher ist die Liebe, die er von seiner Partnerin bekommt, seinem Unterbewußtsein vertraut. Dieser Aspekt bringt eine leichte Note in eine Beziehung, die ausgezeichnet sein kann.

Mond der Frau im Trigon zur Venus des Mannes: Dies ist ein ausgezeichneter Aspekt für dauerhaftes Verstehen. Die Frau fühlt sich gut aufgehoben, und ihr Partner schätzt ihr angenehmes und mütterliches Wesen. Die Kreativität beider wird gesteigert, da das göttliche Mutterprinzip die Beziehung aus dem natürlichen Überfluß des Universums nährt. So wird die Harmonie der Partnerschaft durch einen ständigen Fluß von Gefühlen, Intuition und Zusammenarbeit immer weiter ausgebaut. Dem Mann fällt es leicht, seine

Mutter und die Art, wie sie für seine Bedürfnisse sorgte, anzuerkennen. Daher wird er seiner Partnerin Mutterliebe in positiver Weise zufließen lassen.

Mond des Mannes im Trigon zum Mars der Frau: Die Aggressivität der Frau wirkt als Antrieb für all das, was der Mann zum Ausdruck bringen möchte. Sie macht ihrem Partner die Art seiner Gefühle bewußt und lernt dabei, wie die Gefühle ihrer eigenen Mutter mit aktivem Handeln kombiniert werden können, um anspruchsvolle Ziele zu erreichen. Schließlich überträgt sie ihr Mutterbild auf sich selbst und gibt dem Mann die Fülle, nach der er sucht. Die Beziehung ist lebendig und aktiv.

Mond der Frau im Trigon zum Mars des Mannes: Der natürliche Mutterinstinkt der Frau verbindet sich mit den Wünschen ihres Partners, während er sie in die Zukunft führt. Die Anziehung ist instinktiv und unkompliziert. Die Frau lernt ihre Gefühle in Aktivität umzusetzen, während der Mann es lernt, durch sein Gefühl zu handeln. Ein lebendiger Geist der Zusammenarbeit führt diese Verbindung zu neuen Entdeckungen – sowohl über sich selbst als auch über ihre Beziehung zur Welt. Trotzdem müssen beide Partner ihre oft rastlose oder gar verwegene Einstellung in Zaum halten, wenn die Beziehung von Dauer sein soll.

Mond des Mannes im Trigon zum Jupiter der Frau: Dieser Aspekt gibt der Beziehung eine leichte und glückliche Note. Durch die Expansion seiner Gefühle lernt der Mann, seinen Platz im Universum zu finden. Die Frau kann lernen, ihre Gefühle mit einem ganzheitlichen Bewußtsein zu verbinden. Wenn das Paar sich vor Exzessen in acht nimmt, kann dieser Aspekt der Partnerschaft eine starke Orientierung auf Gefühl und Wahrheit hin verleihen. Wenn jedoch Exzesse nicht in Zaum gehalten werden, kann ein Mangel an gefühlsmäßiger Disziplin die Sicherheit der Beziehung beeinträchtigen.

Mond der Frau im Trigon zum Jupiter des Mannes: Die Partner harmonieren auf Reisen und in ihrer Weltanschauung. Dieser Aspekt hilft ihnen auch, ihren Standort im Leben zu finden. Die Frau schätzt die geistige Freiheit ihres Partners und schafft ihm ein gemütliches Nest, während er dazu beiträgt, ihr emotionales Selbst zu entwickeln und ihr Bewußtsein zu erweitern. Dieser Aspekt allein schafft keine Bindung in der Beziehung, kann aber eine ansonsten stabile und gesunde Partnerschaft durch zusätzliche Freuden bereichern.

Mond des Mannes im Trigon zum Saturn der Frau: Dieser Aspekt bringt Nüchternheit und Vorsicht in eine Beziehung. Eine gewisse Reserviertheit verbindet die beiden und kann dazu führen, daß sie sich vom Rest der Welt isolieren, wobei aber keiner der beiden das Gefühl hat, in Abhängigkeit zu leben. Der Mann ist empfänglich für die Vaterprojektionen der Frau, denn sie vergrößern seine Reife. Umgekehrt ist sie von Stolz erfüllt, wenn sie ihn in die würdevolle Rolle hineinwachsen sieht, nach der sie sich sehnt. Infolgedessen kann dieser Aspekt genügend Stabilität für eine dauerhafte Partnerschaft oder Ehe schaffen.

Mond der Frau im Trigon zum Saturn des Mannes: Dieser Aspekt schafft eine harmonische Balance zwischen den Gefühlen der Frau und dem Bedürfnis des Mannes nach Größe. Beide entwickeln schützende Tendenzen füreinander. Die Fähigkeit der Frau, sich der Stärke und Weisheit des Mannes unterzuordnen, macht diese Beziehung harmonisch. Sie nimmt die Rolle ihrer Mutter an und versucht, nach den Traditionen der Vergangenheit zu leben; der Mann bringt sie mit solchen Traditionen in Verbindung, die ihr das Gefühl geben, Teil von etwas zu sein, das größer ist als sie selbst.

Mond des Mannes im Trigon zum Uranus der Frau: Dieser Aspekt bringt Aufregung und Heiterkeit in eine Beziehung.

Eine gewisse Unberechenbarkeit hält das Interesse beider Partner aneinander wach. Durch ihre sprühende Originalität lehrt die Frau den Mann, seinen Gefühlen flexibler gegenüberzustehen. Er dagegen sorgt für emotionale Stabilität, so daß sie ihre Individualität mit einem Gefühl der Sicherheit zum Ausdruck bringen kann. Dieser Aspekt wird zwar eine ansonsten unsichere Beziehung nicht stärker verbinden, vergrößert aber die Möglichkeit, zu Einsichten zu kommen, durch die beide Partner wachsen können.

Mond der Frau im Trigon zum Uranus des Mannes: Hier nimmt die Frau unbewußt die Rolle ihrer Mutter an, um dem Mann zu helfen, sich von der Bindung an seine Mutter zu befreien. Sein Freiheitsdrang hilft ihm, seine unverwechselbare Identität zu finden, und die Frau kann dies verstehen, ohne ihr eigenes Selbstgefühl zu verlieren. Die Kombination von origineller Ausdrucksfähigkeit und Erfindungsreichtum beim Mann mit harmonischer Aufnahmebereitschaft bei der Frau kann zu einer sehr interessanten Beziehung führen.

Mond des Mannes im Trigon zum Neptun der Frau: Dieser Aspekt zeigt unbewußte Empfänglichkeit bei beiden Partnern an. Jeder versteht die Gefühle des anderen auf intuitiver Ebene und ein sanfter romantischer Fluß leitet diese Beziehung. Gleich einer Frau, die im Mondlicht badet, reflektiert diese Beziehung eine der harmonischsten Kombinationen der Natur. Der Mann wärmt die Frau mit seiner Zuneigung, während sie sich mit leisem, sanftem Gesang um seine Aufmerksamkeit bemüht. Ihre Inspiration hilft ihm, seine zeitlosen Gefühle für das Universum zu entdecken.

Mond der Frau im Trigon zum Neptun des Mannes: Hier sieht die Frau den idealisierten Traum von sich selbst im Mann verwirklicht. So wie der Regen auf fruchtbare Erde fällt, übergießt er sie mit seiner Liebe, und sie wächst zum

Ebenbild seines Ideals heran. Bezauberung und gegenseitiges seelisches Verstehen lassen die kreative Phantasie der beiden demselben Zeilpunkt zufließen. So wie Cyrano de Bergerac umwirbt der Mann liebevoll seine wartende Roxanne.

Mond des Mannes im Trigon zum Pluto der Frau: Dieser Aspekt bringt Tiefe und Einsicht in eine Beziehung. Der Mann kann Nahrung für die Frau sein, wenn er sie in der Tiefe ihres Unterbewußtseins so berühren kann, daß sie fähig wird, ihr niederes Selbst zu überwinden. Mit der Zeit kann sie zu dem Diamanten werden, nach dem er geduldig Ausschau hält. Er muß ihr unbeständiges Wesen verstehen und erkennen, wie sehr es der Transformation bedarf. Durch aufmerksame Fürsorge und aufrichtige Liebe können beide einander buchstäblich verwandeln.

Mond der Frau im Trigon zum Pluto des Mannes: Bei diesem psychischen Aspekt versucht die Frau, ihren Partner zu transformieren. Sie greift in die Dornen, um das winzige Saatkorn zu finden, das schließlich die Neugeburt seines Bewußtseins bewirken wird. Wenn er durch ihren Einfluß bewußter wird, kann durch Leiden und Schmerz die Transformation von der Dunkelheit zum Licht geschehen. Das Anspruchsvolle dieses Aspekts kann eine Partnerschaft von bleibender sozialer Bedeutung schaffen.

Mond in Opposition zum Mond: Dies ist eine schwierige Placierung, da die emotionale Reaktionsweise der beiden Partner einander entgegengesetzt ist. Starke Anziehung ist vorhanden, und die beiden bemühen sich, ein ausgeglichenes Gefühl der Objektivität zu erreichen. Da aber beide versuchen, im Mittelpunkt zu stehen, können extreme Gefühle entstehen. Dies erzeugt Intensität und Leidenschaft und bringt Aufregung in die Beziehung. Schließlich kann diese Intensität jedoch zum Ende der Beziehung führen.

Mond des Mannes in Opposition zum Merkur der Frau: Dieser Aspekt zeigt an, daß die Gefühle des Mannes im Widerspruch zu den Ideen der Frau stehen können. Ihre analytische Sichtweise seiner Gefühle kann ein Zusammentreffen von Herz und Verstand schwierig machen. Enttäuschung und Unzufriedenheit können die Beziehung schließlich zerstören.

Mond der Frau in Opposition zum Merkur des Mannes: Ein natürlicher Gegensatz zwischen Denken und Fühlen erzeugt Spannung. Der Mutterinstinkt der Frau steht im Konflikt mit der Fähigkeit des Mannes, für sich selbst zu denken. Seine Ideen sind oft anders als die Gefühls- und Verhaltensmuster, an die sie gewöhnt ist. Infolgedessen können unbewußte kindliche Unmutsäußerungen die Harmonie dieser Beziehung stören. Im allgemeinen kann auf beiden Seiten ein Mangel an Veständnis vorhanden sein, der keinen ungehinderten Kommunikationsfluß zuläßt.

Mond des Mannes in Opposition zur Venus der Frau: Dieser Aspekt verursacht Schwierigkeiten im Bereich der Gefühle. Die Beziehung ist weiblich orientiert. Unbewußt kämpft die Frau gegen ihre Mutter, um in der Konkurrenzsituation mit ihr zu überleben. Der Mann, der oft eine schwierige Kindheit hatte, wird in diese Beziehung gezogen, um neue gefühlsmäßige Einstellungen entwickeln zu lernen.
Unbewußt erlebt er eine Neuauflage der Auseinandersetzung seiner eigenen Mutter mit ihrer Weiblichkeit, so daß er die Lektionen lernen kann, die ihn mehr in Berührung mit seinen wahren Gefühlen bringen.

Mond der Frau in Opposition zur Venus des Mannes: Hier sieht die Frau sich in der Rolle ihrer Mutter, während sie (als Frau) durch den Mann ausgedrückt wird. Sie kann sich bedroht fühlen und Situationen schaffen, in denen der Mann sie bestrafen wird. Durch seine Kraft kann sie lernen, ihre eigenen Gefühle von den Gefühlen zu unterscheiden, die in ihrer Kindheit auf sie projiziert wurden. Dies schafft einen schwierigen psychologischen Komplex, der eine Beziehung untergraben kann. Der Mann spielt in diesem ganzen Komplex meist eine ziemlich periphere Rolle und kann ärgerlich reagieren. Beide sehen einander vielleicht nie so, wie sie wirklich sind. Es kann hilfreich sein, diese Komplexe durchzuarbeiten, aber die Lösung des Problems mag schließlich die Beziehung beenden.

Mond des Mannes in Opposition zum Mars der Frau: Dieser Aspekt führt in einer Beziehung zu überstürztem und impulsivem Handeln. Die Frau spielt eine männliche Rolle. Der Mann sieht sich selbst als die Frau, indem er unbewußt die Rolle annimmt, die seine Mutter ihm gegenüber hatte. Um vom Einfluß seiner Mutter frei zu werden, muß er Situationen schaffen, in denen die streitsüchtige Frau (von ihm selbst verkörpert) gewinnt. Je mehr er dies tut, desto mehr entzieht er sich seiner Vergangenheit. Die gegenwärtige Beziehung allerdings leidet unter der Verarbeitung dieses Problems.

Mond der Frau in Opposition zum Mars des Mannes: Hier tritt der Mann durch die Frau unbewußt mit seiner Mutter in Beziehung. Die durch diesen Aspekt angezeigte starke sexuelle Anziehung enthält also eine verborgene Inzestsituation, die hemmend auf diese Beziehung wirkt. Gleichzeitig neigt die Frau dazu, unabsichtlich die unbewußten Gefühle ihrer eigenen Mutter auszuagieren. Beide Partner dürften viel Leiden, Reibung und Konflikt erleben.

Mond des Mannes in Opposition zum Jupiter der Frau: Hier besteht ein Konflikt zwischen dem Besitzanspruch des Mannes und dem Freiheitsdrang der Frau. Er versucht, ihr seine Gefühle zu vermitteln, und erwartet von ihr dasselbe. Sie aber antwortet statt dessen durch ihr ganzheitliches Bewußtsein. Daher läuft die Beziehung in Wirklichkeit auf zwei verschiedenen Bewußtseinsebenen ab, die einander nicht unbedingt ergänzen. Dieser Konflikt manifestiert sich in Form von großen Meinungsverschiedenheiten, entgegengesetzten Weltanschauungen und Konflikten in der Lebenseinstellung, die nur schwer zu lösen sind.

Mond der Frau in Opposition zum Jupiter des Mannes: Hier werden die natürlichen Mutterinstinkte der Frau durch den Freiheitsdrang des Mannes gehemmt. Sie empfindet ihn als verantwortungslos, was in ihr ein Gefühl der Schutzlosigkeit auslöst. Er dagegen sieht ihr Verhalten als Überreaktion auf sein Bedürfnis nach Expansion und Überfluß, und seinen Drang, von allem zu kosten, was das Leben ihm zu bieten hat. Daher versäumt er oft, ihr genügend Sicherheit zu bieten, so daß sie eine gewisse Verletzlichkeit zeigen könnte. Sein strahlender Optimismus läßt sie in Augenblicken wirklicher Konfrontation mit einem Gefühl der Verzweiflung zurück.

Mond des Mannes in Opposition zum Saturn der Frau: Dieser Aspekt gibt der Beziehung einen herben Ton. Beide Partner haben die Tendenz, Elternkonflikte auszutragen, was ihr persönliches Harmoniegefühl stört. Die Frau hat unbewußt Schuldgefühle von ihrem Vater absorbiert und neigt nun dazu, diese auf ihren Partner zu projizieren. Er fühlt sich eingeschränkt, obwohl die Gründe dafür wenig mit seiner gegenwärtigen Situation zu tun haben. Karmische Muster werden hier entwirrt, und die Frau muß ihre Schwierigkeiten, männliche Gefühle zu verstehen, überwinden, wenn die Beziehung funktionieren soll.

Mond der Frau in Opposition zum Saturn des Mannes: Dieser Aspekt verursacht oft eine Bindungssituation, in der die Frau um ihre emotionale Freiheit kämpft und der Mann viel Energie für seine Bemühungen aufwendet, sie zu beherrschen. Der Mann neigt dazu, seine innere Anima-Figur mit der sehr realen Frau, die er vor sich hat, zu verwechseln, was Verwirrung auslöst und echte Kommunikation erschwert. Der Mann versucht, der Frau seine Maßstäbe für Weisheit, Würde und Anstand aufzuzwingen, wodurch sie sich erdrückt fühlt. Beziehungen mit diesem Aspekt können unbegrenzte Zeit andauern, so lange, bis beide Partner eine Art karmische Reife erlangt haben.

Mond des Mannes in Opposition zum Uranus der Frau: Hier aktiviert das unberechenbare Verhalten der Frau im Mann Unsicherheitsgefühle aus der Vergangenheit. Sie rebelliert symbolisch gegen den schützenden Mutterleib. Launische Verhaltensweisen stammen aus ihren späten Teenagerjahren, als die anfing, ihre eigene Originalität und Unabhängigkeit zu entdecken. Sie sieht den Mann unbewußt als Ersatzmutter, von der sie sich befreien will, und ist daher nicht bereit, in die Beziehung das einzubringen, was möglich wäre. Dieser Aspekt ist sehr schwierig und zu unstabil für eine Ehe oder dauerhafte Partnerschaft.

Mond der Frau in Opposition zum Uranus des Mannes: Hier repräsentiert in den Augen des Mannes die Frau symbolisch die Werte, von denen seine eigene Mutter in der Vergangenheit geprägt war. Er empfindet die Notwendigkeit, gegen jegliche Form von Beherrschung zu rebellieren, und kann darum kämpfen, seine Freiheit und Originalität durchzusetzen. Die Beziehung wird sicherlich nicht langweilig sein, aber die Frau muß mit einem überraschenden Ende rechnen, wenn sie sich von der unsteten Natur des Mannes abhängig macht.

Mond des Mannes in Opposition zum Neptun der Frau: Dieser Aspekt verursacht Verlustängste im Mann. Er streckt seine Hand nach der Frau aus, muß aber feststellen, daß sie nicht da ist. Statt dessen trifft er auf Träume, Illusionen,

Phantasien und Kämpfe mit der Maya, wo er in Wirklichkeit ihre Offenheit seinen sehr realen Gefühlen gegenüber sucht. Umgekehrt entspricht das, was die Frau im Mann verkörpert sieht, nicht ihrem inneren Animus-Bild. Sie fühlt sich verwirrt und kann versuchen, ihn ihrem Ideal entsprechend zu verändern; so schafft sie sich einen Traum, in dem sie dann leben muß. Wegen der von diesem Aspekt verursachten Schwierigkeiten kann die Beziehung leicht in Verzweiflung enden.

Mond der Frau in Oppposition zum Neptun des Mannes: Dieser Aspekt macht es beiden Partnern schwer, dem anderen gegenüber echte Gefühle auszudrücken. Der Mann kann sich hinter Bildern verstecken, die seine wirkliche Identität verschleiern, während die Frau fortwährend versucht, seine Gefühle ans Licht zu bringen – Gefühle, von denen sie annimmt, daß sie existieren. Sie greift nach ihm wie nach dem Wind, der sich ständig ihrem Zugriff entzieht. Infolgedessen kann sie sich innerlich enttäuscht fühlen oder ihr Identitätsgefühl verlieren.

Mond des Mannes in Opposition zum Pluto der Frau: Dieser Aspekt bringt eine unbeständige und explosive Qualität in die Beziehung. Die Frau lädt den Mann fortwährend mit neuer Energie auf, er jedoch empfindet ihre Kraft als Bedrohung seines Sicherheitsgefühls. Streitigkeiten führen zu Bruch und Trennung und bringen den Mann schließlich zu einem mehr kosmischen Verständnis seiner Gefühle. Umgekehrt neigt die Frau dazu, genau das Heim, das sie sucht, zu zerstören, da sie ihrem ständigen Bedürfnis nach Regeneration folgt.

Mond der Frau in Opposition zum Pluto des Mannes: Hier ist die regenerative Kraft Plutos oft zu intensiv für zarte weibliche Gefühle. Die Frau kann sich von der dunklen Seite des Lebens bedroht fühlen und nicht verstehen, zu welchen Tiefen sie geleitet wird. Der Mann möchte in der Auseinandersetzung mit ihr zur Personifizierung des Männlichen werden, kann sie aber als zu ruhig empfinden, um seinem energetischen Drang zu genügen. Diese Energie kommt symbolisch zum Audruck in dem klassischen Fall von Dianas Begegnung mit Luzifer, wo die Mondgöttin den Teufel in Versuchung führt. In dem Mythos ist sie die Siegerin, aber in Wirklichkeit gibt es keinen Sieger, da der Aspekt das innerste Wesen beider Partner aufrührt.

Merkuraspekte

Merkur in Konjunktion zum Merkur: Beide Personen denken auf ähnliche Weise. Eine unbewußte Neuauflage von Geschwisterkonkurrenz kann stattfinden, wenn einer der Partner mit Bruder oder Schwester um Zuwendung kämpfen mußte; doch die Ausdrucksbedürfnisse der beiden können schließlich eine Situation von geistiger Klarheit und unschuldigem Verstehen schaffen. Sie haben viel Ähnlichkeit mit zwei Kindern, die unter dem Schutz eines fürsorglichen Universums miteinander spielen. Durch gemeinsame Ideen und Beobachtungen am anderen können sie enger zusammenwachsen und Vernunft, Logik und spontanes gegenseitiges Verstehen miteinander teilen.

Merkur des Mannes in Konjunktion zur Venus der Frau: Hier ergänzt die Vernunft des Mannes die freundliche und hilfsbereite Einstellung der Frau. Sie liebt seinen Verstand. Er seinerseits regt Gefühle in ihr an, die seine neutrale Logik wärmen. Die von diesem Aspekt ausgehende Einfachheit erleichtert Kommunikation und Ausdruck von Gefühlen. Der Bote spricht zu seiner Geliebten.

Merkur der Frau in Konjunktion zur Venus des Mannes: Sie mag ihn, und er genießt es, mit ihr zu sprechen und sich ihr mitzuteilen. Eine kindliche Unbefangenheit macht diesen Aspekt für beide Partner angenehm. Gemeinsame Interessen und Kunstverständnis bilden die Grundlage des gegenseitigen Verstehens.

Merkur des Mannes in Konjunktion zum Mars der Frau: Dieser männlich-orientierte Aspekt zeigt an, daß sie seinen Intellekt stimuliert. Sie kann enttäuscht sein, weil ihr Sexualtrieb auf eine geistige Ebene verlagert wird, denn der Mann interpretiert seine Wahrnehmungen falsch. Dennoch ist die Beziehung aktiv, lebendig und anspornend. Er trägt dazu bei, irgendwelche Fluchttendenzen zu neutralisieren, die durch andere Faktoren im Horoskopvergleich vielleicht angezeigt werden.

Merkur der Frau in Konjunktion zum Mars des Mannes: Der Mann projiziert seine Sexualkraft, aber sie benützt diese Energie als Stimulans zum Ausdruck ihrer Ideen. Infolgedessen fühlt er sich zwar enttäuscht, weil seine sexuellen Wünsche mißverstanden werden, ist aber auch dankbar, daß seine Bedürfnisse auf anderen Ebenen verstanden werden. Dieser Aspekt zwingt die Frau, ihren Verstand in gesunder Auseinandersetzung mit dem männlichen Ego zu benützen. Gedanke verbindet sich mit Aktion. Vernunft und Fortschritt können schließlich das Ziel dieser Partnerschaft sein.

Merkur des Mannes in Konjunktion zum Jupiter der Frau: Dieser Aspekt zeigt ein Zusammentreffen der tieferen und höheren Geistesebene an. Der Mann hilft der Frau, ihre expansiven Ideen in praktische Wirklichkeit umzusetzen, während sie ihm den Weg zu einem höheren Bewußtsein zeigen kann. So gleicht er einem Trichter, durch den ihr Bewußtsein sich ergießen kann. Aufgrund seiner Fähigkeit, zu kategorisieren und zu verstehen, verstärkt sich bei ihr das Gefühl, als kosmisches Wesen wertvoll zu sein.

Merkur der Frau in Konjunktion zum Jupiter des Mannes: Hier findet die Frau durch den Mann zu ihrem höheren Bewußtsein. Er erklärt ihr den universalen Sinn ihres subjektiven Bewußtseins und verhilft ihr zu einer erhabeneren Lebenseinstellung. Eine Qualität der Menschlichkeit erfüllt die Beziehung, wenn der Durst der Frau nach Wissen und Verstehen mit dem Bedürfnis des Mannes zusammentrifft, die Fülle seiner Weisheit zu teilen.

Merkur des Mannes in Konjunkion zum Saturn der Frau: Die Frau führt den Mann zu seinen Lektionen. Sie spricht mit ihm über Verantwortung, Pflicht und die Möglichkeiten, eine Weisheit zu erwerben, die sein Wesen zur Fülle bringen wird. Er muß sich ihren Respekt verdienen und bemüht sich daher, Format zu entwickeln. Die mehr leichtfertigen Merkureigenschaften werden gehemmt, da sie den kindlichen Eigenschaften ihres Partners die Weisheit reifen Bewußtseins entgegenstellt.

Merkur der Frau in Konjunktion zum Saturn des Mannes: Die Frau findet im Mann den Schutz und die Unterstützung, die sie sucht. Eine vernünftige Einstellung gibt der Beziehung Zweck und Richtung. Sie stellt Fragen und erhält ernsthafte Antworten in Form von Moral, Sprichwörtern und Zitaten; ernsthafte Äußerungen, die ihr helfen, Sicherheit zu entwickeln. Der Aspekt symbolisiert ein Kind, das seinem Vater in die Augen schaut und sagt: »Vater, lehre mich!«, und er tut es.

Merkur des Mannes in Konjunktion zum Uranus der Frau: Hier verbindet sich der Intellekt des Mannes mit der einzigartigen Originalität und Erfindungsgabe der Frau. Der Aspekt symbolisiert Interesse und intensive geistige Anregung. Die Frau kann durch ihre Fähigkeit frei zu denken, ihrem Partner die aufregenden Möglichkeiten seines Verstandes bewußt machen. Gleichzeitig verleiht seine Fähigkeit, ihre Ideen wahrzunehmen und zu verstehen, der Beziehung eine praktische und vernunftbetonte Qualität. Diese Partnerschaft kann genialen Geist ausstrahlen.

Merkur der Frau in Konjunktion zum Uranus des Mannes: Dieser Aspekt verstärkt die intellektuelle Stimulation. Die Frau versteht die unkonventionellen Denkprozesse ihres Partners. Auch wenn seine Ideen sie verwirren können, erkennt sie schließlich doch, daß es im Leben vieles gibt, was sie vorher noch nicht kannte. Ausdrucksstarke Originalität bringt Aufregung in die Beziehung, deren Wachstum sprunghaft und unberechenbar verlaufen kann, da sie ständig über die konventionellen Archetypen und Normen der durchschnittlichen Partnerschaft hinausgeht.

Merkur des Mannes in Konjunktion zum Neptun der Frau: Hier kombiniert sich die Fähigkeit des Mannes zum Argumentieren mit der Inspiration und visionären Kraft der Frau. Der Mann teilt ihr seine praktischen Ideen mit und hilft ihr gleichzeitig, ihre Phantasie zu verstehen. Sie kann beruhigend auf ihn wirken, während er die Ursachen all ihrer Eindrücke, Phantasien und tiefen Gefühle zu ergründen sucht. Sie könnte jedoch ihre Identität verlieren, während sie mit dem Geist ihres Partners verschmilzt, denn in ihrer aufopfernden und mitfühlenden Art gibt sie ihr ganzes Wesen hin, um ihren Partner in die tiefen Mysterien einzuführen, die sie in ihrem Inneren fühlt.

Merkur der Frau in Konjunktion zum Neptun des Mannes: Dieser Aspekt symbolisiert eine Mischung von Vernunft und Intuition, wobei der Mann der Frau hilft, Vertrauen in ihre Ideen zu entwickeln. Er besitzt Phantasie und Inspiration. Sie hat die Fähigkeit, zu analysieren und zu verstehen. Die Beziehung symbolisiert eine Botschaft auf dem Wasser des Geistes – die Frau hat eine Idee, und der Mann zeigt ihr dann die darin verborgene göttliche Inspiration. Ein Sinn für Mitgefühl kann diesen Aspekt zu einer großen Bereicherung für eine Beziehung werden lassen, wenn der Mann all das verstehen kann, was Neptun zu geben hat.

Merkur des Mannes in Konjunktion zum Pluto der Frau: Hier wird der bewußte Verstand des Mannes mit der rohen, unbewußten Energie der Frau konfrontiert. Diese Beziehung kann sich auf genaue Wahrnehmung und Tiefe gründen. Sie zeigt ihm die größtmögliche Expansion seiner Gedanken, während sein Interesse am Lernen aufgrund ihrer ständigen Transformationen zunimmt. Wenn der Mann versucht, in der Beziehung zu dominieren, wird er sich fühlen, als säße er auf einem Vulkan, der jeden Augenblick ausbrechen kann. Wenn er aber die Intensität seiner Partnerin versteht, dann kann er diese langsame Einführung in die Erkenntnis des Unbekannten zu schätzen wissen.

Merkur der Frau in Konjunktion zum Pluto des Mannes: Dies ist eine ausgezeichnete Verbindung für spirituelles Wachstum. Der Mann wandelt sich ständig und schafft Umwälzungen, die der Frau helfen ihre Selbstwahrnehmung zu verändern.
Sie beginnt Tiefe zu entwickeln und überwindet die Engstirnigkeit, die ansonsten ihren Verstand hätte lähmen können. Der Mann verändert ihre Einstellung zur Sexualität, und obwohl sie von seiner Intensität erschreckt ist, fühlt sie sich auch davon angezogen.
So lockt er sie tiefer in die Mysterien des Universums, tiefer in die Suche nach dem Verstehen des eigentlichen Lebenssinns.

Merkur im Quadrat zum Merkur: Dieser Aspekt verursacht Imitation, weil die beiden Partner unterschiedlich denken, und ihr Drang, einzigartige Ideen auszudrücken, Reibung verursacht. Eine dynamische Qualität in der Beziehung kann beiderseitiges Wachstum fördern. Da dieser Aspekt oft Spannungen auf der Ebene des Alltäglichen verursacht, ist er für das Entstehen von Harmonie ungeeignet.

Merkur des Mannes im Quadrat zur Venus der Frau: Hier versucht der Mann auf intellektueller Ebene, die Frau zu lehren, wie sie ihre Liebe ausdrücken kann. Sie kann sich durch die androgynen Merkur-Schwingungen frustriert fühlen, denn diese präsentieren ihr an Stelle eines »voll-männlichen« eher ein intellektuelles Wesen als Bezugspartner. Der Mann kann ihr unbewußt zu verstehen geben: »Sei so wie ich sage, nicht so wie ich bin.« Bei solcher Spannung wird sogar alltägliche Kommunikation schwierig.

Merkur der Frau im Quadrat zur Venus des Mannes: Die Frau stellt ihre Weiblichkeit in Frage, da sie der weiblichen Seite des Mannes begegnet. Während sie die Beziehung untersucht, sowohl von seinem Standpunkt als auch von ihrem eigenen aus, versucht sie die weibliche Rolle zu akzeptieren, die ihr gezeigt wird. Im wesentlichen bittet sie den Mann, ihr zu zeigen, wie man liebt, aber durch diesen Aspekt kann sie Liebe nur auf der intellektuellen Ebene verstehen.

Merkur des Mannes im Quadrat zum Mars der Frau: Dieser Aspekt verursacht Streit, Reibung und Ärger. Die Frau kann sich unbewußt mit ihrer männlichen Animus-Figur identifizieren, und infolgedessen versucht sie vielleicht, den intellektuellen Teil ihrer selbst zu besiegen, den sie im Mann symbolisiert sieht. Sie kann instinktiv handeln oder reagieren, wobei sie seine Gedanken eher als Reizmittel statt als ein Mitteilen von Ideen empfindet. Infolgedessen erfährt er in dieser Beziehung einen Mangel an Kommunikation.

Merkur der Frau im Quadrat zum Mars des Mannes: Hier versucht die Frau, das Wesen der Beziehung und ihre Rolle darin zu verstehen, während der Mann subjektiv sein Ego zum Ausdruck bringt. Sie muß das bemerken, was ihm entgeht. Um das zu tun, wird sie vielleicht beide Rollen spielen, in der Hoffnung, dadurch besser verstehen zu können. Wenn sie aber versucht, die männliche Rolle zu spielen, stellt sie sich nicht nur in Gegensatz zu ihm, sondern verletzt dabei auch sich selbst. So hat dieser Aspekt eine Neigung, die Harmonie, die beide Partner in der Beziehung suchen, zu stören.

Merkur des Mannes im Quadrat zum Jupiter der Frau: Hier benützt der Mann die Frau zur Erweiterung seines Bewußtseins. Sie kann ihm seine Gedanken erklären, aber er wird diese Erklärungen wahrscheinlich nicht mögen, oder sie sind für seinen Weg nicht geeignet. Stattdessen kann er sich verwirrt fühlen oder seine ursprünglichen Fragen anzweifeln. Sie wird es schwierig finden, sich für die Informationen zu interessieren, die er für bedeutsam hält. Das höhere Bewußtsein der Frau und der logische Verstand des Mannes ergänzen einander nicht, obwohl sie beide Gültigkeit haben können.

Merkur der Frau im Quadrat zum Jupiter des Mannes: Dieser Aspekt verursacht Kommunikationsschwierigkeiten, die sich nicht leicht überwinden lassen. Die Frau verläßt sich auf die höhere Wahrheit des Mannes, mag aber feststellen, daß seine Vorstellung von Wahrheit nicht mit der ihrigen übereinstimmt. Er mag die Rolle des Propheten, Weisen oder Wahrsagers annehmen, um ihre Fragen zu beantworten. Die Antworten zwingen sie, Aspekte der Wahrheit zu sehen, die für die Richtung, in die ihr Denken geht, eigentlich nicht nützlich sind. Daher muß sie entweder ihren Standpunkt ändern oder sich in der Beziehung mit einer untergeordneten Rolle begnügen.

Merkur des Mannes im Quadrat zum Saturn der Frau: Hier benützt der Mann seinen Intellekt, um unbewußt die traditionellen Werte und die Weisheit seines Vaters auf die Probe zu stellen. Die Frau in der Rolle seines Vaters symbolisiert für ihn zielgerichtete, langsame Bewegung auf produktive Ziele hin. Er kann dies als Behinderung seines freien Ausdruckes empfinden. Wenn er auf sie hört, wird er schließlich bedächtiger werden und wird lernen, zu sagen, was er meint, und zu meinen, was er sagt. Wenn er dies nicht tut, kann sie durch die karmischen Wirkungen seiner Ideen belastet werden. Die Beziehung kann entweder einseitig oder extrem bedeutungsvoll sein, je nachdem, wie der Mann ihre praktische und nüchterne Einstellung akzeptiert.

Merkur der Frau im Quadrat zum Saturn des Mannes: Die Frau sieht den Mann unbewußt als Symbol einer übermächtigen Vaterfigur, der sie in ihrem Bedürfnis nach Selbstausdruck einschränkt. Sie fühlt sich frustriert, weil die meisten ihrer Ideen auf Hindernisse stoßen. Der Mann empfindet sich als verantwortlich für ihre Ideen. Die Frage, wer in der Beziehung der überlegene oder unterlegene Partner ist, kann zu einem sehr offensichtlichen Problem werden, und beide Partner können in ihrem Bestreben, den anderen zu beeindrucken, sehr weit gehen. Dieser Aspekt macht Harmonie ziemlich schwierig, weil ein Gefühl des Eingesperrtseins die Partnerschaft durchzieht. Beide können ihre Rolle in der Beziehung in Frage stellen. Die Frau kann sich vor dem Mann fürchten, da er ein Gefühl des Respektiertwerdens auf ihre Ängste aufbaut. Je länger er jedoch den Ausdruck ihrer Ideen hinausschiebt, desto stärker wird sie, bis sie seine übertriebenen Beschützerinstinkte eines Tages nicht mehr brauchen wird.

Merkur des Mannes im Quadrat zum Uranus der Frau: Dieser Aspekt schafft lebhafte Anziehung auf geistiger Ebene. Viel Aufregung ist möglich, gleichzeitig aber auch eine Tendenz zu unerwarteten, spannungsreichen oder hektischen Erfahrungen, verursacht durch die unkonventionelle Haltung der Frau. Der Mann sucht in ihr Originalität, Erfindungsgabe und eine höhere Ausdrucksmöglichkeit für seinen Intellekt. Stattdessen können ihre ausgefallenen Ideen seinem Denken einen Schock versetzen. Er sucht in seiner Partnerin nach Stabilität, muß aber feststellen, daß sie sich ständig in Veränderung befindet.

Merkur der Frau im Quadrat zum Uranus des Mannes: Eine aktive, lebendige Beziehung ist hier möglich, aber bei der Kommunikation kann es zu Schwierigkeiten kommen. Die Frau stellt ihre Denkweise in Frage, da der Mann sich auf so einzigartige und originelle Weise ausdrückt. Je mehr er das existentielle Leben sucht, desto mehr stört er ihre Versuche, das Alltagsleben zu verstehen. Sie hält ihn für einen überaus aufregenden Menschen, aber jedesmal, wenn sie glaubt, ihn verstanden zu haben, bringt er etwas Neues ins Spiel. Sie hat das Gefühl, durch ein Kaleidoskop von Möglichkeiten zu blicken, die aber immer gerade außerhalb ihrer Reichweite liegen.

Merkur des Mannes im Quadrat zum Neptun der Frau: Hier kann die aktive Denkweise des Mannes durch eine mystische Qualität in der Frau desillusioniert werden. Gleichzeitig kann sie sich von seiner analytischen Einstellung eingeengt fühlen. Sie wird vielleicht versuchen, ihm bei der Entwicklung seiner Intuition zu helfen, so daß er das, was er durch den Verstand zu begreifen versucht, statt dessen fühlen kann. Da jedoch seine Vernunft zunehmend an Wirksamkeit verliert, wird er die Frau als Schatten über seinen Gedanken empfinden. Mißtrauen oder unaufrichtige Kommunikation bei diesem Aspekt machen den Aufbau einer dauerhaften Beziehung schwierig.

Merkur der Frau im Quadrat zum Neptun des Mannes: Die Frau kann in ihrem Partner ihr Idealbild nicht finden. Er ist ein Traum, aber sie ist sich niemals sicher, ob er ihr Traum ist oder nur die täuschenden Projektionen jener Eigenschaften, von denen er weiß, daß sie sie gerne sehen möchte. Wie ein Mann mit tausend Gesichtern kann er alles darstellen, was sie sich vorstellt – außer dem Wesentlichen, das sie wirklich braucht. Infolgedessen kann die durch diesen Aspekt verursachte Selbsttäuschung leicht eine ansonsten stabile Beziehung aushöhlen.

Merkur des Mannes im Quadrat zum Pluto der Frau: Dieser Aspekt bringt eine Atmosphäre von Zank und Streit in eine Partnerschaft. Ein fanatischer Kampf um Selbstausdruck betont vor allem die niedrigeren Qualitäten der beiden Partner, dennoch sind beide fähig, einander zu transformieren. Der Mann versucht, die Tiefen im Innern der Frau zu verstehen, und obwohl sie ihn vielleicht in die Finsternis führt, verspricht sie doch auch Licht am Ende des Tunnels. Dazu muß sie jedoch unbewußt verstehen lernen, was er ihr mitzuteilen versucht. Es kommt zu Anstrengung, Kampf und Spannung, während die beiden Partner versuchen, sich zu verstehen.

Merkur der Frau im Quadrat zum Pluto des Mannes: Hier findet die Frau es schwierig, die verborgene Seite des Mannes zu sehen. Sie ahnt hinter seinem Äußeren ein »Trojanisches Pferd« und befürchtet, es könnte in ihre geistige Ordnung einbrechen; dennoch ist sie von dieser tiefen, dunklen, geheimnisvollen Kraft fasziniert, die all das zu wissen scheint, was sie nicht weiß. So fühlt sie sich gleichzeitig angezogen und abgestoßen. Sie muß ihre Intelligenz gebrauchen, um mit den wechselnden Herausforderungen durch diesen Mann zurechtzukommen. Die Beziehung ist von Intensität und leidenschaftlichem Eigensinn geprägt, da jeder dem anderen die Wichtigkeit seiner eigenen Gedanken mitzuteilen versucht.

Merkur im Trigon zum Merkur: Der bewußte Intellekt des Mannes paßt zu den Ideen und Gedanken der Frau. Die beiden ergänzen einander, so wie sich gutgelaunte Kinder auf einem Spaziergang von ihren Ideen erzählen. Dies ist ein ausgezeichneter Aspekt für gegenseitiges Verstehen.

Merkur des Mannes im Trigon zur Venus der Frau: Dieser Aspekt bringt eine Komponente der Zusammenarbeit in eine Beziehung. Die Frau versucht, den Mann zu verstehen, und da sie ihn liebt, faßt er Vertrauen in seine Ideen. Beide schätzen die Künste und haben das gleiche Gefühl für konstruktive Werte. Dies ist ein positiver Aspekt für eine harmonische Partnerschaft.

Merkur der Frau im Trigon zur Venus des Mannes: Dieser Aspekt bringt eine Note von ruhiger Harmonie in eine Partnerschaft. Die Partner teilen ihre Erfahrungen einander mit und werden durch verständnisvolle Zusammenarbeit bereichert. Die Frau sieht ihren Sinn für Ästhetik im Mann verwirklicht, und er fügt ihrem Intellekt einen Gefühlston hinzu. Wenn sie einen praktischen Verstand besitzt, kann dieser Aspekt eine ausgezeichnete Grundlage für Kommunikation abgeben.

Merkur des Mannes im Trigon zum Mars der Frau: Die Frau regt den Intellekt des Mannes an. Sie unterstützt seine Ideen und hilft ihm, Vertrauen in seine Vorstellung zu entwickeln. Gleichzeitig ergänzt er ihre Leidenschaft durch seine Vernunft. Die Beziehung ist lebendig, aktiv und fortschrittlich orientiert, da die jugendlichen Bestrebungen beider Partner als Antrieb in die Zukunft wirken. Dieser Aspekt ist eine ausgezeichnete Erfolgskonstellation. Wenn der Mann an sich zweifelt, macht die Frau ihm Mut. Sie kann Hindernisse mit Kühnheit überwinden, während er durch genaues Abwägen den vernünftigsten Weg ausfindig macht.

Merkur der Frau im Trigon zum Mars des Mannes: Der Intellekt der Frau wird durch den Ausdrucksdrang des Mannes intensiviert. Sie erkennt die Notwendigkeit, ihre Gedanken in Taten umzusetzen, und seine Energie hilft ihr, das zu tun. Die aktive Kommunikation der beiden ist auf gegenseitiges Verstehen ausgerichtet, und sie können sich helfen, einander aufzubauen. Beide können großen Wohlstand und die Erfüllung persönlicher Wünsche erreichen, wenn eine gute Portion ungewöhnlicher Ideen in die Partnerschaft eingebracht wird.

Merkur des Mannes im Trigon zum Jupiter der Frau: Hier ergänzen sich der logische Verstand des Mannes und das höhere, ganzheitliche Bewußtsein der Frau zu einem harmonischen Verständnis auf vielen Ebenen. Sie wird ihn großzügig mit Ideen versorgen, die er intellektuell assimilieren kann. So erlebt er eine bereichernde Erweiterung seines Bewußtseins. Gleichzeitig stellt er seiner Partnerin ein Ausdrucksmedium zur Verfügung, durch das sie ihre Ideen mitteilen kann. Wenn der Mann praktisch und vernünftig ist, kann dieser Aspekt für beide Partner spirituelles Wachstum bringen. Wenn Vernunft sich mit Licht kombiniert, beginnt die Renaissance.

Merkur der Frau im Trigon zum Jupiter des Mannes: Der Intellekt der Frau findet zu größerer Klarheit, wenn er sich mit der Fähigkeit des Mannes verbindet, das expansive Wesen des Universums zu verstehen. Er führt sie in neue Denkweisen ein, und sie kann fasziniert sein, wenn sie erkennt, wie wertvoll die Erweiterung einfacher Ideen ist. Wenn Jupiter das Licht ihrer Vernunft entzündet hat, wird sie zu einer Botin der Wahrheit und kann ihr aufgeklärtes Verständnis an andere weitergeben. Nicht nur persönliches Wachstum kann durch diesen Aspekt angezeigt werden, sondern auch die Möglichkeit, eine spirituelle Berufung zu erfüllen.

Merkur des Mannes im Trigon zum Saturn der Frau: Die Frau bringt ihre Reife mit, die als Puffer dient und den Intellekt des Mannes schützt und konzentriert, so daß er sinnvoll zum Ausdruck kommen kann. Ihre unbewußten Ziel-und Erfolgsprojektionen schaffen einen sicheren Rahmen, in dem die Ideen des Mannes geboren, genährt und gekräftigt werden, um schließlich zur Reife zu gelangen. Dies ist ein ausgezeichneter Aspekt für eine dauerhafte karmische Partnerschaft oder Ehe.

Merkur der Frau im Trigon zum Saturn des Mannes: Hier bringt der Mann seinen Sinn für zweckorientiertes Handeln mit in die Beziehung. Er trägt dazu bei, ihre Perspektive zu erweitern, so daß sie zu reiferem Denken findet. Dadurch wird sie zu einer eifrigen Schülerin in einer Lehrer-Schüler-Beziehung. Durch eine karmische Mischung sinnvoller Ideen durchlaufen beide Partner eine spirituelle Entwicklung. Sie lernt, daß alle guten Dinge Zeit brauchen, um zu wachsen, und er hilft ihr dabei, ihr Bewußtsein zu entwickeln.

Merkur des Mannes im Trigon zum Uranus der Frau: Dieser Aspekt führt zu Harmonie zwischen dem Intellekt des Mannes und ungewöhnlichem oder neuartigem Wissen über die Welt, das die Frau zusammenträgt. Der Mann versucht, mit Hilfe seines Verstandes, alle seine Wahrnehmungen zu kategorisieren und zu analysieren. Dabei kann er vieles übersehen, was sein Denken bereichern könnte. Durch seine Beziehung zu der Frau wird er einfallsreicher und origineller, und kommt stärker mit zahlreichen existentiellen Möglichkeiten in Berührung, die er sonst gar nicht berücksichtigt hätte. Ein Hauch von Genie kann aus dieser Beziehung entstehen, wenn beide Partner zusammen auf dasselbe Ziel hinarbeiten.

Merkur der Frau im Trigon zum Uranus des Mannes: Dieser Aspekt hat zur Folge, daß der Mann das Denken der Frau auffrischt und erneuert. Sie findet seine Intelligenz aufregend und unterhaltsam. Sie beginnt, neue Möglichkeiten und einen weiteren Horizont zu entdecken, und kann sogar anfangen, Vorstellungen zu verstehen, die ihr bis dahin völlig fremd waren. Wenn ihr rationaler Verstand durch die lebendigen Entdeckungen des Uranischen bereichert wird, integriert sich die Dimension des immer wieder Neuen und Unvorhersehbaren in ihre intellektuelle Kapazität. Sie lernt es, über ihre bisherigen Möglichkeiten hinauszugehen, um die Klarheit einer besseren Zukunft zu finden. Gleichzeitig empfindet der Mann ihre Ordnung und Logik als willkommenen Kanal für seine unkonventionellen Ideen – die Frau gibt seiner Energie, die sonst zerstreut werden könnte, eine Richtung.

Merkur des Mannes im Trigon zum Neptun der Frau: Hier gewinnt die Vernunft des Mannes Einsichten und Inspiration durch die Frau. Ihre Träume ergänzen seine konkrete Realität. Sie kann ihn ermutigen, weil ihr Glaube und ihre Phantasie ihn lehren können, die Ästhetik natürlicher Schönheit wahrzunehmen, und seine intellektuellen Fähigkeiten zu steigern. Liebe zu Kunst und Musik verstärkt noch die harmonischen Eigenschaften dieses Aspekts.

Merkur der Frau im Trigon zum Neptun des Mannes: Dieser Aspekt kann die Frau lehren, das mystische Bewußtsein zu akzeptieren, das der Mann ihr vermittelt. Anstatt Schlußfolgerungen zu ziehen, kann sie zu der Erkenntnis kommen, daß geistige Offenheit ihr hilft, neue Bewußtseinsebenen zu erreichen. Auf ihrer Reise in das spirituelle Reich, das der Mann für sie bereithält, entdeckt sie viele Nuancen, Bilder, Bedeutungen und Farben, die in einem kosmischen Sinn in der Beziehung existieren, die sie einfach nur für eine persönliche Beziehung gehalten hatte. Dies ist ein ausgezeichneter Aspekt für die Entwicklung einer Partnerschaft oder Ehe.

Merkur des Mannes im Trigon zum Pluto der Frau: Dieser Aspekt bringt große Tiefe und Weisheit in eine Beziehung.

Der Mann erforscht den Ursprung seiner Ideen und lernt dadurch, sein Denken zu transformieren. Und, da der Mensch das ist, was er denkt, kann er sein ganzes Wesen verändern. Die Frau ist der verborgene »Engel des Lichts« und führt ihn auf geheimnisvolle Weise zu den Geheimnissen, die den Schlüssel für seine Evolution enthalten. Die Beziehung ist intensiv und dynamisch und findet dabei zwischen dem bewußten Denken des Mannes und der unbewußten Ausstrahlung der Frau ihren Weg zur Harmonie.

Merkur der Frau im Trigon zum Pluto des Mannes: Die Frau trinkt vom Quell der Leidenschaft und des Mysteriums, und läßt sich ganz mit Einsicht erfüllen. Eigenschaften des Mannes, die übertrieben und unmäßig erscheinen mögen, können auch die Entstehung von Energie im tiefsten Innern seiner Seele verursachen – einer Energie, die schließlich das Bewußtsein beider Partner transformieren wird. Sie ist wie das kleine Rotkäppchen, das dem Wolf begegnet, dann aber erkennt, daß der Wolf der Katalysator ist, der sie zwingen wird, ihre Ängste und Selbstzweifel zu überwinden.

Merkur in Opposition zum Merkur: Bei diesem Aspekt steht das bewußte Denken der Partner zueinander in Widerspruch, da die beiden das Leben als eine Folge von Gegensatzpaaren erfahren. Die Beziehung kann zwar ausgewogen sein, aber die beiden Partner fühlen sich vielleicht niemals richtig konzentriert. Geistige Harmonie entsteht, wenn man akzeptieren kann, daß die Welt aus Gegensätzen besteht. Wenn jeder der beiden wirklich anerkennt und einsieht, daß die Denkweise des anderen ebenfalls Gültigkeit besitzt, dann kann diese Kombination beide zu einem objektiven Bewußtsein bringen. Wenn einer der Partner in allzu persönlicher Weise an Gedanken oder Meinungen festhält, kann diese Opposition ein Kommunikationshindernis darstellen und die Partnerschaft unerträglich machen.

Merkur des Mannes in Opposition zur Venus der Frau: Der Intellekt des Mannes arbeitet gegen sein Bedürfnis nach Liebe. Die Frau kann sich mit Ideen konfrontiert sehen, die ihr Wohlbefinden beeinträchtigen. Je mehr die Frau von den Gedanken ihres Partners beeinflußt wird, desto weniger wird sie ihre eigene Weiblichkeit ausdrücken können. Es besteht ein natürlicher Konflikt zwischen dem Bedürfnis der Frau, Liebe zu geben, und der intellektuellen Reaktion des Mannes auf sie.

Merkur der Frau in Opposition zur Venus des Mannes: Die Frau wird die Art, wie ihr Partner seine Liebe ausdrückt, vielleicht nicht mögen. Sie kann ihre eigene Weiblichkeit im Mann verkörpert sehen, dessen Weichheit und Freundlichkeit möglicherweise eine Bedrohung ihrer Sexualität darstellen. Daher ist hinter Auseinandersetzungen über Kleinigkeiten oftmals ein größerer und bedeutungsvollerer Konflikt verborgen, der aber vielleicht nie an die Oberfläche kommt. Der Mann hat oft die Empfindung, eigentlich niemals zu seiner Zufriedenheit mit ihr kommunizieren zu können.

Merkur des Mannes in Opposition zum Mars der Frau: Dieser Aspekt führt zu Streitigkeiten, und die Frau kann gegen eine von ihr empfundene Vorherrschaft des Mannes ankämpfen. Sie identifiziert sich dann mit ihrer unbewußten Animus-Figur und hat das Bedürfnis, auf dem Gebiet der Kommunikation siegreich zu sein. Aber jedesmal, wenn ihr das gelingt, verliert sie mehr von ihrer Weiblichkeit; sie nimmt dem Mann etwas von seinem Vertrauen in seine Ausdrucksfähigkeit und scheint seine Ideen auf grundlegende Weise abzulehnen. Dieser Aspekt ist besonders schwierig für eine dauerhafte Partnerschaft oder Ehe, da die Kommunikation ein Element der gegenseitigen Abwertung enthält. Beide Partner versuchen, um des Überlebens willen auf die Schwäche des anderen zu bauen.

Merkur der Frau in Opposition zum Mars des Mannes: Der Intellekt der Frau kann sich durch die Aggressivität des Mannes bedroht fühlen. Sie ist sich seiner Sexualität auf geistiger Ebene bewußt, trotzdem kann sie versuchen, seine Aggressivität zu rationalisieren oder sie anderen Ursachen zuzuschreiben. Daher hat sie Schwierigkeiten, ihre Gefühle zu kommunizieren. Ein Anflug von Minderwertigkeit zieht sich durch ihr Denken und provoziert Wut in ihrem Partner. Er kann sich mehr Ergebenheit von ihr wünschen und sich in seiner Sexualität bedroht fühlen, wenn sie zu intellektuell reagiert. Trotzdem kann dieser Aspekt zum Wachstum der Frau beitragen und kann den Mann zu einer vollständigen Neubewertung seines Selbstwertgefühls führen.

Merkur des Mannes in Opposition zum Jupiter der Frau: Der logische Verstand des Mannes und das ganzheitliche Bewußtsein der Frau stehen miteinander in Konflikt. Sie ist übermütig, kann aber ihre weibliche Rolle nur dann annehmen, wenn sie auch mit seinem logischen Denken zurechtkommt. Die Beziehung ist eine ständige Suche nach Identität, die auf andere Ebenen so verschoben wird, daß die Hauptsache eigentlich nie so richtig konfrontiert wird. Er sieht ihre Expansität als Ausweichen vor der weiblichen Rolle, die er ihr zugedacht hat. Sie kann das Gefühl haben, daß er sich weigert, seine männliche Rolle anzunehmen, oder daß er nicht auf derselben Ebene mit ihr kommunizieren möchte wie sie. Und selbst wenn er das täte, würden ihre Ansichten wahrscheinlich in Konflikt geraten.

Merkur der Frau in Opposition zum Jupiter des Mannes: Die Frau sieht im Mann eine geistige Freiheit und Beweglichkeit, die sie selbst gerne erreichen würde, aber nicht kann. Während sie sein höheres, ganzheitliches Bewußtsein mit ihrem logischen Verstand analysiert, kann sie versuchen, ihre Verstandesfunktion zu erweitern, aber sie kann sich nicht lange in diesem Zustand halten. Ständig wird er ihr vor Augen führen, wie bedeutungslos ihre Ideen sind, verglichen damit, wie er das Universum wahrnimmt. Infolgedessen kann ein unbewußtes Minderwertigkeitsgefühl zum zentralen Thema werden und diese Beziehung, die ansonsten eine geistig stimulierende Partnerschaft sein könnte, sogar zerstören.

Merkur des Mannes in Opposition zum Saturn der Frau: Dieser Aspekt verursacht einige Verwirrung hinsichtlich der Rolle der Frau, wenn diese unfähig ist, ihre eigenen verborgenen Tendenzen, den Mann entweder zu beherrschen oder ihm Verantwortlichkeiten aufzuerlegen, zu akzeptieren. Sie kann im Geheimen glauben, daß er ihr Belastungen aufbürdet. In Wirklichkeit sieht sie den Mann durch die Erwartungen ihres Vaters, während er sie eine Rolle spielen sieht, die nicht wirklich zu ihr paßt. Er kann sich auch weigern, die Forderungen zu akzeptieren, die an seinen normalerweise lebendigen und anpassungsfähigen Intellekt gestellt werden. Es kann zu Streit und Spannungen kommen, wenn der Mann, bei dem Versuch, seine eigene Bedeutung zu finden, glaubt, er müsse jegliche Verantwortung außer der für sich selbst und seine Belange ablehnen.

Merkur der Frau in Opposition zum Saturn des Mannes: Hier muß die Frau zu einer leidenschaftslosen Stärke in sich selbst finden, um das Gewicht von Verantwortung und traditionellen Vorschriften zu überwinden, durch die sie sich aufgrund unbewußter Vaterbilder belastet fühlt. Sie wird den Mann wahrscheinlich nicht als einen Menschen empfinden, der weiß, was ihr gut tut, denn sie hat das Gefühl, daß er sie in ihrem Denken einschränkt. Obwohl sich dadurch Schwierigkeiten in einer Beziehung ergeben, kann dieser Aspekt eine dauerhafte Verbindung symbolisieren. Die Frau muß sich von ihrer Vaterfigur trennen, und ihr Partner muß geduldig mit ihr sein. Beide können unbewußt an diesem Kampf Gefallen finden, der schließlich beide stärker macht.

Merkur des Mannes in Opposition zum Uranus der Frau: Dieser Aspekt verursacht einen geistigen Kampf, in dem jeder versucht, den anderen zu übertrumpfen. Die ideenreiche Frau kämpft um ihre Freiheit, während der Mann sich zu überzeugen versucht, daß er ihre Denkweise verstehe. In Wirklichkeit ist ihre Unberechenbarkeit seinem geordneten Intellekt unverständlich. So kann ein hektischer Zustand schierer Verrücktheit entstehen, der diese Beziehung zu unstabil macht, um von Dauer zu sein.

Merkur der Frau in Opposition zum Uranus des Mannes: Hier ist die Frau von den einzigartigen geistigen Fähigkeiten des Mannes verwirrt. Seine immer neuen Richtungsänderungen regen ihren Intellekt an, machen ihr jedoch auch ihre eigenen Schwächen bewußt. Sie sucht nach Ordnung und findet Chaos. Sie sucht nach Logik, muß sich aber hier mit all dem konfrontieren, was sich der Logik entzieht. Da ihre Weiblichkeit nicht in diesem Aspekt enthalten ist, wird sie feststellen, daß sie im Nachteil ist. Sie muß sich mit den Waffen des Mannes mit ihrem Partner auseinandersetzen, aber sie wird dabei vielleicht erkennen, daß seine ausgefallenen Ideen oder seine unkonventionelle Ausdrucksweise sich als Quelle ständigen Ärgers erweisen. Daher führt dieser Aspekt zu Reibung, Mißverständnissen und – in manchen Fällen – zu reinem Wahnsinn. Wenn Rebellion der Vernunft entgegensteht, kann ein Mißklang die Beziehung unfruchtbar machen.

Merkur des Mannes in Opposition zum Neptun der Frau: Dieser Aspekt kann bedeuten, daß die Frau den Mann täuscht. Anstatt seine Ideen zu bereichern, macht ihre Unbestimmtheit es ihm schwer, klar zu denken. Symbolisch gesehen, finden wir hier Plato, der die Vernunft repräsentiert, in der Auseinandersetzung mit einer Wassernymphe, deren mystischer Zauber ihn von seiner praktischen Lebensnähe fortlocken möchte. Daher kann der Mann versuchen, sich durch Mißtrauen zu schützen, wenn er beginnt, sie als Treibsand zu empfinden, der sein Bewußtsein unterwandert. Dies kann ein Testaspekt für das spirituelle Wachstum des Mannes sein, denn er muß es lernen, inmitten der Wolken von Illusion, die seine Sinne einnebeln, geistig klar zu bleiben.

Merkur der Frau in Opposition zum Neptun des Mannes: Hier versucht die Frau, die Undefinierbarkeit des Mannes zu verstehen. Sie ist fasziniert und bezaubert von ihm, während er sie durch ihre kindliche Leichtgläubigkeit in das Meer seiner Illusionen lockt. Sie sucht nach einem Wissen, auf das sie eine stabile Wirklichkeit aufbauen kann, muß aber feststellen, daß sie es in Wahrheit mit einem Peter Pan im Niemandsland zu tun hat. Daher wird dieser Aspekt für eine dauerhafte Beziehung extrem schwierig sein.

Merkur des Mannes in Opposition zum Pluto der Frau: Dieser Aspekt verursacht einen Konflikt zwischen der bewußten Aufmerksamkeit des Mannes und den unbewußten seelischen Tiefen der Frau. Er hat vielleicht das Gefühl, daß sie seinen Verstand buchstäblich zerstören könnte und wird versuchen, vor irgendwelchen unheilvollen Tendenzen, die er an ihr wahrnimmt, auf der Hut zu sein. Wenn sie versucht, ihre Macht zum Ausdruck zu bringen, wird er von seiner geistigen Wendigkeit Gebrauch machen, und es kommt zu einem Kampf, in dem beide um ihre Identität ringen. Die Frau kann schließlich transformiert werden, wenn sie lernt, das Leben von einer leichteren Seite zu nehmen, während der Mann vieles über bis dahin nicht gekannte Tiefen erfahren kann. Bei diesem Prozeß können allerdings so viel Gegnerschaft, Reibung und Konflikt auftreten, daß keiner sich mit dem anderen wohlfühlt.

Merkur der Frau in Opposition zum Pluto des Mannes: Hier empfindet die Frau einen aushöhlenden Sog aufgrund der unbewußten seelischen Tiefen des Mannes, durch die sie buchstäblich von den Wurzeln her erschüttert wird. Dennoch ist sie fasziniert von allem, was er zu wissen scheint, und davon, wie gut er sie verstehen kann. Transformationen finden statt, weil der Mann versucht, die Frau zu einer Veränderung zu bringen. Sie empfindet ihn als Last, gleichzeitig aber als unausweichliche Konfrontation, der sie sich stellen muß. Diese Beziehung hat eine ominöse Qualität an sich, die beide Partner zu ihrem höchsten Potential hintreibt. Wachstum findet statt, aber aufgrund der Disharmonie wird diese Partnerschaft vielleicht nur von kurzer Dauer sein. Für eine länger andauernde Beziehung oder Ehe könnte der Aspekt zu unbeständig und spannungsreich sein.

Venusaspekte

Venus in Konjunktion zur Venus: Dies ist einer der schönsten Aspekte für eine dauerhafte und harmonische Beziehung. Beide Partner haben die gleiche Vorstellung von Liebe. Daher besteht eine natürliche Übereinstimmung bezüglich der Dinge, die eine Beziehung ausmachen. Ein Grundton von Freundlichkeit und sanftes gegenseitiges Verstehen durchdringen diese Beziehung, da beide Partner ihre Gefühle durch den anderen reflektieren können.

Venus des Mannes in Konjunktion zum Mars der Frau: Hier erfahren die Partner einen Rollentausch, da beide sich unbewußt mit ihren Anima- und Animus-Figuren identifizieren. Der Mann empfängt die Frau durch den unbewußten weiblichen Teil seiner selbst. Sie dagegen symbolisiert die Aggressivität, die sie von ihm erwartet. Hier finden wir extreme magnetische und sexuelle Anziehung, obgleich die Frau die führende Rolle spielt. Aber durch seine Liebe zu ihr drückt der Mann unabsichtlich seinen eigenen Narzißmus aus, denn er kann sich unbewußt zu der von seiner Partnerin dargestellten männlichen Egoprojektion hingezogen fühlen.

Venus der Frau in Konjunktion zum Mars des Mannes: Dies ist einer der natürlichsten harmonischen Aspekte im Tierkreis. Beide Partner sind in der angenehmsten Rolle, da hier symbolisch Aphrodite den aggressiven Mars besänftigt. Starke sexuelle Anziehung magnetisiert die beiden und schafft eine leidenschaftliche und dynamische Beziehung. Die sexuellen Wünsche des Mannes finden die entsprechende Empfänglichkeit in den warmen Gefühlen der Partnerin.

Venus des Mannes in Konjunktion zum Jupiter der Frau: Dieser Aspekt bringt eine Note von angenehmer Harmonie in eine Beziehung. Die Liebesfähigkeit des Mannes wird durch das ganzheitliche Bewußtsein der Frau intensiviert. Gleichzeitig kann sie durch ihn unbewußt ihre eigene Identität sehen. Optimismus, Großzügigkeit und ein offenes Gefühl nicht-besitzergreifender Liebe durchdringen diese Partnerschaft, und die Sexualität tritt zurück hinter einer erfüllenderen Erfahrung. Wenn beide Partner besonnen sind, kann durch diesen Aspekt großer Reichtum erworben werden.

Venus der Frau in Konjunktion zum Jupiter des Mannes: Hier sucht die Frau die Weisheit eines prophetischen Partners. Sein Wissen und seine Freiheit können ihr dabei helfen, ihr Bewußtsein zu erweitern und ihre Lebenseinstellung aufzuhellen. Er entzündet das Licht, das sie dazu anregt, ihn bei seiner endlosen Wahrheitssuche zu unterstützen. Mit einer praktischen Haltung und realistischen Einstellung bei beiden Partnern kann dieser Aspekt großes Vermögen bringen.

Venus des Mannes in Konjunktion zum Saturn der Frau: Hier finden wir einen harmonischen Rollentausch, denn der Mann, der sich unbewußt mit seiner Anima-Figur identifiziert, versucht die unbewußten Erwartungen seiner Partnerin an ihre Vaterfigur zu erfüllen. Sie identifiziert sich ihrerseits mit den beschützenden Eigenschaften ihres Vaters. Sie handelt ihrem Vaterbild entsprechend und kann dadurch dem Mann Sicherheit, Weisheit und Kraft geben. Wachstum findet langsam aber sicher statt, wobei aufrichtige Fürsorge zur vorherrschenden Note in dieser Beziehung wird.

Venus der Frau in Konjunktion zum Saturn des Mannes: Bei diesem karmischen Aspekt nimmt der Mann die Rolle seines Vaters an und schafft eine sichere Basis für die Frau, die er unbewußt als Tochter oder Schwester ansieht. Obwohl sie ihn manchmal als herrisch empfindet, kann sie ihm trotzdem die enge Zuneigung und liebende Bewunderung geben, die seine Bemühungen verdienen. Durch gegenseitige Achtung und aufrichtige Fürsorge kann dieser Aspekt eine dauerhafte Liebesbindung schaffen.

Venus des Mannes in Konjunktion zum Uranus der Frau: Dieser Aspekt kann sofortige Anziehung bewirken, die aber möglicherweise zu stark ist, um bestehen zu können. Der Mann identifiziert sich unbewußt mit seiner Anima-Figur und wird in der Frau den Geist von Freiheit und Unabhängigkeit verkörpert sehen, den er in sich selbst erreichen möchte. Er bewundert ihre Originalität und ihre unkonventionelle Einstellung. Sie sieht in ihm einen weiblichen Teil ihrer selbst, der zu zerbrechlich ist, um überhaupt ausgedrückt werden zu können. Daher lernt jeder vom anderen Neues über sich selbst. Wenn Liebe sich mit elektrisierenden Veränderungen kombiniert, entsteht ein gesteigertes Gefühl von Magnetismus. Obwohl beide Partner durch die Erfahrung bereichert werden, kann die Anziehung zu intensiv sein, um zu einer dauerhaften Beziehung zu führen.

Venus der Frau in Konjunktion zum Uranus des Mannes: Die Frau, in ihrer Rolle als Aphrodite, wirkt anziehend auf den uranischen Mann. Er wird zur Quelle ihres Enthusiasmus, ihrer Vitalität und vor allem zum Bezugspunkt, der ihr verstehen hilft, was das Leben bedeuten kann. Er kann ihren natürlichen Liebesinstinkt befreien. Wenn sie übermäßig besitzergreifend ist, wird er rebellieren, wenn sie aber versteht, welche Art von unpersönlicher Liebe er braucht, dann kann sie viel zu der Beziehung beitragen. Jeder Tag kann aufs neue originelle und einfallsreiche Möglichkeiten zeigen, wie Liebe erblühen kann.

Venus des Mannes in Konjunktion zum Neptun der Frau: In dieser weiblich geprägten Beziehung verbindet sich die liebende Seite des Mannes mit der mitfühlenden, gebenden Seite der Frau und schafft ein angenehmes, fließendes Bewußtsein, in dem die Gefühle der beiden füreinander sich verströmen können. Kreatives Verstehen und künstlerische Sensibilität, die positiven Venuseigenschaften, können durch Neptuns Bewußtsein göttlicher Liebe zum Ausdruck gebracht werden. Beide Partner sind sensibel für die Bedürfnisse des anderen, weil eine unbewußte Einstimmung aufeinander den Gefühlsfluß unterstützt.

Venus der Frau in Konjunktion zum Neptun des Mannes: Hier werden die musischen und poetischen Qualitäten im Mann angeregt, weil die Frau seinem Sinn für Ästhetik gegenüber empfänglich ist. Er kann ihr den grenzenlosen Ozean der Liebe und der Gefühle zeigen. Aphrodite kann von den Wassern der Phantasie, die sie umgeben, gefesselt und fasziniert sein. Sie sieht ihre Träume in vager, nebelhafter Form, die sich jeglicher Definition entzieht. Der Mann nimmt der äußeren Welt ihre Schrecken und lehrt sie die Vereinigung mit der Natur. Dies ist einer der schönsten Aspekte für eine denkwürdige romantische Verbindung. Er mag jedoch den Sinn fürs Praktische vermissen lassen, den man in einer dauerhaften Partnerschaft oder Ehe sucht.

Venus des Mannes in Konjunktion zum Pluto der Frau: Dieser Aspekt hat zur Folge, daß der Mann sich mit seiner Anima identifiziert, während er versucht, sich zu verändern. Sie wird ihn vielleicht niemals wissen lassen, daß sie in Wirklichkeit sein »Schatten« ist und die Untertöne all dessen, was er liebt, zum Ausdruck bringt. Die Gründe für ihre launischen Reaktionen oder intensiven Leidenschaften liegen oft im Verborgenen. Während jedoch die Zeit vergeht und die Intensität sich vertieft, bringen die Liebesgefühle eine mystische Verbindung hervor, die bis ins innerste Wesen der Liebe hineinzureichen scheint. Veränderungen und Verwandlungen des männlichen Rollenkonzepts stehen im Mittelpunkt dieser Beziehung.

Venus der Frau in Konjunktion zum Pluto des Mannes: Hier spürt die Frau, wie der Mann aus seiner Tiefe heraus nach einer Äußerungsintensität sucht, die auszudrücken sie nicht gewöhnt ist. Eine leidenschaftliche, sexuelle Anziehung führt die beiden zusammen und bringt Bewegung und Abwechslung in die Beziehung. Die Vergangenheit wird durch jede neue Entdeckung in der Gegenwart zurückgedrängt. Diese Liebe besitzt eine Qualität des Geheimen, und diese erhält sich die Kraft ihres ursprünglichen Wesens. Manche Menschen erleben diese Gefühle über längere Zeiträume hin, denn dieser Aspekt führt dazu, daß Liebe auf mystische Weise regeneriert wird. Während die Frau zu sich selbst findet, erkennt der Mann seine regenerative Kraft und akzeptiert seine kosmische Rolle im großen Plan. Selbst die Lust, die dieser Aspekt oft hervorbringt, ist Teil des sich-selbst-Akzeptierens bei beiden Partnern. Sie sind nicht mehr und nicht weniger als ein Teil der Natur.

Venus im Quadrat zur Venus: Hier fühlt der Mann die Identifikation der Frau, und sie sieht eine andere Manifestation der Weiblichkeit in ihm. Auf unbewußter Ebene kann er ein Gefühl des Versagens erleben, weil seine Bemühungen um seine Partnerin den Eindruck erwecken, als würde er es zu krampfhaft versuchen. Daher ist dieser Aspekt schwierig für eine dauerhafte Beziehung. Der Mann muß lernen, sich zurückzuziehen, wenn er es vermeiden will, seine Zuneigung zu übertreiben.

Venus des Mannes im Quadrat zum Mars der Frau: Beide Partner erleben einen Rollentausch, denn indem sie versuchen, den anderen zu erreichen, neigen sie dazu, den Partner zu spielen. Auf diese Weise werden unbewußte Bedürfnisse entdeckt. Der Mann versucht, sich durch die Frau mit seiner aggressiven Seite zu identifizieren, und muß sich mit seiner eigenen Passivität auseinandersetzen. Wenn er sieht, wie sie sich zu seiner Sanftheit hingezogen fühlt, kann es ihm schwerfallen zu verstehen, daß sie versucht, ihre eigene Weiblichkeit durch ihn zu finden. Obwohl dieser Aspekt sexuelle Anziehung schafft, müssen beide Partner einander verstehen, wenn die Beziehung von Dauer sein soll.

Venus der Frau im Quadrat zum Mars des Mannes: Durch zu starke sexuelle Anziehung kann dieser Aspekt eine leidenschaftliche und intensive Beziehung schaffen. Die Instinkte der Frau bringen das rohe Es im Mann zum Vorschein. Da die beiden sich auf eher primitiven Ebenen begegnen, kann ein Mangel an menschlicher Anteilnahme vorkommen. Beide sehen die Möglichkeit, ihre sexuelle Leidenschaft zu erfüllen, aber sie kommen vielleicht nicht mit dem Wert zivilisierter Anstandsformen in Kontakt. Daher kann es in dieser Beziehung an den inneren Maßstäben fehlen, die notwendig sind, damit jeder den Partner als vollwertige Person anerkennen kann.

Venus des Mannes im Quadrat zum Jupiter der Frau: Der Mann wird mit der expansiven Seite seiner Partnerin konfrontiert. Er wird vielleicht versuchen, sie durch seine Liebe zu binden, aber ihr angeborener Sinn für Freiheit oder ihr Wunsch nach einem offenen Bewußtsein kann sich für sein besitzergreifendes Wesen als Ärgernis erweisen. Sie sieht sich selbst in ihm, vermag aber die Weiblichkeit, nach der sie sucht, nicht auszustrahlen. Daher kann sie vor der Liebe, die sie sich wünscht, fortlaufen oder frustriert darüber sein, daß sie sich nicht in Einklang mit sich selbst fühlt. Wenn sie ihre Freiheit aufgibt, wird sie ihre weibliche Identifikation finden, aber sie kann dadurch das Bewußtsein der Unabhängigkeit verlieren, das sie erst zu einer »Person« macht. So schafft dieser Aspekt ein persönliches Dilemma, das eine dauerhafte Beziehung erschwert.

Venus der Frau im Quadrat zum Jupiter des Mannes: Dieser Aspekt führt dazu, daß die Frau sich unsicher fühlt. Sie wartet auf seine Liebe und muß vielleicht feststellen, daß sein expansives Wesen auf der Suche nach mehr als nur einer Zweierbeziehung ist. Wenn sie versucht, ihm ihre Zuneigung zu zeigen, wird seine Identifikation mit philosophischen Haltungen, Sprichwörtern und abstrakten Ideen eine ständige Quelle der Imitation für sie sein. Weil er ihre Absichten mißversteht, kann er sie durch Wissen oder eine edle und ritterliche Haltung zu beeindrucken versuchen, anstatt ihr die Liebe und Aufmerksamkeit zu geben, nach der sie sucht. Wenn der Mann bereit ist, vom Thron seiner Weisheit herabzusteigen, dann kann er beginnen, all das zu fühlen, was sie ihm sagen möchte.

Venus des Mannes im Quadrat zum Saturn der Frau: Ein karmisches Spiel von Erfahrungen kann Wachstum für beide Partner bedeuten. Der Mann, der unbewußt die weibliche Rolle spielt, sieht in seiner Partnerin die herrische Haltung seines Vaters. Da sie seine ästhetische Sensibilität unterdrückt, durchlebt er symbolisch von neuem die Liebesgefühle seinem eigenen Vater gegenüber – Gefühle, die er nur mit Kälte anzunehmen schien. Gleichzeitig kann die Frau bemerken, daß sie eine väterliche Rolle annimmt, um dem Mann zu helfen, reif zu werden. Sie will, daß er mehr Verantwortung übernimmt, anstatt seine Gefühle nur auf

Schönheit, Natur und Ästhetik zu richten. Sie erfährt eine unbewußte Frustration, wenn sie diese Qualitäten in ihm spürt. Wahrscheinlich würde sie in der Beziehung lieber eine weibliche Rolle spielen, wenn er sie nur mit seiner Stärke führen würde. Daher erfahren beide Partner karmische Lektionen, die schwer zu lernen sind. Ärger, Frustration, Gefühlsblockierungen und ein Gefühl des Eingesperrtseins können die vorherrschenden Faktoren sein und diesen Aspekt wie einen Gordischen Knoten erscheinen lassen.

Venus der Frau im Quadrat zum Saturn des Mannes: Hier durchlebt die Frau all die unbewußten Probleme mit ihrem Vater, die sie noch nicht gelöst hat. Sie kann eine Tochterrolle annehmen und auf diese Weise symbolisch versuchen, die Erwartungen ihres Vaters in der Beziehung mit ihrem Partner zu erfüllen. Der Mann wird sie nicht auf gleicher Ebene mit sich selbst sehen, sondern wird ihre unterentwikkelten Eigenschaften betonen, die er formen und verändern will, wenn sie seinen saturnischen Ansprüchen genügen soll. Das von diesem Aspekt symbolisierte Karma fordert von beiden, den Partner als Individuum sehen zu lernen, unabhängig von den Rollen, die die beiden spielen, während sie einander bei der Bewältigung von Problemen aus der Vergangenheit helfen. Ein starkes Bindungsgefühl schafft eine Pseudo-Familienbeziehung. Dieser Aspekt ist extrem schwierig, oft aber notwendig bei Menschen, die diese Erfahrung als Teil ihres Evolutionsweges brauchen.

Venus des Mannes im Quadrat zum Uranus der Frau: Dieser Aspekt schafft spontane Anziehung, die oft zu einer äußerst hektischen Beziehung führt. Der Mann versucht, die Frau zu halten, indem er die weibliche Seite reflektiert, die sie seiner Meinung nach sucht; sie dagegen kämpft um ihren psychischen Eigenraum. Daher hat die Beziehung die Eigenschaft, gleichzeitig zusammenzuhalten und auseinanderzufallen. Unsicherheiten auf beiden Seiten können durch die unberechenbare und unbeständige Qualität dieses Aspekts verstärkt werden. Die Beziehung kann leicht die Qualität eines Wirbelwinds annehmen, der in alle Richtungen gleichzeitig weht.

Venus der Frau im Quadrat zum Uranus des Mannes: Hier sorgt eine starke magnetische Anziehung für viel Aufregung in der Beziehung. Der Wunsch der Frau, den Mann zu wärmen, ihn zu streicheln und vielleicht sogar zu besitzen, wird durch das Individualitäts- und Unabhängigkeitsstreben des Mannes durchkreuzt. Er sieht sie als mögliche Eroberung an, aber wenn er ihr näherkommt, wird er sich wahrscheinlich Sorgen über seine idealisierte persönliche Freiheit machen. So findet sich bei ihm ein beinahe unpersönliches Gefühl von distanzierter Bewunderung, das vielleicht nicht einmal er selbst richtig verstehen wird.

Venus des Mannes im Quadrat zum Neptun der Frau: Der Mann versucht, seinen Traum durch den weiblichen Teil seiner selbst zu finden. Anstatt jedoch seine Partnerin so zu sehen, wie sie wirklich ist, sieht er seine eigene Sammlung von Eindrücken und Idealisierungen. Gleichzeitig versteht sie ihre weibliche Seite durch ihn, hat aber in der Beziehung nicht das Gefühl, mit beiden Beinen fest auf der Erde zu stehen. Obwohl beide Partner Sensibilität, Mitgefühl und Sanftheit besitzen, entsteht auch Spannung, weil keiner der beiden die eigene Identität jemals wirklich erkennt. Der Beziehung kann der Funke Intellekt fehlen, der die hier so notwendige Vernunft über die Gefühle stellen könnte.

Venus der Frau im Quadrat zum Neptun des Mannes: Dieser Aspekt hat die Tendenz, einer Beziehung eine depressive Note zu geben. Die Frau versucht, all das zu sehen, was sie im Mann idealisiert. Sie ist durch die Eindrücke seiner Persönlichkeit fasziniert, die aber letzten Endes seinen wahren Charakter vernebeln oder verstecken. Je mehr sie sich seinem geheimnisvollen Zauber ergibt, desto mehr verliert sie ihr eigenes Konzept von Weiblichkeit. Sinnlichkeit, Neckerei und individuelles Ausprobieren magnetischer Kräfte können die wirkliche Liebe verbergen, nach der beide suchen. Ein Element des Zweifels ist in diesem Aspekt enthalten und macht es der Frau schwer, dem Mann ganz zu vertrauen, obwohl sie ständig von seiner magnetischen Ausstrahlung angezogen wird.

Venus des Mannes im Quadrat zum Pluto der Frau: Die sanfte feminine Seite des Mannes kann durch die groben und unbewußten Impulse seiner Partnerin herausgefordert werden. Sie kann sein Sicherheitsgefühl bedrohen, da sie seine Werte umstürzt – eben diejenigen seiner Haltungen, von denen er glaubt, daß sie ihre Gefühle ihm gegenüber weicher stimmen könnten. Je mehr er auf seine Anima-Figur eingeht, desto mehr fühlt er sich degradiert. Obwohl dieser Aspekt die sexuelle Anziehung verstärkt, gibt es normalerweise zuviel Reibung, als daß der Mann sich in der Beziehung wohlfühlen könnte. Jedoch kann die Frau sich durch ihren Partner verändern, denn sie kann lernen, alles rohe oder grobe Verhalten fallenzulassen, und sich in eine weniger launische, dafür aber erfolgreichere Frau zu verwandeln.

Venus der Frau im Quadrat zum Pluto des Mannes: Die Frau fühlt alles, was der Mann in sich selbst nicht sehen kann. Während er sie in ihrer natürlichen Rolle sieht, nimmt sie viel von den inneren Prozessen wahr, die sein Bewußtsein beeinflussen. Trotzdem kann die Beziehung äußerst schwierig für sie sein, da die Intensität ihres Partners sie leicht aus dem Gleichgewicht bringt. Je mehr sie dem Mann bei seiner Transformation zu helfen versucht, desto mehr zerstört sie Stück für Stück ihre eigene Vergangenheit. Spirituelles Wachstum ist möglich, doch der Aufruhr und die Unruhe, die die Ursache für dieses Wachstum sind, können für eine dauerhafte Partnerschaft oder Ehe zu unbeständig sein.

Venus im Trigon zur Venus: Dieser Aspekt trägt dazu bei, einen leichten Energiefluß zu schaffen, da die Gefühle der Partner zusammenpassen, und ein harmonisches Interesse an der ästhetischen Seite des Lebens besteht. Der Mann fühlt eine gewisse Identifikation mit seiner Anima-Figur, aber auch dies verstärkt die Bereitschaft der Frau zur Zusammenarbeit. Wenn weitere harmonische Aspekte vorhanden sind, kann durch einen gemeinsamen Sinn für Moral-und Wertmaßstäbe eine gesunde Partnerschaft oder Ehe entstehen.

Venus des Mannes im Trigon zum Mars der Frau: Dies ist einer der interessantesten Aspekte, die in einer Beziehung auftauchen können. Der Mann erlebt eine unbewußte Identifikation mit dem weiblichen Teil seiner selbst, während die Frau sich unbewußt mit dem Mann identifiziert. In diesem Fall ist der Rollentausch harmonisch, denn jeder akzeptiert den anderen. Die sexuelle Anziehung ist vielleicht nicht so stark wie bei Konjunktion, Opposition oder Quadrat. Die aggressivere Rolle wird von der Frau gespielt. Letztendlich kann die gemäßigte Spannung dieses Aspekts eine viel stabilere und längerdauernde Beziehung hervorbringen als die unbeständigeren Aspekte, die nur die Sexualität intensivieren, aber insgesamt weniger Harmonie schaffen.

Venus der Frau im Trigon zum Mars des Mannes: Hier finden beide Partner zu einer natürlichen Harmonie, wobei sie normale Partnerschaftsrollen zum Ausdruck bringen. Die Aggressivität des Mannes ergänzt das Bedürfnis der Frau nach Aktivität. Gleichzeitig arbeitet sie mit ihm zusammen und verstärkt den Ausdruck seines Ego. Die sexuelle Anziehung ist maßvoll, während ein allgemeines Gefühl von Zusammenarbeit und Harmonie die Beziehung durchdringt. Mit Freude entdecken beide Partner, wie sie sich selbst leben und gleichzeitig miteinander teilen können. Dies ist ein ausgezeichneter Aspekt für eine dauerhafte Freundschaft oder Beziehung.

Venus des Mannes im Trigon zum Jupiter der Frau: Die Macht der Liebe wird zum Hauptbrennpunkt der Beziehung. Der Mann kann durch seine Anima höheres geistiges Verstehen von seiner Partnerin empfangen. Sie strahlt das Licht aus, das er durch seine Sensitivität aufnimmt. Zusammenarbeit und expansives Wachstum sind die Hauptakzente in dieser Beziehung, durch die beide Partner großen Wohlstand und Segen ernten können.

Venus der Frau im Trigon zum Jupiter des Mannes: Dieser Aspekt bringt Optimismus, Freude und ein Gefühl des Gedeihens in die Beziehung. Das freiheitliche Denken des Mannes ist wie ein Licht der Weisheit, das die Sensitivität der Frau wärmt und ihre Liebesfähigkeit vergrößert. Sie bewundert seine strahlenden Eigenschaften und ermutigt ihn verständnisvoll zu solchen Ideen, die ihm helfen, zu seinem höheren Selbst aufzusteigen. Wenn in anderen Bereichen seines Horoskops Stabilität besteht, kann dieser Aspekt das Glück hervorbringen, das eine dauerhafte Beziehung wertvoll macht. Dann trägt symbolisch der Gladiator seine Dame, die zu ihm aufschaut.

Venus des Mannes im Trigon zum Saturn der Frau: Der Mann lernt durch die schützende und gebende Haltung der Frau mehr über seine eigenen Stärken. Sie gibt ihm Schutz und Rückhalt und spielt dabei die Rolle ihres Vaters, wie er sich ihr gegenüber als Kind darstellte. Der Mann kann seinen eigenen Vater in ihr sehen, und sich so daran erinnern, wie er ermutigt wurde, seine kreativen Ideen zu verwirklichen. Durch geduldige Fürsorge und fortdauernde Liebe kann dieser Aspekt eine Art Ehe hervorbringen, in der beide Partner den Verhaltensweisen ihrer Kindheit entwachsen, um Erfüllung und persönliche Entwicklung zu finden.

Venus der Frau im Trigon zum Saturn des Mannes: Die Frau bewundert die Kraft und die beschützenden Eigenschaften ihres Partners. Er ist ihre Festung, ihr Schutzschild und das

Gebäude, das ihren Charakter stärkt und festigt. Wie eine Vaterfigur symbolisch seine Tochter, so lehrt er die Frau, ihrer Kreativität Richtung zu geben und ihre Liebe zu konzentrieren, so daß sie schließlich ihre größtmögliche Sinnentfaltung erreichen. Stabilität und dauerhafte Liebe können das Ergebnis dieses harmonischen Aspekts sein.

Venus des Mannes im Trigon zum Uranus der Frau: Dieser Aspekt macht eine Beziehung interessanter, ist aber nicht beständig genug, um eine dauerhafte Zukunft darauf zu bauen. Ein Element des Schicksalhaften spielt eine große Rolle in der Beziehung. Der Mann empfindet die unberechenbaren Eigenschaften der Frau als aufregend, aber auch verwirrend, denn er kann sich unbewußt mit seiner Anima-Figur identifizieren, während er seiner Partnerin zu zeigen versucht, wie sie in ihrem eigenen Innern Ordnung schaffen kann. Sie sieht sich gleichzeitig in ihm, während er ein Nest für ihre geistigen Höhenflüge baut. Manchmal verursacht dieser Aspekt sexuelle Verwirrung oder sogar homosexuelle Tendenzen, da beide Partner an der Wirksamkeit ihrer eigenen Rolle gegenüber dem Partner zweifeln. Bestenfalls besteht angeregtes Interesse, aber es fehlt die Klarheit des Verstehens, die eine feste Einheit herstellen kann.

Venus der Frau im Trigon zum Uranus des Mannes: Die Frau ist von der Originalität, dem Einfallsreichtum und den unverwechselbaren Eigenschaften des Mannes fasziniert. Sie sieht ihn als »Traditionsbrecher«, und für sie ist er tatsächlich ein Mittel, um Vergangenheitsmuster zu durchbrechen, die sie nicht mehr haben will. Lebhaftes Interesse an den Künsten oder die Suche nach aufgeschlossener Behaglichkeit sind Bestandteil dieser Beziehung, dennoch findet sich hier auch eine gewisse Instabilität, da sein unabhängiges Denken in seiner Partnerin Gefühle der Unsicherheit hervorrufen kann. Der Mann erhält sich seine einzigartige und unabhängige Identität durch distanzierte Zurückhaltung.

Venus des Mannes im Trigon zum Neptun der Frau: Dieser Aspekt trägt dazu bei, einen sanften Fluß von Empfänglichkeit zu schaffen und führt zu einer unbewußten Einstimmung auf ähnliche Frequenzen in Musik, Kunst und allem in der Natur, was die Sinne beruhigt. Der Mann lernt durch die weibliche, fühlende Seite seiner selbst mehr über seine kreativen Möglichkeiten. Gleichzeitig sieht die Frau sich durch ihn und kann ein Nest für ihre Romantik und ihr Mitgefühl finden. Ein Ton von Süße und Wärme verführt den Mann, in den milden Wassern der Liebe zu baden.

Venus der Frau im Trigon zum Neptun des Mannes: Die Frau sucht durch den Mann nach dem höheren Teil ihrer selbst. Sie vernimmt den Ruf der Musik seines Unterbewußtseins, die sie wie durch einen Schleier farbenprächtiger Eindrücke zu ihm hinzieht. Ein romantischer und träumerischer Ton durchdringt diese Beziehung, während die Frau mit dem subtilen Unterbewußtsein des Mannes verschmilzt. Wie ein Zauberspiegel zeigt er ihr das Kaleidoskop von Eindrücken, das ihre Gefühle reflektiert. Sie ist wie Musik. Er ist die Inspiration für ein Liebeslied, dessen geheimnisvolle Melodie das Bewußtsein dieser Beziehung erfüllt.

Venus des Mannes im Trigon zum Pluto der Frau: Hier ergänzt die Wärme des Mannes die Tiefgründigkeit seiner Partnerin. Sie steht am Grunde eines Brunnens und sieht ihn mit einem Licht an der Schwelle des Bewußtseins warten. Dieses Licht wirkt für sie als Anreiz, ihre niedrigeren Instinkte zu transformieren und aus dem wütenden Inferno in ihrem Inneren aufzusteigen, indem sie ganz einfach sich selbst akzeptiert. Sanfte Transformationen bringen viel Wachstum für beide Partner. Der Mann erkennt die Macht seiner Liebesfähigkeit, und die Frau sieht das Licht der Liebe am Rande der Dunkelheit. So wachsen sie einander entgegen.

Venus der Frau im Trigon zum Pluto des Mannes: Aus den dunklen Wurzeln im Erdboden erblüht schließlich eine Pflanze. Der Mann geht in der Dunkelheit auf die Jagd, um Sicherheit für die Frau, die er liebt, zu schaffen. Je mehr er das tut, desto mehr transformiert er seine niedrigen Eigenschaften, bis er schließlich zum Engel des Lichts wird, dem sie nachfolgt. Sie gibt ihm dabei Wärme und wird durch seine geheimnisvolle Suche nach Verstehen bereichert. Wenn er ihr Licht am Ende des Tunnels sieht, beginnt er, die Früchte der Güte zu schmecken, die ihm immer unerreichbar erschienen waren, denn beide beginnen, eine ungeheure Gefühlstiefe miteinander zu teilen.

Venus in Opposition zur Venus: Dieser Aspekt führt dazu, daß Geschmack und Vorlieben der beiden Personen einander entgegengesetzt sind. Bei dem Versuch, in der Beziehung zu Harmonie zu finden, ist es für die Partner schwierig, sich zur gleichen Zeit zufrieden zu fühlen. Trotzdem kann es hier ein Gefühl für Objektivität geben, das beiden Partnern beim Wachstum helfen kann. Wenn die Planeten in männlichen Zeichen stehen, symbolisiert die Beziehung oft einen schwachen Widerstand des Mannes gegen seine Anima. Wenn die Planeten in weiblichen Zeichen stehen, drücken sie aus, wie die Frau mit sich selbst im Widerspruch liegt. Doch zeigt die einfache Tatsache, daß diese Beziehung überhaupt existiert, wie die Anziehung entgegengesetzter Werte zwei Menschen magnetisieren kann.

Venus des Mannes in Opposition zum Mars der Frau: Der Rollentausch von Mann und Frau zwingt beide, aufgrund ihrer Anima-/Animus-Projektionen um ihre Identität zu kämpfen. Die sexuelle Anziehung ist stark, aber innerlich hat der Mann Widerstände gegen die aggressive Frau, die die Rolle ausagiert, die er gerne für sich selbst hätte. Gleichzeitig ärgert sie sich über seine Unterwürfigkeit. Daher muß jeder dem anderen Zugeständnisse machen, wenn diese Beziehung funktionieren soll.

Venus der Frau in Opposition zum Mars des Mannes: Dieser Aspekt erhöht die sexuelle Anziehung, reflektiert aber auch die Art und Weise, wie die beiden Partner symbolisch die archetypischen Unterschiede zwischen den Geschlechtern ausdrücken. Die Frau sieht die individualistische Seite des Mannes. Sie braucht seine Aufmerksamkeit, weiß aber nicht, wie sie diese erlangen kann, ohne gegen ihre weibliche Empfänglichkeit zu verstoßen. Gleichzeitig kann der Mann sich durch ihre vermeintliche Gleichgültigkeit zurückgewiesen fühlen. Dieser Aspekt enthält eine Tendenz zu Mißverständnissen, obwohl beide Partner gute Absichten haben.

Venus des Mannes in Opposition zum Jupiter der Frau: Die feminine Seite des Mannes steht im Gegensatz zu den philosophischen Standpunkten, Einstellungen und Glaubensvorstellungen seiner Partnerin. Obwohl er sehr von ihrem freiheitlichen Denken beeindruckt sein kann, ist er wahrscheinlich trotzdem unfähig, sie auf die stabile, dauerhafte Beziehung festzulegen, die er gerne hätte. Sie sieht ihre eigene weibliche Seite in ihm, aber es ist nicht die Art von Weiblichkeit, die mit ihrer philosophischen Weltanschauung übereinstimmt. Daher wird sie in alle möglichen Richtungen laufen, um keinesfalls von Venus eingefangen zu werden, die ihr hier als eine Art Mausefalle erscheint. Der Mann steht im Tal und betrachtet den Berg, den er besteigen möchte, und der vielleicht nicht all das zu geben hat, was er braucht. Die Frau, die auf ihren Partner herabschaut, teilt ihre Weisheit auf unpersönliche Art mit, weiß aber den vollen Wert der Liebe oder Sicherheit, die er ihr bietet, nicht zu schätzen.

Venus der Frau in Opposition zum Jupiter des Mannes: Hier wird die Frau frustriert, denn sie muß erfahren, daß sie die Wahrheit nicht durch ihre Liebesgefühle erreichen kann. Die unabhängige Denkweise des Mannes und sein sehr aktiver Verstand erweisen sich für sie als ständige Quelle der Irritation. Wenn sie sie selbst sein will, scheint sie zu seinem Sinn für Wahrheit und Ehre in Widerspruch zu stehen. Daher erfährt sie einen Konflikt zwischen der Liebe, die sie fühlt, und dem Licht, nach dem sie sich sehnt. Manchmal bringt dieser Aspekt Verschwendung der Finanzen, da der Mann ausgibt, was seine Partnerin zu sparen versucht. Eine Mutter steht im Tal und versucht unbewußt, den Berg einzuzäunen, der in seiner Expansivität ihre Absichten nicht erkennt.

Venus des Mannes in Opposition zum Saturn der Frau: Hier durchlebt der Mann durch seine Anima unbewußte Vaterkonflikte. Er fühlt sich seiner Partnerin unterlegen, deren anspruchsvolles oder anmaßendes Wesen ihn vielleicht überfordert. Der Konflikt zwischen traditionellen oder elterlichen Forderungen nach praktischer Vernunft und dem Interesse eines jungen Mannes an Kunst, Ästhetik, Musik und dem Ausdruck echter Gefühle kommt in dieser Beziehung an die Oberfläche. Die Frau, die darum kämpft, die künstlerische und natürliche Seite ihrer selbst zu finden, lehnt innerlich die Belastungen und Verantwortungen ab, die sie tragen zu müssen glaubt. Wenn sie diese Belastungen nun auf den Mann projiziert, hat er wiederum das Gefühl, daß seine Sensitivität nicht gewürdigt wird. So wird der natürliche Liebesfluß durch einen karmischen Lernprozeß behindert, bei dem sich beide Partner mit sehr schwierigen Aspekten ihrer Persönlichkeit auseinandersetzen müssen.

Venus der Frau in Opposition zum Saturn des Mannes: Die Frau kann sich unbewußt daran erinnern, wie ihr Vater die Entwicklung ihrer Persönlichkeit unterdrückte. Daher empfindet sie es als notwendig, sich vor ihrem Partner zu beweisen. Er kann eine Vaterrolle annehmen, um sich vor dem Gefühl der Verletzlichkeit durch die weibliche Ausstrahlung zu schützen. Karma aus Vater- und Tochterrollen wird ausagiert werden, bis beide fähig sind, auf die Werte des

Partners mit Anerkennung einzugehen. Liebe kommt hier nicht mit Leichtigkeit zum Ausdruck, da die Kälte der saturnischen Begrenzungen den natürlichen Fluß von Gefühlen in der Beziehung behindert.

Venus des Mannes in Opposition zum Uranus der Frau: Dieser schwierige Aspekt verursacht starke und spontane Anziehung zwischen zwei Menschen, die im Prinzip nicht zusammenpassen. Je mehr der Mann auf die Unkonventionalität der Frau eingeht, desto mehr liegt er im Widerspruch zu seinem eigenen Anima-Bild. Er kann entweder dem Fremdartigen in der Frau nachgehen (das kann in manchen Fällen homosexuelle Tendenzen in ihm selbst ans Licht bringen), oder er wird sich von ihr zurückziehen und sich so seine Vorstellung von Weiblichkeit für eine passendere Beziehung aufsparen.

Venus der Frau in Opposition zum Uranus des Mannes: Hier macht die Frau die Entdeckung, daß das Freiheitsgefühl, das sie durch ihren Partner sucht, ihrem eigenen wahren Wesen entgegengesetzt ist. In dieser Beziehung kann starke magnetische Anziehung zugleich mit irritierenden Konflikten vorhanden sein. Je mehr sie seinen originellen Geist bewundert, desto mehr fühlt er sich gereizt, gegen ihre Zuneigung zu rebellieren. Eine Jungfrau gibt ihrem spartanischen Krieger zu essen, damit er Kraft für den Kampf findet, aber sie wird ihn verlieren, wenn er seine Stärke entdeckt hat.

Venus des Mannes in Opposition zum Neptun der Frau: In dieser weiblich geprägten Beziehung ist der Mann verwirrt darüber, wie seine Anima-Projektion ihn zum besten hält. In der Absicht, sich durch seine Partnerin zu reflektieren, versucht er, ihre Sensitivität gegenüber seiner eigenen verborgenen weiblichen Seite zu wecken. Doch je mehr Liebe sie in ihm zum Vorschein bringt, desto mehr verliert er die vollständige Partnerin in seinem Inneren. Er ist sowohl von seiner Partnerin fasziniert, als auch unbewußt verärgert durch die archetypische Verwirrung, die dieser Aspekt auslöst. Um eine angenehme Vorstellung von Frauen zu behalten, wird er unvermeidlich die Frau, die er liebt, opfern.

Venus der Frau in Opposition zum Neptun des Mannes: Die Frau möchte in ihrem Partner eine höhere Ausdrucksmöglichkeit ihrer sanften, mitfühlenden Eigenschaften finden, während er ihre persönlichen Bemühungen um seine Liebe fortwährend aufzulösen versucht. Je mehr sie ihrem Traum nachjagt, desto mehr verliert sie sich, bis sie schließlich selbst zu diesem Traum wird – und sich nun danach sehnt, die zu sein, die sie einmal war. Dieser Aspekt kann in der Frau selbstzerstörerisches Verhalten auslösen, während der Mann zu seiner Partnerin durch Bilder und Illusionen in Beziehung tritt, von denen er annimmt, daß sie ihr gefallen. Daher ist es für beide Partner schwierig, eine dauerhafte Beziehung zu erreichen.

Venus des Mannes in Opposition zum Pluto der Frau: Dies ist ein äußerst leidenschaftlicher und unbeständiger Aspekt, der häufig Brüche und Trennungen in Beziehungen herbeiführt. Der Mann fühlt unbewußt seine eigene weibliche Seite und versucht, alles, was er als Schwäche empfindet, zu zerstören. Sie sieht sich selbst in ihm und wird wahrscheinlich ihre eigene Destruktivität nicht verstehen, die sie sein gebendes Wesen bekämpfen läßt. Schwierige Transformationen können durch diesen Aspekt erreicht werden, da die intensive sexuelle Energie die Gefühlsebene erreicht und dort auf Widerstand trifft, bis es ihr schließlich gelingt, neue, wachstumsfördernde Bewußtseinsenergien an die Oberfläche zu bringen.

Venus der Frau in Opposition zum Pluto des Mannes: Die Frau fühlt die intensive Leidenschaftlichkeit des Mannes, die aus seiner Tiefe kommt und sie zwingt, schwierige Veränderungen durchzumachen. Sie gibt ihre Liebe, während er all das aus ihrem Inneren eliminiert, was verschwinden muß, bevor sie wachsen kann. Bei diesem Vorgang fühlt sich die sanfte, milde Venusschwingung bedroht, denn ihr Liebesverständnis wird auf tiefster Ebene einer Prüfung unterzogen. In ihrem Bemühen um die Anerkennung durch ihren Partner verliert sie sich in leidenschaftlichen inneren Kämpfen, die – wenn sie sie ertragen kann – schließlich zur Geburt eines neuen Bewußtseins führen. Dieser Aspekt ist so aufwühlend, daß er häufig Beziehungen zerstört – egal, welche anderen Stärken die Partner sonst noch besitzen.

Marsaspekte

Mars in Konjunktion zum Mars: Hier sehen wir zwei einzelne Egos, die in dieselbe Richtung ziehen. Konkurrenz kann vorhanden sein, läßt sich aber auf ein gemeinsames Ziel hin richten. Die Frau identifiziert sich mit ihrem Animus-Bild, um es mit ihrem Partner aufnehmen zu können. Dadurch verliert sie einiges von ihrer Weiblichkeit, und es kann Rivalität, ähnlich wie zwischen zwei Brüdern, entstehen. Doch treiben beide einander an, ihr Bestes zu geben. Die Sexualität kann sich schwierig gestalten, da beide ihren Partner herausfordern, ohne auf empfängliche Hingabebereitschaft zu treffen. Dieser Aspekt kann entweder frustrierend sein oder beide Partner zu großen Erfolgen stimulieren.

Mars des Mannes in Konjunktion zum Jupiter der Frau: Dieser Aspekt schafft eine expansive Beziehung. Der Mann empfindet die Frau als Inspiration, doch muß sie ihr gesundes Urteilsvermögen zusammen mit maßvoller Weisheit einsetzen, um die Beziehung nicht exzessiv werden zu lassen. Es gibt viel Aktivität, aber deren Ziele müssen klar definiert werden. Interesse an Sport, Spiel und Reisen ist ein wesentlicher Bestandteil dieses Aspekts. Während beide

Partner einander aktivieren, teilt sich der Mann durch seine triebhaften Instinkte mit, die Frau durch ihr Verstehen. Großer materieller Reichtum und spirituelles Wachstum sind möglich, wenn beide Personen weise genug sind, primitive oder kindliche Impulse zu überwinden, die sich aus übertriebenem Enthusiasmus ergeben könnten.

Mars der Frau in Konjunktion zum Jupiter des Mannes: Hier wird sich die Frau leicht mit ihrer Animus-Figur identifizieren, und indem sie das tut, aktiviert sie das höhere Bewußtsein ihres Partners. Sie kann ihn zwingen, die Eigenschaften eines athenischen Gottes zu verwirklichen, die sie sich wünscht. Obwohl sie übermäßig aggressiv sein kann, versteht der Mann ihre Instinkte. Dies erhöht die Aktivität in der Beziehung und läßt eine Menge Funken und Bewegung entstehen. Die Frau kann vieles lernen, wenn sie die philosophische Einstellung ihres Partners absorbiert, und er seinerseits erkennt, wie sie seine Ideen aktiviert. Dieser Aspekt kann aufgrund exzessiver unkontrollierter Begeisterung zu sexuellen Schwierigkeiten führen! Jeder der beiden kann leicht durch den anderen hindurchgehen, ohne ihm wirklich zu begegnen.* Wenn ein Gefühl für Balance aufrechterhalten wird, kann es Aufregung inmitten einer wachsenden Beziehung geben.

Mars des Mannes in Konjunktion zum Saturn der Frau: Die Frau gibt den oftmals kindlichen Impulsen ihres Partners Richtung und Wirklichkeitsnähe. Er sieht sie als den kontrollierenden Faktor in der Beziehung, respektiert aber ihre Weisheit und ihren Realitätssinn. Seine jugendlichen Wünsche stimulieren sie, während sie eine sichere Basis für sein Ego darstellt. Dies ist ein besonders stark karmischer Aspekt, in dem die Frau die Vaterrolle annimmt. Sie führt

* siehe: Karmische Beziehungen I von Martin Schulman, Urania Verlag, Sauerlach

ihren Partner zu der Weisheit und Würde, die er in ihren Augen verdient. Er versucht, ihre Achtung zu erringen, so, als wäre sie sein Vater, kann das jedoch nur tun, indem er sich bemüht, ihre Prinzipien zu erfüllen. Dieser Aspekt findet sich gewöhnlich in Beziehungen, in denen die Frau versucht, ein Ego-Problem aus ihrer Kindheit zu korrigieren. Sie hilft dem Mann, sich zu konzentrieren, und lenkt seine Energien auf fruchtbringende Aktivitäten, so wie sie selbst gelehrt wurde, ihr Ego zu dirigieren. Die Beziehung wird Nuancen aus dem Bereich der familiären Herkunft der Frau annehmen. So werden die beiden bemüht sein, vor dem Hintergrund ihrer Traditionen eine Zukunft aufzubauen.

Mars der Frau in Konjunktion zum Saturn des Mannes: Dies ist ein wichtiger karmischer Aspekt. Hier muß der Mann zu sich selbst wie ein Vater sein, während er aufs neue lernt, die Weisheit, die er in seiner Kindheit gelehrt wurde, mit Impulsivität zu verbinden. Er sieht die Frau als Spiegelbild seines eigenen Ego und versucht sie so anzuleiten, wie er selbst es als sinnvoll empfunden hat. Umgekehrt stimuliert sie ihn durch ihre jugendliche Vitalität und ihre überschäumende Energie. Jedoch ist es möglich, daß sie ihre Weiblichkeit oder sogar ihre wahre Identität nicht erfahren wird, da es der Mann ist, dessen Hintergrund und karmische Aufgabe den Rahmen für diese Beziehung schaffen. Sie kann versuchen, ihn durch Impulsivität zur Überwindung von Schwere und Dekadenz anzutreiben. Vielleicht wird sie sogar einige seiner karmischen Lasten auf sich nehmen. Dennoch sind es letztendlich seine Bedachtsamkeit und Zielorientiertheit, die dieser Lernbeziehung Sinn und Bedeutung geben.

Mars des Mannes in Konjunktion zum Uranus der Frau: Dieser Aspekt gibt einer Beziehung einen aufregenden und elektrisierenden Reiz. Der Mann fühlt sich herausgefordert, die Gunst der launischen, unberechenbaren Frau zu erringen. Sie versucht, sich zurückzuhalten, aber je mehr ihr das gelingt, desto stärker zieht sie gleichzeitig den Mann unbeabsichtigt an. Die beiden Partner wirken anregend aufeinander. Nachdem die Funken der Aufregung verglüht sind, ist das Endergebnis, daß der Mann, der viel inneren Aufruhr durchgemacht hat, erkennt, daß er auf seiner Suche nach einer Geliebten eine Freundin gefunden hat.

Mars der Frau in Konjunktion zum Uranus des Mannes: Die Frau versucht auf aggressive Weise, die Gunst des ziemlich zurückhaltenden Mannes zu gewinnen. Sie spielt nicht ihre natürliche Rolle und kann seine Identität annehmen, um die fühlbare Wirklichkeit zu schaffen, die sie braucht. Daher kann die Beziehung aufregend sein, aber die Frau muß lernen, das Unerwartete zu erwarten. Sie versucht, den Mann persönlicher zu machen und eine engere und intimere Beziehung zu ihm zu schaffen. Obwohl er ihre Aggressivität gern hat, kann er sie doch nur in kleinen Dosen vertragen, und vielleicht braucht er zwischendurch manchmal eine Pause von der Beziehung, um sich sein Freiheitsgefühl zu erhalten.

Mars des Mannes in Konjunktion zum Neptun der Frau: Dies ist ein ausgleichender Aspekt, da der Mann in der Frau ein Objekt für seine Aggresivität sucht, während umgekehrt sie sich bemüht, sein feuriges Wesen zu besänftigen. Tatsächlich gibt er ihren Träumen Energie und strengt sich an, ihre Phantasie zu aktivieren. Sie kann das Gefühl haben, daß sein Tempo ihr zu schnell ist, aber sie kann diese Eigenschaft in der Beziehung nicht verändern. Mars ist der Planet des Begehrens, Neptun symbolisiert dessen Auflösung. Durch diese beiden Gegensätze helfen die Partner einander, sich auf realistischere Erwartungen ans Leben zu konzentrieren.

Mars der Frau in Konjunktion zum Neptun des Mannes: Die Frau kann sich unbewußt mit ihrer Animusfigur identifizieren und lebt dann die männliche Rolle. Sie aktiviert die

Träume ihres Partners und bringt ihn dazu, seine eigenen schlummernden Begabungen zu entdecken. Wenn er ihr keinen Widerstand leistet, dann kann dies ein konstruktiver Aspekt sein, bei dem Inspiration und Aktion in einer Partnerschaft zusammenarbeiten.

Mars des Mannes in Konjunktion zum Pluto der Frau: Dieser Aspekt gibt einer Beziehung Intensität und Leidenschaft. Beide sind fest entschlossen zu Dingen, die es ihnen ermöglichen, in die Zukunft fortzuschreiten. Die Frau löst sich fortwährend von der Vergangenheit, während der Mann optimistisch in die Zukunft blickt. So wirken beide Partner als regenerative Kräfte aufeinander ein. Durch intensiv erlebte Sexualität können die karmischen Muster der Vergangenheit an die Oberfläche kommen und eliminiert werden, um durch die klare Frische aufregender Zukunftserwartungen ersetzt zu werden.

Mars der Frau in Konjunktion zum Pluto des Mannes: Dies ist ein äußerst leidenschaftlicher Aspekt, bei dem die Frau ihre traditionelle Rolle verläßt und sich statt dessen mit ihrem Animus identifiziert. Durch ihre Kraft findet der Mann neue Möglichkeiten der Aktivierung seiner unbewußten Tiefen. So wird sie zu seiner Motivation. Er ist wie ein Diamant im Rohzustand, und nur durch ihr unablässiges Nachforschen kann er die Kraft finden, die schließlich beide regeneriert. Viel innerer Aufruhr spielt sich ab, während sein schlummerndes Potential durch ihre Forderungen zum Leben erweckt wird, doch das Endergebnis kann außergewöhnlich intensives, dynamisches Wachstum sein.

Mars im Quadrat zum Mars: Beide Partner erleben Spannungen, da unterschiedliche Ego-Bedürfnisse aufeinanderprallen. Die Frau muß sich übermäßig stark durchsetzen, um mit den Herausforderungen ihres Partners Schritt halten zu können. Beide Partner ringen um ihre Identität in einer

Beziehung, die sich als anregend, aber auch kämpferisch erweisen kann. Die Stimmungen sind intensiv und eine allgemeine Tendenz zu Bissigkeit oder Gereiztheit kann von der Tatsache herrühren, daß keiner der beiden Partner seinen eigenen Wert fühlen kann. Bestenfalls ist dieser Aspekt schwierig für eine dauerhafte Beziehung.

Mars des Mannes im Quadrat zum Jupiter der Frau: Dieser Aspekt kann viel Aktivität ohne eigentlichen Zweck hervorbringen. Die Antriebe und Impulse des Mannes stehen im Gegensatz zu den Ideen oder philosophischen Vorstellungen der Frau. Er versucht, sich durchzusetzen, ohne ihren Standpunkt klar zu sehen. So sucht der Mann die Frau, deren Sichtweise für ihn unverständlich ist. Große Meinungsunterschiede können bestehen und diese Beziehung schwer erträglich machen, besonders da die Frau dazu neigt, die Motivationen ihres Partners zu beurteilen. Ungeduld und Frustration drängen die beiden Partner eher zu persönlicher Individualität hin als auf die Schaffung einer dauerhaften, gut funktionierenden Beziehung.

Mars der Frau im Quadrat zum Jupiter des Mannes: Die Frau verfolgt ihren Partner mit Aggressivität, während er seine Freiheit sucht. Dieser Aspekt kann eine konfliktreiche Beziehung bedeuten, da es beiden an Geduld mit dem Partner fehlt. Individualität wird großgeschrieben, und es besteht ein allgemeiner Mangel an Rezeptivität, der eine dauerhafte Beziehung schwierig macht.

Mars des Mannes im Quadrat zum Saturn der Frau: Bei diesem karmischen Aspekt fühlen sich Mann und Frau zueinander hingezogen, weil beide etwas voneinander zu lernen haben. In aufreibenden Kämpfen versucht der Mann, seine Partnerin zu beeindrucken, muß aber feststellen, daß ihre Maßstäbe in Konflikt mit seinen Bemühungen stehen. Sie kann versuchen, sein Ego zu kontrollieren und zu konzentrieren, da sie es für zu unreif hält. Unbewußt handelt sie als Vaterfigur und wird zur bestimmenden Kraft in der Beziehung. Er jedoch empfindet ihre Anforderungen als ungewöhnlich hoch, denn er zweifelt an ihrer Weisheit, ihrem Urteilsvermögen und überhaupt an der ganzen Richtung, in die ihr Leben führt. Dies ist ein Erfolgsaspekt. Wenn jeder den Partner als zwar verschieden, dennoch aber in seiner Funktion als sinnvoll anerkennen kann, dann kann die Beziehung auf eine solide Grundlage gebaut werden. Die Frau hat von ihrem Vater einen Sinn für Weisheit mitbekommen und muß durch sie einen Bezugsrahmen schaffen, in dem die Impulsivität des Mannes geerdet werden kann. Sie stellt das Rückgrat dar, das er sowohl bekämpft wie auch braucht, wenn er den Sinn seines Lebens finden will.

Mars der Frau im Quadrat zum Saturn des Mannes: Bei diesem karmischen Aspekt sieht der Mann seine eigene Jugend im vorwärtsdrängenden Wesen der Frau neu verkörpert. Er handelt nun wie sein Vater und versucht, ihr Ego zu kontrollieren. Gleichzeitig identifiziert sie sich unbewußt mit seiner Jugend. Seine wirkliche Auseinandersetzung und der unbewußte Grund, weshalb er überhaupt in diese Beziehung eintritt, ist, daß er es lernen muß, sich erfolgreich zu disziplinieren. Sobald er das tut, kann diese Beziehung zu großer Bedeutung gelangen.

Mars des Mannes im Quadrat zum Uranus der Frau: Dieser Aspekt schafft eine äußerst hektische und unbeständige Beziehung. Zwar gibt es eine Menge Aufregung, Abwechslung und intensive Anziehung, aber auch eine gewisse Unberechenbarkeit ist vorhanden, die zu unerwarteten und unvorhersehbaren Wendungen führt. Der Mann kann von der unberechenbaren Sexualität seiner Partnerin enttäuscht sein. Sie hat die Kraft der Anziehung, nicht aber die Fähigkeit zur Hingabe. Obwohl bei diesem Aspekt viele Funken fliegen, wird kaum genügend Stabilität für eine dauerhafte Partnerschaft vorhanden sein.

Mars der Frau im Quadrat zum Uranus des Mannes: Bei diesem Aspekt nimmt die Frau oft unbewußt eine männliche Rolle an und opfert ihre Weiblichkeit in ihrem Bemühen, den Partner zu erreichen. Doch sie ärgert sich über seine kühle Distanziertheit und philosophisch unpersönliche Haltung, und sie hat das Gefühl, daß ihre Bemühungen umsonst sind. Der Mann behält seine Unabhängigkeit, während die Frau mit der Herausforderung konfrontiert ist, sich selbst einigermaßen im Griff zu behalten, während sie versucht, dieses unverbindliche, freiheitsliebende Wesen zu erobern. So kann diese Beziehung besonders einseitig sein; nicht nur fehlt ihr eine feste Grundlage, auch die Qualität des ausgewogenen Gebens und Nehmens, die zum Wesen einer dauerhaften Partnerschaft gehört, ist kaum zu finden.

Mars des Mannes im Quadrat zum Neptun der Frau: Dieser Aspekt ist äußerst schwierig. Die Richtung der Beziehung wird unklar, weil die Phantasien der Frau den Antrieb ihres Partners lähmen. Er versucht zu führen, aber sie kann seine Ziele nicht verstehen. Ein Mangel an Kommunikation und gemeinsamen Zielen verursacht Gefühle der Isolation in beiden Partnern.

Mars der Frau im Quadrat zum Neptun des Mannes: In dieser Beziehung erleben die beiden Partner einen Rollentausch. Die Frau übernimmt die Rolle des männlichen Ego, da sie versucht, den Mangel an Stärke, den sie beim Mann spürt, auszugleichen. Daher kann er leicht mit Unmut reagieren, wenn sie seine zarten Phantasien unterbricht. Je mehr sie sich Fortschritt wünscht, desto mehr versucht er, sich in seine eigene abgeschlossene private Welt zurückzuziehen. Sie kann mit ihm ihren eigenen Weg ebenso verlieren wie die Orientierung über einen Weg, den beide zusammen gehen könnten. Obwohl dieser Aspekt sexuelle wie auch sinnliche Energie enthält, fehlt ihm die Substanz, aus der eine dauerhafte Beziehung geformt wird.

Mars des Mannes im Quadrat zum Pluto der Frau: Dies ist einer der schwierigsten Aspekte in einer Beziehung. Der Überlebenswille der Partner prallt aufeinander, während beide versuchen, ihr persönliches Selbstwertgefühl aufrechtzuerhalten. Er kämpft offen um seine Unabhängigkeit, während sie dasselbe unbewußt tut. Große Intensität und viele Wortgefechte können den Kampf um die Eroberung des Partners begleiten. Leidenschaftliche Sexualität kann schließlich das Bewußtsein der Frau transformieren, denn sie zerstört für immer die Vergangenheit, während der Mann den Weg für die Zukunft vorbereitet. Wenn zwischen den beiden Horoskopen nicht andere konstruktive und starke Konjunktionen bestehen, könnte es für ihre Vergangenheit und seine Zukunft keinen gemeinsamen Treffpunkt geben. Daher tritt bei diesem Aspekt die harte Wirklichkeit brutaler Selbsttransformation hervor, was zuviel Unruhe für eine dauerhafte Beziehung schaffen kann.

Mars der Frau im Quadrat zum Pluto des Mannes: Dies ist ein äußerst unbeständiger Aspekt, denn die Frau handelt durch die Identifikation mit ihrem Animus und verliert sich in den unbewußten Motiven ihres Partners. Beide kämpfen um Macht und hoffen, den anderen zu erobern. Der Mann kann zur Perversion neigen, wenn er das Gefühl hat, daß seine verborgenen Wünsche enttäuscht werden. So kann intensive Sexualität der Kampfplatz werden, auf dem die grundsätzliche Disharmonie dieses Aspekts ausgetragen wird. Schließlich wird der Mann sich verwandeln, da er neue Tiefen in seinem Innern entdeckt. Aber nur selten wächst sein Bewußtsein an das der Frau heran, egal wie sehr er sich verändert oder wächst.

Mars im Trigon zum Mars: Bei diesem Aspekt sind beide Partner in der Lage, sich ihre Unabhängigkeit und Einzigartigkeit zu erhalten und gleichzeitig zusammenzuarbeiten. Die Beziehung ist insofern männlich geprägt, als Entwicklungsstreben, Erfolg und die Erfüllung von Wünschen Motive des Handelns sind. Daher gibt es eine Menge Bewegung und Aktivierung von Interessen, wodurch beide Partner einander bei ihrem Wachstum helfen können. Die Frau identifiziert sich unbewußt mit ihrer Animus-Figur und agiert die Bedürfnisse des Mannes aus. Wenn sie Brüder hat, kann die Beziehung für sie zum Mittel werden, um Herausforderungen zu begegnen, die sie in der Vergangenheit nicht bewältigen konnte; so kann sie zu einem neuen Selbstwertgefühl finden. Dadurch, daß immer wieder ein neuer Anfang gemacht werden kann, erhält sich diese Beziehung eine jugendliche Frische, die auf beide Partner anregend wirkt.

Mars des Mannes im Trigon zum Jupiter der Frau: Dieser Aspekt sorgt für Interesse an Sport, Reisen und Zeitvertreib. Die Beziehung hat eine Qualität der Intensität, ist aber gleichzeitig auch von Leichtigkeit geprägt. Die Frau kann ihren Partner lehren, über seine normalen Begrenzungen hinauszuwachsen. Sie hilft ihm bei der Entfaltung seines Bewußtseins und zeigt ihm, wie sein Geist verstehen kann, was sein Ego auslebt. Umgekehrt regt er ihr Denken an, das neue Ideen liefert und so die Weiterentwicklung der Partnerschaft fördert. Verbunden mit viel Aktivität und Bewegung, helfen die beiden Partner einander bei der Expansion und Durchsetzung ihrer Individualität.

Mars der Frau im Trigon zum Jupiter des Mannes: Die Frau kann sich mit ihrer Animus-Figur identifizieren, um ihrem Partner zu einem starken Ego und einem Gefühl der Konzentration zu verhelfen. Er sieht viele Möglichkeiten, braucht aber sie als Brennpunkt. Umgekehrt erhält sie eine optimistische Einstellung für ihre Erwartungen an ihn. Wenn realistische Ziele verfolgt werden, können hier Möglichkeiten zum Erfolg liegen. Wenn jedoch keine Ziele vorhanden sind, kann ein Gefühl reizbarer Ungeduld eine Partnerschaft zerstören, die andernfalls fruchtbar sein könnte.

Mars des Mannes im Trigon zum Saturn der Frau: Hier sucht der Mann in seiner Partnerin nach Sicherheit. Sie ist sein Anker, sein Ursprung, und sie gibt ihm ein Gefühl von Dauer. Er lernt, seine Impulse mit ihrer realistischen Weisheit zu verbinden, und die beiden können zusammen große Erfolge erreichen. Er arbeitet an der Zukunft, während sie die Vergangenheit konsolidiert. Hier kann insofern eine schwache karmische Bindung vorliegen, als beide Partner lernen, ihre Energie konzentriert auf ein sinnvolles Ziel zu richten. Auf unbewußter Ebene arbeitet der Mann symbolisch mit seinem Vater zusammen. Die Frau kann ihr weibliches Selbst für das opfern, was ihr größere Bedeutung zu haben scheint. Dies ist ein ausgezeichneter Aspekt für zwei Menschen, die zusammenarbeiten.

Mars der Frau im Trigon zum Saturn des Mannes: Bei diesem Aspekt geht die Frau auf die symbolischen väterlichen Forderungen ihres Partners ein. Er dagegen erkennt, auf welche Weise Jugend und Alter ein Spektrum des Verstehens schaffen, durch das sich breitgestreute Weisheit entwickeln kann. Die Frau drängt vorwärts. Der Mann sieht seine eigene impulsive Seite in ihr. Gleichzeitig muß er sie auf traditionelle Weise führen. wenn er den Erfolg ihrer Aktivitäten sicherstellen will. Er hilft ihr also beim zielgerichteten Ausdruck ihres Ego. In karmischem Sinn arbeitet die Frau mit ihrem Vaterbild zusammen, und obwohl ihr Partner ihre weibliche Rolle vielleicht nicht erkennen wird, sieht er dennoch ihr Potential. In vergangenen Leben entwickelte sie das Bedürfnis, sich mit einem Prinzip, einer Idee oder Tradition zu identifizieren, die über ihr persönliches Selbst hinausreichte. Durch diese Beziehung wächst sie über ihre Jahre hinaus und bemüht sich um die Größe, Würde und Bedeutung, die nur das Fortschreiten durch die Weisheit des vorgerückten Alters ihr geben kann.

Mars des Mannes im Trigon zum Uranus der Frau: Dieser Aspekt schafft eine hektische und turbulente Beziehung.

Der Mann handelt durch sein Ego, um zu einem unpersönlichen Verstehen seiner Partnerin zu gelangen. Sie bringt die Objektivität mit, die seine subjektive Sichtweise ausgleicht. Die beiden Partner ergänzen sich in ihrem Gefühl für Fortschritt, und ihre Beziehung gleicht der von zwei lebensfrohen Kindern, die eifrig versuchen, ihre Zukunft kennenzulernen.

Mars der Frau im Trigon zum Uranus des Mannes: Dieser Aspekt kann der Frau durch den Kontakt mit der liberalen Einstellung ihres Partners helfen, ihre Unabhängigkeit zu finden. Er kann ihr ihre Handlungen und Motive objektiv erklären. Wenn sie in diese Beziehung eintritt, ist die Frau vielleicht viel zu sehr von ihren Wünschen geprägt und läßt sich so sehr in Dinge verwickeln und verstricken, daß sie sich selbst nicht mehr sehen kann. Der Mann hilft ihr, sich aus diesen Verstrickungen zu befreien, so daß sie sich für universalere Vorstellungen öffnen kann. Beide Partner können in dieser Beziehung lernen, welche Vorteile die Entwicklung eines weniger persönlichen Egos bringen kann.

Mars des Mannes im Trigon zum Neptun der Frau: Hier werden die Ego-Antriebe des Mannes durch die inspirierenden Träume der Frau ergänzt. Sie gibt allem, was er tut, Farbe und Struktur, und verhilft ihm zu einem intensivierten Eindruck von sich selbst. Er kann ihr zeigen, wie sie ihre Träume aktivieren und so eine sinnvolle Realität schaffen kann. Obwohl er brüsk und direkt ist, sie dagegen vage und ausweichend, findet sich hier ein geheimnisvolles Gefühl sexueller Anziehung, denn sie ist wie ein Schmetterling, der gerade so nahe kommt, daß er beinahe gefangen wird.

Mars der Frau im Trigon zum Neptun des Mannes: Die Frau identifiziert sich unbewußt mit ihrem Animus-Bild. Sie übernimmt die Führung und versucht, den fügsamen Mann zu aktivieren. Er absorbiert ihre Impulse, beruhigt sie und ergänzt ihre Begabungen durch Einsicht und Weitblick.

Dennoch strebt sie nach Weiterentwicklung, während er sich gerne seinen Träumen überläßt. Wenn allerdings seine Phantasien kreativ sind, dann hat seine Partnerin die Kraft, sie zu aktivieren.

Mars des Mannes im Trigon zum Pluto der Frau: Dieser Aspekt schafft eine starke Betonung der Sexualität in der Beziehung. Der Mann blickt in die Tiefen seiner Partnerin, und aufgrund seiner Intensität kann er verborgene Eigenschaften ihres Unterbewußtseins an die Oberfläche bringen. Sie macht viele Veränderungen durch und überwindet ihre Vergangenheit, während er ihr Anreize gibt, in die Zukunft zu gehen. Daher kann in dieser Beziehung eine Menge dynamisches Wachstum stattfinden.

Mars der Frau im Trigon zum Pluto des Mannes: Hier identifiziert sich die Frau mit ihrem Animus und führt den Mann durch intensive Transformationen. Er schüttelt die Fesseln einer nutzlosen Vergangenheit ab, während sie ihn auf eine stärker an sich selbst orientierte Zukunft hinlenkt. Das sexuelle Interesse ist intensiv, da beide Partner an dem Prozeß der Regeneration beteiligt sind. Durch ihre Kraft und seine Tiefe kann dies eine äußerst dynamische Beziehung sein. Sie kann den Mann weit von seinen Wurzeln forttreiben und ihn den Wünschen seiner Partnerin näherbringen. Tatsächlich erfüllt sie seine Bedürfnisse, die durch ihre Energien an die Oberfläche kommen.

Mars in Opposition zum Mars: Dies ist ein äußerst schwieriger Aspekt. Die beiden Egos veranstalten ein Tauziehen bei ihrem Bemühen, persönliche Wünsche zu verwirklichen. Die Frau ist aus ihrer Rolle geworfen und muß sich übermäßig stark durchsetzen, wenn sie gehört werden will. Auf jede Aktion folgt eine gleichstarke, entgegengesetzte Reaktion. Je mehr sie sich daher durchsetzt, desto mehr wird der Mann in die entgegengesetzte Richtung gehen. Hier kann auch sehr starke sexuelle Anziehung vorhanden sein, aber sie ist oft zu intensiv, als daß die beiden Partner sie verstehen könnten. Die Frau empfindet sich als so sehr in das Ego ihres Partners eingebunden, daß sie schließlich zu der Überzeugung kommen kann, zuviel opfern zu müssen, wenn sie diese Beziehung erhalten will.

Mars des Mannes in Opposition zum Jupiter der Frau: Dieser Aspekt verursacht Zerstreuung von Energie sowie Schwierigkeiten, den eigentlichen Zweck der Beziehung herauszufinden. Der Mann funktioniert durch sein Ego, die Frau durch ihr ganzheitliches Bewußtsein. Aber ihre Ideen und seine Impulse scheinen nicht auf derselben Wellenlänge zu liegen. Daher können seine Bemühungen, sie zu beeindrukken, ihn von seinem Weg abbringen und es beiden schwer machen, ihre Bestimmung und ihre Rolle zu verstehen.

Mars der Frau in Opposition zum Jupiter des Mannes: Hier zeigt die Frau die Neigung, sich übermäßig mit ihrem Animus zu identifizieren. Sie versucht, den Mann zu beeindrukken, aber sein Wissen und seine Weisheit können ihr Verständnis übersteigen. Sie sieht die Dinge subjektiv, während er die Fähigkeit zur Distanz hat, weil er die Dinge von einer höheren Warte aus betrachtet. Beide kämpfen um ihre persönliche Freiheit, aber mit größerer Wahrscheinlichkeit wird die Frau es sein, die verletzt wird, denn sie ist tiefer in die Beziehung verwickelt als ihr ungebundener Partner.

Mars des Mannes in Opposition zum Saturn der Frau: Der Mann kämpft, um sich von der Vaterfigur zu befreien, die er in seiner Partnerin sieht. Sie repräsentiert eine Sammlung von kristallisierten Regeln, Traditionen und Formalitäten, mit der er lieber nichts zu tun haben möchte. Sie sieht ihn als übertrieben jugendlich und verantwortungslos an. Da diese beiden Standpunkte so verschieden sind, kann viel Reibung entstehen. Der Mars sieht sich vor die Wahl gestellt, sich zum Ausdruck zu bringen oder sich als Autoritätsfigur zu beweisen. Karmisch gesehen ist er diese Beziehung eingegangen, um endlich zu lernen, die Fesseln seiner Hemmungen abzuwerfen und er selbst zu sein. Je mehr daher die Frau versucht, ihn einzusperren, zu kontrollieren und innerhalb der Grenzen ihrer Erwartungen zu halten, desto mehr lernt sie, daß es unmöglich ist, einen anderen Menschen zu kontrollieren. Daher muß sie ihn schließlich loslassen, um ihre eigene Selbstachtung zu gewinnen.

Mars der Frau in Opposition zum Saturn des Mannes: Die Frau spielt hier nicht ihre natürliche Rolle. Daher ist sie gezwungen, ihr Ego gegen ihren Partner einzusetzen, während sie symbolisch versucht, sich aus der Bindung zu ihm zu befreien. Er kann sie mit dem Gewicht von Tradition belasten oder sie um ihre Identität kämpfen lassen. Schließlich muß die Frau lernen, daß sie in Wirklichkeit nicht versucht, eine Vaterfigur zu überwinden, sondern daß es die Begrenzungen in ihrem eigenen Innern sind, die sie zurückhalten. Wenn sie dies lernt, wird sie wegen der exzessiven karmischen Belastung aus dieser Beziehung ausbrechen; Sache des Mannes ist es, zu verstehen, daß auch er eine Art Selbstdisziplin gelernt hat.

Mars des Mannes in Opposition zum Uranus der Frau: Dieser Aspekt schafft Abwechslung und Unberechenbarkeit. Der Mann versucht, die Frau mit ihrem Freiheitsbewußtsein zu erobern. Sie jedoch ist gar nicht daran interessiert, erobert zu werden. Stattdessen versucht sie, ein isoliertes Gefühl von Individualität aufrechtzuerhalten, wobei sie Intimität und Nähe vermeidet. Auch der Mann möchte seine einzigartige Identität bewahren. Aber seine Wünsche sind intimer und persönlicher. Daher sieht er die Beziehung und seine Rolle in ihr vor allem durch sein Ego. Gleichzeitig funktioniert das Bewußtsein der unerreichbaren Frau auf universaler Ebene, und sie braucht einen weiteren Horizont, um ihr Interesse wachzuhalten.

Mars der Frau in Opposition zum Uranus des Mannes: Die Frau identifiziert sich überstark mit ihrem Animus. Sie liegt mit sich selbst im Kampf, während sie zu verstehen versucht, warum der Mann nicht so handelt, wie sie es erwartet. Seine Zurückhaltung und Distanz frustrieren sie, aber gleichzeitig wird ihr Bedürfnis, Herausforderungen auf persönlicher oder intimer Ebene zu lösen, durch seine unpersönliche Haltung ständig neu stimuliert. Sie kann viel von sich selbst verlieren, während sie versucht, das Unerreichbare zu erreichen, denn der Mann wird sich zum Schluß mehr als Freund denn als Geliebter erweisen und kann niemals die Art von Mann sein, den sie unbewußt zu erobern versucht.

Mars des Mannes in Opposition zum Neptun der Frau: Dieser Aspekt verursacht häufig Unehrlichkeit. Der Mann versucht, die Frau zu erobern, und meistens macht er sich dabei etwas vor. Anstatt ihr ganzes Wesen zu sehen, sucht er instinktiv nach einem Stereotyp, den es vielleicht gar nicht gibt. Sie sieht seine Anstrengungen, kann aber nur wenig tun, um ihm den Kampf mit der Illusion zu erleichtern. Daher ähnelt die Beziehung der Situation eines Mannes in Ritterrüstung, der versucht, eine vorbeischwebende Wolke zu erobern.

Mars der Frau in Opposition zum Neptun des Mannes: Hier spielt die Frau nicht ihre natürliche Rolle, während sie einer eindrucksvollen Illusion nachjagt, die ihr Partner ihr gegeben hat. Mit aller Kraft, die sie aufbieten kann, versucht sie, den Schleier dieser Illusion zu zerreißen. Je mehr sie das jedoch versucht, desto mehr verliert sie sich in einer letztendlich enttäuschenden Erfahrung.

Mars des Mannes in Opposition zum Pluto der Frau: Dieser Aspekt verursacht starke Spannungen in einer Beziehung. Grausamkeit, Haß und sogar Gewalt können vorkommen, während der Mann die Frau beständig auf die Erkenntnis all dessen hinstößt, was sich ändern muß, wenn sie eine spirituelle Wiedergeburt erfahren soll. Sie kann der Grobheit seiner Angriffe Widerstand leisten und schließlich zu der Einsicht kommen, daß Strafe das einzige ist, was die Beziehung ihr zu bieten hat. Die Sexualität kann äußerst intensiv sein, aber sie hat eine Roheit an sich, die daher kommt, daß keiner der beiden Partner sich selbst oder den anderen mit Achtung und Anstand behandelt.

Mars der Frau in Opposition zum Pluto des Mannes: Hier überbetont die Frau die männliche Rolle. Alles wird übertrieben, während sie ihren Partner im innersten Kern seines Unterbewußtseins zu erreichen versucht. Daher treibt sie ihn an und provoziert ihn, so als wollte sie ihn unbewußt für ihren Mangel an Weiblichkeit verantwortlich machen. Der Mann spürt, daß er sich verändert, kann aber die Wutanfälle und Temperamentsausbrüche seiner Partnerin nicht verstehen. Eine animalische Qualität in diesem Aspekt scheint das Allerschlimmste in beiden Partnern zum Vorschein zu bringen. Wenn aber andere Horoskopaspekte Vernunft und Realitätssinn anzeigen, dann kann hier in sehr kurzer Zeit sehr viel gelernt werden.

Aspekte zu den äußeren Planeten

Jupiteraspekte

Jupiter in Konjunktion zum Jupiter: Dieser Aspekt bringt Optimismus, Klarheit und glückliche Fügung in eine Beziehung. Obwohl es zu Exzessen kommen kann, wird diese Tendenz häufig durch die Fähigkeit der beiden Partner ausgeglichen, die Dinge auf einer Ebene der Leichtigkeit zu halten. Da beide die gleiche grundsätzliche Lebensphilosophie haben, wird wahrscheinlich eine interessante, expansive und wachstumsfreudige Beziehung entstehen. Normalerweise zeigt dieser Aspekt an, daß die Partner ungefähr gleichen Alters sind und dieselbe Generationseinstellung haben.

Jupiter des Mannes in Konjunktion zum Saturn der Frau: Dieser Aspekt wirkt ausgleichend, da der exzessive Optimismus des Mannes durch die nüchterne und verantwortungsbewußte Art der Frau in Schach gehalten wird. Er kann nach äußerlichen Erfahrungen suchen, um seine Lebenseinstellung aufzuheitern. Sie wirkt für ihn als der innere Kern, der ihn stabilisiert und ihm Kraft gibt. Wenn der Mann lernen kann, Langeweile zu überwinden, und wenn die Frau lernt, nicht durch seine ständigen Richtungswechsel irritiert zu werden, dann kann dieser Aspekt eine Beziehung von großer Weisheit hervorbringen. Ehre und Wahrheit können sich mit Sinn und Würde verbinden. Die Frau wird durch unbewußte Identifikation mit ihrem Vater versuchen, die Qualität der Echtheit, die sie in ihrem Partner bewundert, zu erhalten. Hier ist Karma vorhanden, und die Frau muß sich sehr anstrengen, um den Mann davon abzuhalten, sich zu zerstreuen oder seine Energie zu verschwenken, während sie ihm langsam den wesentlichen Sinn und Zweck seines Lebens klarmacht.

Jupiter der Frau in Konjunktion zum Saturn des Mannes: Der Mann verleiht der Frau Ausgeglichenheit, indem er ihr die Bedeutung von Geduld, Unterscheidungsvermögen und Verantwortlichkeit bewußt macht. Er bemüht sich, sie solche Werte zu lehren, die ihr wirklichen Sinn vermitteln werden. Wenn sie die Geduld besitzt, seinen Lehren zuzuhören, kann diese Beziehung sich allmählich ausformen, aufgebaut auf die Prinzipien von Wahrheit, Weisheit und eines tieferen, dauerhaften Sinnes. Es besteht die Möglichkeit, viel Ruhm und Ehre zu erwerben.

Jupiter des Mannes in Konjunktion zum Uranus der Frau: Dies ist ein geistiger Aspekt. Er erhöht die Bewußtseinsebene einer Beziehung und bringt neues Verstehen durch den aufgeklärten Intellekt beider Partner. Eine sofortige telepathische Verbindung ist ein mögliches Ergebnis der ausgezeichneten Kommunikation, die dieser Aspekt hervorbringen kann. Der Expansionsdrang des Mannes trifft sich mit dem befreienden und Neuerungen bringenden Intellekt seiner Partnerin. Großer Ideenreichtum kann die geistige Anregung ergänzen, doch die Sexualität wird vielleicht zu Schwierigkeiten führen, da die befreiende Qualität des Aspekts den sexuellen Appetit zu verringern scheint.

Jupiter der Frau in Konjunktion zum Uranus des Mannes: Hier bereichert das ganzheitliche Bewußtsein der Frau den Intellekt des Mannes und verhilft beiden zu einem sich verändernden und wachsenden Bewußtsein. Dies ist eine Beziehung ohne Besitzanspruch, in der beide Partner geistige

Freiheit erleben. Viel Bewegung, Aktivität und Interesse sind vorhanden, aber eine Tendenz zur Energiezerstreuung muß sorgfältig beobachtet werden. Anfälle von Überschwang können die Bewußtheit erhöhen, aber auch zu Frustration führen. Das nicht-sexuelle Wesen dieses Aspekts ist hervorragend für eine platonische Freundschaft geeignet, in der beide durch den Partner lernen und wachsen.

Jupiter des Mannes in Konjunktion zum Neptun der Frau: Das ganzheitliche Bewußtsein des Mannes verbindet sich mit den intuitiven Fähigkeiten der Frau zu einem Gefühl telepathischen Verstehens. Die Frau findet durch den Mann zu ihrer Wahrheit, während sein Optimismus durch die Kraft ihres Glaubens an ihn wächst. Eine Menge Astralprojektion kann hier stattfinden, da beide Partner zur Unzufriedenheit mit der Gegenwart neigen und versuchen können, nach den Phantasienbildern von Dingen zu greifen, die sich außerhalb ihrer unmittelbaren Reichweite befinden.

Jupiter der Frau in Konjunktion zum Neptun des Mannes: Die Frau hellt den Geist des Partners auf. Sie nimmt das Wesentliche aus seinen Eindrücken auf und lehrt ihn, den Überschuß dessen, was er durch seine Sensitivität absorbiert hat, wieder loszulassen. Umgekehrt steuert er die Intuition bei, die ihren Wahrnehmungen Tiefe und Verstehen gibt.

Jupiter des Mannes in Konjunktion zum Pluto der Frau: Hier verbindet sich die leichte, optimistische Haltung des Mannes mit der Tiefe und dem Verstehen der Frau zu einer äußert intensiven Beziehung. Er hat eine geistige Perspektive; sie sieht die Hintergründe des Lebens. Während sie ihn die Endgültigkeit seiner Wahrheiten lehrt, kann er die Einsichten expandieren und vergrößern, die sie andernfalls nur andeutungsweise wahrnehmen würde. Dies ist ein mächtiger Regenerationsaspekt, der in beiden den Wunsch hervorbringt, sich eine bessere Zukunft zu schaffen.

Jupiter der Frau in Konjunktion zum Pluto des Mannes: Die Frau hilft dem Mann durch ihr ganzheitliches Denken, sein Bewußtsein zu erweitern. Die Tiefe seines Verstehens und das breite Spektrum ihrer Wahrnehmungen bringen eine Qualität tiefgründiger Weisheit in diese Beziehung. Sie öffnet sein Bewußtsein und gibt ihm das Licht, das er braucht, um seine Seele zu transformieren.

Jupiter im Quadrat zum Jupiter: Dieser Aspekt verursacht Spannung und Frustration. Die individualistischen Einstellungen und Meinungen der beiden Partner kämpfen um Anerkennung. Daher macht eine Tendenz zur Kollision der Persönlichkeiten diese Beziehung äußerst schwierig. Das größte Problem liegt darin, daß beide Partner unterschiedliche Weltanschauungen haben; dieser Unterschied wird schließlich wichtiger als irgendeine Anziehung, die vielleicht zwischen beiden besteht.

Jupiter des Mannes im Quadrat zum Saturn der Frau: Die Philosophie des Mannes kollidiert mit dem Traditionshintergrund oder der Herkunft der Frau. Er sucht ein offenes, auf Lernen, Wachstum und Expansion gegründetes Bewußtsein, während sie an der Vergangenheit festhält und sich dadurch gute Möglichkeiten entgehen lassen kann. Sie wird wahrscheinlich versuchen, das bereits Geschaffene zu erhalten, während er sein umfassenderes Bewußtsein dazu benutzen möchte, über die erreichte Sicherheit hinauszuwachsen.
In karmischem Sinn führt die Frau die lineare Tradition ihrer Herkunft fort. Die Gedanken ihres Partners repräsentieren oft eine Einstellung, die ihrem Gefühl für Form, Sitte oder Struktur widerspricht. Ethische oder kulturelle Unterschiede können hier vorhanden sein, und diese Unterschiede müssen auf unpersönlicher Ebene verstanden werden, wenn die Beziehung funktionieren soll.

Jupiter der Frau im Quadrat zum Saturn des Mannes: Die Frau sucht nach Freiheit und Leichtigkeit, während der Mann fest in seiner Vergangenheit verwurzelt ist. Er nimmt eine Vaterrolle an und hat die Tendenz, die Zeit an einem bestimmten Punkt in der Vergangenheit »einzufrieren«, der für ihn auf karmischer Ebene wichtig war. Er versucht, Traditionen der Vergangenheit und sozial akzeptable Verhaltensweisen oder Einstellungen fortzuführen. Je mehr er das jedoch tut, desto mehr setzt sich die Frau mit ihrem Freiheitsdrang durch. Sie sucht nach Offenheit im Lernen und Wachsen und fragt sich, was hinter neuen Horizonten noch auf sie warten mag. Er versucht, die Zukunft ebenso zu strukturieren wie die karmische Vergangenheit.
Ein Element der Unfreiheit in dieser Beziehung hat mit Ideen zu tun, und das wird von der Frau ans Licht gebracht werden, wenn beide Partner spirituelles Wachstum erfahren sollen. Wir finden hier ein Karma des Lehrens, und ihr Lernen muß bei den historischen Zeitabständen beginnen, die durch den Mann festgelegt werden. Er kann eine bestimmte Kultur oder Zivilisation bevorzugen oder sich an Regeln und Traditionen halten, die er von seinen Vorfahren übernommen hat. Sie muß diese kristallisierten Regeln lockern und auflösen, um die Beziehung auszugleichen und in realistische, zeitgemäßte Umstände zu führen.

Jupiter des Mannes im Quadrat zum Uranus der Frau: Dies ist ein Aspekt, der Leichtsinn, Hektik und viel Bewegung und Aktivität in eine Beziehung bringt. Es gibt unpersönliche Unterschiede, die nicht leicht zu überwinden sind. Beide Partner haben einen ausgeprägten Hang für Individualität, Unabhängigkeit und geistige Freiheit. Beide haben jedoch eine Tendenz, in den psychischen Zustand des anderen einzudringen. Daraus können eine gewisse nervöse Ängstlichkeit und ein Vermeiden von Gefühlen resultieren. Diese Energie macht es beiden schwer, einander zu verstehen oder sich ineinander einzufühlen. Die Beziehung dürfte aufregend, aber nur selten dauerhaft sein, da jeder der beiden entdecken kann, daß er mehr mit einer Idee oder einem Lebensstil verbunden ist als mit seinem Partner.

Jupiter der Frau im Quadrat zum Uranus des Mannes: Hier steht die Haltung und Einstellung der Frau im Widerspruch zum Glauben des Mannes an sich selbst. Sie kann übertrieben selbstgerecht sein, während er die Freiheit sucht, die er gewöhnt ist, und sich ihrer beurteilenden Art widersetzt. Er kann sich auf unpersönliche Weise aus der Beziehung zurückziehen und dadurch ihr Gefühl für Sinn und ihre gedanklichen Zukunftsprojektionen zerstören. Beide Partner können viel voneinander lernen, aber das Ausmaß an geistiger Frustration, die durch diesen Aspekt erzeugt wird, macht es beiden schwer, sich sicher zu fühlen.

Jupiter des Mannes im Quadrat zum Neptun der Frau: Dieser Aspekt verursacht spirituelle Unzufriedenheit. Der Mann sucht seine Wahrheit in den mystischen Eindrücken, die er von der Frau empfängt. Sie findet es aber schwer, an seine Aufrichtigkeit zu glauben, da er zu leichtsinnig erscheint, um ihre Tiefe(n) zu verstehen. Gleichzeitig kann sein ausgeprägter Sinn für Recht und Unrecht durch ihre nebulose Einstellung oft verwirrt werden. Sie versucht, ihm den Geist oder das Wesen seiner Regelsysteme zu zeigen – sie will ihn zu der Einsicht bringen, daß der Geist wichtiger ist als seine buchstabengetreue Art, das Leben zu verstehen. Der Mann kann in dieser Beziehung wachsen, wenn er viel geistige Offenheit bewahrt und sich von Besitzdenken und Vorurteilen freihält.

Jupiter der Frau im Quadrat zum Neptun des Mannes: Die Frau versucht, durch ihren Partner Inspiration zu finden. Sie kann entweder eine psychische oder intuitive Bestätigung dessen suchen, was sie für ihre Wahrheiten hält. Aber der Mann wird an ihr vielleicht nur eine oberflächliche Art, die

Dinge zu betrachten, wahrnehmen und kann es schwierig finden, ihre Aufrichtigkeit zu akzeptieren. Er findet, daß sie mehr Tiefe entwickeln müßte; sie hingegen verliert durch seinen Mangel an Spontaneität die Geduld. Dieser Aspekt ist schwierig, denn er verursacht Spannungen zwischen den Einstellungen und Wertmaßstäben der beiden Partner.

Jupiter des Mannes im Quadrat zum Pluto der Frau: Der Mann kann viel geistige Energie bei dem Versuch einsetzen, die Frau zur Klarheit zu führen. Gleichzeitig bemüht sie sich, Tiefe in seine ihrer Meinung nach nur oberflächlich empfundenen Wahrheiten zu bringen. Beide betrachten das Leben von unterschiedlichen Blickpunkten aus. Für den Mann stehen Zweckmäßigkeiten und die leichtere Seite der Dinge im Mittelpunkt. Die Frau dagegen sieht die Tiefen und wirklichen Transformationen, die durchlebt werden müssen, um spirituell zu wachen. Aufgrund dieser beiden verschiedenen Bewußtseinsebenen kann die Beziehung unbewußte Strömungen entwickeln, die oft zu Auseinandersetzungen, Unzufriedenheit, Reibung, Feindseligkeit und schließlich zur Trennung führen.

Jupiter der Frau im Quadrat zum Pluto des Mannes: Die Frau versucht, ihrem Partner Licht zu bringen. Sie wird ihn in der Tiefe kämpfen sehen, aber sie versteht nicht, warum er in solchen Abgründen nach Antworten sucht, die ihr so einfach und naheliegend erscheinen. Gleichzeitig findet er, daß ihre Eile, zu Meinungen oder Einstellungen zu kommen, anzeigt, daß sie das wahre Wesen des Lebens schon im Ansatz verpaßt. Sie kann ein offenes, expansives Bewußtsein leben, während er seine Wahrheit in entlegenen, verborgenen Winkeln sucht. Die größte Schwierigkeit taucht dann auf, wenn beide Partner an die Endgültigkeit ihrer Meinung glauben. Daher können schon kleinere Meinungsunterschiede schwierig zu überbrücken sein.

Jupiter im Trigon zum Jupiter: Dieser Aspekt fördert Glück; er bringt der Beziehung gute Gelegenheiten, Expansivität und Beliebtheit. Mann und Frau sind beide fähig, einander in ihrem ganzheitlichen Denken zu ergänzen. So kommt es zu einer Leichtigkeit, die es beiden Partnern ermöglicht, ihre geistige Freiheit zu behalten, während sie sich in Harmonie mit den Überzeugungen des anderen fühlen.

Jupiter des Mannes im Trigon zum Saturn der Frau: Das expansive Wesen des Mannes wird durch die konservative Weisheit seiner Partnerin ergänzt. Sie verkörpern die feste Grundlage, auf die er bauen kann. So werden aufgrund ihrer realistischen Einstellung seine Wünsche und Hoffnungen in praktischen Dimensionen gehalten. Sie kann die Rolle eines Vaters spielen und dadurch das Bewußtseinszentrum der Beziehung bilden. Ihre schützenden Yin-Eigenschaften sind der perfekte Ausgleich für die Yang-Qualität des Mannes, die immer nach äußerem Ausdruck sucht. Hier finden wir positives Karma, da die Herkunftslinie der Frau eine harmonische Verbindung mit den kulturellen Einstellungen ihres Partners eingeht. Sie bildet die Grundlage, auf der seine Ideen expandieren können. So verleiht dieser Aspekt einer Partnerschaft Würde, gegenseitige Achtung und Ehre und kann sie dadurch zur Erfüllung bringen.

Jupiter der Frau im Trigon zum Saturn des Mannes: Die Frau kann dem Mann aufgrund ihrer Offenheit und Aufrichtigkeit seinen eigenen Wert bewußt machen. Er kann die Rolle seines Vaters oder – allgemein – die einer Vaterfigur spielen, um seine Partnerin mit einem Anschein von Ehre und Würde zu beeindrucken, der ein wenig übertrieben wirkt. Doch je mehr sich sein Bewußtsein durch den Einfluß der Frau erweitert, desto mehr beginnt er, wichtige Ursachen für Regeln, Traditionen oder Sitten zu erkennen, die in sein Wesen eingegraben sind.
Hier besteht ein Karma, das Urteilsfähigkeit und Weisheit

kombiniert. Die Frau spielt eine aufbauende Rolle, ihr Partner eher eine empfängliche – was die Veränderung der etablierten Struktur symbolisiert; dennoch wirken die beiden aufeinander ausgleichend und entwickeln dabei Vorstellungskraft, Voraussicht und Perspektive. Dies ist ein hervorragender Aspekt für eine ausgeglichene Wachstumsbeziehung.

Jupiter des Mannes im Trigon zum Uranus der Frau: Der freiheitliche Geist des Mannes stimuliert den Intellekt seiner Partnerin. Sie bringt Ideen, die ihn aktivieren, während er ihr hilft, ihr Bewußtsein zu erweitern. Beide Partner sind sehr individualistisch, aber ihre Philosophien und Ideen harmonisieren miteinander. So finden sich hier Wachstumspotential und optimistische Zukunftserwartungen, während jeder den psychischen Eigenbereich des anderen respektiert. Jeder der beiden sieht im anderen Rastlosigkeit, aber diese kann sich normalerweise in Aktivitäten manifestieren (Sport, Reise und Unterhaltung/Vergnügen), die Aufregung in die Beziehung bringen. Dieser Aspekt kann in einer Ehe mit zwei berufstätigen Partnern gut funktionieren.

Jupiter der Frau im Trigon zum Uranus des Mannes: Die Frau gibt dem Intellekt ihres Partners neue Anregungen. Ihre Offenheit und ihr freies Denken inspirieren seine Originalität und Erfindungsgabe. So bringt sie in ihm höhere Qualitäten zum Vorschein, die sich ohne sie vielleicht nicht manifestieren würden. Er dagegen versteht ihr Bedürfnis nach Raum und kann sich ihr gegenüber einsichtsvoll verhalten, ohne besitzergreifend oder einseitig zu sein. Es kann Aufregung ohne Verpflichtung geben, da beide Partner sich der unpersönlichen Idee des freien individuellen Ausdrucks verpflichtet fühlen.

Jupiter des Mannes im Trigon zum Neptun der Frau: Dieser Aspekt vergrößert Träume, Hoffnungen und Wünsche. Der

Mann inspiriert die Überzeugungen der Frau durch seinen Optimismus und seinen Eifer. Sie gibt seinen Ideen Farbe, Tiefe und Gefühl. Spirituelle Prinzipien und grundsätzliche Anschauungen stimmen überein, und das macht diese Partnerschaft leicht. Die Hauptschwierigkeiten, auf die geachtet werden muß, ist jedoch, daß Mühelosigkeit zu Faulheit führen kann. Es ist wichtig, Zielvorstellungen im Sinn zu behalten. Intensive Gefühle können die beiden Partner dazu verleiten, sich ihre abgeschlossene Wirklichkeit als Paar zu schaffen, und diese Wirklichkeit kann ihnen als besser erscheinen als die Wirklichkeiten anderer. Ob dies nun auf Einbildung oder wirklichen Tatsachen beruht, es ist für beide wichtig, mit den Füßen auf der Erde zu bleiben.

Jupiter der Frau im Trigon zum Neptun des Mannes: Dieser Aspekt schafft eine expansive Beziehung. Ein fließendes Gefühl von Spiritualität kann dadurch entstehen, daß die Frau nach Wahrheit sucht und ihre Einsichten dabei durch die Intuition ihres Partners bestätigt werden. Er sieht das Wesen der Dinge und sie die Chancen, die darin verborgen liegen. Die beiden teilen freigiebig miteinander und erleben zusammen ein wahrscheinlich höheres und expansiveres Wirklichkeitsgefühl, als es ihnen einzeln möglich wäre. Der Mann lebt wie in einer Wolke, hinter der seine Partnerin wie das Licht der Sonne strahlt. Wenn beide praktisch veranlagt sind, kann dies ein ausgezeichneter Aspekt für eine Wachstums- und Lernbeziehung sein.

Jupiter des Mannes im Trigon zum Pluto der Frau: Der Mann wird von der Frau unterstützt. Sie gibt ihm die Tiefe, durch die sich seine Einsichten entwickeln können. Er unterstützt sie in ihrem Suchen. Beide sind sie auf der Suche nach allem, was über unmittelbares Verstehen hinausgeht. Die Frau sieht die Wirklichkeit wie in vertikalen Schichten angeordnet, während der Mann eine horizontale Perspektive beibehält. So kann er die Breite und Reichweite der Verwicklungen erkennen, die aus ihren inneren Tiefen entstehen. Wenn diese beiden Sichtweisen der Realität (vertikal und horizontal) miteinander in Harmonie sind, enthüllt sich die wahre mystische Bedeutung des Kreuzsymbols. Pluto symbolisiert Jesus Tod, während Jupiter die Auferstehung als Christus repräsentiert. In dieser symbolhaften Neu-Inszenierung zerstört die Frau Teile ihrer Vergangenheit und kann dadurch im Bewußtsein ihres Partners Raum für die Erfahrung einer Neugeburt schaffen.

Jupiter der Frau im Trigon zum Pluto des Mannes: Der Mann stellt das Versuchsgelände zur Verfügung, auf dem die Frau lernen kann, ihr Bewußtsein zu erweitern. Er befreit sie von Falschheit und verschleiernden Illusionen und hilft ihr dadurch, das Licht zu sehen. Dabei kann er sie durch viele Prüfungen schicken – denn sie muß es lernen, Tiefe in ihre weite Sichtweite zu bringen. Materieller wie auch spiritueller Reichtum können diesmal auftreten, wenn Hindernisse überwunden worden sind. Dies ist ein besonderer Aspekt. Er legt einer glattlaufenden Beziehung Stolpersteine in den Weg, gibt aber auch beiden die Kraft und Fähigkeit, diese Hindernisse zu überwinden – als würden sie diese als Herausforderungen willkommen heißen, um sie in Bausteine auf dem Weg zur Klarheit zu verwandeln.

Jupiter in Opposition zum Jupiter: Zwei verschiedene Philosophien prallen aufeinander. Energien können zerstreut und Zielvorstellungen aufgelöst werden. Beide Partner brauchen Freiheit und halten meist an autonomen Prinzipien fest und schaffen dadurch ein ständiges Tauziehen auf geistiger Ebene. Das Ergebnis ist normalerweise Frustration und Angst, denn beide hätten lieber eine Bestätigung ihrer Einstellung durch den anderen. Jedoch kann durch Auseinandersetzungen und Debatten viel Wachstum erreicht werden. Wenn die Beziehung funktionieren soll, müssen beide Partner in der Lage sein, in den Einstellungen und Meinungen des anderen etwas Wertvolles zu sehen.

Jupiter des Mannes in Opposition zum Saturn der Frau: Dies ist ein karmischer Aspekt. Die Frau nimmt eine Vaterrolle an und prüft die Aufrichtigkeit des Mannes. Wie ein Zeus, über die Gesetze des Schicksals erhaben, protestiert der Mann gegen seine Partnerin, während sie versucht, seine Position zu testen. Während beide Partner die Autorität des anderen in Frage stellen, führen sie einander, ohne es zu beabsichtigen, auf höhere Bewußtseinsebenen. Die Beziehung kann äußert schwierig, aber auch fruchtbar sein, da jeder der beiden seinen wahren Standpunkt im Leben entdeckt. Ideen und Prinzipien liegen miteinander im Kampf. Die Frau kann versuchen, ihr Leben zu personalisieren, entweder aufgrund von Familienherkunft und Vorfahren in diesem Leben oder aufgrund von Doktrinen, Sitten und Traditionen aus einem früheren Leben, die im Widerspruchskonflikt zu der Kultur standen, in der sie damals lebte. Durch ihren Partner fährt sie nun fort, die Gültigkeit von Gesellschaft, Gesetzen und Zivilisation in Frage zu stellen und zu überprüfen. Sie hat ihre Regeln, und da diese in der Vergangenheit funktionierten, möchte sie sie auch jetzt gerne für sich anwenden. Der Mann dagegen hat andere Ideen darüber, wie ein Lebensweg aussehen sollte. Daher verursacht dieser Aspekt oft Konflikte, gewöhnlich solche religiöser oder kultureller Art, die das Verständnis beider Partner erfordern, wenn die Beziehung sich entwickeln soll.

Jupiter der Frau in Opposition zum Saturn des Mannes: Der Mann nimmt eine Vaterrolle an. In einer früheren Inkarnation war er vielleicht in einer Position, die es ihm ermöglichte, sich Meinungen, Glaubensvorstellungen und einen Lebensstil aufzubauen, der im Gegensatz zu seiner Kultur stand. Diese Sichtweise führt er in dieser Beziehung fort und sieht die Frau als Bedrohung für alles, was er schon aufgebaut hat. Sie kann versuchen, dem Eingeschränktwerden durch irgendwelche Regeln, die ihr Freiheitsgefühl begrenzen, zu entkommen. Sie findet Prinzipien und Ideen, die alles negieren, was der Mann verkörpert – dadurch will sie sein festes, verschlossenes Bewußtsein lockern und lösen. Je mehr er durch sie den Wert der gegenwärtigen Kultur testet, desto mehr macht sie ihm bewußt, wie dumm es ist, stoische Regeln durchsetzen zu wollen. Sie findet Lücken und Fehler in seiner Argumentation und tut, was sie kann, um seine Stärke aufzulösen. Sie läßt ein Karma der Knechtschaft zurück, aber sie muß diese Art von Beziehung durchleben, um die Kraft zu gewinnen, die ihr schließlich Freiheit bringen wird.

Jupiter des Mannes in Opposition zum Uranus der Frau: Dies ist ein äußerst schwieriger Aspekt. Beide Partner haben unterschiedliche Einstellungen und geistige Grundlagen. Angst, Nervosität und allgemeine Rastlosigkeit prägen den täglichen Ablauf der Ereignisse und die Beziehung ähnelt immer mehr dem Auf und Ab einer Berg- und Talbahn. Der Mann sieht großen Wert in der Menge seiner Erfahrungen. Die Frau sucht nach Originalität. Daher wird die Beziehung sehr aktiv sein, aber auch oft so sprunghaft und unberechenbar, daß sie keinem der Partner dauerhafte Sicherheit gibt.

Jupiter der Frau in Opposition zum Uranus des Mannes: Die Unruhe der Frau kombiniert sich mit der Sprunghaftigkeit des Mannes und führt zu einer unberechenbaren Partnerschaft. Viel Anziehung und geistige Stimulation sind vorhanden, aber anstelle eines frei fließenden Ideenaustausches besteht eine Tendenz zu grundsätzlichem Mangel an Kommunikation. Beide Partner sprechen zueinander anstatt miteinander. Die Frau kann in ihren Philosophien und Meinungen gefangen sein, während der Mann, der sich schnell gelangweilt fühlt, dazu neigt, sich von ihren Ideen zu distanzieren. Ungeduld, Intoleranz und eine durch unpersönliche Zurückhaltung geschaffene Distanz müssen überwunden werden, wenn diese Beziehung funktionieren soll.

Jupiter des Mannes in Opposition zum Neptun der Frau: Dieser Aspekt verursacht spirituellen Konflikt. Der Mann sieht sich als Repräsentant von Wahrheit und Licht, aber gleichzeitig kann er nicht umhin zu fühlen, daß die Frau Illusion, Täuschung und die Unfähigkeit, die Wahrheit zu kennen, symbolisiert. In Wirklichkeit jedoch befindet sich ihr Verständnis auf einer höheren Ebene. Sie stimmt sich auf das Wesen der Wahrheit ein und kann über die »richtig-falsch« Einstellungen des Mannes hinausgehen. Je mehr sie versucht, sich von seinem Einfluß und von seiner Sichtweise zu befreien, desto mehr erkennt sie den Unterschied zwischen dem Gesetz der Gesellschaft und dem Gesetz Gottes. Dabei tauchen zwei verschiedene Bewußtseinsebenen auf. Der Mann kann offensichtliche Wahrheiten sehen, aber seine Partnerin versteht die Wahrheit sogar in der Dunkelheit. So kann sie eine Bedrohung für sein Ehrgefühl darstellen, gleichzeitig aber auch ein Magnet für seinen Wunsch sein, die tieferen Geheimnisse des Lebens zu verstehen.

Jupiter der Frau in Opposition zum Neptun des Mannes: Die Frau hat das Gefühl, daß der Mann ihr Wahrheitsempfinden auflöst. Seine ausweichende, täuschende Art verwirrt sie. Sie mag glauben, daß sie ihm den Wert der Ehrlichkeit beibringen muß. Gleichzeitig kann sein höheres Selbst sie Ehrlichkeit in einem intuitiven Sinn lehren, nämlich auf der Grundlage von Mitgefühl zu lernen, wie man mit anderen eins werden kann, anstatt sie in selbstgerechter Weise zu beurteilen. Er kann ihre Aufrichtigkeit, ihre Liebe und ihr göttliches Bewußtsein auf die Probe stellen und dabei sich selbst als Opfer für ihre größte spirituelle Herausforderung anbieten.

Jupiter des Mannes in Opposition zum Pluto der Frau: In dieser Beziehung stehen die Kräfte des Lichtes und der Dunkelheit einander gegenüber. Der Mann kämpft um seine Ehre und versucht, sich davor zurückzuhalten, den Herausforderungen seiner Partnerin mit boshaften Methoden zu begegnen. Sie konkurriert mit ihm, wobei sie oft zu hinterlistigen Mitteln greift, da sie sich seinem Licht unterlegen fühlt. Das Ziel beider kann es sein, zu »gewinnen«, aber jeder der beiden wird schließlich auf sich selbst zurückgeworfen, egal was sein ursprüngliches Ziel gewesen sein mochte. Daher wird die Frage, wie die Kämpfe ablaufen, wichtiger als der tatsächliche Sieger. Dieser Aspekt findet sich oft in einer Beziehung, in der Wachstum, Veränderungen und Transformationen durch Auseinandersetzungen über die grundsätzlichen Prinzipien der Partner stattfinden.

Jupiter der Frau in Opposition zum Pluto des Mannes: Die Frau versucht ihre Prinzipien gegen die aushöhlenden Unterströmungen des Mannes durchzusetzen, der ständig versucht, ihr Denken zu verändern. Er kann versuchen, sie zu zerstören, wenn er sieht, daß sie für irgendwelche Prinzipien eintritt, aber nicht nach ihnen lebt. Daher versucht sie, die Destruktivität, die sie in ihm sieht, auszugleichen. Sie wächst spirituell dadurch, daß sie Wahrheiten findet, die er nicht zerstören kann. Dabei führen Streit und Leiden zu individuellen Kämpfen um einen persönlichen Lebenssinn.

Saturnaspekte

Aspekte zum Saturn zeigen kristallisierte karmische Bedingungen an, die an die Oberfläche kommen und dann durchgearbeitet werden müssen. Diese Beziehungen sind besonders stark bei Saturn-Konjunktionen, die dazu neigen, Menschen aneinander zu binden, bis das Karma aufgelöst ist. Diese Art von Konjunktion kann daher der Grund sein, warum manche Beziehungen eine dauerhafte Qualität haben, obwohl sie nicht unbedingt einfach sind.
Beziehungen, Partnerschaften und Ehen, die durch eine Saturnverbindung gebildet werden, haben immer eine beson-

dere Bedeutung. Gewöhnlich gibt es etwas Unkultiviertes in der Beziehung, das mit der Zeit zur Reife gelangen wird. Die folgenden Aspekte sollten sorgfältiger studiert werden. Dort, wo sie auftreten, werden diese Aspekte nicht nur den tiefen Sinn enthüllen, der sich in einer Beziehung entfalten kann, sondern sie enthalten auch das innerste Wesen individueller karmischer Entwicklung. Ein Mensch kann viele Jahre (oder Leben) lang nach einer bestimmten Antwort oder Klarheit suchen, aber diese vielleicht erst durch die Beziehung mit einem Menschen finden, dessen Horoskop seinen Saturn aktiviert.

Saturn in Konjunktion zum Saturn: Dieser Aspekt wird in jeder Beziehung auftauchen, wenn die beiden Partner dasselbe Alter haben. Es kommt auch in Beziehungen vor, bei denen ein Partner etwa achtundzwanzig Jahre älter ist als der andere. In diesem Fall gibt es eine zyklische Karmawiederholung. Beide Personen haben ähnliche Erfahrungen, aber zu verschiedenen Zeiten in ihrem Leben. Daher ist bei beiden die Tendenz vorhanden, sich durch den anderen mit dem historischen Inhalt ihres Lebens und der Bedeutung vergangener Erfahrungen zu identifizieren. Jeder gibt dem anderen Form, Struktur und Bedeutung, während sie sich gegenseitig gemeinsame Gründe für ihre Existenz bestätigen. Beide haben gemeinsame Wertvorstellungen hinsichtlich Kultur und Zivilisation. Durch die Identifikation mit ähnlichen Leitbildern oder Helden verkörpern beide Personen ähnliche oder komplementäre Prinzipien und Bedeutungen im Leben. Dieser Aspekt weist auch auf ähnliche Wurzeln in einer früheren Inkarnation hin. Die Frau wächst über die Wichtigkeit ihrer Feminität hinaus, um die wirkliche Bedeutung ihrer Vaterbeziehung kennenzulernen. Diese symbolisiert jedoch mehr als nur den Vater in diesem Leben, denn sie versucht nun, ihre Erinnerung an Status und Sicherheit aus der Vergangenheit zu stärken. Die beiden Partner können in einem früheren Leben wichtige Verantwortlichkeiten getragen haben, denn sie haben eine Neigung, das bereits Etablierte zu schützen. Manchmal erscheint dieser Aspekt in Beziehungen, in denen beide Partner das Gefühl haben, eine Tradition fortführen zu müssen, der sie karmisch verbunden sind. Das kann der »Name« einer Familie oder eine Idee sein oder ein Teil der Kultur, für die beide sich verantwortlich fühlen, und vielleicht ist diese Verantwortung das Ergebnis eines Versprechens an jemand, der in einer vergangenen Inkarnation Autorität über die beiden hatte. In dieser Beziehung wird jeder dem anderen Kraft und Stärke geben, um die Tradition, die den beiden so wichtig ist, zu erhalten.

Saturn des Mannes in Konjunktion zum Uranus der Frau: Der Mann verleiht den Ideen seiner Partnerin Weisheit, Form und Bestimmung. Gleichzeitig ist sie in sein Leben getreten, um seine Maßstäbe für Sinn und Richtung zu verändern. All das, was er seine Wurzeln zu nennen pflegte, wird auf ein Gebiet übertragen werden, das er vielleicht niemals auch nur in Betracht gezogen hätte, das ihm aber schließlich wichtiger werden wird als das, worauf er sein augenblickliches Sinngefühl aufbaut. Während sie ihn von den Bindungen an seine Vergangenheit befreit, wird die Beziehung zu einer Kreuzung im Lebensweg, zu einem Wendepunkt, an dem der Mann, unterstützt von ihrem Verständnis der Zukunft, sich von allem freimachen wird, was ihm einmal Sicherheit gab, um einen neuen karmischen Weg zu finden. Dieser Aspekt symbolisiert das Ende eines karmischen Musters und den Beginn eines neuen. Die Beziehung wird für den Mann eine Folge schwieriger Veränderungen mit sich bringen, während seine neue Lebensrichtung sich entfaltet. Er wird es vielleicht lernen müssen, Autoritätspersonen oder Ideen, die ihn zurückgehalten haben, zu entpersönlichen, und dabei Ängste und Unsicherheiten zu überwinden. Und er muß eine gänzlich neue Sichtweise des Lebens entwickeln, wenn er den Zyklus, auf den er sich vorbereitet, auch tatsächlich erleben will.

Saturn der Frau in Konjunktion zum Uranus des Mannes: Bei diesem Aspekt erfährt die Frau eine Veränderung ihres karmischen Musters. Was sie jahrelang gedacht und geglaubt hat, steht nun zur Debatte. Ihre Ideen hinsichtlich Ansehen, Unterordnung, Leben für Autoritätspersonen oder Aufrechterhaltung von Traditionen werden von ihrem Partner bis ins Innerste erschüttert. Schließlich kann sie sich vom abgeschlossenen Karma der Vergangenheit befreien und einen neuen Weg beginnen. Der Mann, der sie befreit, wird infolge dieser Beziehung konventioneller werden. Durch den kräftigen Aufeinanderprall ihrer Ideologien lernen beide Partner einen Lebensstil kennen, den sie nicht gewöhnt sind. Dieser Aspekt ist oft schwierig, aber aufgrund der Hindernisse, die er schafft, können große Veränderungen stattfinden. Die Veränderung der Frau wird dauerhaft sein. Der Mann wird etwas über die Wichtigkeit von Substanz, Form und die Kraft der Begrenzung gelernt haben. Gewöhnlich ist dies keine Dauerbeziehung, sondern eher ein karmischer Austausch, der zu einem bestimmten Zeitpunkt im Leben auftaucht, wenn ein Mensch bereit ist, bestimmte Lektionen zu lernen. Obwohl es die Frau ist, deren Lebensweg eine neue Richtung bekommt, wird der Mann die Wirkung der Beziehung noch für eine längere Zeitdauer danach spüren.

Saturn des Mannes in Konjunktion zum Neptun der Frau: Dies ist der geheimnisvolle Aspekt, der in einer Beziehung vorkommen kann. Seltsame oder sogar wunderbare Ereignisse werden zu alltäglichen Begebenheiten. Das, wovon die Frau in den Jahren vor dieser Beziehung immer geträumt oder phantasiert hat, kann sich als Ergebnis des Austausches zwischen den beiden manifestieren. Er kristallisiert ihre Vorstellungskraft. Sie kann beispielsweise am Nachmittag von Blumen träumen, und er materialisiert sie am selben Abend. Noch erstaunlicher ist, daß die Blumen, die er ihr bringt, genauso sind wie sie sie sich vorgestellt hat. Die Ebenen der außersinnlichen Wahrnehmung sind hier bei den beiden Personen karmisch miteinander verbunden, so daß die Erfüllung des Gewünschten möglich werden kann. Während die Frau den Kopf in den Wolken trägt, ist der Mann fest in der Wirklichkeit verwurzelt. Geist und Form kombinieren sich bei diesem Aspekt, und Träume werden Wirklichkeit. Normalerweise kommt eine Beziehung dieser Art im Leben einer Frau vor, die eine äußerst lebendige Phantasie und großes kreatives Potential hat, die aber bis dahin unfähig war, ihre Träume zu konzentrieren oder überhaupt deren Verbindung mit der wirklichen Welt zu sehen. Durch diese Beziehung lernt sie, daß ihre Träume sehr materielle Wirkungen oder Konsequenzen haben. Der Mann hilft ihr, ihre Phantasie zu konzentrieren. Er prüft ihre Meinungen, fordert ihre abergläubischen Vorstellungen heraus und zeigt ihr schließlich die praktische Verbindung zwischen ihrer kreativen Phantasie und der Art, wie er ihr helfen kann, diese in der materiellen Welt zu manifestieren.

Saturn der Frau in Konjunktion zum Neptun des Mannes: Hier lehrt die Frau durch ihre Rolle einer autoritären »Vaterfigur« den Mann, seine Phantasie zu konzentrieren. Je mehr er träumt, desto mehr strukturiert sie seine Phantasien. Er lernt schließlich, seine Eindrücke, Wahrnehmungen und Intuition in konstruktiver Weise zu kristallisieren. Dieser Aspekt findet sich gewöhnlich bei Männern, die große kreative Vorstellungskraft haben, aber nicht wissen, wie sie ihre Träume verwirklichen können. Die Frau übernimmt die Führung und bringt ihren Partner zu konstruktiven Aktivitäten; diese mögen zwar am Anfang ein wenig langweilig oder routinemäßig erscheinen, manifestieren sich aber schließlich als verwirklichte Träume. Ich glaube, daß alle große Schöpfungen im Prinzip zu einem Prozent Inspiration

und zu neunundneunzig Prozent Transpiration sind. Diese karmische Lektion muß der Mann lernen, wenn er fähig sein will, seine kreative Kraft auszudrücken. Wenn seine Träume unrealistisch sind, stoppt ihn die Frau und lehrt ihn durch subtile Telepathie, daß er sein Potential nicht erfüllt. Wenn seine Träume jedoch realistisch sind, zeigt sie ihm, welche Ergebnisse er erreichen kann, wenn er nur ein bißchen mehr Mühe auf die Verwirklichung seiner bloßen Phantasien verwendet. Wenn der Mann erfolgsorientiert ist, kann seine Partnerin ihm helfen, zum Erfolg zu kommen. Während sie seine Vergangenheit kennenlernt, kann sie ihm die Werte, die er besitzt, bewußt machen. Sie kann ihm seine inneren Reserven zeigen und kann ihn lehren, seine kreativen Energien zu kanalisieren. Sie unterstützt ihn also und stellt bereit, was er braucht, um Erfüllung zu erreichen.
Hier findet sich ein unausgesprochenes gegenseitiges Verstehen aufgrund eines mystischen aufeinander-Eingestimmtseins aus unbewußter Ebene. Woher weiß die Frau, was ihr Partner braucht? War sie in einer früheren Inkarnation wichtig für ihn? Er wird sich diese Frage immer wieder stellen. Da sie ihm in diesem Leben eine karmische Lehrerin sein soll, wird er die Antwort erst erkennen, wenn er sie sich verdient hat.

Saturn des Mannes in Konjunktion zum Pluto der Frau: Dieser Aspekt symbolisiert ein karmisches Ende. Der Mann will Abstand halten und stoppt die vorwärtsgerichtete Bewegung seiner Partnerin. Dadurch ist sie gezwungen, sich selbst in großem Stil neu zu orientieren. Anstatt, wie in der Vergangenheit, vorauszupreschen, muß sie jetzt lernen, bedächtig über den Wert ihrer Richtung nachzusinnen.
Gewöhnlich erscheint dieser Aspekt in einer Beziehung, wenn eine alte karmische Lektion gelernt werden soll. Das Unterbewußtsein der Frau kommt zur Reife, und sie kann jetzt die Weisheit oder die Auswirkungen ihrer Vergangenheit sehen. Infolge dieses Aspekts wird sie wahrscheinlich

das Interesse an roher Sexualität, groben Begierden und den niedrigeren Wünschen des Lebens verlieren. Sie wird anfangen, nach Dingen von bleibendem Wert zu suchen. Der Mann verwendet Zeit darauf, seiner Partnerin den Wert des Lebens zu lehren. Er zeigt ihr, daß sie nur durch den bestmöglichen Einsatz ihrer Zeit damit beginnen kann, sich auf die Manifestation all dessen zu konzentrieren, was ihr Unterbewußtsein ausdrücken will. Mit der Zeit wird sie praktischer werden und solche Wünsche aus ihrem Bewußtsein entfernen, die letztendlich in Widerspruch zu ihren Lebenszielen stehen – so lernt sie, ihre Energien produktiver einzusetzen.

Saturn der Frau in Konjunktion zum Pluto des Mannes: Hier lehrt die Frau den Mann, seine Energie nicht länger zu verschwenden, sondern statt dessen damit anzufangen, die konstruktiven Ziele, nach denen er in Wahrheit sucht, zu verwirklichen. Sie nimmt eine väterliche oder autoritäre Rolle an und lehrt ihn das Gefühl der Sicherheit, das sich einstellt, wenn man Höherstehende zufriedenstellt, und macht ihm klar, wie fruchtlos es ist, gegen seine wirklichen Wünsche zu rebellieren. Die Beziehung symbolisiert oft Reform, die durch Disziplin erreicht wird.

Der Mann muß Energiezerstreuung und -verschwendung durch exzessive Sexualität oder rohe Äußerungsformen zu einem karmischen Ende bringen, wenn diese nicht zu den Zielen führen, die er sucht. Seine Partnerin baut tatsächlich eine Art psychische Schußwand auf, die alle destruktiven Energien abhält, die vielleicht von ihm ausgehen, denn sie akzeptiert nur solche Wünsche, denen sie zu einer konstruktiven Manifestation verhelfen kann. Der Mann wird lernen müssen, nicht mehr gegen sich selbst zu handeln. Er kann beginnen, auf das Langzeitergebnis zu blicken, das seine Seele in diesem Leben sucht, und seine Energien auf das Vermächtnis hinlenken, das er der Menschheit zum Geschenk machen möchte. Wo im Mann dynamische, aber unkanalisierte überschüssige Energie vorhanden war, wird schließlich ein konzentriertes Wertgefühl stehen; dabei geht es nicht nur um seinen eigenen Wert, sondern auch um den jener besonderen Sache oder Angelegenheit, der er sein Leben widmen möchte.

Saturn im Quadrat zum Saturn: Dieser Aspekt ist eine Herausforderung. Beide Partner werden getestet, da jeder die vom anderen aufgestellten Hindernisse überwinden muß, bevor man auf dem karmischen Weg weitergehen kann. Eine Neigung zu Sturheit und Eigensinn macht diese Beziehung für beide Partner schwierig. Gewöhnlich gibt es Uneinigkeit über ein wichtiges Prinzip. Nach viel Streit und Anstrengung müssen schließlich beide die Gültigkeit ihrer Meinungen anerkennen. Ideologische, philosophische oder religiöse Unterschiede können so groß sein, daß jeder durch den anderen schockiert ist. Trotzdem ist die Beziehung eine karmische Lernerfahrung, durch die beide Partner verstehen lernen, daß auch andere als ihre eigenen Wirklichkeiten vollkommene Gültigkeit besitzen.

Saturn des Mannes im Quadrat zum Uranus der Frau: Dieser Aspekt reflektiert einen Aufeinanderprall kultureller Werte. Beide fühlen sich aus ihrem Element geworfen, wenn sie mit dem anderen auf anscheinend fremdem Boden zu tun haben. Der Mann symbolisiert die Sitten, Traditionen und Moral seiner Herkunft, zusammen mit allem, was er in vergangenen Inkarnationen karmisch herauskristallisiert hat. Die Frau symbolisiert die Kraft der Veränderung und all die »dekristallisierenden« Kräfte, die einen Bruch mit dem Konservativen herbeiführen. Er empfindet sie als zu abrupt, sie findet ihn zu schwerfällig. Beide fühlen sich unzufrieden, während er ihren Bemühungen, ihn vorwärtszuziehen, Widerstand leistet.

Dieser Aspekt kommt normalerweise in Beziehungen vor, die eine Wahlmöglichkeit hinsichtlich Karma symbolisieren. Der Mann, der sich in der Vergangenheit eine gewisse Form angeeignet hat, ist an einen Punkt gekommen, an dem er die Wahl hat, entweder alles, was er aufgebaut hat, zur Erfüllung zu bringen, oder seine Richtung zu ändern. Er wird letzteres wählen, wenn er den Wert seiner Ziele anzweifelt. Welche Wahl er auch trifft, er trifft sie aufgrund des Einflusses der Frau in dieser Beziehung.

Saturn der Frau im Quadrat zum Uranus des Mannes: Die Frau, die sich oft mit einer Vaterrolle identifiziert, ist dabei, aus Verbindlichkeiten der Vergangenheit herauszuwachsen. Viele Jahre, vielleicht sogar Leben lang, versuchte sie, Autoritäten zufriedenzustellen. Nun hat sie sich das Recht verdient, ihre eigenen freien Entscheidungen zu treffen. Durch ihre Beziehung zum Mann muß sie entscheiden, ob ihre Zukunft eine Fortsetzung desselben Weges wie bisher sein soll, oder ob sie diesen Weg ganz verlassen und ein neues Karma beginnen will.
Die Beziehung ist oft von Streit erfüllt, da so viel von ihrem Ergebnis abhängt. Die Frau empfindet den Mann als Bedrohung all der Traditionen der Vergangenheit, die sie zu verkörpern versuchte. Er dagegen empfindet sie als Einschränkung seiner Freiheit. Je mehr sie versucht, ihm den Wert von Begrenzungen, Einschränkungen und Regeln zu lehren, desto mehr verlieren diese Ideen für sie an Bedeutung. Infolgedessen wird sie entweder gegen das unberechenbare Wesen ihres Partners rebellieren und zum Altgewohnten zurückkehren, oder sie wird das Gewicht der Vergangenheit und den überflüssigen Ballast ihres abgeschlossenen Karmas zurücklassen und einen neuen Lebensweg mit ihrem Partner beschreiten.
Während sie Betrachtungen über den Sinn dieser Beziehung anstellt, kann der Mann sie als Hindernis empfinden, das er überwinden muß, um zu überleben. Sie ist wie eine Mauer auf seinem Weg. Und auch er muß Entscheidungen treffen.

Er muß es lernen, sich als Teil der von ihr repräsentierten Sozialstruktur zu verstehen.
Dies ist ein starker Aspekt für karmische Veränderungen und persönliches Wachstum. Beide müssen eine Konfrontation nach der anderen durchleben, bis sie die wichtige Rolle verstehen, die sie im Leben des anderen spielen.

Saturn des Mannes im Quadrat zum Neptun der Frau: Der Mann erscheint als beinahe unüberwindliches Hindernis, das die Frau mit Hilfe ihrer Vorstellungskraft verarbeiten muß. Sie muß in sich selbst den Mut finden, die Barrieren zu überwinden, die er ihr in den Weg zu legen scheint. Er kann von ihrem Mangel an Sachlichkeit, Vernunft oder gesundem Menschenverstand enttäuscht sein. Daher versucht er, ihr seine Ideen aufzuzwingen, um sie an seine Maßstäbe anzupassen. Je mehr er das jedoch tut, desto mehr fühlt sie sich unterdrückt und kann nicht ausdrücken, was sich in ihrer Vorstellungswelt abspielt. Sie sieht seine Wirklichkeit als flach und farblos; er findet, daß ihre Wirklichkeit keine Basis oder konstruktive Grundlage hat. Er spürt ihr Bedürfnis nach Disziplin, Planung und Konzentration, aber er steht hinter seiner Wand verborgen und kann sie daher nicht erreichen, und er kann sich selbst nicht treu sein, wenn er den Schutz seiner Mauer verläßt. Daher findet sich bei diesem Aspekt eine Menge verborgene Frustration und Selbstablehnung. Keiner der Partner versucht eigentlich, den anderen zu verletzen, aber auf tieferer Ebene verletzen die beiden sich ständig. Ihr Mitgefühl findet keine Ausdrucksmöglichkeit, aber dennoch wird sie versuchen, damit von ihm anerkannt zu werden, weil sie weiß, daß der Mann die Art von Struktur symbolisiert, die sie braucht.
Dieser Aspekt kann eine glanzlose Ehe mit schlechter Kommunikation hervorbringen. Diese kann dennoch von Dauer sein, da beide im Partner eine Herausforderung sehen, die sie meistern müssen.

Saturn der Frau im Quadrat zum Neptun des Mannes: Der Mann sieht die Frau als Behinderung seiner Phantasie. Sie repräsentiert etwas, was er in sich selbst überwinden muß, wenn er Vertrauen in seine Überzeugungen haben will. Doch egal für wie mächtig der Mann sich hält, seine Partnerin ist ein unüberwindlicher Wall von Sinn und Bedeutung für ihn. Sie repräsentiert Autorität oder eine Autoritätsfigur, deren Standhaftigkeit ungeachtet seines Zaubers niemals ins Wanken gerät. Daher ist die Beziehung voll von intensiven, aber subtilen Herausforderungen, durch die die beiden Partner entweder geheimnistuerisch oder verschlossen werden. Versteckte Nuancen, unausgesprochene Gedanken oder intensive bohrende Blicke können an die Stelle offener Kommunikation treten. Es ist wichtig, daß beide lernen, kleinliche Verdächtigungen zu überwinden.

Saturn des Mannes im Quadrat zum Pluto der Frau: Dieser Aspekt verursacht Frustration. Die Frau hat ein turbulentes Unterbewußtsein und muß lernen, für ihre Ideen verantwortlich zu sein. Der Partner stellt Richtlinien auf, die er der Beziehung aufprägen will. Oft ist es für sie äußerst schwierig, seinen strikten Traditionen, Sitten oder religiösen Regeln zu folgen. Sie wird viele jugendliche Impulse fühlen, während ihr Partner eine wissende Vaterrolle annimmt und versucht, ihr Haltung, Geduld oder Reife beizubringen. Gewöhnlich findet sich dieser Aspekt in Verbindungen, wo die Partner in einem früheren Leben in intimer Beziehung zueinander standen. Aufgrund des Wachstums, das die Frau erreicht hat, bildet sich die Beziehung in dieser Inkarnation von neuem, so daß sie diesmal ganz zerbrechen kann. Sie muß nicht nur mit dem Mann brechen, sondern vor allem mit den starren Denkweisen, die er verkörpert. Wenn sie diesen Bruch vollzieht, dann nur deshalb, weil sie die Regeln, die sie einst brauchte, spirituell überwunden hat.

Saturn der Frau im Quadrat zum Pluto des Mannes: Die Frau versucht, dem Mann Struktur, Form und Sinn aufzuprägen.

Ihre Ideen kommen von anderen, aus ihrer Vergangenheit oder von einer Reihe von Vaterfiguren, die sie respektiert. Das Verstehen des Mannes kommt aus den Tiefen seines Unterbewußtseins. Er rebelliert gegen diese Regeln und gegen die Autorität, die die Frau sich anmaßt. Er wird sich schließlich von ihr trennen, um für sich selbst verantwortlich zu sein.

Dieser Aspekt symbolisiert die Fortsetzung einer Beziehung aus einem früheren Leben, die neu entsteht, so daß sie diesmal mit Bewußtheit zu Ende gehen kann. Der Mann muß die Regeln überwinden, die die Frau für ihn aufzustellen versucht, so daß er sein eigenes Wesen erfahren kann. Letztendlich bricht er nicht mit seiner Partnerin, sondern mit der Vorstellung der Unfreiheit. Er muß Freiheit für seine eigene Seele finden.

Saturn im Trigon zum Saturn: Dieser Aspekt bringt einander ergänzende Karmas in die Beziehung. Beide Personen empfinden eine Notwendigkeit, gemeinsam auf Ziele hinzuarbeiten. Fortschritt kommt langsam, aber sicher. Leichtes Gelingen gibt beiden Partnern ein starkes Gefühl von Sicherheit. Dieser Aspekt kann eine Art von Harmonie anzeigen, die so verborgen ist, daß sie für selbstverständlich genommen werden kann. Es ist hier wichtig, daß die beiden Partner einander zeigen, daß sie den Wert zu schätzen wissen, den sie im anderen sehen. Dieser Aspekt schafft Beständigkeit, leichtes Erreichen von Zielen und ein Gefühl von Sinnerfüllung, deren Bedeutung nicht übersehen werden sollte. Zwei schon von Natur aus aufrichtige Menschen beschreiten parallele Wege und bestärken einander in ihrer Richtung.

Saturn des Mannes im Trigon zum Uranus der Frau: Der Mann kann zum Anker für das unstete und abenteuerlustige Wesen seiner Partnerin werden. Er gibt ihren einzigartigen Ideen praktische Anwendbarkeit und lehrt sie, mit Hilfe ihrer Begabungen und ihres Erfindungsreichtums ihr Selbstwertgefühl zu stärken. Sie zeigt ihm Gründe für seine Regeln.

Dieser Aspekt findet sich meist in einer Beziehung, in der der Mann ein bestimmtes Prinzip oder Ethos auf karmischer Ebene verkörpert und sich jetzt in persönlichem Sinn davon lösen und von seiner Mission befreien muß. Die Frau ist nicht Teil seines zentralen Lebensstromes, aber aufgrund ihres unpersönlichen oder manchmal scheinbar sinnlosen Verhaltens befreit sie den Mann. Er braucht mehr Abstand von den Prinzipien, die er verkörpert, oder den Lasten, die er trägt. Sie kann ihm helfen, sein Karma zu »entpersönlichen«.

Saturn der Frau im Trigon zum Uranus des Mannes: Der Mann fungiert als Ablenkung für die übermäßig belastete Frau. Sie identifiziert sich mit einer Vaterrolle und ist oft daran gewöhnt, Verantwortungen zu tragen und Menschen, die ihre Verpflichtungen ignorieren, zur Verantwortung anzuhalten. Je mehr sie das mit ihrem Partner zu tun versucht, desto mehr löst er sie von ihrem eigenen starren Strukturgefühl. Er kann ihr helfen, sich von zu starker Beschäftigung mit ihren zentralen Lebensfragen zu lösen und auf distanziertere Weise mit ihnen umzugehen. Sie hilft ihm, einen Rahmen für seine originellen Ideen zu entwerfen – sie kann seine Karriere aufbauen, organisieren und dirigieren. Es besteht beiderseitige Übereinstimmung hinsichtlich zukünftiger Ziele, und wie sie erreicht werden können. Dieser Aspekt ist ausgezeichnet für materiellen, kreativen und wissenschaftlichen Fortschritt, da er Praxisbezogenheit mit originellen Ideen verbindet.

Die Frau bezahlt eine karmische Schuld, um sich zu befreien, und sie wird wahrscheinlich nicht oft eine solche Chance haben. Gleichzeitig erhält der Mann die Unterstützung, die er sich karmisch verdient hat.

Saturn des Mannes im Trigon zum Neptun der Frau: Der Mann fungiert als Puffer für die Sensibilität seiner Partnerin. Er »erdet« ihre Phantasie und gibt ihr die Verwurzelung in der Wirklichkeit, die sie für ihre kreative Vorstellungskraft braucht. Gleichzeitig weicht sie seine Verteidigungsmechanismen auf und macht es ihm leichter, sein Potential zum Ausdruck zu bringen. Dieser Aspekt kann einer Beziehung große Bedeutung und Tiefe geben. Der Mann sieht die Idealisierung seiner Erwartungen in seiner Partnerin, denn sie überwindet die Begrenzungen, die er normalerweise wahrnimmt. Sie kann ihn lehren, über seine derzeitige Realität hinauszuwachsen oder nach den Träumen zu greifen, die seine Zukunft bestimmen werden. Er kann es lernen, die Farben, Töne und Nuancen zu spüren, auf die er einen kreativen Lebensstil aufbauen kann.
Karmisch gesehen war er mit seinem persönlichen Image beschäftigt, und sie hilft ihm, sich unter einem neuen Blickwinkel zu sehen. Je mehr er sich mit übermäßiger Verantwortung belastet, desto mehr lehrt sie ihn, mit Hilfe seiner Phantasie das Gewicht dieser Verantwortung aufzulösen. Durch harmonische Ausgewogenheit zwischen Tun und Lassen hilft diese Beziehung beiden Partnern, ihre kreative Bestimmung zu finden.

Saturn der Frau im Trigon zum Neptun des Mannes: Die Frau führt und lenkt ihren Partner, indem sie eine Vaterrolle annimmt. Er hat eine lebhafte Vorstellungskraft, die der Ausrichtung bedarf, wenn sie sich konstruktiv manifestieren soll. Sie ist sein Anker, und während sie ihn vor den Härten des Lebens beschützt, schafft sie eine stabile Grundlage, auf die er seine Hoffnungen und seinen Glauben aufbauen kann.
Oft findet sich hier ein religiöser oder spiritueller Beiklang. Der Mann kann mit höheren Wesen in Kontakt stehen, er kann ein ausgeprägtes intuitives Musik- oder Kunstverständnis haben, aber vielleicht wird er das, was er fühlt, auf

praktischer Ebene nicht ausdrücken können. Die Frau zeigt ihm sein Potential und macht ihm klar, wie bedeutsam seine kreativen Impulse tatsächlich sind. Er dagegen idealisiert sie unbewußt und sieht ihre Erwartungen an ihn als Maßstäbe an, denen er gerechtwerden muß.
Dieser Aspekt setzt karmisches Potential frei. Der Mann beginnt seinen wahren Wert zu verstehen und gibt dabei seiner Partnerin ein Betätigungsfeld für ihr Mitgefühl und ihre Kreativität. Sie lernt den Wert inspirierten Fühlens zu schätzen, was schließlich ihr spirituelles Selbstwertgefühl erhöht.

Saturn des Mannes im Trigon zum Pluto der Frau: Dieser Aspekt schafft Direktheit. Der Mann bringt Weisheit und Erfahrung mit, während seine Partnerin Tiefe und Einsicht hat. Großes kann durch diese Beziehung erreicht werden, da beide Partner das Bedürfnis haben, an einer Sache teilzunehmen, die sich über persönliche Bedürfnisse hinaus erstreckt. Der Mann lehrt die Frau, ihre Energien zu dirigieren, und sie kann ihm größere Möglichkeiten zeigen, die noch in ihm verborgen liegen. Daher profitiert jeder von den Stärken des anderen.
Die Frau beendet ein destruktives Karma. Sie lernt es, Gedanken und Impulse, die aufgrund dieser Beziehung nicht mehr sinnvoll sind, an die Oberfläche zu bringen und zu eliminieren, und sie beginnt, sich zu regenerieren und auf produktivere Ziele hin zu orientieren. In einer früheren Inkarnation hatte sie gegen einengende Kräfte rebelliert und einen Lebensstil entwickelt, der den Erwartungen von Autoritätspersonen zuwiderlief. Jetzt ist sie bereit, Autorität und Führung zu akzeptieren, so daß sie zu einem produktiven und verantwortlichen Weg zurückkehren kann.

Saturn der Frau im Trigon zum Pluto des Mannes: Durch das Annehmen einer Vaterrolle lehrt hier die Frau ihren Partner die Bedeutung von Verantwortung. Je mehr er sein Bewußtsein transformiert, desto mehr ist er in der Lage, ihre

Erwartungen an ihn zu erfüllen. Gleichzeitig zeigt er ihr die existentiellen Möglichkeiten, die sich ihr bieten, wenn sie über orthodoxes Denken hinausgehen kann.
In einem früheren Leben verlor der Mann seine Richtung. Durch diese Beziehung findet er jetzt seinen Weg zurück und akzeptiert die sanfte Führung durch seine Partnerin. Sie zeigt ihm, wie wichtig es für ihn ist, seiner sexuellen Energie eine neue Richtung zu geben, und daß es von Bedeutung ist, etwas zu verkörpern, das größer ist als sein persönliches Selbst. Sie lernt die Prinzipien, Formen und Strukturen anzuwenden, die sie sich erworben hat. Durch diese Beziehung beendet sie ein Karma des Denkens (dabei war sie immer die Lernende) und beginnt ein Karma des Handelns (sie lernt nun, alles, was sie angesammelt hat, weiterzugeben).

Saturn in Opposition zum Saturn: Dies ist der schwierigste Aspekt, auf den man eine Beziehung gründen kann. Jeder der beiden Partner lebt ein Karma, das in direktem Widerspruch zu dem des anderen steht. Beide Partner haben Traditionen und auskristallisierte Lebensformen, die miteinander in Konflikt stehen. Gewohnheitsmuster aus der Vergangenheit und Methoden, mit dem Leben umzugehen, werden in dieser Beziehung auf die Probe gestellt, da beide die Gültigkeit des Entgegengesetzten zu sehen beginnen, aber diesem Weg nicht folgen können. Dieser Aspekt kommt in Partnerschaften vor, bei denen ein Altersunterschied von vierzehn Jahren auftritt. Sozioökonomische und kulturelle Unterschiede existieren in generationsbedingtem Zeitabstand, in dem die Geschichte dazu neigt, sich zu wiederholen. Der ältere Partner kann versuchen, die Vergangenheit wiederaufleben zu lassen, während der jüngere versucht, den Anforderungen der Zukunft zu begegnen. Beide Partner sind mit der praktischen Realität beschäftigt, aber keiner der beiden kann sie in dieser Beziehung spüren. Zwei mächtige und schwerbeladene Schiffe, beide in unterschiedliche Richtungen unterwegs, passieren einander bei Nacht.

Saturn des Mannes in Opposition zum Uranus der Frau: Der Mann versucht, die unberechenbare Frau zu besitzen und zu kontrollieren. Ihr Freiheitsdrang und ihre Originalität sind eine Bedrohung der Sicherheit, die er durch sie zu finden hofft. Während er die Rolle seines Vaters spielt, mag er entdecken, daß die Methoden, die sein Bewußtsein in der Vergangenheit prägten, seine höchst unpersönliche Partnerin nur wenig beeindrucken.
Langsam beginnt er sich von der Last der Tradition, die er getragen hat, zu befreien. Dabei muß er mit allem brechen, was ihm ein Gefühl der Sicherheit gab. Dadurch wird dieser Aspekt äußerst schwierig für den Mann. Seine Partnerin stellt ihn immer wieder auf die Probe, um zu sehen, ob das, was er nach außen hin verkörpert, tatsächlich Bedeutung für ihn hat.
Dieser Aspekt kommt in Beziehung vor, die Lernerfahrungen sind. Der Mann ist lange Zeit einer bestimmten Denkweise gefolgt und sieht sich jetzt veranlaßt, sich seinem eigenen Weg entgegenzustellen, ist jedoch nicht ganz bereit, die Verantwortung hierfür zu übernehmen. Dennoch zieht sein unbewußtes Bedürfnis nach Akzeptiertwerden diese freie und originell denkende Frau in sein Leben. Durch ihre Initiative wird er beginnen, alte Gewohnheiten zu brechen, und wird lernen, die Freiheit zu akzeptieren, die er durch sie erfährt.
Da die Frau den Mann buchstäblich bis in die Wurzeln erschüttert, erfährt sie viel Eigensinn und Frustration und kann ihn dennoch nicht ganz für sich besitzen. Dieser Aspekt bringt Veränderungen der karmischen Muster mit sich, was für den Mann besonders schwierig ist. Es fehlen ihm die für eine dauerhafte Partnerschaft oder Ehe notwendigen Eigenschaften. Aber er befreit den Mann und bereitet ihn auf eine erfüllendere Beziehung in der Zukunft vor.

Saturn der Frau in Opposition zum Uranus des Mannes: Die Frau ist damit konfrontiert, sich von einem Mann angezogen zu fühlen, der aus einer ganz anderen Richtung des Lebens kommt als sie selbst. Sie handelt gegen die Traditionen ihres Vaters, ihrer Vorfahren und manchmal sogar gegen ihren spirituellen Hintergrund. Obgleich dies äußerst schwierig für sie sein kann, repräsentiert der Mann eine Freiheit von der Vergangenheit, die sie gesucht hat, aber alleine nicht finden konnte. Sie braucht ihn, da er das symbolisiert, was sie selbst noch nicht ausdrücken kann.

Die Beziehung kann für sie sehr quälend sein, da sie zutiefst aufgewühlt wird und gezwungen ist, neue Grundlagen zu schaffen. Aufgrund einer nicht abgeschlossenen karmischen Beziehung in einer vergangenen Inkarnation ist das Erscheinen des Mannes auf der Bildfläche ihr wichtiger als die Sicherheit, die sie sich im jetzigen Leben aufgebaut hat. Die Spannungen der Beziehung werden diese Sicherheit und ihre anderen Werte testen, bis sie sich entscheidet, ob sie an der Vergangenheit festhalten oder dem Bedürnis nach einer aufregenden, aber unsicheren Zukunft nachgeben will. Wenn sie sich für die Zukunft entscheidet, wird die Beziehung wahrscheinlich zerbrechen; denn der Mann ist einzig und allein in ihr Leben getreten, um sie zu befreien. Wenn sie in ihrer Familie verwurzelt bleibt, wird die Beziehung wahrscheinlich weitergehen, weil sie für den Mann eine Herausforderung darstellt, die er annehmen muß. Dennoch wird die Frau frustriert sein.

Die größte Schwierigkeit dürfte darin liegen, daß der Mann von der Familie und den Freunden der Frau als unstet, unberechenbar oder unbeständig angesehen wird. Er wird zum Kreuzfahrer, der für die Freiheit eines Mädchens kämpft, das er niemals besitzen wird.

Saturn des Mannes in Opposition zum Neptun der Frau: Dieser Aspekt symbolisiert oft unerwiderte Liebe. Der Mann hängt an den Traditionen und Standpunkten, auf die sein Charakter aufgebaut ist. Wenn er auf die Frau zugeht, verliert er das Gefühl für die Wichtigkeit seiner eigenen Identi-

tät. Sie symbolisiert seinen unerreichbaren Traum und schenkt ihm die farbenprächtigen Eindrücke, die sein Fühlen bereichern und seinem Wesen Tiefe geben. Dennoch kann er sich von seiner karmischen Mission im Leben nicht freimachen, und eine starke Anziehung führt zu Frustration. Die Frau träumt von ihrem Partner und wünscht sich die allerschönsten Dinge für ihn. Sie versucht, seine Verteidigungshaltung aufzuweichen und durchdringt seine harte äußere Persönlichkeit durch eine Art Osmose. Tatsächlich erreicht sie ihn auf vielerlei Art, aber seine Unfähigkeit, ihre Subtilität zu verstehen, macht es ihm beinahe unmöglich, das zu erkennnen. Statt dessen kann er ein Hindernis nach dem anderen aufbauen, um sich selbst daran zu hindern, seinem Herzenswunsch nachzugeben.
Diese Beziehung symbolisiert den Konflikt zwischen Form und Nicht-Form, Struktur und Nicht-Struktur, Tradition und Wanderung. Aufgrund einer karmischen Trennung in einem vergangenen Leben treffen sich die beiden Partner jetzt wieder in dem Versuch, das zu finden, was ihren Seelen fehlt. Weil Zeit und Erfahrung zwischen sie getreten sind, folgen beide jetzt verschiedenen Lebenswegen. Der Mann hat gelernt, seine Sicherheit durch ständiges Strukturieren von Ideen aufzubauen. Die Frau hat sich mit dem Leiden identifiziert. Obwohl beide einander viel zu geben haben, besteht eine zu große Kluft zwischen ihren Identifikationssystemen, als daß diese Beziehung reibungslos funktionieren könnte. Der Mann versucht, seiner Partnerin ein Beispiel zu geben, aber sie kann seine Erwartungen nicht erfüllen.

Saturn der Frau in Opposition zum Neptun des Mannes: Die Frau versucht, dem Mann den Wert von Verantwortung beizubringen, indem sie eine Vaterrolle spielt. Sie sieht in ihm jemanden, der vor der Realität flüchtet und den Belastungen des Lebens ausweicht. In einer vergangenen Inkarnation existierte eine nicht abgeschlossene Beziehung zwi-

schen den beiden, die sie jetzt zusammenführt. Die Frau versucht, die Beziehung durch Struktur, Form und den Aufbau realistischer Grundlagen zu sichern. Diese Struktur hat für sie mehr Bedeutung als für ihn. Er schätzt ihre Lektionen, kann sie aber in ihrer vollen Wichtigkeit nicht so verstehen, wie sie von ihr gemeint sind. Stattdessen können seine Träume ihn abwechselnd in die Partnerschaft hinein- und wieder aus ihr herausführen.
Hier findet sich viel Frustration, da die Frau nicht sich selbst und den Mann zugleich haben kann. Je mehr sie versucht, ihn zu halten, desto mehr verliert sie ihre solide Identifikation mit der Wirklichkeit. Schließlich muß sie sich entscheiden, ob sie ihren Partner behalten oder ihre Aufgabe sich selbst gegenüber erfüllen möchte. Sie ist wie der Sand der Gezeiten, er wie die Welle, die ans Ufer schlägt. Wenn diese beiden mächtigen Kräfte sich treffen, nimmt jeder etwas vom anderen an.

Saturn des Mannes in Opposition zum Pluto der Frau: Dieser Aspekt schafft eine hektische, aber dynamische Beziehung. Der Mann versucht, der Frau einen Weg zu zeigen, der sich schließlich als produktiv erweisen wird. Sie versucht, die Begrenzungen, die er schätzt, zu überwinden. Hier bestehen kulturelle Unterschiede, die leicht übertrieben werden. Die beiden Partner sehen den Einfluß der Gesellschaft auf unterschiedliche Weise. Der Mann glaubt, daß er dadurch wachsen wird, daß er sich an traditionelle und gesellschaftlich akzeptable Gebräuche hält. Die Frau sieht gesellschaftlichen Fortschritt durch revolutionäre Veränderungen bewirkt, die oft die konservativen Kräfte der Tradition umstürzen. So haben beide ihre eigenen, tief verwurzelten Werte.
Der Mann testet, karmisch gesehen, seine Stärke, während er lernt, den Unterton von Destruktivität, den er in seiner Partnerin spürt, zu unterdrücken und in Schach zu halten.

Gleichzeitig prüft sie den Wert traditioneller Regeln, um dadurch ihre eigene einzigartige Identität zu finden. Viele Herausforderungen tauchen auf, während beide Partner spüren, daß mehr auf dem Spiel steht als nur der Sieg über den anderen. Beide werden die Einstellungen, die sie in dieser Beziehung lernen, auf viele andere Menschen in ihrem Leben anwenden.
Aufgrund der zwei starken Kräfte, die einander gegenüberstehen, hat die Beziehung die Neigung, alles, was vorher in Bewegung gesetzt wurde, zu verlangsamen und zur Ruhe zu bringen. Während dieser Zeit nehmen beide eine Neueinschätzung und Neubewertung aller Dinge vor, die für sie bedeutsam sind, um wichtige Entscheidungen über die künftige Richtung ihres Lebens zu treffen. Das Ergebnis dieser Partnerschaft beinhaltet oft, daß die Frau Bindungen an ihre Familien abbricht und sich tief in ihrem Inneren auf die Suche nach dem Grund ihrer Existenz begibt. Gleichzeitig trifft der Mann auf seine schwierigste Herausforderung. Alles, was er immer für sicher gehalten hat, wird bis ins Innerste erschüttert, und nur Saatkörner der Wahrheit bleiben übrig.

Saturn der Frau in Opposition zum Pluto des Mannes: Die Frau spielt eine Vaterrolle und ist die Kraft, die über den Mann herrscht. Sie kann viel zu leiden haben, denn sie nimmt oft mehr auf sich als sie eigentlich möchte, da sie versucht, Struktur und Form in einer Beziehung aufrechtzuerhalten, die andernfalls äußerst unsicher wäre.
Sie wendet die Regeln an, die sie gelernt hat, um dem Mann zu helfen, seine dynamischen Energien zu konzentrieren. Er stellt nicht nur ihre Autorität in Frage, sondern dringt bis zum Kern ihrer Tradition vor. Er sucht nach Schlupflöchern in ihrer Argumentation, Fehler in ihrer Logik oder Dekadenz, die er durch etwas Neues ersetzen könnte. Daher symbolisiert die Beziehung eine intensive Herausforderung für beide Partner. Die Schwierigkeit ist nicht nur persönlicher

Art. Beide stellen die Gültigkeit eingefahrener Denkweisen mit weitreichenden Effekten in Frage. Die Frau hat sich für die einschränkenden gesellschaftlichen Kräfte entschieden, die dazu beitragen, Strukturen, Form und Ordnung zu erhalten, während der Mann die revolutionären und regenerativen Kräfte symbolisiert, die versuchen, etablierte Ordnungen zu überwinden. Die Beziehung hat für beide Partner starke philosophische und einstellungsbezogene Untertöne. Zwei erfolggewohnte Kämpfer stehen sich gegenüber und starren sich in der Gewißheit an, einen ebenbürtigen Partner gefunden zu haben.
Diese ist einer der wenigen Aspekte, der Haß, Mißtrauen und ein »Feindbewußtsein« aus einem früheren Leben enthalten kann. Ob die beiden Personen einander tatsächlich kannten oder nicht, ist weniger wichtig als die Frage, wie stark jeder das verkörpert, was der andere haßt. Schließlich werden durch eine Reihe von mächtigen Zusammenstößen beide das Karma auflösen, indem sie ihre eigene Bedeutung klarer verstehen.

Uranusaspekte

Uranus in Konjunktion zum Uranus: Dieser Aspekt erzeugt starke Elektrizität. Beide Partner haben ein intensives Interesse am Leben und können einander intellektuell stimulieren. Ein reicher Strom von Ideen und Entdeckungen ist vorhanden; beide lernen viel und schätzen die geistige Offenheit des Partners. Die Beziehung wird viele unerwartete Veränderungen bringen, aber dadurch werden beide Partner Wachstum und Bewußtsein erfahren.

Uranus des Mannes in Konjunktion zum Neptun der Frau: Die Frau inspiriert den Intellekt ihres Partners. Sie bereichert seine Einsichten durch Intuition und Gefühl. Er regt ihre Phantasie an und gibt ihr Lebendigkeit und ein Gefühl der Weiterentwicklung. Große spirituelle Klarheit kann hier entstehen, da beide Partner durch die unpersönlichen Aspekte ihrer selbst funktionieren und sich einer größeren Realität bewußt werden. Außersinnliche Wahrnehmung verbindet sich mit den psychischen Zentren und schafft eine intensive telepathische Wechselwirkung. Daher findet ein Austausch von Lernerfahrungen auf höheren als verbalen Kommunikationsebenen statt.

Uranus der Frau in Konjunktion zum Neptun des Mannes: Die Frau hellt die Träume ihres Partners auf. Sie intensiviert sein Glaubenssystem und macht ihm die Richtigkeit seiner Eindrücke bewußt. Daher kann sie ihm helfen, eine Realität zu bestätigen, mit der er nur vage in Berührung ist. Durch außersinnliche Wahrnehmung erfahren beide Partner intensivierte Bewußtseinszustände. Der Mann bereichert den Intellekt der Frau durch Gefühl und Intuition. Es ist für beide Partner wichtig, mit beiden Beinen fest auf der Erde zu bleiben, denn während jeder dem anderen hilft, sein Bewußtsein zu erweitern, tauchen viele Gedanken, Ideen und Eindrücke auf, die an der Realität überprüft werden müssen.

Uranus des Mannes in Konjunktion zum Pluto der Frau: Dieser Aspekt bringt eine dynamische, tranformierende Qualität in eine Beziehung. Die höhere intellektuelle Bewußtheit des Mannes kombiniert sich mit der Tiefe der Frau, um neue und oft aufregende Erkenntnisse über das Leben hervorzubringen. Es finden sich Ideenreichtum, neue Entdeckungen, Fortschritt und viel Evolution. Aber die Partnerschaft ist nicht friedlich. Aufgrund vieler Veränderungen in ihrer sexuellen Einstellung trennt die Frau sich vom Abfall ihrer Vergangenheit, während ihr Partner den Weg in die Zukunft weist. Dieser Prozeß bringt Aufruhr mit sich, da die Frau mit ihrer karmischen Dunkelheit gegen das Licht ankämpfen kann, das sie eigentlich braucht. So ist diese Beziehung von Unmittelbarkeit und der Fähigkeit, in der Gegenwart zu leben, geprägt.

Uranus der Frau in Konjunktion zum Pluto des Mannes: Die Frau bringt ihrem sich wandelnden Partner Licht, Inspiration und eine Vision der Zukunft. Er läßt die Dunkelheit hinter sich und durch seine Beziehung zu ihr sieht er die Wirklichkeit einer Welt voller Frische und neuen Entdekkungen. Gleichzeitig empfängt sie seine Ideen über Transformation. Viele sexuelle Veränderungen schaffen eine turbulente Transformation nach der anderen, und während die Partnerschaft ihren spiralenförmigen Weg zur Höherentwicklung des Bewußtseins nimmt, entdecken beide Partner ihr wahres Potential im Jetzt.*

Uranus im Quadrat zum Uranus: Dies ist ein extrem schwieriger Aspekt für eine Beziehung. Er bringt Ungeduld, Intoleranz und gesteigerten Individualismus bei beiden Partnern hervor. So kann zuviel Frustration nach Streit entstehen, da beide Personen versuchen, ihren Willen durchzusetzen. Jeder könnte etwas vom anderen lernen, aber beide wollen das lieber durch persönliche Erfahrung als durch den Rat des Partners tun. Daher entstehen irritierende Spannungen, die Brüche und Trennungen hervorrufen können. Auch durch zuviel Aufregung auf zu vielen Gebieten können Schwierigkeiten entstehen. Beide Partner sehen so viele existentielle Möglichkeiten, die sie erfahren wollen, daß es beinahe unnatürlich für sie wird, ein angenehmes Gefühl des Ineinander-Aufgehobenseins zu erfahren. Ein Streichholz entzündet ein Streichholz, das ein Streichholz entzündet, das ein Streichholz entzündet ...

Uranus des Mannes im Quadrat zum Neptun der Frau: Dieser Aspekt verursacht ein schlechtes Urteilsvermögen. Die Eindrücke, Träume und Illusionen der Frau haben die Tendenz, den Intellekt des Mannes zu vernebeln. Darauf rea-

---

* siehe: Karmische Astrologie, Bd. 4, Das Karma im Jetzt, von Martin Schulman, Urania Verlag, Sauerlach

giert er übertrieben stark und verfehlt oft das Wesentliche. Sie findet es schwierig, ihrem intuitiven Selbst zu vertrauen, da seine unberechenbare Erregbarkeit häufig in ihren Bewußtseinsstrom einbricht. So ist diese Beziehung für beide Partner anstrengend. Der Mann, der unpersönlicher ist als seine Partnerin, spürt meistens weniger von den Verletzungen, die beide einander unabsichtlich zufügen. Träume werden nicht verwirklicht, Zukunftserwartungen erfüllen sich nicht. Beide Partner versuchen, dem anderen nicht die Schuld zu geben, geraten aber dadurch unbewußt in die Isolierung. Ein Gefühl der Unvollständigkeit wird zum tragenden Ton der Beziehung.

Uranus der Frau im Quadrat zum Neptun des Mannes: Die Frau kann stark an sich selbst zweifeln. Sie wird vielleicht unrichtige Eindrücke von ihrem Partner empfangen. Je mehr sie ihn zu verstehen versucht, desto verwirrter wird sie, denn sein vages und intuitives Verhalten scheinen sich jeglicher Festlegung zu entziehen. Sie ist rastlos und wünscht sich, seine Träume zu aktivieren, aber da sie sie eigentlich gar nicht kennt, ist sie oft in einem Durcheinander von unangenehmer Verwirrung gefangen. Der Mann versucht seine Partnerin zufriedenzustellen, obwohl sie seine zärtlichen Bemühungen mißversteht.

Uranus des Mannes im Quadrat zum Pluto der Frau: Dies ist ein mächtiger und unberechenbarer Aspekt. Peinliches und zerstörerisches Verhalten führt zu Verdächtigungen. Der Mann versucht herauszufinden, was die Frau vor ihm versteckt, denn er empfindet eine Atmosphäre der Heimlichkeit, die sich seinem Verständnis entzieht. Er sondiert und sucht, in der Absicht, seine Partnerin zu überraschen, und hofft, irgendwie ihre unbewußten Geheimnisse zu entschlüsseln. Beide Partner sind in hohem Maße individualistisch und deswegen wird die Beziehung schließlich zu einem Kampf ums Überleben. Auch Besessenheit kann hier vorkommen, oft als Ergebnis frustrierter Leidenschaften. Wenn die Partnerschaft funktionieren soll, müssen beide die private Individualität des Partners erkennen und gleichzeitig verstehen, daß Lebenseinstellungen verschieden sein können, ohne unbedingt besser oder schlechter zu sein.

Uranus der Frau im Quadrat zum Pluto des Mannes: Ein Mangel an Vertrauen ist das dominierende Merkmal der Beziehung. Die Frau versucht, dem Mann Klarheit zu geben, und bricht immer wieder in sein Unterbewußtsein ein. Sein Widerstand schafft noch mehr Rebellion in ihr. Er übt Vergeltung oft auf subtile und nicht offen sichtbare Weise. So können beide Partner leicht in einen Machtkampf voller Mißtrauen verwickelt werden. Daher schafft dieser Aspekt selbst für äußerst kultivierte Menschen größte Schwierigkeiten. Je höher der Entwicklungsgrad, desto expansiver und unangenehmer können die Streitigkeiten sein. Individuelle Prinzipien haben Vorrang, wenn es um elementares Karma geht, aber kulturelle oder universelle Prinzipien existieren auch noch, wenn es sich um entwickelteres Karma handelt. Deshalb können die beiden Menschen große Schwierigkeiten haben, Harmonie zu finden.
Wenn die Frau versucht, sich durch ihr unpersönliches Selbst (Uranus) auf einen Mann zu beziehen, wird sie oft durch eine weltliche Ursache dazu getrieben. In Wirklichkeit kann sie kämpfen, um seine verborgenen Vorstellungen über Massenbewußtsein aufzubrechen, und wird versuchen, das schlummernde Potential, das sie in ihm sieht, zu revolutionieren und zu verwandeln. So versucht sie in Wirklichkeit, die Welt zu verändern, um den Mann zu erreichen, der sich hinter ihr versteckt.

Uranus im Trigon zum Uranus: Dieser Aspekt stimuliert intellektuelles Forschen. Beide Partner spüren gemeinsam das Bedürfnis, die innovative Kraft des Verstandes zu suchen, zu entdecken und anzuwenden. Jeder bewundert die

Originalität und Einzigartigkeit des anderen; beide neigen dazu, in der Beziehung eine ganz besondere, befreiende Qualität zu sehen. Je mehr sich die beiden einander nahe fühlen, desto mehr können sie die Freiheit ihres Selbst erfahren. Dies ist nicht so sehr ein bindender Aspekt, sondern eher eine harmonische Quelle von Interessen und Idealen, deren sich ergänzende Beziehung zueinander bedeutungsvollere, wenn auch weniger deutlich spürbare Bindungen schaffen kann. Beide Partner verhelfen einander zu größerer Klarheit, während sie entdecken, daß ihr größtes Interesse ihr gemeinsames Bedürfnis ist, zur Entwicklung der Menschheit beizutragen und an ihr teilzuhaben.

Uranus des Mannes im Trigon zum Neptun der Frau: Der Mann bereichert mit seinem Intellekt die Phantasie der Frau durch neue Interessen und Möglichkeiten; er hilft ihr dabei, ihre Träume zu befreien, die Fesseln unbewußter Hemmungen abzuwerfen und ihren Geist zu konzentrieren. Gleichzeitig gibt sie allem, was er verstehen kann, Farbe, Tiefe und Klang. Viel spirituelles Wachstum kann durch erweiterte Bewußtseinszustände erreicht werden, da jeder der beiden dazu beiträgt, den anderen zu stimulieren. Der Mann ist frei und unabhängig; seine Partnerin ist romantisch und phantasievoll. Lernen und Wachstum geschehen leicht und natürlich.

Uranus der Frau im Trigon zum Neptun des Mannes: Die Frau stimuliert die Träume ihres Partners. Je mehr er ihren Intellekt inspiriert, desto mehr neue Ideen entdeckt sie, denen er durch seine Phantasie Farbe geben kann. Intuitive und intellektuelle Leichtigkeit ermöglichen beiden Partnern die Erfahrung eines frei fließenden Bewußtseinsstroms. Die Beziehung begünstigt unerwartete Kreativität, die beide Partner auf höhere Bewußtseinsebenen trägt. Alle Aktivitäten, die durch den Funken kreativer Phantasie inspiriert sind, können beiden Partnern eine Quelle der Faszination sein.

Uranus des Mannes im Trigon zum Pluto der Frau: Einfallsreichtum und Originalität des Mannes verbinden sich mit den regenerativen Kräften der Frau, um Veränderungen, Transformationen und evolutionäres Wachstum hervorzubringen. Der Mann bringt intellektuelle Neugier mit, während die Frau in den Tiefen ihrer Seele nach den Antworten auf die Fragen des Lebens sucht. Gemeinsam erleben beide Partner eine harmonische Suche nach dem Unbekannten. Sie forschen durch gemeinsame Interessen nach dem existentiellen Potential der Menschheit.

Uranus der Frau im Trigon zum Pluto des Mannes: Die Frau findet Möglichkeiten, ihre wissenschaftliche und forschende Neugier zu pflegen, da ihr Partner ihr die Tiefe gibt, die ihre Suche anregt. Sie bringt Interessenvielfalt, intellektuelle Regsamkeit und die existentielle Toleranz mit, die der Beziehung geistige Weite und Potential geben. Beide Partner dürften etwas individualistisch sein, können aber eine gemeinsame Lebenseinstellung und das gemeinsame Interesse haben, an der Transformation der Menschheit mitzuwirken.

Uranus in Opposition zum Uranus: Dieser Aspekt ist nur selten in einer Beziehung zu finden, weil er einen Altersunterschied von zweiundvierzig Jahren voraussetzt. Zusätzlich zu den Generations- und Reifeproblemen, die durch diesen Altersunterschied bedingt sind, symbolisiert der Aspekt selbst gegensätzliche idealistische Einstellungen. Meinungsverschiedenheiten über Fragen des freien Willens oder über die Richtung, in die originelles Denken die Beziehung führen soll, können ebenso auftauchen wie Ungleichheiten in der Einstellung der Partner zur gegenwärtigen Kultur. Dieser Aspekt kann viel Frustration, Intoleranz oder Mißverständnisse verursachen, da sowohl der Mann als auch die Frau der gesellschaftlichen Rollenerwartung des Partners zuwiderhandeln. Jedoch wirken Auseinandersetzungen auch stimulierend auf das Wachstum, da Meinungsverschiedenheiten die Wurzel einer Lernerfahrung sein können. Und Schwierigkeiten sind auch die sehr realen Grundsteine, auf die die Individualität sich schließlich aufbaut. Die Herausforderung in dieser Beziehung könnten ein Versuchsfeld für die spirituelle Evolution beider Partner sein.

Uranus des Mannes in Opposition zum Neptun der Frau: Dieser Aspekt kann Konflikte über Zielvorstellungen verursachen. Der Mann sucht nach Entdeckungen, Originalität und strebt nach Zielen und Ideen, die seine Zukunft symbolisieren. Seine Partnerin neigt zum Träumen, und je mehr sie phantasiert, desto schwieriger wird es für den Mann, mit ihr zu kommunizieren. Er kann frustriert werden, weil ihr scheinbar zielloses Wandern sein Gefühl für Fortschritt zerstört und seine Aufregung dämpft. Tiefgehende spirituelle Erkenntnisse können gefunden werden, aber es ist in dieser Beziehung äußerst schwierig, sie in die Praxis umzusetzen.

Uranus der Frau in Opposition zum Neptun des Mannes: Die Frau versucht, die Phantasie ihres Partners zu stimulieren, weil sie die reichen Möglichkeiten seiner Träume sieht. Wenn sie jedoch versucht, diese Phantasien in die Wirklichkeit umzusetzen, stellt sie fest, daß ein grundlegender Konflikt in der Beziehung sie daran hindert, das zu tun. Der Mann hat eine Haltung der Wunschlosigkeit, die das Leben so passiv akzeptiert, als existiere es nur wie ein Landschaftsbild in seinem Geist. Sie versucht, ihn zur Klarheit zu bringen, aber die Bewußtheit, die sie anzubieten hat, kann für ihn schwer zu verstehen oder zu akzeptieren sein. Er sieht ihrem aktiven Streben nach Verwirklichung zukünftiger Ziele passiv zu, beinahe so wie ein Zuschauer eine Szene beobachtet, ohne daran teilzunehmen.

Uranus des Mannes in Opposition zum Pluto der Frau: Dies ist ein äußerst schwieriger Aspekt. Beide Partner sind in hohem Maß individualistisch und willensstark. Beide haben ausgeprägte Überzeugungen, Ideen und Einstellungen. Beide wissen ihre Ziele zu erreichen, aber beide sehen das Leben von zwei verschiedenen, extremen Standpunkten aus. Der Mann bevorzugt schnelle Veränderungen, während seine Partnerin sich bemüht, langsamere, dauerhaftere Veränderungen zustandezubringen, die in vollständiger Transformation resultieren. Durch eine Herausforderung nach der anderen versuchen die Partner, die Gültigkeit ihrer jeweiligen Meinung durchzusetzen. Hase und Igel laufen um die Wette, doch keiner kennt den Grund des Rennens oder die Belohnung für den Sieger.

Uranus der Frau in Opposition zum Pluto des Mannes: Die Frau versucht, die Tiefen im Innern ihres Partners zu verstehen. Ihr Mangel an Geduld und Toleranz zwingt sie, nach sofortigen Antworten zu suchen, anstatt einen Schritt zurückzutreten, um das ganze Bild zu sehen. Sie kann einen Teil der Transformation sehen, die der Mann durch sie erfährt, aber nur selten deren Ganzheit.
Beide Partner wollen karmische Veränderung. Die Frau sucht ungeduldig nach sofortigen Verbesserungen, die ihre unpersönlichen Ideale für die Menschheit befriedigen können. Der Mann versucht, jene tiefen Unterströmungen im Leben zu transformieren, die schließlich das Schicksal der Menschheit verändern. Da beide Partner sich um individualistische Evolution bemühen, neue Wege und Lebensstile entdecken und eine unbekannte Qualität finden, die humanistische Reform repräsentiert, muß die Beziehung durch viel dynmaischen Konfliktstoff hindurchgehen. Große materielle und spirituelle Erfolge sind möglich, wenn beide Partner den Wert oder die Wichtigkeit dessen sehen können, was sie der Menschheit zu geben haben.

Neptun in Konjunktion zum Neptun: Dieser Aspekt findet sich als Reflexion von Überzeugungen, Glaubensvorstellungen und Gefühlen einer bestimmten Generation. Beide Partner sind für dieselben Qualitäten des Lebens empfänglich. Eine starke telepathische oder psychische Verbindung besteht zwischen Menschen, deren Geburtstage nahe beisammen liegen. Da Glaubensvorstellungen so wenig greifbar sind, kann man niemals sicher sein, ob sie Gültigkeit besitzen. Jedoch ermöglicht es dieser Aspekt zwei Menschen, ihre Überzeugungen aufeinander abzustimmen. Manchmal nehmen die Überzeugungen und Eindrücke unserer Generation eine spirituelle Richtung. Sie können das Auftauchen und Verschwinden eines Trends innerhalb des stärker strukturierten Rahmens der Gesamtkultur reflektieren, die durch den Aspekt erfahren wird.

Neptun im Quadrat zum Neptun: Dieser Aspekt findet sich oft in Mentor- oder Lehrer-Schüler-Beziehungen, in denen beide Partner versuchen, ihre Ideale im anderen zu sehen. Hier besteht ein großer Altersunterschied, der die Beziehung belastet und die Kommunikation manchmal schwierig macht. Der jüngere Partner sieht seine Zukunftsträume im quadrierenden Neptun verwirklicht, während der ältere den jüngeren für fähig hält, alles, was er selbst sich wünscht, zu verwirklichen.

Da dieser Aspekt so subtil ist, brauchen beide Partner Jahre, um zu erkennen, was sie voneinander gelernt haben. Dies kann für den jüngeren Partner eine sehr wichtige Erfahrung sein. Der ältere der beiden kann sehen, wie die Welt sich verändert hat, seitdem er seine prägenden Eindrücke der Wirklichkeit empfangen hat.

Wir finden hier eine Qualität von Zeitlosigkeit. Beide Partner sind empfänglich für die Qualitäten der Phantasie, die Alters- oder Generationsunterschiede überwindet. Jedoch müssen beide vorgefaßte Meinungen loslassen, die sie von ihren Mitmenschen übernommen haben. Beide Partner versuchen, die Gültigkeit ihres eigenen Standorts im Zeitablauf zu beweisen, und beide wollen, daß der Partner ihre jeweiligen Ideale akzeptiert.

Neptun im Trigon zum Neptun: Dieser Aspekt wurde weggelassen, da er nur selten in einer Beziehung vorkommt.

Neptun in Opposition zum Neptun: Dieser Aspekt wurde weggelassen, da er nur selten in einer Beziehung vorkommt.

Plutoaspekte

Pluto in Konjunktion zum Pluto: Dies ist ein Generationsaspekt, der in den meisten Beziehungen vorkommt. Beide Partner werden durch ähnliche unbewußte Wünsche motiviert, die ihr Alter und ihren Platz in der Geschichte reflektieren. Gedanken und Ideen können unter dem Gesichtspunkt ihres Wertes in bezug auf den größeren Zusammenhang der Dinge beurteilt werden. Die Frage nach dem Wesen und Sinn des Lebens ist eine wichtige Unterströmung in einer solchen Beziehung.

Pluto im Quadrat, Trigon oder Opposition zum Pluto: Diese Aspekte wurden weggelassen, da sie nur selten zwischen Partnern in einer persönlichen Beziehung vorkommen.

Horoskopdeutung

Jede Beziehung hat viele verschiedene Seiten. Es wird immer Gebiete der Übereinstimmung und solche der Disharmonie geben, was zu einer Mischung verschiedener Verständnisebenen führt. Man sollte nie versuchen, komplexe Bindungen zu sehr zu vereinfachen, denn viele offene und verdeckte oder klare und subtile Nuancen ergeben sich, wenn zwei Menschen versuchen, miteinander in Beziehung zu treten. Es ist wichtig, jeden Ausschnitt auf mehreren Ebenen zu verstehen – zunächst einmal in und durch sich selbst. Zweitens durch die Beziehung, in der dieser Ausschnitt zu anderen Teilbereichen des Menschen steht, und schließlich dadurch, wie stark oder wie schwach ein Ausschnitt einer Beziehung das Gesamtbild beeinflußt. Während manche Aspekte eindeutig schwieriger sind als andere, kann das Ergebnis einer Beziehung oder Ehe niemals von einem Aspekt allein abhängig gemacht werden. Manche Menschen haben vielleicht sexuelle Schwierigkeiten (die gelöst werden können oder auch nicht), die sich schließlich vielleicht als weniger wichtig erweisen als ihre philosophische oder emotionale Einstellung. In anderen Fällen können sexuelle Schwierigkeiten so ausgeprägt sein, daß sie mit einem reibungslosen Bewußtseinsfluß auf anderen Ebenen in Konflikt geraten. Der Astrologe sollte jeden Hinweis beachten, so daß die Aspekte nach ihrer Stärke beziehungsweise Schwäche kategorisiert werden können. Die Aspekte, die Schwierigkeiten oder karmische Probleme symbolisieren, sollten ebenfalls betrachtet werden. In dieses letzte Gebiet fallen die schwierigsten Entscheidungen, denn hier muß der Astrologe feststellen, wie weit die Lösung irgendeines Problems einen Menschen von sich selbst wegführen wird.

Wenn wir versuchen, das Wesen einer Beziehung zu verstehen, geschieht das, um sie schließlich zu größerer Harmonie zu führen. Der Astrologe kann die Vor- und Nachteile der verschiedenen Aspekte darlegen und wird es dann den Klienten überlassen, für sich persönlich Methoden zu finden, mit dem umzugehen, womit sie leben können, oder aufzuhören, sich mit dem zu befassen, womit sie nicht leben können.

Es ist interessant festzustellen, daß in den meisten Fällen, in denen eine Beziehungsberatung gewünscht wird, bereits Beziehungsprobleme vorhanden sind. Die Menschen kommen nur selten zum Astrologen, um Fragen über gutgehende Beziehungen zu stellen. Aber sie haben viele Fragen, wenn etwas in einer Beziehung verwirrend oder verblüffend ist, oder sie jeglicher Hoffnung auf eine bessere Zukunft beraubt. Manchmal ist dies nichts weiter als Selbstzweifel, verstärkt durch die Unfähigkeit der beiden Partner, im anderen Vertrauen zu inspirieren. Wo selbst Zweifel vorhanden ist, kann der Astrologe dies darlegen; andernfalls könnte leicht ein schwacher Punkt in der Beziehung entstehen und die Überwindung künftiger Probleme oder Hindernisse erschweren.

Manchmal werden positive, das heißt konstruktive Züge in einer Beziehung vernebelt, weil kleineren Schwierigkeiten zu viel Aufmerksamkeit geschenkt wird. Viele Menschen haben Schwierigkeiten damit, wirkliche Liebe zu akzeptieren oder auch nur zu verstehen. Sie finden es oft leichter, eine falsche Persönlichkeit zur Schau zu stellen, als herauszufinden, wie gut es tut, ein Risiko einzugehen und sich zu öffnen. Manchmal haben Leute Meinungen über ihre Beziehungen, die nicht genau die Wirklichkeit dessen reflektieren, was sie erleben. Probleme und Hindernisse haben einen Grund. Sie können die Bausteine für spirituelles Wachstum sein; tatsächlich können Probleme eine Treppe zur Erleuchtung schaffen. Dennoch wird die Objektivität leicht durch die Wünsche und Einstellungen des subjektiven Unterbewußtseins vernebelt. Daher können Eindrücke, Tendenzen und sogar ein gewisser Orientierungsrahmen schwer verständlich werden, wenn man zu sehr nach ihnen sucht. Der Astrologe kann einen Klienten zur Objektivität anleiten, wenn dieser die Wirkung von subjektiv erfahrenen Aspekten interpretiert.

Liebe ist Heilung. Sie glättet die Unstimmigkeit des Lebens, wärmt die Gefühle und hilft uns zu erkennen, daß letztendlich das wahre Ziel des Lebens darin besteht, Harmonie mit uns selbst und der geliebten Person zu erreichen. Manchmal tun wir bestimmte Dinge für andere Menschen, weil wir sie lieben. Dabei können wir jedoch unsere Grenzen überschreiten, wenn wir für jemand das zu erreichen versuchen, wovon wir glauben, daß es ihm gut tut, anstatt dem Partner zu erlauben, nach seinen persönlichen Bedürfnissen zu wachsen.

Es wird hier wichtig, daß wir versuchen, uns auf einen objektiven Standpunkt zurückzuziehen, wenn wir unsere Beziehungen studieren. Auf diese Weise können wir ein klareres Bild von dem tatsächlichen Geschehen bekommen. In einigen Fällen können zwei Personen große Liebe füreinander empfinden, obwohl ein karmischer Aspekt eine grundsätzliche Disharmonie anzeigt. Manchmal lieben zwei Menschen sich überhaupt nicht, können aber gut miteinander auskommen, weil sie einen ähnlichen karmischen Weg miteinander teilen. Auch so etwas muß in der abschließenden Analyse berücksichtigt werden; denn es gibt immer einen Grund für eine Beziehung.

Der wichtigste Einzelfaktor, an den man bei dem Versuch, eine Beziehung zu verstehen, denken muß, ist die traurige Tatsache, daß die Menschen lügen. Menschen belügen sich selbst, ihre Verwandten und Freunde, Ehepartner und

Geliebten, und häufig sogar ihren Gott! Oft sehen sie sich selbst und die Beziehung, in der sie sich befinden, durch den nebligen Dunst von Träumen und Erwartungen. Sie wollen, daß eine bestimmte Partnerschaft oder Ehe funktionieren oder aber nicht funktionieren soll. Sie lesen in die Beziehung hinein, was ihre Phantasie zuläßt. Unfähig, sich mit sich selbst zu konfrontieren, können sie den Menschen Schuld zuschieben, die ihnen am nächsten stehen; sie können zu einer realistischen Beziehung unfähig sein, oder sie können die, die sie lieben, erhöhen und sie auf eine imaginäre Wolke oder einen Sockel heben. Solche Menschen können sowohl alle Schuld auf ihren Geliebten abwälzen als auch ihn in den Himmel heben – und dabei ihre Phantasie als Grundlage jeglicher Vernunft benutzen.

So färben die Mensch die Wahrheit ein, bewußt oder unbewußt, mit oder ohne Absicht. Aber Astrologie verzerrt nicht. Sie zeigt die Kräfte, die in einer Beziehung wirken, klar und so wie sie sind. Dies gibt dem Astrologen eine gewisse Verantwortung, denn in seiner Liebe zum Menschen kann er manchmal der verzerrten Wahrheit, die er vom Klienten zu hören bekommt, Glauben schenken. Auch muß der Astrologe darauf achten, sich nicht gefühlsmäßig mit dem Ergebnis irgendeiner Beziehung zu identifizieren. Statt dessen sollte er dem Horoskop Glauben schenken. Leider ist ein Horoskop nur ein Stück Papier mit Symbolen darauf. Es hat nicht die Fähigkeit, freundlich zu lächeln oder traurig zu werden, wenn es mit bestimmten Erkenntnissen konfrontiert wird. So können Klienten leicht das Mitgefühl des Astrologen hervorrufen. Der größte Dienst, den wir einem Menschen erweisen können, ist es, ihm seinen wahren Weg erkennen zu helfen. Wenn der Astrologe so objektiv wie möglich bleibt, wird er dem Klienten schließlich das geben können, was er braucht. Wenn jemand Fragen zu einer Beziehung hat, kann der Astrologe tatsächlich viel tiefer gehen. Oft wird er Antworten auf Fragen geben, die der Klient gar nicht

gestellt hat. Um das tun zu können, ist es wichtig, die gesamte Beziehung zu untersuchen, anstatt nur die spezifische Frage zu beantworten, die der Klient gestellt hat.
Zum besseren Verständnis der Interpretation und Synthese der Aspekte, die ich beschrieben haben, möchte ich den Leser auf das folgende berühmte Paar hinweisen. Jeder weiß, daß eine der bekanntesten und faszinierendsten Beziehungen die lange und stürmische Liebesgeschichte zwischen Richard Burton und Elizabeth Taylor war. Zeitungsberichte über ihr Privatleben sind in mancher Hinsicht übertrieben oder unklar und enthüllen meist nur wenig über die inneren Zusammenhänge der Beziehung. Die Horoskope jedoch zeigen viele Aspekte und Verbindungen. Um ein klares Bild von der Beziehung zu erhalten, sollte man die Gerüchte, Zeitungsgeschichten und die Wirkung von Publicity-Veröffentlichungen einmal außer acht lassen. Dann können wir sehen, daß die Beziehung von zwei sehr realen Menschen hervorgebracht wurde, die gar nicht so verschieden von uns selbst sind, aber dennoch einzigartig hinsichtlich ihrer Horoskope. Diese sind auf den Seiten 183 und 184 dargestellt. Zur besseren Übersichtlichkeit erscheint eine Aufzählung der Aspekte auf Seite 185.

Elizabeth Taylor – Richard Burton

Im Horoskop von Elizabeth Taylor steht ihr Skorpion-Mond in Konjunktion zur Burtons Sonne. Dies ist einer der konstruktivsten Aspekte für eine erfüllende Ehe. Er zeigt, daß die Frau ihren Partner unterstützen kann, während seine Kraft schließlich zu einem mächtigen zentralen Brennpunkt in ihrem Leben wird. Die Frau wird buchstäblich zur Widerspiegelung all dessen, was der Mann ausstrahlt. Sie kann ihr Leben um ihn herum aufbauen, während sein Glanz und seine Kraft ihr zur Quelle von Inspiration werden.

Taylors Skorpion-Mond bildet jedoch zwei weitere Aspekte, die diese grundlegende Anziehung modifizieren. Er steht im Trigon zu Burtons rückläufigem Uranus in den Fischen, was einerseits eine Note von Heiterkeit und Erregung in die Beziehung bringt, andererseits aber die durch die Sonne-Mond-Konjunktion geschaffene Nähe auflockert. Die Frau nimmt eine Mutterrolle an und hilft dem Mann, sich von seiner Mutter zu lösen. Sie kann gezwungen sein, die enge Abhängigkeit der Sonne-Mond-Konjunktion durch die Freiheit auszugleichen, die der Mond-Uranus-Trigonalaspekt fordert. Ihre Mondstellung würde intensive emotionale Reaktionen erwarten lassen, die sowohl besitzergreifend als auch distanziert sein müßten; ein schwer ausgleichbarer Widerspruch.
Dadurch, daß ihr Skorpion-Mond auch ein Quadrat zu seinem Neptun im Löwen bildete, trat ein weiteres Element in die Gefühlsbeziehung der beiden ein. Sie konnte eine unbewußte Einsamkeit empfinden – ähnlich einem Gefühl, das ihre Mutter kannte – und ihre idealisierte Vorstellung von Burton löste sich dabei auf. Je mehr sie sich mit ihm identifizierte, um ihn besser zu verstehen, desto mehr konnte sie den Kontakt mit sich selbst verlieren. Wenn er Bequemlichkeit und Bemuttertwerden suchte, konnte sie unbewußten Widerstand gegen eine symbolische Neuinszenierung der Kindheit leisten, der er zu entkommen versuchte. Mißverständnisse, ein Mangel an klaren Absichten und einige Identitätsverwirrung können beiden Partnern eine Definition ihres Standpunktes in der Beziehung schwer gemacht haben.
Im Horoskop von Richard Burton bildet die Sonne im Skorpion ein Trigon zu Taylors Sonne in den Fischen. Dies ist ein ausgezeichneter Eheaspekt, da er ähnliche Lebenswege anzeigen kann. Beide Partner können Erfahrungen miteinander teilen, weil ihre Sichtweisen und Einstellungen den Geist der Kreativität stärken. Burtons Sonne bildet auch ein Trigon zu ihrem Merkur in den Fischen. Durch

diesen Aspekt konnte er ihr die Großartigkeit ihrer Ideen bewußt machen und ihr helfen, ihre Kraft und Brillanz durch Kommunikation auszudrücken. Diese beiden Trigone zeigen an, daß die Beziehung Burtons eigene Gefühle von Brillanz, Bedeutung und Wichtigkeit inspirierten. Das Sonne-Sonne-Trigon jedoch ist von einigem Konkurrenzstreben geprägt, angezeigt als Ergebnis von Einflüssen, die außerhalb der Beziehung liegen.

Ihre Sonne bildet hier Aspekte zu Burtons Horoskop. Sie steht im Trigon zu seinem Saturn im Skorpion und schafft damit sinnvolle Absichten, Leitbilder und Ziele, die beide Partner unterstützen können, um so einen Standort im Leben zu finden.

Die Frau kann innerhalb der Parameter ihres Partners optimistisch funktionieren und dazu beitragen, daß durch die Beziehung ideelle Größe und materieller Reichtum geschaffen werden. Die beiden teilten ein Gefühl des »Gigantismus«, während sie in ihrem Leben an etwas bauten, das sie bei weitem überdauern wird.

Diese Eigenschaften wurden etwas abgewandelt, weil harte Aspekte zu ihrer Sonne ihr das Gefühl gaben, durch die Ehe um die ersehnte Erfüllung betrogen zu werden. Ihre Sonne in den Fischen bildet ein Quadrat zu seinem Merkur im Schützen und verursacht Frustration oder eine Angst, seine Erwartungen nicht zu erfüllen. Dieser Aspekt ist besser für eine platonische Freundschaft oder geschäftliche Partnerschaft oder irgendeine andere Beziehung ohne Sexualität. In einer Ehe jedoch kämpft das bewußte Denken des Mannes gegen das dominante Bild, das er von seiner Partnerin hat. Diese Schwierigkeit wurde weiter verstärkt, weil Taylors Sonne eine Opposition zu seinem Mond bildet. Er konnte versuchen, sein Mutterbild zu überwinden, indem er sich in Gegensatz zu seiner Partnerin stellt. Er mußte die Macht der Frau anerkennen, wenn er diese Freiheit erlangen wollte. Er konnte auch unbewußt den Gefühlen von Scham und Hilflosigkeit Widerstand leisten, die dieser Aspekt mit sich bringen konnte. Durch die Verletzung seines Monds konnte er sich wie eine Reflexion dessen fühlen, was er sein sollte. Ein Durchlesen von Kindheitserinnerungen, Konfrontationen mit seiner Frau und die Art, wie er sich selbst in der Beziehung sah, konnten ihm das Gefühl geben, in dieser betrogen zu werden – denn er wird sich nicht mit den unbewußten Regungen befaßt haben, die dieser Aspekt verursacht.

Es ist interessant zu sehen, wie die Sonne-Mond-Konjunktion (seine Sonne, ihr Mond) diese beiden Menschen einander so nahe brachte, und wie andererseits die Sonne-Mond-Opposition (ihre Sonne, sein Mond) ihnen gleichzeitig das Gefühl gab, so weit voneinander entfernt zu sein. Das Trigon zwischen ihrer Fische-Sonne und seinem Pluto im Krebs zeigt das faszinierende Wechselspiel zwischen Dunkelheit und Licht, das die Öffentlichkeit buchstäblich blendete. Die Beziehung konnte sich durch diesen Aspekt regenerieren, und ihre kreative Brillanz wurde durch seine plutonische Energie verstärkt. Wir fanden hier eine dynamische Qualität, so daß irgendwelche Meinungsverschiedenheiten zwischen den Partnern wahrscheinlich nur dazu führten, daß ihr mächtiger äußerlich sichtbarer Einfluß auf die Welt noch verstärkt wurde. Die rohen Qualitäten des Mannes waren für die Transformation der Frau notwendig. Je mehr er gleichzeitig sein Bedürfnis nach ihrem Licht erkannte, desto mehr brachte er sich unabsichtlich der Wahrheit näher.

Burtons Mond in der Jungfrau bildet eine Opposition zu Taylors Merkur in den Fischen. Dieser Aspekt schaffte einen Widerspruch zwischen seinen Gefühlen und ihren Ideen. Er empfand bei ihr einen Mangel an Beschützerinstinkt und versuchte, mit ihr über ihre Gefühle zu sprechen. Wenn sie das tat, nur um ihm gefällig zu sein, konnte sie eine innere Abneigung gegen Belehrungen über Mütterlichkeit entwickeln. Dieser Aspekt kann zu Frustration und Unzufriedenheit führen und könnte schließlich sogar das die

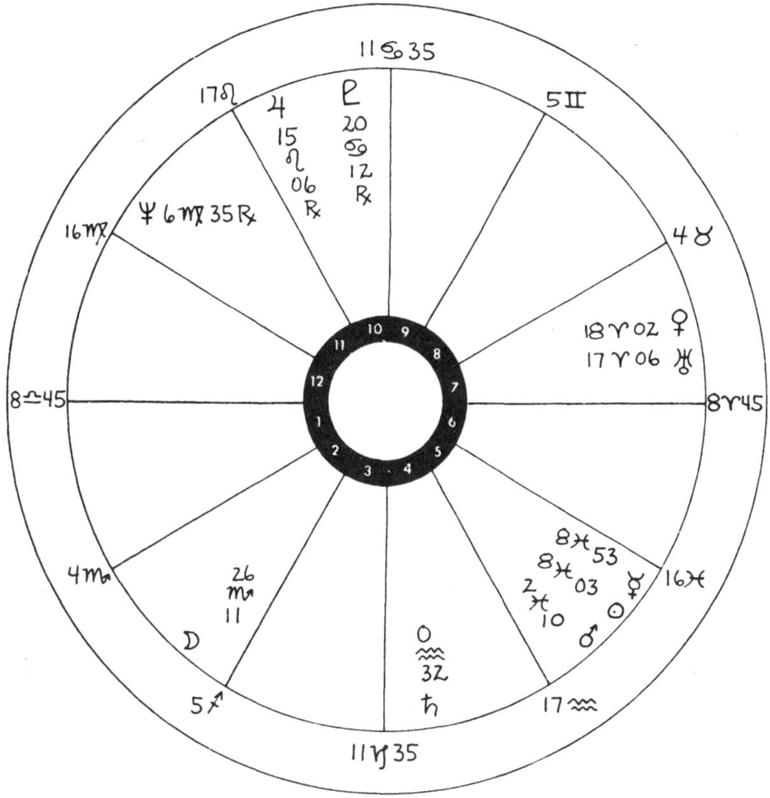

Elizabeth Taylors Horoskop. Sie wurde am 27. Februar 1932 in London, England, geboren. Daten aus »An Astrological Who's Who« von Marc Penfield, Arcane Books, York Harbor, Maine, 1972, S. 447.

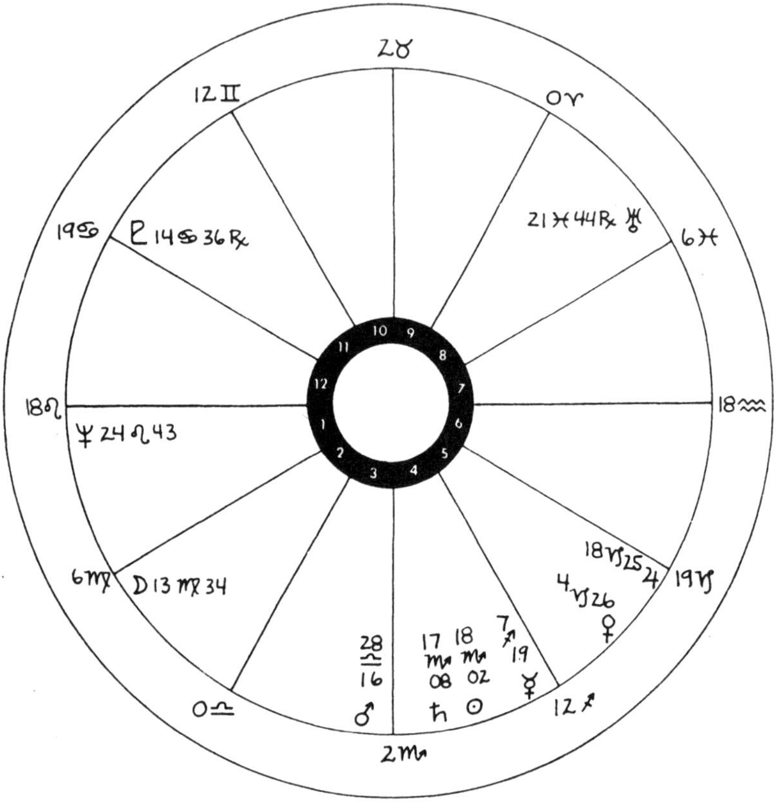

Richard Burton's Horoskop. Er wurde am 10. November 1925 in Pontrhydyfen, Wales, geboren. Daten aus »An Astrological Who's Who« von Marc Penfield, Arcane Books, York Harbor, Maine, 1971, S. 64.

DIE ASPEKTE

Elizabeth Taylor		Richard Burton
Mond	Konjunktion	Sonne
Jupiter	Konjunktion	Neptun
Neptun	Konjunktion	Mond
Pluto	Konjunktion	Pluto
Sonne	Quadrat	Merkur
Mond	Quadrat	Neptun
Merkur	Quadrat	Merkur
Venus	Quadrat	Jupiter
Mars	Quadrat	Merkur
Saturn	Quadrat	Mars
Uranus	Quadrat	Jupiter
Jupiter	Quadrat	Saturn
Sonne	Trigon	Sonne
Sonne	Trigon	Saturn
Sonne	Trigon	Pluto
Mond	Trigon	Uranus
Merkur	Trigon	Sonne
Merkur	Trigon	Saturn
Merkur	Trigon	Pluto
Venus	Trigon	Neptun
Mars	Trigon	Mars
Jupiter	Trigon	Merkur
Uranus	Trigon	Neptun
Neptun	Trigon	Venus
Pluto	Trigon	Uranus
Sonne	Opposition	Mond
Merkur	Opposition	Mond
Mars	Opposition	Neptun
Pluto	Opposition	Neptun

Beziehung zerstörende Element gewesen sein. Da Burtons Mond auch in Konjunktion zu Taylors Neptun steht, wurde diese Energie durch eine starke und sensitive seelische und emotionelle Anziehung abgemildert. Die beiden Partner standen stärker miteinander in Verbindung, als es ihre verbale Kommunikation vermuten lassen konnte. Aber ihre Nähe war undefinierbar. Sie ist eine Art Seelenkontakt, der viel von seinem Fluß verliert, wenn er in Worte gefaßt wird. Beide waren unbewußt empfänglich für die Stimmungen und Gefühle des Partners, doch auf bewußter Ebene konnte das durch die Mond-Merkur-Opposition schwer erkennbar sein.

Dreizehn Sonnen- und Mondaspekte zeigen, daß diese Beziehung sowohl große Stärken als auch enttäuschende Schwächen hatte. Die Frau war eine starke Zentralfigur und in dieser Beziehung dominant, weil vier Aspekte mit ihrer Sonne bestehen. Der Mann dagegen war gezwungen, sich mit Herausforderungen zu befassen, in denen er symbolisch unbewußte Kindheitsgefühle mit seiner Mutter durchlebte (drei Aspekte mit Burtons Mond). Auch mußte er sich mit der Frage seines symbolischen Frauenbildes – in einem unpersönlichen Sinn – beschäftigen.

Die Konjunktion von Jupiter (in Taylors Horoskop) und Neptun (in Burtons Hosorkop) zeigt, daß eine höhere spirituelle Kraft durch diese Beziehung arbeitete. Weisheit und ganzheitliches Bewußtsein kombinierten sich mit Intuition zu einem umfassenderen Verständnis des Lebens. Ein Gefühl für das universale Schicksal konnte vorhanden sein, eine Sehnsucht nach dem, was hinter dem nächsten unsichtbaren Horizont liegt, eine mystische Einheit, die Großzügigkeit und Mitgefühl über persönliche Grenzen hinaus beinhaltet. Durch die Konjunktion von Pluto mit Pluto empfinden beiden Partner die Notwendigkeit, etwas zu transformieren. Diese beiden Konjunktionen brachten einen transzendentalen Ton in diese Beziehung, und beide konnten Einsichten erfahren, die durch die Kanäle von

Raum und Zeit fließen wie von einem ihnen eigenen Kontinuum angetrieben. Aufgrund dieser Aspekte hat die Welt sich gefragt, was für einen Lebensstil und was für ein Bewußtsein Elizabeth Taylor und Richard Burton zusammen gehabt hatten. Die Jupiter-Neptun-Konjunktion steht nie so richtig auf der Erde, sondern kann statt dessen leicht eine Phantasie schaffen, die größer wird als das Leben selbst, und in der beide Partner ihre kosmische Bedeutung suchen. Ein höheres Verständnis der Wirklichkeit oder erst recht die Übertreibungen der Phantasie sind selten genug, um Frustrationen auf weltlicher Ebene zu kompensieren. Richard Burton ist Schauspieler von bemerkenswerter Qualität gewesen. Sein Merkur (der Planet der Kommunikation) bildet ein Quadrat zu Elizabeth Taylors Sonne und zweifellos fühlte er sich durch ihr Licht etwas in den Schatten gestellt. Dieser Aspekt führt oft zu einer gewissen nervösen Reizbarkeit, die es beiden Partnern schwer macht, persönliche innere Vorzüge oder Talente zu entdecken. Der Merkurpartner (in diesem Fall Burton) könnte, ohne es zu wollen, ärgerlich geworden sein, weil er daran arbeiten mußte, sich auszudrücken, während der Sonnepartner nichts weiter zu tun brauchte als zu »scheinen«. Ein persönliches Gefühl der Unzulänglichkeit, das durch das Merkurquadrat hervorgerufen wird, machte es ihm schwer, mit dem strahlenden Licht der Sonne zu konkurrieren oder diese überhaupt nur zu beeindrucken. Diese Frustrationen wurden durch den Quadrataspekt von Merkur zu Merkur noch verstärkt. Beide Partner waren an der Kunst der Kommunikation interessiert; beide verdienten sich ihr Einkommen durch die Macht des gesprochenen Wortes und fanden Sinn und Lebensaufgabe in dieser Arbeit. Das Quadrat schaffte Spannung mit wenig konstruktiven Ergebnissen. Während jeder der beiden Partner in und durch sich selbst erfolgreich sein konnte, dürfte die Unfähigkeit, dem anderen ein Gefühl von Sinn im Leben zu vermitteln, zu einer ständigen Spannungsquelle geworden sein. Sogar ihre Ansichten und

Ideen darüber, wie der andere kommunizieren sollte, standen wahrscheinlich in Konflikt.
Elizabeth Taylors Jupiter bildet ein Trigon zu Richard Burtons Merkur, was anzeigen könnte, daß sie inmitten dieser Kommunikationsschwierigkeiten ihr ganzheitliches höheres Bewußtsein einsetzen konnte, um den Kern dessen zu verstehen, was ihr Partner auszudrücken versuchte. Aber auch hier wird Burton sich im Nachteil gefühlt haben. Von ihr abhängig zu sein, um zu verstehen, was er meinte, verursachte noch mehr Frustration für ihn. Sie könnte seine Ideen erweitert und philosophische Bedeutung in ihnen endeckt haben, aber konnte er selbst es auch? Um dieses Gefühl der Unzulänglichkeit auszugleichen, hätte er auf die Energie seines Saturns zurückgreifen müssen – der ein Trigon zu ihrem Merkur bildet.
Er könnte Weisheit aus Traditionen der Vergangenheit gezogen haben, ihr die Tiefgründigkeit ihrer Ideen bewußt gemacht und sie ermutigt haben. Durch ihren Jupiter bringt Taylor Leichtigkeit und umfassendes Verstehen zum Ausdruck, während Burton durch seinen Saturn die Bestimmung, den Sinn und letztendlich Wert des Mitteilens von Ideen ausdrückte. Jupiter und Saturn haben oft entgegengesetzte Auswirkungen. Wo Jupiter ausdehnt, zieht Saturn zusammen. Wo Jupiter erhöht, wendet sich Saturn dem eher einschränkenden Weg zu. Wo Jupiter nach der Zukunft greift, baut Saturn auf den Grundlagen der Vergangenheit auf. Wenn diese beiden Planeten harmonisch zusammenarbeiten, bringen sie mit der Zeit ein expansives Spektrum hervor und beide Partner bekommen eine ziemlich weite Lebensperspektive. Es steht außer Frage, daß dies für die Burton-Taylor-Beziehung zutraf. Bei vier disharmonischen Aspekten mit Merkur hatten diese beiden Trigone (Jupiter-Trigon-Merkur und Saturn-Trigon-Merkur) den Hauptteil der Ausgleichsarbeit auf dem wichtigsten Lebensgebiet dieser beiden zu leisten – dem Gebiet der Kommunikation. Einiges von der Leichtigkeit, die man bei einem Trigon

erwarten konnte, erschöpfte sich vorzeitig, weil die Partner sich zu sehr auf diese Energie verließen, um schwierigere Lebensbereiche auszugleichen.
Ein positiveres Trigon findet sich zwischen Venus und Neptun, und zwar erscheint dieses Trigon auch in der Umkehrung. Taylors Venus bildet also ein Trigon mit Burtons Neptun, während seine Venus im Trigon zu ihrem Neptun steht. Dies ist der Glamour-Aspekt. Er schafft eine geheimnisvolle Atmosphäre von Intrige und Phantasie, die das Paar mit einer Aura umgab. Beide hatten einen ähnlichen Musikgeschmack, und ihre Gefühle konnten sich harmonisch miteinander verbinden. Hier muß der gewissenhafte Astrologe eine genaue Unterscheidung zwischen Emotionen und Gefühlen treffen., Die Taylor-Burton-Beziehung zeigt aufgrund der verschiedenen Mondverletzungen viel emotionale Disharmonie, aber, abgesehen von einer Verletzung der Venus, bestand eine grundlegende Harmonie der Gefühle. Emotionen sind die äußeren Hüllen von Gefühlen. Emotionen ändern sich, so wie das Wetter sich ändert, wie auch Lebensumstände oder Alltagsbedingungen sich ändern. Aber ein Gefühl ist gewöhnlich stabiler. Ein Mensch kann sich mit einem anderen aufgrund von Emotionen streiten, wobei er trotzdem aufgrund von Gefühlen für diesen Menschen große Liebe, Bewunderung und Achtung empfinden kann.
Wir sehen also, wie die Verletzungen des Mondes eine Bedeutung haben,während die harmonischen Aspekte zur Venus eine ganz andere aufzeigen können. Die Burton-Taylor-Beziehung hatte sicher ihre stürmischen Augenblicke, aber dahinter lag ein durchgehendes »Gefühl«, das beide füreinander empfanden. Leider bedeutete das Quadrat zwischen Taylors Venus und Burtons Jupiter eine ernstliche Blockierung des freien Gefühlsflusses in der Beziehung. Dieser Aspekt kann bei der Frau Unsicherheit zur Folge haben. Sie wartet auf seine Liebe und muß vielleicht feststellen, daß sein expansives Wesen mehr vom Leben erwartet als nur

eine Zweierbeziehung. Wenn sie versucht, ihm ihre Zuneigung zu zeigen, wird seine Identifikation mit philosophischen Einstellungen, Sprichwörtern und entlegenen Ideen eine ständige Quelle der Irritation für sie sein. Er mißversteht ihre Absichten und kann sie durch Wissen oder eine edle und ritterliche Haltung zu beeindrucken versuchen, anstatt ihr die Liebe und Aufmerksamkeit zu geben, nach der sie sucht. Wenn der Mann bereit ist, vom Thron seiner Weisheit herabzusteigen, dann kann er beginnen, all das zu fühlen, was sie ihm sagen möchte. Schwierigkeiten tauchten in dieser Beziehung auf, aber nicht wegen eines Mangels an Liebe oder echtem Gefühl, sondern eher aufgrund dessen, was jeder der beiden war. Burton bewunderte Philosophie und die Weisheit der Alten. Taylor ist mehr ein Beispiel für das archetypische romantische Wesen der Frau. Dieser Konflikt zwischen Venus und Jupiter reflektiert das uralte Dilemma des griechischen Philosophen; er steht zwischen seinen Ideen und der Frau, die er liebt, während umgekehrt sie zuerst durch seine Philosophie gehen muß, bevor sie ihn erreichen kann. Dadurch entsteht ein gewisser Abstand, der unsichtbare Barrieren schafft, so daß die Liebe nur schwer erblühen kann.

Da Elizabeth Taylors Venus und Uranus beide im Quadrat zu Burtons Jupiter stehen, herrschte exzentrische Extravaganz in der Beziehung vor. Übermäßig große (Jupiter) und einzigartige (Uranus) Geschenke (Jupiter-Venus) traten anstelle der Entwicklung der Kommunikationsfähigkeit. Wer jedoch glauben sollte, daß diese Beziehung überwältigende Schwierigkeiten enthielt, erinnere sich, daß das Vorhandensein von dreizehn Trigonalaspekten viele Bereiche anzeigt, die von Harmonie, Zusammenarbeit und spirituellem Wachstum geprägt waren.

Das Trigon von Taylors Merkur zu Burtons Pluto zeigt Verstehen auf sehr tiefer Ebene an. Sie kommunizierte mit ihm als Quelle ihrer Leidenschaft und ihres Mysteriums, während er unaufhörlich frische Energie aus den Tiefen sei-

ner Seele heraufholte, und ihr dadurch half, ihr Bewußtsein zu transformieren. Durch diesen Aspekt fiel es ihr auch leichter, ihre Ängste und Selbstzweifel zu überwinden. Aber dies war keine einseitige Erfahrung, da Burtons Uranus ein Trigon zu ihrem Pluto bildet. So gab auch sie ihm Tiefe und bestätigte sein intellektuelles Forschen durch ihre Suche nach Antworten aus dem Innern ihrer Seele. Über gemeinsame Interessen versuchten die beiden Partner, das existentielle Potential der Menschheit zu entdecken.
An dem Uranus-Neptun-Trigon sehen wir, wie die Frau (Uranus) die Träume ihres Partners stimuliert (Neptun). Je mehr er ihren Intellekt inspirierte, desto mehr neue Ideen entdeckte sie, denen er durch seine Phantasie Farbe geben konnte. Intuitive und intellektuelle Leichtigkeit ermöglichten beiden Partnern die Erfahrung eines frei fließenden Bewußtseinsstromes. Die Beziehung begünstigte Kreativität, die beide Partner auf höhere Bewußtseinsebenen trug. Dies ist ein Aspekt der Großzügigkeit. Er bringt konstruktives und mitfühlendes Verstehen und intensiviert eine intuitive Kommunikation.
Einige der größen Schwierigkeiten in dieser Beziehung stammten vielleicht aus einer Rollenverwirrung. Wir finden drei Spannungsaspekte mit Mars. Taylors Mars bildet ein Quadrat zu Burtons Merkur. Dieser Aspekt verursacht Uneinigkeit, Reibung und Streit. Die Frau konnte sich unbewußt mit ihrer Animus-Figur identifizieren und hat deshalb vielleicht versucht, den intellektuellen Teil ihrer selbst zu besiegen, den sie im Mann symbolisiert sah. Sie konnte instinktiv handeln oder reagieren, wobei sie seine Gedanken statt als Ideen eher als Reize empfand. Infolgedessen erfuhr der Mann einen Mangel an Kommunikation.
In der Marsopposition zu Neptun sah Taylor sich wieder mit einer männlichen Animus-Identifikation konfrontiert. Dieser Konflikt war schwer an die Oberfläche zu bringen. Die Frau sah im Mann Bilder und Träume ihrer selbst und versuchte, die Beziehung zu führen. Gleichzeitig wollte der

Mann ihrer Dominanz entkommen. Mars hat die Tendenz, Isolation zu verursachen, während Neptun eine Energie symbolisiert, die beide Identitäten miteinander verschmelzen könnte. Dieser Aspekt neigt dazu, sexuelle Konflikte und Richtungsunklarheiten zu verursachen. Die Frau konnte sich fühlen, als würde ihr ständig der Teppich unter den Füßen fortgezogen, während ihr Partner ihre Wünsche als ständige Unterbrechung seines kreativen Flusses empfinden konnte.

Burtons Mars bildet ein Quadrat zu Taylors Saturn. Durch diesen Aspekt versuchte er, seine individuelle Identität zu formulieren, und kämpfte unbewußt mit Erinnerungen an seinen Vater und der strukturierten Kraft des Über-Ich, die er glaubte überwinden zu müssen, wenn er sich selbst etwas bedeuten wollte. In dem einen Aspekt, in dem Burton die Stärke seines Mars spüren konnte, mußte er gegen die unterdrückende Kraft ihres Saturn kämpfen. Er fühlte sich vielleicht wie ein kleiner Junge, der unter der Herrschaft von Älteren steht und deren Erwartungen er wahrscheinlich nie erfüllen kann. Das erlaubte es seiner Beziehung nicht, sich leicht zu entwickeln.

Die letzten beiden Aspekte zeigen spezifisch die Auseinandersetzung mit dem Ruhm. Burtons Jupiter steht in Opposition zu Taylors Pluto. Sein Sinn für Ruhm und Ehre stand also in Konflikt mit ihrer Ausstrahlung auf das Bewußtsein der Massen. Ihr Jupiter steht im Quadrat zu seinem Saturn und zeigt die Auseinandersetzung zwischen ihrem Ruhm und seinen Vorstellungen von Tradition.

Karma

War dies eine persönliche Wachstumsbeziehung, oder spielte spezifisches Karma eine Rolle? Alle Beziehungen bieten Möglichkeiten zum Wachstum. Am Beispiel von Burton und Taylor sehen wir, wie weit sich beide Partner spirituell entwickeln konnten, weil sie Hindernisse überwanden und sie zu Hilfsmitteln machten, um ein tieferes und reicheres Verständnis des Lebens zu entwickeln. Aber die Gründe für die Beziehung sind hier noch nicht zu Ende. Durch die Konjunktion von Taylors Saturn im Wassermann zu Burtons südlichem Mondknoten im Steinbock ergeben sich starke karmische Implikationen. Sie trat aus seiner Vergangenheit hervor, um ihn an eine Verpflichtung zu erinnern, die er längst vergessen hatte. Der Südknoten im sechsten Haus zeigt Verbindlichkeiten an, und da Saturn eine Konjunktion dazu bildet, mußten in dieser Beziehung Lasten aus vergangenen Leben gemeinsam getragen werden.

Die beiden Partner haben ihre Mondknoten in entgegengesetzten Häusern. Beide haben Saturn im vierten, und den Mond im zweiten Haus. Dies hat etwas zu bedeuten. Das sechste Haus repräsentiert die Vollendung der unteren Hemisphäre des Horoskops. Das zwölfte Haus zeigt die Vollendung der oberen Hemisphäre. In gewissem Sinn repräsentieren also die Südknoten beider Horoskope Erfahrungsbereiche, die in einem vergangenen Leben abgeschlossen sein sollten. Wenn das Karma vollendet war, würden beide durch ihren Nordknoten ein neues Karma beginnen. Da die Mondknoten der beiden in entgegengesetzten Häusern stehen, reflektiert der jeweilige Nordknoten eine Hauserfahrung ähnlich der des Südknotens des Partners. Daher half die Beziehung beiden Partnern, bewußt zu erkennen, was in der Vergangenheit unerledigt geblieben war.

Taylors Nordknoten (der höchste Ausdrucksbereich in diesem Leben) steht in den Fischen, deren Herrscher Neptun, der führende Planet in Burtons Horoskop ist. Ihr Südknoten steht in der Jungfrau; Burton hat einen Jungfrau-Mond. Dies weist auf ein Karma hin, das mit Mutter (Mond) und Kind (Merkur – Herrscher von Jungfrau) zu tun hat. Beide haben Saturn im vierten Haus, was auf familiäre Verantwortlichkeiten in diesem Leben und Schwierigkeiten in der Kindheit hinweist, wodurch beide Partner an die Wichtigkeit der Familienstruktur erinnert werden. Hier sehen wir auch eine grundlegende Affinität zu Elternfiguren, Heim und Familientraditionen. Das vierte Haus regiert Mutterschaft, symbolisiert aber auch die Wurzeln der Seele. Interessanterweise bildet es den Gegensatz zum zehnten Haus, dem des Berufs; eine ziemlich schwierige Plazierung für zwei Menschen, deren Karriere so expansiv und verzehrend wurde. Die Betonung des vierten Hauses dürfte die beiden Partner auf unbewußter Ebene an eine karmische Begegnung irgendwann in längst vergangener Zeit erinnert haben. Taylors Saturn im Wassermann in ihrem vierten Haus bildet eine Konjunktion zu Burtons Südknoten. Die karmische Belastung, die sie ihm in diesem Leben brachte, ist eine Familienangelegenheit aus einer anderen Inkarnation. Demnach hätten die schwierigsten Bereiche ihrer Beziehung mit der Gründung einer Familie zu tun gehabt. Dieselbe Konjunktion, durch Richard Burtons Horoskop gesehen, rückt Angelegenheiten des sechsten Hauses wie Verpflichtungen, Dharma, Gesundheit und Arbeitsbedingungen in den Blickpunkt. Viele der Stärken und Schwächen dieser Beziehung hatten mit der Fähigkeit der beiden zu tun, die Verpflichtungen durch ihre Arbeit, ihre Gesundheit und den Zusammenhalt einer Familienstruktur miteinander in Einklang zu bringen. Interessanterweise zeigen die starken Verbindungen mit den Mondknoten, daß, unabhängig davon, mit wem jeder der Partner verheiratet war, die karmische Beziehung zwischen ihnen auch weiterhin für beide eine Quelle der Inspiration wie auch des Konflikts war.

Schlußbemerkung

Ein Mensch kann sich in einem schnell fließenden Strom nicht erkennen; er kann sich nur in ruhigem Wasser klar widerspiegeln. So suchen wir Beziehungen, damit wir auf unserer Reise durchs Leben einen Ruhepunkt finden können. Vorübergehende Emotionen ändern sich zu schnell, daher suchen wir die Stetigkeit einer dauerhaften Beziehung.

Von Augenblick zu Augenblick verändert sich das Reich des Unveränderlichen. Kleine Unebenheiten stören die glatte Oberfläche einer dauerhaften Beziehung nicht. Sie stellen die Farbe und Struktur bereit, durch die wir wachsen.

Alles, was wir spirituell lernen können, hat wenig Wirkung auf uns, wenn wir es nicht auf unser Alltagsleben anwenden können. Wir können nicht auf einem Berg leben, uns von der Welt isolieren und beweisen, daß unsere spirituellen Regeln funktionieren. Nur durch unsere täglichen Bemühungen, einander zu verstehen und zu lieben, kann unsere Spiritualität ans Licht kommen.

Nicht jeder von uns kann persönliche oder auch unpersönliche Größe im Leben finden. Wir können aber Zufriedenheit in unserer eigenen Größe finden, und zwar durch die Art, wie wir uns auf andere beziehen.

Uns selbst zu erobern oder zu meistern, ist tatsächlich ein bewundernswertes Lebensziel. Eine solche Meisterschaft in der Nähe eines geliebten Menschen zu erlangen, ist eine noch viel größere Errungenschaft. Spirituelles Wachstum kann uns aufwärts führen. Probleme ziehen uns herab. Weder das Höchste noch das Niedrigste bringt den ausgeglichenen Bewußtseinszustand hervor, der unser wirklicher Spiegel ist. Unsere Gedanken sind niemals völlig richtig, noch sind sie völlig falsch. Wenn wir versuchen, spirituelle Größe autonom zu erreichen, können wir niemals die Wahrheit erkennen. Wir können die Worte oder Ideen der Meister wahrnehmen. Wir können sogar spüren, daß diese Worte wahr sind. Wir werden diese Wahrheit aber erst dann wirklich kennen, wenn wir uns im stillen Wasser eines klaren Stroms widerspiegeln können.

Das Wesen einer Beziehung wird zum Beweis und zur Bestätigung unserer Wirklichkeit. Wenn es die größte Lektion in dieser Erdenschule ist, ungeachtet aller Hindernisse einen anderen Menschen aufrichtig lieben zu lernen, könnten wir dann aus einem wichtigeren Grunde hier sein?

Wie oft finden wir uns in Beziehungen, in denen wir wie ein Echo der Vergangenheit vertraute, aber destruktive Verhaltensmuster wiederholen? Wie oft haben wir versucht, eine ungesunde oder unglückliche Beziehung aus psychologischer Perspektive zu analysieren, nur um festzustellen, daß diese Art von Interpretation sich nicht richtig »anfühlt«? Martin Schulman behauptet, daß wir ein tieferes und konstruktiveres Verständnis erreichen können, wenn wir die karmischen Schichten in unseren Beziehungen untersuchen – jene Einstellungen, Verhaltensweisen und Überzeugungen, bei denen es sich um Überreste aus vergangenen Leben handelt, die uns im Wege stehen, wenn wir Harmonie und Ausgeglichenheit als Voraussetzungen für dauerhafte Beziehungen erreichen wollen. Schulman untersucht Beziehungen aus karmischer Sicht, wobei er einen Planeten nach dem anderen betrachtet. Er vergleicht jede mögliche Kombination der Hauptaspekte untereinander und zeigt so dem Leser, wie ein bestimmter Teil der Persönlichkeit, der durch einen bestimmten Planeten repräsentiert wird, zu Planeten im Horoskop des Partners in Beziehung steht. Wo liegen Spannungspunkte in Ihrer Beziehung? Wo das Potential für Harmonie? Welche Lektionen können in dieser Beziehung gelernt werden, und wie kann das am besten geschehen? Durch eine karmische Betrachtungsweise unserer Beziehungen können wir spirituell und emotional wachsen.

Denen, die glauben, daß unsere Art zu lieben der wichtigste Maßstab für unsere Art zu leben ist, bietet Schulman neue Hilfsmittel, die uns auf dem Weg zu inspirierter, freudiger und fortdauernder Liebe unterstützen können.

Karmische Astrologie, Band 1-4
von Martin Schulman

In den vier Büchern werden die verschiedensten Aspekte karmischer Astrologie auf eindrucksvolle und leicht verständliche Art gezeigt. Die Betrachtungsweise ist spirituell orientiert und umfasst ein großes Spektrum tiefenpschologischer Bedeutung und Interpretation. Wer herausfinden möchte, welche karmischen Zusammenhänge im jetztigen Leben eine Rolle spielen, ist mit Schulmans Büchern gut beraten.

Karmische Astrologie 1, ISBN 3-908644-08-9
Mondknoten und Reinkarnation

Karmische Astrologie 2, ISBN 3-908644-09-7
Rückläufige Planeten und Reinkarnation

Karmische Astrologie 3, ISBN 3-908644-10-0
Lebensfreude durch den Glückspunkt

Karmische Astrologie 4, ISBN 3-908644-11-9
Karma im Jetzt

Weitere Titel aus der blauen Reihe:

Donna Cunningham, Pluto-Probleme erkennen und heilen
ISBN 3-908644-19-4

Peter Orban/ Ingrid Zinnel, Die innere Tafelrunde (Astrologie und Persönlichkeit)
ISBN 3-908651-04-2

Ursula Strauss, Das sechste Haus (Beruf und Arbeit aus astrologischer Sicht)
ISBN 3-908645-76-X

Ursula Strauss, Die Wandlung Saturns (Betrachtung des Hüters der Schwelle)
ISBN 3-908651-02-6